유목민의 투자의 정석

일러두기

• 이 책의 내용 중 일부는 저자의 전작 『나의 월급 독립 프로젝트』, 『나의 투자는 새벽 4시에
시작된다』와 저자가 발행하는 '유목민의 시그널리포트'에 수록된 콘텐츠를 가필했습니다.

유목민의

투자의 정석

유목민 지음

리더스북

모든 시작하는 투자자를 위하여

500만 원으로 시작한 월급쟁이의 투자

모두 각자의 역사를 가지고 살아가지요. 저 또한 다르지 않습니다. 다만 동년배들에 비해 사회생활이 많이 늦었어요. 서른네 살 끝자락에 직장 생활을 처음 시작했으니까요. 그것도 아르바이트였죠. 월급은 세전 100만 원. 그게 제 가치의 시작이었습니다.

오랜 고시 생활을 실패로 마감하고 어렵게 구한 첫 직장은 게임 전문 미디어였습니다. 초고령 막내로 시작한 만큼 누구보다 오래, 많이, 열심히 일했습니다. 가진 것 없는 흙수저에 학연, 혈연, 지연 무엇 하나 기댈 곳 없던 제게 다른 길은 없었습니다. 일에서 제 가치를 찾으려 했어요. 덕분에 빠르게 승진하고 이직에도 성공할 수 있었습니다.

연애나 결혼은 사치였습니다. 그런데 서른여덟에 운명처럼 만난 사람과 결혼하고 싶었어요. 그러자 저의 현실이 눈에 들어오더군요. 세 남매의 장남, 월세방, 서른여덟에 모아둔 돈 500만 원. 집은 IMF 외환 위기 때 망했었고 아버지는 폐암으로 돌아가셨죠. 돈 때문에 좋은 약은 써보지도 못했습니다. 어머니는 양쪽 고관절 골절로 오랜 시간 재활하면서 몸이 불편하셨고요. 어디에도 손 벌릴 곳은 없었습니다.

전세라도 얻으려 회사 대출을 알아봤지만 안 된다는 답변을 받았고, 은행에서는 입사한 지 7개월밖에 안 된 터라 지금까지 받은 월급의 최대 3배인 7000만 원 정도만 대출이 가능하다더군요. 이게 2015년 당시 저의 가치였습니다. 그래서 주식을 선택했습니다. 적어도 시장에서는 누구에게나 기회가 주어지니까요. 그리고 결국 그것이 저를 월급에서 독립시켜줬습니다.

재차거시의 깨달음

2015년 결혼을 결심하고 전세 자금을 마련한다는 목적으로 본격적으로 주식을 시작했습니다. 다행히 게임 기자 출신으로 모든 게임사의 정보를 하나의 엑셀 장표에 정리 및 분석해놓았고 이직한 곳도 게임사인 상황에서 때마침 2015년 모바일 게임의 폭발적 성장으로 인한 게임 테마가 크게 일었습니다. 굉장히 유리하게 시작했죠.

하지만 모든 테마가 그렇듯 오래가지 않았습니다. 게임주는 짧은 시세를 주고 허망하게 -30%씩 하락하기도 합니다. 그러나 그 속에서 또 하나의 기회를 찾았어요. 바로 바이오주였습니다. 박근혜 정부 시절 정부 정책으로 바이오 산업을 육성하면서 2014년 9개에 불과했던 바이오 신규 상장사가 2015년에는 무려 29개로 치솟았습니다. '없다가 생긴 것'이 탄생한 거죠.

저는 게임주를 정리하는 것처럼 바이오주 역시 정리하기 시작합니다.

이렇듯 저는 투자의 시작을 테마주와 함께했습니다. 정말 우연이었지만 '재료'를 주식의 출발점으로 삼은 겁니다. 이듬해인 2016년이 돼서야 '차트'의 존재를 알고 심취하게 되죠. 하지만 차트 투자는 재료 매매보다 월등히 난도가 높았습니다. 공부는 두 배로 열심히 했는데도 오히려 2015년에 비해 수익은 반토막이 났습니다.

2015~16년을 오롯이 재료와 차트에 집중했던 저는 2017년 한 가지를 깨닫습니다. 차트와 재료를 따로 볼 게 아니라 같이 봐야 한다는 것. 시세가 터지는 재료와 차트는 공통점이 있었어요. 바로 '거래량'이 충분하게 나와준다는 것이었습니다. 재료, 차트, 거래량의 삼박자. 일명 '재-차-거'를 깨달은 저는 안정적으로 월 천만 원, 많게는 월 1억의 수익을 거두게 됩니다.

하지만 여전히 마음을 답답하게 누르던 것이 있었으니, 바로 엇박자였습니다. '재차거'가 완벽히 갖춰져 있는데도 미동조차 하지 않는 경우가 많았습니다. 조금 가지고 있다가 못 버티고 팔면 꼭 며칠 후에 급등하는 게 아니겠어요. 정말 답답했습니다. 이 벽을 넘어서야 다음 스텝이 보일 것 같은데 말이지요.

그러던 어느 날 퇴근 후 엘리베이터를 기다리는데 문득 깨달음이 왔어요. 바로 시황의 존재였습니다. 아무리 제가 좋게 본 종목이라도 그날 시장에서 돈이 흘러 들어가는 섹터가 아니라면 외면받는 거였죠. 매일 기사와 공시에서 재료를 찾아냈기 때문에 왕왕 시황과 일치했을 뿐, 시황에 맞는 투자를 하고 있던 것은 아니었던 겁니다.

그때부터는 시황을 우선시하며 종목을 보게 됐습니다. 나한테 좋아 보이는 종목이 아니라 시장이 좋게 보는 종목을 매매하면서부터 월 10억을 넘어 월 20억까지도 벌어보게 됐습니다.

모든 시작하는 투자자를 위하여

2015년 1.5억, 2016년 0.7억, 2017년 30여억 원, 2018년 40여억 원, 2020년 123억, 2021년 97억의 수익을 거두었고, 2022년까지 주식투자로 총 300억 원이 넘는 수익을 거두었습니다. 그리고 2022년에는 이런 경험을 바탕으로 ㈜시그널리포트를 창업하게 됩니다. 제가 그동안 축적한 경험과 데이터를 바탕으로 개인 투자자가 제대로 공부할 수 있도록 돕는 투자 교육 스타트업입니다.

사실 이 책은 시그널리포트를 운영하면서 필요에 의해 집필을 시작했습니다. 시그널리포트는 고급자용 서비스로 소수의 구독자를 중심으로 제한적으로 운영하다가 2022년 4월 퍼블릭 서비스를 시작했는데요, 예상보다 초급자들의 가입이 많았습니다. 좋은 일이죠. 문제는 매일 제공되는 방대한 콘텐츠에 초보자들이 쉽사리 적응하지 못하는 것이었고요.

사업을 출발한 취지를 돌이켜볼 때, 이분들을 위해 제가 경험하고 깨달은 '재료와 차트, 거래량, 시황'을 최대한 쉽고 친절하게 정리해 제공해야겠다고 생각했습니다. 투자는 평생 공부가 수반되어야 하는 영역이지만, 그 시작이 올바른 방향을 향하도록 도울 수 있길 바랐습니다.

이 원고를 쓰면서 동시에 강의를 진행하고 피드백을 받아서 더 추가하거나 빼거나 했습니다. 그런 과정 끝에 거의 모든 주식 초보자에게 필요한 내용을 최대한 담아낸 듯합니다. 지면의 한계로 실전 예시를 생각만큼 많이 넣지 못한 점은 아쉽습니다.

"스승은 문까지만 안내할 뿐이다. 문을 열고 들어가는 건 제자가 할 일이다."

책은 어디까지나 마중물이 될 뿐입니다. 수없이 많은 실전 연습을 하고,

같은 이론이 다르게 적용되는 것도 직접 다 테스트해보셔야 합니다.

최소 100일 동안 읽어야 하는 책

이 책은 500만 원으로 시작했던 평범한 직장인 투자자 유목민이 많은 실패와 좌절을 거치며 깨달은 투자의 기본 원칙을 담고 있습니다. 어떤 분들은 두어 시간 만에 읽고 '독파했다'고 하실 수도 있습니다. 하지만 그것은 저자의 의도를 1%도 이해하지 못한 것입니다. 책을 읽는다고 그 안에 담긴 지식이 자신의 것이 될까요? 『수학의 정석』을 수차례 읽기만 해서야 수학 실력이 늘까요? 이론을 이해하고 직접 문제를 풀 때 응용력이 생기면서 실력이 됩니다.

이 책 또한 마찬가지입니다. 완독했다고 해서 단순하게 '뭔가 알 것 같다. 투자를 잘할 수 있을 것 같다'라고 착각하면 안 됩니다. 여러 번 읽으면 더 좋은 건 사실이지만 단순하게 읽기만 해서는 결코 실력이 늘지 않습니다. 읽은 내용을 직접 시장에서 적용하고 수없이 사례를 쌓아가면서 체득하는 과정이 반드시 필요합니다.

제가 세상을 살면서 믿는 원칙이 있습니다.

1. 노력한 만큼 거둔다.
2. 모든 고통에는 끝이 있다.
3. 급할수록 돌아가야 한다.
4. 모든 일은 목적의식을 가지고 해야 한다.

이 책은 최소한 100일간 읽기를 권합니다. 주식을 처음 시작하는 초보는 물론이고 방향성을 잃고 헤매는 투자자에게도 자기만의 관점을 정립하고 다양한 친구(종목)들과 가까워지는 시간을 선사할 것입니다.

실질적 방법으로 추천하는 것이 바로 '100일간의 숙제'입니다. 본문에서 상세히 안내했습니다. 일단 도전해보시길 바랍니다. 처음에는 하루 최소 3시간의 투자가 필요한 분량입니다. 10분, 30분 만에 대충 끝내고 '해냈다!'고 만족하면 시간 낭비에 불과합니다. 확실하게 해주세요. 노력은 보상받습니다.

초보자라면 이 책을 이해하는 데만도 적어도 6개월 이상 걸릴 겁니다. 그리고 6개월 후에 다시 이 책을 읽어보면 또 새로운 게 보일 겁니다.

방심하지 마세요. 자만하지 마세요. 할 수 있다는 자신감은 필요하지만 어떤 책 하나로 인생이 바뀔 수 있다면 세상 모두가 그렇게 될 겁니다. 하나의 계기로 삼고 평생 공부한다는 생각으로 정진하셔야 합니다. 그래야 가능성이 드디어 열립니다.

이 책이 모든 시작하는 투자자들에게 위대한 첫걸음이 되길 기원합니다.

유목민 드림

차례

주가 상승의 원리와 투자의 메커니즘 | 1단계. 투자의 핵심 '지식' | 2단계. 지식을 깨우는 트리거 '시그널' | 3단계. '투자 전략'에 정답은 없다 | 4단계. 생각대로 돌아가는지 '관찰'하라 | 5단계. 변수는 디폴트, 변화를 '감지'하라 | 6단계. '대응'은 기계적으로 | 7단계. '반성'은 성장의 밑거름 | 8단계. 이 모든 노력의 '반복'

PART 2 기본기 다지기

PART 3 실전 투자를 위한 절대 관점

리스크 요인 해소 • 단독 기사로 나오는 악재 • 경영진 변화 • 환율 변동 • 원자재 가격 변동 • 경제지표의 변화 • 무상증자, 제3자 배정 유상증자

PART 4 점과 점을 잇다

PART 1

성장을 위한
투자의 시작

CHAPTER 1

주식투자에 대한 메타인지

THE PRINCIPLES OF K-TRADING

01

주식시장을
움직이는 힘

주식이란 무엇인가
:

주식은 특정 (주식)회사의 소유권을 나타내는 증서 또는 자산입니다. 주식을 소유하고 있다는 것은 그 회사의 일부를 소유하고 있음을 의미하며, 이는 소유자에게 해당 회사의 이익 및 자산에 대한 권리를 부여합니다.

1주라도 사면 그 회사의 주주가 되는 것이죠. 만약 해당 회사의 주식 가치가 오르면 투자자들은 주식을 팔아서 돈을 벌 수 있어요. 반대로 주가가 떨어지면 손해를 입습니다. 따라서 우리에게 주식은 해당 회사 및 시장과 연관된, 리스크와 보상이 있는 '투자 도구'라고 할 수 있겠죠.

다만, 배당은 주가와 독립적입니다. 주가가 떨어져도 기업의 배당 수익이 감소하는 것은 아닙니다. 재무구조와 현금 흐름이 좋은 기업의 경우는 대외 변수와 별도로 배당금을 지급할 능력이 있습니다. 또, 주가가 아무리 급락한다고 하더라도 재무 건전성이나 성장성에는 문제가 없는 경우가 많기 때문에 배당할 수 있죠.

주식은 자유롭게 사고팔 수 있습니다. 주식을 서로 사고파는 시장이 '주식시장'이고요. 주식시장은 유통시장과 발행시장으로 나뉩니다. **유통시장**(Secondary Market)은 이미 발행된 주식을 사고파는 곳입니다. 이때 주식의 가격은 시장에서의 수요와 공급에 따라 결정됩니다. **발행시장**(Primary Market)은 기업이 새로 주식을 발행하여 투자자들에게 판매하는 시장을 지칭합니다. 신규상장(IPO)이나 공모주, 증자 등이 이에 해당하며, 기업은 이를 통해 직접 자금을 조달할 수 있습니다.

주가 자체가 오르는 것만으로는 사실상 해당 회사에 아무런 이익이 귀속되지 않습니다. 주가가 올라 시가총액이 올라간다고 해서 현금 흐름이나 이익에 변화가 생기는 것은 아니라는 뜻입니다. 주식은 투자자들이 회사에 투자해 이익을 창출하거나(배당) 회사가 성장하면서 그 가치(주가)가 상승함에 따라 자본 이익을 얻기 위해 매매합니다. 즉, 개인인 우리가 일반적으로 사고파는 '주식'은 오로지 투자자의 자본 이익을 위해서만 거래됩니다.

물론 주가의 상승은 간접적으로 회사에 긍정적 영향을 줍니다. 대표적으로, 주가가 상승해 시가총액이 오르면 신규 주식 발행(3자 배정, 주주 배정, 전환사채 등)을 통해 더 많은 돈을 유치할 수 있습니다. 시가총액이 높을수록 주식 희석●을 덜 하면서 돈을 늘릴 수 있겠죠. 또 회사의 브랜드와 인지도도 올라갈 수 있을 겁니다. 스톡옵션을 제공하기 수월해서 좋은 인재를 영입할 가능성이 높아지며, 인수합병(M&A)에서 유리한 고지를 점할 수도 있습니다. 반

> **주식 희석**
> 회사가 새로운 주식을 발행함에 따라 기존 주주가 가진 소유권 비율이 감소할 때 발생한다. 주식 가치가 떨어지기도 한다. 하지만 주식 희석이 투자자에게 늘 나쁜 것만은 아니다.

면 고령의 오너를 둔 회사는 상속을 위해 주가를 일부러 낮게 유지하는 경우가 많습니다. 시총이 높을수록 상속세가 많아지기 때문입니다.

정리하자면 주식 발행을 앞두거나, 회사의 브랜드와 인지도를 제고하거나, 좋은 인재를 영입하려는 회사, M&A를 계획하는 회사는 주가를 관리할 가능성이 높을 겁니다. 반면 상속을 앞둔 회사는 주가 관리를 전혀 하지 않을 가능성이 높겠죠?

주식은 기대감이다
:

주식은 특정 회사의 소유권을 나타내는 지분증권이라고 말씀드렸습니다. 그러나 이 주식의 가격, 즉 **주가를 움직이는 것은 투자자들의 '기대감'**입니다. 주가는 기본적으로 투자자들이 해당 회사의 미래 수익에 대해 얼마나 기대하고 있는지를 반영합니다. 투자자들이 해당 회사의 미래 성장 가능성을 높게 평가하기 때문에 주식을 '사려고' 하는 것이며, 이는 곧 주가를 높이는 요소가 됩니다. 반대로 투자자들이 해당 회사의 전망에 대해 부정적이라면 주식을 '팔려고' 할 것입니다. 이는 곧 주가 하락을 초래합니다.

따라서 회사는 투자자들의 기대감을 높이기 위한 전략을 수립합니다. 브랜드와 인지도를 올리거나, 좋은 인재를 영입하거나, M&A를 통해 회사의 미래 성장 가능성을 보여주는 것 등을 예로 들 수 있습니다. 주가를 관리하는 것 자체가 투자자들의 기대감을 관리한다는 말과 일맥상통합니다.

주식이 기대감이라면, 주식 매매는 기대감을 거래하는 것이라 하겠습니다. 매도와 매수 행위 자체가 해당 회사에 대한 투자자들의 기대감이 반영된 것이죠. 주식을 살 때는 그 회사가 더 좋아질 것이라는 기대감에 사는 거고, 주식을 팔 때는 그 회사의 미래 기대감이 낮아지거나 혹은 다른 회사의 기대감이 더 높아진 것으로 볼 수 있습니다.

특히 기관이나 외국인과 달리 한국의 대다수 개인 시장 참여자들은 오직 '오를 때'만 수익을 낼 수 있습니다. 그러므로 주식시장을 대할 때 내가 하는 매매는 '가치'가 아니라 '기대감'을 거래하는 것이라고 생각해주세요. 이 때문에 같은 섹터에서도 더 큰 기대감이 드는 쪽에 매수세가 몰리는 겁니다. **내 기대감이 아니라 시장 참여자들의 공통된 기대감을 보는 게 투자자의 마인드입니다.** 따라서 주식시장은 '각 회사의 미래 기대감을 표현하는 공간'으로 이해하면 편하겠죠?

주가를 상승시키는 두 요소
:

주가는 왜 올라갈까요? 역시 '기대감' 때문입니다. 그리고 **기대감은 크게 두 가지, 유동성과 실적에서 비롯됩니다.** 유동성이 들어올 거란 기대감이든 실적이 좋을 거란 기대감이든, 이 두 가지가 주식에 변동성을 가져옵니다.

유동성이란 '자금'입니다. 더 간단히 말씀드리면 '돈'이지요. 시장에, 더 작게는 섹터와 종목에 들어가는 돈을 유동성이라고 합니다. 유동성에는 크게 두 가지가 있습니다. 정부가 푸는 유동성과 기업이 푸는 유동성입니다.

그리고 지난 2020년 3월 코로나19로 인해 개인들이 주식투자에 뛰어들며 대거 증시에 유입된 돈 역시 유동성의 한 축입니다. 개인의 돈은 단합이 될 경우 기관과 외국인을 이길 정도로 큰 규모지만, 쉽지는 않습니다. 단기투자에서는 개인의 자금으로 움직일 만한 스몰캡 관련주만 개인의 유동성으로 움직이는 편입니다. 물론 '동학개미운동'과 같은 경우에는 개미의 힘이 매우 커서 라지캡도 얼마든지 움직입니다(다만, 그러면 공매도*가 출현하겠죠).

정부가 푸는 유동성 또한 코로나19 시기로 돌아가면 이해하기 편합니다. 2020년 3월 WHO가 '팬데믹'을 선언하자 미국 연방준비제도(FED, 연준)에서는 '무제한 양적

완화'를 실행하겠다고 발표했습니다. 2008년 리먼 브러더스 사태 때 3년간 3.5조 달러를 푼 미국이 이번 코로나 때는 단 3개월 만에 3조 달러를 풀어 경기 하강을 방어했습니다. 정부에서 풀어버린 이 막대한 돈, '팬데믹 머니'가 자산시장으로 흘러들었고, 주식시장은 물론 부동산시장을 급등시켜버렸습니다.

우리나라 과거 사례를 살펴보면, 이명박 정부 때 4대강 사업을 정책 자금으로 밀었습니다. 박근혜 정부 때는 출산 장려 정책과 바이오 진흥 정책을 펼쳤습니다. 문재인 정부 때는 코스닥 벤처펀드를 통해 2차전지에 자금이 들어갔지요. 모두 엄청난 유동성 공급이 이뤄졌습니다.

주식시장에 유동성(돈)이 넘칠수록 투자자들은 주식에 관심을 갖게 되고(=위험자산 선호 증대) 이는 곧 주가 상승 기대감을 증폭시킵니다. 따라서 유동성이 커진다는 것은 '돈이 흘러들어 거래하기 편해진다'라는 뜻이며, 유동성이 줄어든다는 것은 '돈이 빠져나가 거래하기 어려워진다'라는 뜻으로 해석합니다.

실적이란 회사의 재무적 성과나 경영 성과를 의미합니다. 영업이익률, 매출 증가율, 이익성 등이 향상될 경우 투자자들은 이 회사의 미래 성장성을 기대하게 됩니다.

물론 유동성과 실적 외에도 산업이나 섹터의 성장 전망이나 매크로 상

황 등의 '시장 전망'도 주가에 영향을 미칩니다. (아무래도 2022년 하반기와 2023년 상반기 전체를 관통했던, 인플레이션으로 인한 긴축 상황은 위험자산인 증시에 우호적이지 않았지요.) 그러나 시장 전망 역시 유동성의 한 축으로 이해할 수 있다고 생각합니다. 또 경영진의 전략도 기대감의 요소가 될 수 있는데요. 테슬라 CEO 일론 머스크의 말 한마디에 주가가 춤을 추죠. 그러나 경영진의 전략 자체는 결국 해당 회사의 실적 기대감과 연결됩니다. 이 외에 정부의 법규나 정책도 주가를 움직이는 기대감이 될 수 있습니다만, 이 역시 유동성의 한 부분으로 이해할 수 있다고 봅니다.

정리하면, **"유동성과 실적이 함께 좋아지면 기대감은 더 오른다."**

유동성과 실적이 따로 놀 때를 주의하라
:

유동성이나 실적이 좋다고 언제나 기대감이 커지는 것은 아닙니다. **특히 유동성과 실적이 따로 놀 때는 주의해야 합니다.**

가치투자에서 좋아하는 저평가 주식의 경우 필연적으로 거래량이 없는 '관심소외주'입니다. 실적은 좋지만 유동성은 아주 안 좋은 거죠. 실적이 아무리 좋아도 시장 관심에서 멀어져 있는 주식은 기대감을 일으키기 어려워 주가가 쉽게 오르지 않습니다.

또 이미 고평가돼 있는 종목의 경우 거래 자체는 매우 잘 일어나고 있지만(유동성은 높지만) 실적에 대한 기대감은 충분히 반영된 상태입니다. 그러므로 주가 상승은 제한적입니다. 오히려 고평가라는 인식이 미래 전망을 해치므로 기대감을 떨어뜨리는 요소가 되고 주가는 하락합니다.

실적은 좋지만 유동성이 낮은 종목은 대부분 대주주의 지분이 아주 높거나 지주사인 경우가 많습니다. 여기서 조심해야 할 것은, 이렇게 실적이 좋음에도 거래량이 극단적으로 낮기 때문에 주가 조작의 타깃이 되기 쉽다는 겁니다. 유동성이 극히 낮으면서 실적이 좋은 종목들 중심으로 하루에 0.1~1% 정도를 올리면서 차트를 만들어가는 방식으로 주가 조작을 하는 경우가 있음을 알아둬야 합니다. 특히 공매도가 금지되는 종목군이면서 유동성이 낮은 종목들은 더욱 타깃이 될 수 있겠죠.

반대로 유동성은 충분하지만 이미 고평가인 예를 들자면, 2023년 5월의 에코프로를 포함한 2차전지주가 될 겁니다. 저평가라는 이슈로 연초 대비 단 2개월여 만에 주가가 8~10배 상승한 2차전지 섹터는 5월 들어 폭락하기 시작했습니다. 이미 많이 오른 만큼 투자자들이 회사 전망에 대해 비관적으로 돌아서거나, 더 나은 기대감을 가진 다른 종목으로 갈아타기 때문입니다. 매도 물량이 쏟아지는 거죠.

기대감은 곱하기다
:

유동성과 실적, 그리고 기대감. 이 셋은 앞으로 우리가 장기투자를 하든 단기투자를 하든 비상장투자를 하든 꼭 기억하고 있어야 하는 단어입니다.

- 주가상승 = (유동성 + 실적) × 기대감
- 가치상승 = (유동성 + 실적) × 기대감

결국 주가를 올리는 것은 유동성과 실적, 그리고 기대감입니다. 공식으로 나타내면, 유동성과 실적의 합에 기대감을 곱하는 것으로 결정됩니다. 유동성과 실적이 좋을 경우 주가는 정직하게 오릅니다. 다만 배율은 다릅니다. 이 배율을 결정하는 게 바로 기대감이죠. 물론 유동성과 실적이 기대감을 불러일으키는 주요 요소입니다. 단, 종목과 시황(테마)에 따라 기대감의 '증폭률'이 다릅니다. 평소에 끼가 넘치는 종목과 섹터라면, 또 현재 시장의 자금을 가장 많이 빨아들이는 시황(테마)이라면 더욱 큰 기대감을 불러일으킵니다.

이는 비상장투자나 가치투자에서의 기업 가치 판단에도 동일하게 적용됩니다. 실적이 좋으니 유동성이 현재 부족하더라도 나중에는 늘어나리라 기대하는 동시에, 향후 주도주로 부각될 경우 기대감이 폭증하면서 높은 수익을 거두는 것은 물론 엑시트가 편할 것으로 기대하고 투자하는 거죠.

그런데 이 **기대감이 0이거나 마이너스일 수 있다는 것을 명심해야 합니다.** 0을 곱하면 어떻게 되죠? 주가 변동은 없을 겁니다. 마이너스일 경우는? 주가는 오히려 빠지게 됩니다.

예를 들어보죠. 게임회사의 최대 호재는 '신작 출시'입니다. 대형 게임회사의 신작 출시는 투자자와 게임 업계 전반에 대한 기대감을 높이는 중요한 이벤트입니다. 신작 출시에 따른 기대감은 먼저 유동성을 높입니다. 성공 가능성 판단에 따라 주식을 사거나 파는 경향이 있기 때문이죠. 또 신작 출시는 회사의 매출과 이익을 성장시킬 수 있으니 회사의 가치를 올리는 요소가 되며 주가 상승의 주요 요인이 됩니다. 모두 좋은 내용이죠? 그래서 기대감이 크게 부풉니다.

이렇듯 신작 출시 소식은 대부분 주가를 올립니다. 단, **출시 '직전'까지만** 그렇습니다.

일단 출시하면 신작은 시장의 냉철한 평가를 받습니다. 만약 신작의 매

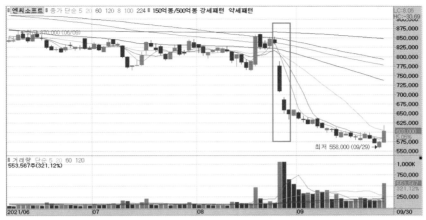

엔씨소프트 차트, 신작 출시 직후 폭락

출이 저조하거나 투자자들이 성공에 회의적인 판단을 하면 기대감은 급감
합니다. 오히려 기대감이 마이너스로 돌아설 수 있겠죠. 이 경우 높아졌던
유동성은 주가 하락과 동시에 거래량 증가를 초래합니다. 이른바 '폭락'이
나오게 되지요.

엔씨소프트는 2021년 8월 26일 기대 신작 〈블레이드 앤 소울 2〉가 나오
기 전까지 주가가 많이 올랐지만, 출시 당일 기대치를 하회하는 성적 예상
이 나오며 폭락했고 주가는 거의 반토막이 납니다.

바이오 회사의 경우는 어떨까요. 코로나19 시절에 치료제나 백신 개발
에 나선 회사들은 주가가 급등한 바 있습니다. 넘쳐나는 유동성에 실적 기
대감까지 겹치면서 주가가 그야말로 10~30배씩 치솟았습니다. 그러나 코
로나19 테마가 종식될 즈음 개발에 성공한다고 해도 주가가 오를까요? 그
렇지 않습니다. 이미 기대감은 0에 수렴하게 됩니다. 그럼 주가는? 변동 없
겠지요.

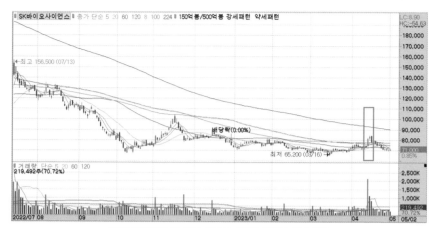

SK바이오사이언스 차트, 기대감 소멸로 미미한 시장 반응

　　SK바이오사이언스는 대표적인 코로나19 수혜주입니다. 테마를 업고 큰 폭으로 주가가 올랐으나 코로나19 유행 감소와 함께 자연스레 관심에서 멀어졌습니다. 그리고 2023년 4월 중순 코로나19 백신 임상 3상 성공 소식이 들려왔는데도 시장은 크게 반응하지 않았습니다. 이틀 반짝 오르고 바로 하락하죠. 기대감이 거의 소멸했다는 이야기입니다.

02 주식시장의 기초 용어

주식투자를 위해 꼭 알아야 하는 개념과 용어를 간단히 살펴보겠습니다. 초보들은 용어에서부터 부담감에 막히곤 하는데, 한 번만 알아두면 됩니다. 계속 새로운 용어가 생기는 것도 아니고, 실제로 사용하는 것이 많지도 않습니다. 수많은 경제 용어를 알면야 좋겠지만 안다고 다 쓸모 있는 건 또 아니죠. 딱 매매하는 데 필요한 용어들만 투자 스타일에 맞춰서 이해하고 있으면 됩니다. 구구단을 외우기 위해 아라비아 숫자를 익히는 정도의 단계입니다.

주가지수

주식을 하지 않는 사람도 뉴스에서 매일 종합주가지수를 알려줘서 오르는구나, 내리는구나 정도는 알고 지낼 겁니다. 경제 분야의 '오늘의 날씨'와도 같죠.

주가지수는 '특정 주식들의 가격 변동을 추적하기 위해 사용되는 통계적 측정치'를 말합니다. 이 지수는 특정 주식시장, 섹터, 산업, 또는 국가의 전반적인 투자 환경을 나타냅니다. 주가지수는 특정 주식의 가격과 발행 주식 수를 곱한 값(시가총액)들의 합계를 구한 후 이를 저마다의 가중치로 나눠 계산합니다.

가장 잘 알려진 주가지수는 한국의 **코스피**(KOSPI), **코스닥**(KOSDAQ), 미국의 **S&P500, 나스닥**(NASDAQ) 등이 있습니다. 이 외에도 미국의 **다우존스지수**(Dow Jones Industrial Average, DJIA), 중국의 **상하이종합지수**, 일본의 **닛케이225지수**도 있죠.

국내에도 코스닥이나 코스피 외에 산업별 최우량 200개 기업을 모아놓은 **코스피200**, 중대형 벤처기업 위주로 편성한 **코스닥150**, 코스피 시장과 코스닥 시장의 우량종목 300개를 골라서 발표하는 **KRX300** 등 다양한 주가지수가 있습니다.

이러한 주가지수는 시장의 전반적인 흐름을 파악하는 데 중요한 도구로 사용되며, 투자자들은 이를 바탕으로 투자 전략을 세우고 시장 상황을 가늠합니다. 일반적인 개인 투자자라면 코스피와 코스닥, S&P500, 나스닥 정도를 확인하면 됩니다.

주식의 종류

국내 주식시장에는 2023년 11월 기준 2,500개가 넘는 종목이 상장돼 있습니다. 코스피 833종목, 코스닥 1,673종목입니다. **코스피** 시장(유가증권시장)은 주로 대기업 주식이 거래되는 우리나라 제1의 주식시장이죠. 미국의 나스닥을 본떠 만든 **코스닥** 시장은 주로 중소기업과 벤처기업 주식이 거래됩니다. 시장 규모에 따른 가장 기본적인 주식의 분류죠.

이 외에도 주식은 지역, 산업, 배당 정책, 변동성 등에 따라 다양한 기준으로 분류됩니다. 가장 많이 접하는 용어 위주로 알아보겠습니다.

- **가치주** : 가치주는 시장에서 그 가치보다 낮게 평가되는 주식을 말합니다. 즉, 회사의 실질적인 가치(자산, 수익, 배당 등)에 비해 주가가 상대적으로 낮은 주식이죠. 주가수익률(PER)*이 낮다고 하여 '저퍼주'로 부릅니다. 가치투자자들은 이러한 가치주를 찾아서 장기적으로 보유하고 시장이 그 가치를 인식하면 주가가 오를 것으로 기대합니다. 일단 사서 가만히(…) 있는 전략에 맞는 주

> **PER, 주가수익률**
> Price-to-Earnings Ratio. 주가가 한 주당 수익액의 몇 배인가를 나타내는 지표. 주가를 회사의 주당 이익(EPS, Earnings Per Share)으로 나눈 값.

식입니다. 소위 '물렸다'라는 표현을 '가치주에 투자하고 있다'라고 우스갯소리로 할 때가 있습니다. 가치주는 필연적으로 유동성이 낮은 관심소외주입니다.

- **성장주** : 성장주는 회사의 수익이 동종 섹터 평균보다 빠르게 성장할 것으로 예상되는 주식을 말합니다. 이런 회사들은 수익이 빠르게 증가하고 있거나, 또는 미래에 그럴 것으로 예상되기 때문에 종종 높은 PER을 보입니다. '고퍼주'라고도 하죠.

높은 PER은 투자자들이 해당 회사의 미래 이익 성장에 대해 높은 기대를 가지고 있음을 의미합니다. 또한 투자자들이 회사의 주식을 사기 위해 더 많은 돈을 지불할 준비가 돼 있다는 것을 의미합니다. 현재는 고평가돼 있지만 미래를 생각하면 저평가라는 이야기죠. 이 미래 성장성이라는 기대감을 충족시켜주지 못하면 결국 고평가로 확정되는 거고 이내 주

가는 하락하기 쉽습니다. 개인적으로는 성장주를 '없다가 생긴' 것을 가진 종목이라고 생각합니다.

- **주도주** : 주도주 또는 블루칩주는 크고 안정적인, 잘 알려진 회사의 주식을 말합니다. 이들은 종종 시장을 주도하는 역할을 하며, 일반적으로 안정적인 수익과 꾸준한 배당을 제공합니다. 이들 주식은 보통 경제 환경이 좋든 나쁘든 안정적인 성과를 보이는 경향이 있습니다. 지수를 견인하는 종목이라서 대부분 대형주입니다.

- **배당주** : 꾸준히 배당금을 지급하는 주식을 의미합니다. 이들 주식은 보통 안정적인 수익을 낼 수 있는 회사에서 나옵니다. 배당주 투자자는 이를 통해 안정적인 자본소득을 얻길 바라는데요. 한국은 배당 성향이 낮습니다. 배당주는 미국 주식에서 찾기 쉽습니다.

- **사이클주** : 한국에서는 보통 시클리컬주, 경기민감주로 부릅니다. 경제 순환에 따라 그 성과가 크게 변동하는 주식을 의미합니다. 간단하게 경제가 좋을 때만 잘 오르는 주식을 생각하면 됩니다. 경제가 호황일 때에는 사람들이 더 많은 돈을 쓰므로 소비재 회사의 주식이 잘 오르죠. 보통 자동차, 호텔, 항공사, 가구, 가전제품, 화학제품 등 소비자가 선택적으로 소비할 수 있는 물품을 생산하는 회사들의 주식입니다. 2022년 하반기 들어 경기 침체 우려 등으로 중고차 가격이 하락하면서 미국의 중고차 상장사 주가가 -90%까지 폭락했죠. 시클리컬주의 숙명입니다. 시클리컬주는 보통 경제 회복기 초입에 매수하고 성장 단계의 끝에서 매도하는 전략을 사용합니다(물론 의도대로 되지만은 않겠지요).

- **경기방어주** : 경기가 좋지 않을 때에도 안정적인 수익을 낼 수 있는 주식을 의미합니다. 보통 필수 소비재나 공공서비스를 제공하는 회사의 주식입니다. 돈이 아무리 없어도 밥은 먹고, 약은 사야겠죠. 통신, 전기, 가스도 사용해야 합니다. 그래서 경기방어주는 경기침체 등으로 인해 불확실성이 높아질 때 선호됩니다. 경기가 안 좋을 때는 리스크를 감수하기보다 그래도 이익이 나는 종목에 돈이 몰린다는 이야기죠.

- **모멘텀주** : 주식의 가격이 일정 기간 동안 계속 상승하거나 하락하는 추세를 보이는 종목군을 의미합니다. 모멘텀주는 해당 추세가 계속될 것이라는 기대감을 바탕으로 거래됩니다.

- **라지캡, 미드캡, 스몰캡** : 시가총액에 따른 구별입니다. 국가마다 다른 면이 있습니다. 우리나라는 보통 상장사 중 시총이 1000억~3000억 원 사이의 중소기업을 스몰캡(small capital), 3000억~1조 미만을 미드캡으로 지칭하며, 라지캡은 보통 시총 1조 이상의 대형 기업을 가리킵니다.
그런데 명확히 정해진 규정은 없습니다. 증권사마다 조금씩 다르게 말하고 있어요. 어떤 곳에서는 시가총액 상위 100위까지를 대형주(Large Cap)로, 101위부터 300위까지를 중형주(Mid Cap)로, 나머지 종목을 소형주(Small Cap)로 분류합니다. 사실 매매하고 돈 버는 데는 이 구분이 아무 영향도 없습니다.
간단하게 3000억 미만은 스몰캡, 3000억~1조 사이는 미드캡, 1조 이상은 라지캡으로 생각하면 됩니다. 1000억 미만은 이른바 '잡주'입니다. 개인 투자자는 잡주에서 초과 수익이 잘 나는 편이죠.

- **스팩주** : 스팩(SPAC, Special Purpose Acqusition Company)이란 기업인수목적 회사를 말합니다. 개인 투자자들의 자금을 공개적으로 모아 비상장사를 합병할 목적으로 특별 상장하는 서류상의 회사입니다. 신주를 발행해 공모자금을 모은 뒤 3년 이내에 비상장기업을 합병해야 합니다. 괜찮은 회사를 찾아 합병하면서 기대감으로 주가를 상승시키고 이를 통해 이익을 실현하는 것이 주목적이죠.

  스팩주의 장점은 3년 내 합병을 못 할 시에도 (상장폐지되면서) 상장 당시 가격에 이자를 얹어 돌려준다는 겁니다. 공모가에 산다면 이익은 확정이죠(우리나라 스팩 공모가는 보통 2,000원입니다).

  좋은 회사가 합병한다고 하면 소위 스팩주 테마가 형성되고 주가가 급등합니다. 그러나 아이러니하게도 스팩주 가격이 오르면 피합병회사는 합병 비율 산정에서 불리해지기 때문에 합병 성사 확률이 낮아집니다. 따라서 주가가 단기 급등한 뒤 다시 떨어지는 경향을 보입니다. 막상 합병에 성공해도 주가가 내리막을 걷습니다.

  더군다나 유통 비율이 낮은 품절주*에 저시총주라는 이유로 투기 세력이 작전을 자주 겁니다. 개미들은 피해 보기 일쑤이므로 웬만하면 거래하지 마십시오.

  > **품절주**
  > 유통 주식 수가 적은 주식을 일컫는다. 매매가 활발하게 이루어지기 어려운 대신, 그만큼 적은 돈으로도 주가는 급등 혹은 급락할 수 있다. 유동성이 낮다고 표현하기도 한다.

- **보통주와 우선주** : 우리가 거래하는 주식은 보통주와 우선주로 나뉩니다. 보통주는 회사의 이익에 대한 권리와 함께 의결권을 부여합니다. 우선주는 배당이나 잔여재산 분배에 우선권을 부여하지만 의결권은 없습니다. 일반적으로 많이 거래하는 주식은 보통주입니다.

우선주는 종목명에 '삼성전자우'처럼 '우'가 붙습니다. 보통주보다 상대적으로 저렴하고 배당률이 높다는 점을 장점으로 꼽지만, 저는 우선주를 매매하지 않습니다. 거래량이 극도로 부족한 저유동성 종목이기 때문이죠. 한번 물리면 몇 년을 고생할 수 있습니다. 품절주 성격을 띠기 때문에 단기 급등을 노린 투자 수요가 몰리면 주가가 급등락합니다. 같은 이유로 작전 세력이 잘 건드립니다. 초보는 조심해야 합니다.

	보통주	우선주
발행주식수	많음	적음
의결권	있음	없음
배당률	낮음	높음
거래량	많음	적음
변동폭	안정	불안정

보통주 vs 우선주 비교표

투자자 동향

주식시장에서 투자자를 크게 3가지 유형, 즉 개인·외국인·기관으로 나눕니다. '투자자 동향'에 뜨는 주체들이죠. 상식 차원에서 훑어보고 갑시다.

- **개인 투자자** : 보통 '개미'라고 이야기하는 투자자들입니다. 우리들이죠. 투자액은 적지만 그 수가 많습니다. 이전에는 시장에 영향을 미치기 어려웠는데, 2020년 '동학개미'라고 부르는 개인 투자자들이 대거 주식시장에 진입하며 영향력을 갖기 시작했죠. 하지만 수많은 개미 중 수익을 내는 개미는 극소수입니다.

- **외국인 투자자** : 각 종목에서 내국인이 아닌 외국인이 보유한 물량을 의미합니다. 통상적으로 외국인 보유가 많은 종목들은 대형주 등 건실한 경우가 많습니다. 당일 매매동향에 자신이 보유한 종목을 외국인이 많이

산 경우 무언가 안도감을 느끼는 투자자들이 많은데요. 투자 판단에 아무런 도움이 되지 않는 지표입니다. 외국이 많이 샀다고 다음 날 오르는 거 아니고, 외국이 많이 팔았다고 다음 날 빠지는 거 아닙니다. 본인의 투자 아이디어 설정이 훨씬 더 중요합니다.

- **기관 투자자** : 기관은 보통 법인을 의미합니다. 사람은 자연인, 회사는 법인으로 부릅니다. 증시에서는 기관을 다음과 같이 분류해서 관리합니다.

  - **금융투자** : 증권사라고 알아두면 편합니다. 각 증권사들이 자신들의 고유자산(남의 돈이 아닌 자기자본)으로 하는 투자 유형입니다. 고객의 예금 및 신탁자산 외의 자체 자산이나 차입금 등 자기자본으로 채권과 주식, 파생상품 등에 투자할 수 있는데요. 매매에 아무런 제한이 없습니다. 증권사의 일반 트레이더가 고객 돈을 굴린다면, 프랍 트레이더들은 회삿돈을 굴리는 거죠. 이들이 시장에 참여할 때 매매동향이 '금융투자'로 뜹니다. 한마디로 기관에서 단기투자를 하는 겁니다. 개인보다는 굉장히 유리한 위치예요. 개인은 거래 수수료를 내야 하지만, 증권사 프랍들은 안 내거든요. 한 호가 아래서 팔아도 수익이니까요. 단, 아예 0은 아닙니다. 증권사에서 협회비라고 해서 미리 걷어가긴 합니다. 아주 미미하지만요. 가장 중요한 사실 하나만 알아두시면 됩니다. '단타'입니다.
  - **보험** : 말 그대로 보험사가 하는 투자입니다. 고객이 납입한 보험금으로 하는 투자 유형입니다. 고객 돈을 날리면 큰일이겠지만, 아직까지 투자로 망한 케이스는 없습니다. 손해를 보면 안 되기 때문에 안전 지향 투자가 됩니다.

- **투신** : 증권사가 자기자본 말고, 고객 돈으로 굴리는 것입니다. 대표적으로 랩 상품(증권사가 자산운용을 대신해주는 계좌)이나 펀드 같은 걸로 상장주식을 사는 식입니다. 투자하는 포트가 정해져 있고, 회전율 등의 제한도 받는 편입니다.

- **기타금융** : 간단하게 말하면 제2금융권의 주식투자입니다. 새마을금고 같은 곳에서 매매했다고 보면 됩니다. 규모가 크지 않아서 별로 신경 쓰지 않는 편입니다.

- **은행** : 보험과 비슷합니다. 고객 예탁금을 활용해서 투자하는 형태입니다. 안전한 곳에 투자하는 편입니다.

- **연기금 등** : 국민연금, 공무원연금, 우체국보험기금, 사학연금 등의 기금류에서 살 때 체크됩니다. 아주 '장기' 투자를 하는 편입니다.

- **사모펀드** : 소수의 투자자로부터 모은 자금으로 자산운용사가 운용하는 펀드입니다. 하나의 사모펀드는 49인 이하로 설정할 수 있습니다. 큰손 49명이 하나의 사모펀드로 주식을 산다고 보면 됩니다. 자산운용사 스타일에 따라 다양한 투자 행태를 보입니다.

- **국가** : 정말 국가나 지방자치단체가 매매할 때 이렇게 찍힙니다. 잘 등장하지 않는 동향이에요. 돈 벌어도 욕먹을 거고, 잃어도 욕먹기 때문입니다. 매매하기 쉽지 않겠죠?

- **기타법인** : 금융회사가 아닌 일반 법인을 의미합니다. 예를 들어 삼성전자가 다른 상장사에 투자할 경우 기타법인으로 뜹니다. 투자 성향은 사모펀드처럼 다양합니다.

거래원

수급 주체들이 종목을 매매함에 있어 어떤 증권사에서 거래를 하는지 보여주는 지표입니다. 보통은 키움증권이 언제나 매수·매도 상위에 있습니다.

거래원에 표시되는 증권사 성격을 알아두는 것도 좋습니다. 먼저 가장 많이 보이는 키움은 이용자 대다수가 개인입니다. 요즘은 기관도 키움을 쓴다는 말이 있지만 다 헛소문입니다. 그냥 키움이 상위 거래원이면 개미가 사고 있구나, 개미가 팔고 있구나 여기면 됩니다. 그리고 모두 단기투자입니다. 실제 조금 더 오래 가져가는 경우도 왕왕 있습니다만, 그 경우는 물려서 어쩔 수 없이 오래 들고 가는 비자발적 장기투자입니다.

그다음으로 많이 보이는 증권사가 미래에셋증권입니다. 미래에셋 역시 개미입니다. 언제나 1등이 되고 싶은 2등 증권사가 미래에셋이죠. 3등부터는 사실 큰 의미 없습니다. 삼성증권과 KB증권 정도로 보면 되겠습니다.

여기서 눈여겨볼 것은 **상위 거래원이 키움과 미래에셋이 아닌 경우**입니다. 어떤 종목을 매매할 때 키움과 미래에셋이 아닌 증권사가 매도, 매수 1위를 차지할 때가 있습니다. 이 경우는 의심을 해봐야 합니다. 해당 종목의 호재를 알고 있는 조막손들이 정체를 숨기지도 못하고 덤비는 경우가 많기 때문입니다.

이건 어디까지나 저의 편견일 수 있는데요. 키움과 미래에셋이 아닌 증권사가 '매수' 상위에 있는 경우, 주가가 어느 정도 올라가다가 이내 힘을 받지 못하고 무너지는 경우가 많습니다. 반면 '매도' 상위인 경우는 오버행* 이슈 등으로 단기 물량 출하일 경우가

> **오버행**
> 언제든지 매물로 쏟아져 나올 수 있는 잠재적인 과잉 물량 주식을 일컫는다. 대개는 주가에 악재로 작용한다. 예컨대 대주주의 보호예수 기간이 만료된 종목이나 채권단이 자금 회수를 위해 담보로 잡은 주식을 처분할 것으로 예상되는 종목들은 오버행 이슈가 발생해 주가에 부정적 영향을 미칠 수 있다.

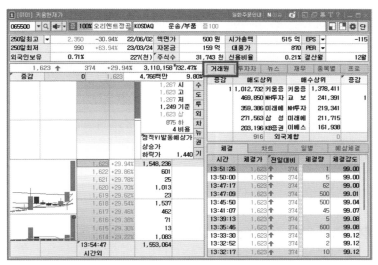

현재가 화면에서 거래원 확인

많습니다. 하지만 그렇게 드러내고 매도하는 경우라도 거래량이 많다면 당연히 상위 거래원에 노출되지 않겠죠. 후순위 증권사가 거래원 매도 상위에 나오는 것 자체가 이미 거래량이 적은 관심소외주라는 이야기입니다. 이래저래 좋지 않다는 점을 기억해주세요.

거래원은 현재가 화면에서 볼 수 있습니다. 여기서 증권사 이름을 클릭하면 각 거래원별 **순간거래량** 화면이 뜹니다. 어떤 특수 증권사가 모아가고 있는지 평단(평균단가)은 대충 얼마인지를 알 수 있습니다.

D+2 제도

주식을 사고팔면 언제나 D+2일에 결제됩니다. 초보들은 처음에 큰 혼란에 빠지죠. 예를 들어, 월요일에 1000만 원으로 삼성전자 주식을 샀다가 당일에 300만 원 수익을 거두고 팔았다면 예수금 1300만 원이 됩니다. 그런데 이 1300만 원을 인출하는 것은 D+2일인 수요일에 가능합니다.

그냥 법이 그렇습니다. '유가증권시장 업무규정 제7조'에 "매매계약을 체결한 날부터 기산하여 3일째 되는 날에 결제"라고 쓰여 있습니다. 물론 인출만 D+2일에 되는 것이고, 일단 예수금으로 잡힌 1300만 원으로 매매는 얼마든지 할 수 있습니다. '이틀 후 들어오는 돈을 담보 잡고' 매매한다고 생각하면 됩니다. 그리고 이 D+2는 거래일 기준입니다. 앞의 사례에서 수요일이 공휴일이라면 목요일에 인출할 수 있습니다.

무상증자 이틀 전 하한가로 내려앉는 이유는?

D+2 제도 때문에 생기는 재밌는 현상도 있습니다. 예를 들어 무상증자 기준일이 12월 7일(수)이라고 하고 무상증자 대상자가 되려면 실제로는 D-2일인 12월 5일(월)에 주식을 가지고 있어야 합니다. 그래야 3일째 되는 7일에 '결제'가 되기 때문이죠. 마찬가지로 12월 7일(수)에 무상증자 물량이 상장된다고 하면, 실제로는 D-2일인 12월 5일(월)에 미리 주식을 매도할 수 있습니다.

이를 **권리입고예정 주식매도주문**이라고 합니다. 유상증자, 무상증자, 전환주식 등으로 취득 예정인 주식을 아직 받지는 않았지만 그 권리를 가지고 있다고 인정해 상장일 D-2부터 이틀 동안 미리 공매도를 통해 수익을 확정 지을 수 있습니다. 추가 상장 이틀 전부터 물량이 쏟아지는 이유가 바로 이거랍니다.

피코그램의 예를 통해 확인해볼까요. 무상증자 물량이 입고되는 12월 7일(수) 이틀 전인 12월 5일(월) 주가가 뚝 떨어지며 -30% 하한가를 기록합니다(빨간색 상자). 공시를 확인해보면 12월 7일 무상증자 물량이 상장될 예정이었죠. 그러면 보통 12월 7일에 대규모 물량이 풀릴 것으로 생각하겠지만, 주식을 아는 투자자는 이미 이틀 전부터 물량이 풀릴 것을 예상합니다. 12월 5일부터 공매도를 할 테니까요.

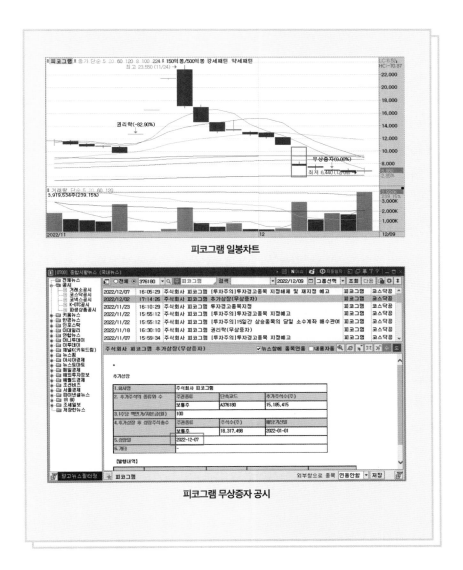

피코그램 일봉차트

피코그램 무상증자 공시

상한가, 하한가

주식시장에서 개별 종목의 주가가 일별로 상승할 수 있는 최고 가격을 **상한가**, 반대로 하락할 수 있는 최저 가격을 **하한가**라고 합니다. 주식시장에서 과도한 투자자 손실을 방지하고 시장을 안정적으로 보호하기 위해 하루 주가 변동의 상·하한 폭을 정하는데(가격제한폭), 우리나라는 현재 각각 30%로 제한하고 있습니다. 코스피와 코스닥 모두 같습니다.

예를 들면, 어제 10만 원이었던 주식은 오늘 최고 13만 원까지만(+30%) 오를 수 있습니다. 반대로 7만 원(-30%)으로 하한가를 찍으면 더는 떨어지지 않습니다.

최대 30%인 거지 '상한가 = +30%'는 아닙니다. 보통은 호가 상황에 따라 29.XX% 정도가 그날의 상한가로 정해지는 경우가 많습니다. 하한가도 마찬가지입니다.

한국거래소는 2015년 6월부터 가격제한폭을 15%에서 30%로 확대하면서 보완책으로 변동성완화장치(VI) 제도를 도입했습니다. 우리나라와 달리 미국, 영국, 독일, 홍콩 등에는 가격제한폭이 없습니다.

변동성완화장치(VI)

개별 종목의 체결 가격이 주문 실수나 수급 불균형 등에 의해 일정 범위를 벗어날 경우 일시적 주가 급변 및 투자자의 피해를 막기 위해 2~10분간 단일가 매매로 전환하는 제도입니다. 가끔 장 중인데 3호가 단일가로 거래가 정지된 것처럼 보일 때 있지요? 바로 VI(Volatility Interruption) 발동 상태입니다.

상·하한가 15%이던 시절에는 VI가 없어서 시세를 쉽게 쉽게 가져갈 수 있었지만, 이제 VI가 발동되면 거기에서 매도 물량이 너무 많이 나와 주가가 밀리는 경우를 많이 겪게 됩니다. 개인 투자자를 보호하기 위한 안전장치라지만 실제로 2분간의 매매 정지 기간 동안 물량을 잔뜩 들고 있는 기관이나 큰손들이 던지는 용도로 쓰이는 것 같은 느낌마저 듭니다.

어려워하지 마세요. **개별 종목의 체결가에서 시가 대비 ±10% 변동성이**

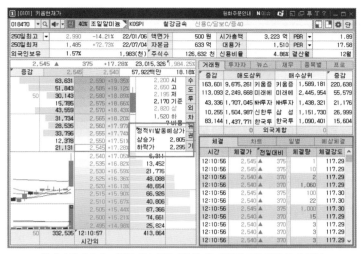

현재가 화면에서 VI 발동예상가(빨간색 상자), 체결강도(초록색 상자) 확인

생기면 VI가 걸리고 거래가 잠시 멈춘다'라고 알아두시면 됩니다. 실전 매매에서는 시장에 힘이 없을 때 혹은 주도 테마가 아닌 경우, VI 발동 이후 주가가 흘러내리는 경우가 많습니다. 그래서 VI 호가 바로 전에 매도를 걸어두는 게 더 안전한 매매가 될 수 있죠. VI 발동 예상 가격은 보통 HTS 현재가 화면에서 쉽게 확인할 수 있습니다.

체결 강도

체결 강도 역시 현재가 화면에서 볼 수 있습니다. 100을 기준으로 100보다 위면 매수 우위, 100보다 아래면 매도 우위를 뜻합니다. 체결 강도를 참고하느냐는 질문도 종종 받습니다만, 사실 저는 안 봅니다. 투자하면서 한 번도 매매에 활용한 적이 없습니다.

기본적 분석과 기술적 분석

주식투자에는 보통 두 가지 분석 방법이 사용됩니다. 기본적 분석과 기술적 분석이죠. 기본적 분석은 펀더멘털 분석이라고도 부릅니다.

- **기본적 분석** : 각 회사의 재무제표를 중심으로 한 분석입니다. 산업 동향, 경제지표, 경영진 분석을 포함합니다. 투자자들은 이를 통해 현재 주가가 고평가인지 저평가인지 판단합니다. 회사의 실질 가치(공정 가치) 판단에 도움이 됩니다.

- **기술적 분석** : 간단하게 말하면, 차트 투자입니다. 과거의 차트 데이터를 분석해 미래의 주가 추세를 판단합니다. 이동평균선, 거래량, MACD(이동평균 수렴확산 지수), RSI(상대강도지수), 볼린저밴드 등 차트를 기반으로 나오는 다양한 분석 도구를 활용합니다. 단기투자에서 매우 중요합니다.

투자를 잘하려면 결국 두 분석 방법 모두 사용해야 합니다. 기본적 분석은 최근 트렌드를 반영하지 못하고, 기술적 분석은 장기적 가치를 판단할 수 없기 때문입니다.

공매도

주식시장에서 공매도란 향후 주가가 하락할 것으로 예상되는 종목의 주식을 빌려서 매도한 뒤 실제로 주가가 하락하면 싼값에 되사들여 빌린 주식을 갚음으로써 차익을 얻는 투자 전략입니다. 영어로 숏셀링(Short selling), 줄여서 '숏'이라고도 합니다.

예를 들어, 특정 종목 주가가 1만 원이고 주가 하락이 예상되는 경우에 그 주식을 갖고 있지 않더라도 일단 1만 원에 공매도 주문을 내서 팝니다. 계좌에 1만 원이 들어오겠죠. 그러고 갚기로 약속한 기일 전에 주가가 실제 7,000원으로 하락했습니다. 이때 7,000원에 다시 매수(환매수, 숏커버링)해서 원래 주인에게 주식을 갚는 것입니다. 결과적으로 3,000원의 시세차익을 챙기게 되지요. 물론 주식을 빌리는 데 따른 수수료는 내야 합니다.

시장이 늘 내 예상대로 움직이는 않죠. 공매도를 했는데 주가가 오를 수도 있습니다 이때 손실을 줄이기 위해 (더 오르기 전에) 급박하게 해당 주식을 환매수하는 행위를 '숏스퀴즈'라고 합니다. 기관의 숏스퀴즈는 주가 급등으로 이어지기도 합니다.

공매도 제도는 필요할까?

한국에서의 공매도 투자는 주식시장에서 중요한 역할을 하는 메커니즘 중 하나입니다. 공매도는 기업의 본질 가치보다 주가가 너무 고평가됐다고 판단될 경우, '없는 주식'을 빌려서 매도하고 실제로 주가가 하락하면 시세차익을 얻는 방식입니다.

공매도가 금지되면 주가가 심각하게 고평가되더라도 매도할 수 있는 세력이 없기 때문에 주가는 이론적으로 계속 올라갈 수 있습니다. 그러나 결국 주가는 차익 실현을 하게 되어 있습니다. 이때 하락 폭이 매우 크겠죠.

한국 개인 투자자들은 공매도를 악의적 제도로 규정하는 경우가 많지만, 명확한 장단점을 가지고 있습니다. 이를 이해하는 것이 중요합니다. 공매도의 장점은 다음과 같습니다.

· **시장 효율성 증대** : 공매도는 과대평가된 주식의 가격을 조정하는 데 도움을 줍니다. 이는 시장의 가격 발견 기능을 강화하고, 시장의 효율성을 증대시킵니다.

· **유동성 증가** : 공매도는 시장에 유동성을 더함으로써 주식의 매수와 매도가 더 쉽게 이루어지게 합니다.

· **헤지(hedge) 전략** : 투자자들은 공매도를 활용하여 포트폴리오를 다각화하고 리스크를 관리할 수 있습니다. 이는 시장이 하락할 때 손실을 줄이는 데 도움이 됩니다.

공매도의 단점은 다음과 같습니다.

· **시장 하락 촉진** : 공매도는 때로 시장의 하락을 가속화합니다. 특히, 시장이 불안정할 때 주가 하락을 더욱 심화시킬 수 있습니다.

· **단기적 시장 왜곡** : 공매도는 주로 단기적인 수익을 목표로 하기 때문에, 기업의 실제 가치와 무관하게 주가 변동을 일으킬 수 있습니다.

· **공매도 공격** : 투자자들이 공매도를 이용하여 특정 기업의 주가를 의도적으로 떨어뜨리려고 시도하는 경우가 간혹 있습니다. 이러한 '공매도 공격'은 해당 기업에 부정적인 영향을 미칠 수 있습니다.

공매도는 시장에서 중요한 역할을 하는 만큼 이에 대한 규제와 감독도 중요합니다. 투자자 보호와 시장 안정성 사이에서 적절한 균형을 찾는 것이 필요합니다. 공매도에 대한 정확한 이해가 선행되고 적절한 규제가 이루어질 때 비로소 시장의 건전성을 유지하는 중요한 역할을 제대로 수행할 수 있습니다.

주가가 무조건 올라야만 한다고 생각하는 개인 투자자는 공매도 금지를 외치겠지만, 정부 기관에서는 안정성을 더 중요하게 생각합니다. 그래서 공매도는 필요하다고 생각할 거고요. 또 공매도 하우스도 무조건 공매도를 할 수 있는 것도 아닙니다. 명확한 근거가 있어야 해요. 가치투자에서 말하는 '가격 과열'일 것입니다.

우리나라 주식시장이 선진화되려면 미국 주식의 공매도 제도를 올바르게 벤치마크하고 관리 감독을 잘해야 할 것 같습니다.

참고로, OECD 국가 중 한국만 공매도 시 '빌려서' 매도하고요. 미국 등 선진국들에서는 주식을 빌리지 않고도 매도할 수 있습니다. 한국에서 문제가 되고 있는 무차입 공매도는 선진국에서는 합법입니다.

03 투자 전략의 종류

단기투자, 장기투자

가장 대표적인 투자 전략이죠. 마치 이분법처럼 나뉘어 서로를 적대시하는 풍조가 있는데, 박스권을 벗어나지 못하는 한국 증시에서 이런 대결 구도는 무의미하다고 봅니다. 사실 단기와 장기를 명확히 나누는 보유 기간의 기준도 정해진 바는 없습니다.

단기투자는 매수 후 짧은 시간 내에 매도하는 투자 전략이죠. 투자자가 시장의 빠른 변동에 대응하며 단기간에 높은 회전율을 통해 수익을 쌓는 방식입니다. 저는 스캘핑(분, 초 단위로 거래하는 초단타 매매), 데이트레이딩(당일 안에 매매), 단기투자(하루에서 며칠 사이에 매매), 스윙(5일~수개월 보유)으로 구분합니다.

장기투자는 보통 몇 년에서 수십 년에 걸쳐 보유하는 투자라고 하지만 꾸준히 우상향하는 미국 시장에나 적합한 기준입니다. 저는 6개월 이상 보유하면 장기투자로 봅니다. 단순히 주식뿐 아니라 채권, ETF 등 다양한 자산을 편입합니다.

가치투자

가치투자는 기업의 '가치'에 투자합니다. 공정가격(이 종목의 진짜 가치를 말함. 이 공정가격을 산출하는 공식들이 많다. PER, PBR, EBITDA 등)보다 현재 시장가치(현재가)가 아래에 있는 것을 확인하고서 투자하는 전략입니다. 이 전략은 회사가 꾸준히 성장할 것으로 가정하는 배당성장모델이 미국에서 너무 잘 맞아떨어져 생겨났다고 생각합니다. 물론 내재가치(주관적 미래 가치를 포함)와 공정가치(재무제표에 기반한 객관적 가치)에 따라 설명을 달리하지만, 결국 현재 가격이 저평가됐다는 판단하에 투자하는 것입니다.

성장투자

성장투자는 성장하는 주식, 즉 성장주에 투자한다는 전략인데요. 배터리 수요가 갑자기 폭발하면서 배터리주들이 성장주로 추켜세워졌죠. 플랫폼도 막 떠오르던 시기에는 성장주로 평가받았습니다. 이처럼 새롭게 '뜨는' 사업을 영위하면 성장주로 봅니다. 워런 버핏은 굳이 가치주와 성장주를 구별할 필요가 없다고 말합니다.

집중투자, 분산투자

집중투자는 한 종목이나 하나의 포지션으로 투자하는 것을 의미합니다. 반대로 **분산투자**는 여러 종목이나 섹터, 자산에 나눠서 투자하는 전략입니다. "계란을 한 바구니에 담지 말라"라는 말로 유명하죠.

그런데 개미는 분산투자로 돈을 잘 못 법니다. 특히 한국에서 더 그렇습니다. 보통 분산투자를 할 때는 한쪽에서 못 벌면 다른 한쪽이 수익을 채워 줄 거라는 기대로 시작하지만, 보통은 한쪽이 심하게 깨지면 다른 한쪽이 덜 깨지는 수준입니다. 그냥 시장 지수대로 움직이는 게 일반적입니다.

그런데 그걸 자신의 분산 포트폴리오 덕분에 조절되고 있다고 착각하는 순간 자산이 줄어들기 시작하죠. 분산투자는 그냥 헤지(hedge, 금전적 손실을 막기 위한 대비책)의 의미로 활용해야 합니다. **분산투자를 수익의 방법으로 이해하고 있으면 망하게 된다**고 봅니다.

퀀트투자

계량투자라고도 하는데요. 통계학과 수학에 기반하여 정량적인 전략을 짜는 행위를 퀀트투자라고 일컫습니다. 오로지 숫자만 보면서 투자하는 걸 의미합니다.

퀀트마다 공식이 다 다른데, 한국에는 퀀트투자로 이름을 알린 개인 투자자는 거의 없습니다. 2020년과 2021년 다 오르는 시장에서 퀀트로 수익을 냈다고 주장하는 것은 사실상 양심이 없다고 봐야죠. 아마 그 퀀트를 따른 개미 대부분은 2022년에 피눈물을 쏟지 않았을까 싶네요.

모멘텀투자

모멘텀은 '물체가 가는 방향으로 계속 가려는 현상'을 의미하는데요. 투자에서는 어떤 성장 동력이 생기면 '상승 모멘텀이 생겼다'라고 합니다. 그리고 일단 상승하기 시작하면 '계속' 상승한다고 여기면서 '추세 매매'로 이어지죠. 쉽게 말해 '가는 놈이 계속 간다'는 소리예요. '추격 매매' 혹은 '따라잡기 매매'를 우아하게 표현한 것입니다. 조금 지식인처럼 설명해보자면, 모멘텀투자는 '특정 주식이나 시장의 최근 성과에 따라 투자 결정을 내리는 투자 전략'으로 정의할 수 있습니다.

팩터투자

마지막으로 팩터투자라고, 2018년부터 크게 유행한 방식이 있습니다. 이 세상 모든 재료를 분석해 투자하는 전략입니다. 경제적·사회적 요인, 수급과 심리, 차트 등 모든 것을 감안해서 투자하는 것이죠. 사실 투자를 할 때 모든 요소를 분석하는 것은 당연한 일인데 멋들어진 이름이 붙은 것뿐입니다. 제가 해온 투자는 팩터투자에 가장 가깝다고 생각합니다.

04 나는 트레이더일까, 인베스터일까

투자의 대가 벤저민 그레이엄은 이렇게 말했죠. "투자란 다른 사람을 이기는 것이 아니다. 자신과의 게임에서 스스로를 제어하는 일이다."

투자를 함에 있어서 **스스로의 성향이나 실력, 강점과 약점, 심리적 또는 물리적 습관 등을 객관적으로 파악하는 것이 매우 중요합니다.** 투자자로서의 메타인지가 높아지면 수익률을 끌어올릴 뿐 아니라 안정적인 투자 생활을 영위할 수 있습니다.

이 책을 통해 우리는 자기 자신을 탐구하기 위한 여러 단계를 밟아나가고 있습니다. 여기서는 자신의 투자 성향이나 지향이 트레이더와 인베스터 가운데 무엇에 더 가까운지 살펴보겠습니다.

트레이더

트레이더란 주가의 시세 움직임을 이용해 차익을 노리고 투자하는 사람을 일컫습니다. 제가 정의하는 트레이더란 주가의 '기대감'을 거래하는 사람입니다. 제시 리버모어가 대표적이겠지요. 저 역시 트레이더로 주식을 시작했고, 지금도 스스로를 트레이더로 여깁니다.

트레이더라고 하면 짧은 시간에 큰돈 버는 것을 목표로 한다고 생각하지만, 위험한 착각입니다. 성공한 트레이더가 500%의 수익률을 올리는 데 목표 기간을 2~3년으로 둘 때, 불나방 초보 트레이더는 2~3개월 내에 500%의 수익률을 얻으려 합니다. 심지어는 며칠이나 몇 주 만에 달성하려고 들지요. 그런 투자는 존재하지 않습니다. 그건 그냥 도박이나 투기예요.

인베스터

인베스터란 **기업의 공정 가치를 거래하는 사람**을 의미합니다. '바이 앤 홀드(Buy and Hold)'가 인베스터의 기본 방식입니다. 배당성장모델이 잘 작동하는 미국에 잘 맞는 방식이지요.

대표적으로 워런 버핏을 인베스터의 상징으로 볼 수 있습니다. 주식의 신과 같은 존재로 여겨지기도 하고요. 매년 거의 20%의 수익률을 거두는 투자 성과로 유명하고, "10년간 보유할 것 아니면 10분도 보유하지 말라"는 말이 잘 알려져 있습니다. 더불어 그의 재산 90% 이상이 65세 이후에 형성됐다는 사실이 많은 투자자들에게 희망을 주기도 하지요.

변동성과 시간가치

트레이더와 인베스터는 결국 단기투자와 장기투자로 나뉩니다. 이 둘을 나누는 핵심은 **변동성**과 **시간가치**입니다.

단기투자로 갈수록 시간가치와 변동성이 중요해집니다. 고도의 손절컷과 빠른 수익 실현 등 인간의 욕망을 제대로 컨트롤해야 함은 기본입니다.

처음부터 높은 변동성을 인지하고 투자하기 때문에 짧은 기간에 작은 이익과 손실을 반복하면서 '자본금'을 쌓아가는 것이 중요하죠. 변동성에 베팅하는 것이므로 고도의 기업 분석과 시황 판단, 재료의 신선함, 차트 움직임까지, 그야말로 시장 전체를 분석하고 있어야 합니다.

장기투자는 처음의 매수 단계부터 장기 보유를 예상하므로 시간가치는 낮아집니다. 다만 단기투자보다 높은 수익률을 목표로 하므로 가장 중요한 것은 기업의 성장입니다.

자, 여기서 많은 분들이 새롭게 보는 요소가 나오지요? **단기투자는 높은 수익률을 기대하는 투자가 아닙니다.** 높은 변동성을 이용해 짧은(작은) 수익을 여러 번 노리는 매매입니다. 장기투자는 기업의 장기적 성장에 따른 높은 수익을 겨냥하는 매매이고요.

많은 초보들이 단타가 '높은' 수익률을 여러 번 가져가는 매매라고 착각하고 시작합니다. 마찬가지로 초보 장기투자자들은 '장기 보유와 성장'이 디폴트라는 함정에 빠져 그냥 높은 자리에서 덜컥 사서 물리는 기간을 오래 가져갑니다.

단기투자는 높은 변동성을 감내해야 하므로 기업과 시장에 대한 분석이 필수적입니다. 장기투자자가 1년에 몇 개의 종목을 분석하는 데 그친다면, 단기투자자는 하루에도 몇 개의 기업을 분석해야 합니다. 짧은 시간에 더 잦은 수익을 목표로 하기 때문에 평소에 공부가 되어 있어야 하고요. 많은 사람들이 단타가 더 쉽고 빠르게 돈을 벌 수 있을 거라고 생각하는데요, 그 생각 자체가 실패의 서막이라고 생각합니다. 이 세상에 더 빨리, 편하게 돈을 벌 수 있는 방법은 존재하지 않습니다.

CHAPTER 2

시그널과 수익을
연결하라

THE PRINCIPLES OF K-TRADING

01 투자의 메커니즘과 시그널

다른 투자 서적과 이 책이 다른 이유, 다른 전문가들과 유목민이 다른 이유가 아마 이 지점일 것입니다. 이 부분을 이해하면 여러분의 투자 인생에 커다란 진화가 일어날 것이라 믿습니다.

주식투자를 왜 하죠? 자본으로 수익을 거두기 위해서입니다. 우리가 종목 선정을 위해 고심하는 이유도 결국 수익을 거두기 위함입니다. 종목을 고르고 매매하는 것을 축구에 있어서 패스라고 한다면, 수익을 거두는 것은 '골'을 넣는 것으로 비유할 수 있습니다. 자로 잰 듯한 패스를 하더라도 골로 연결하는 것은 별개입니다. 쉽지 않고요. 정말 어려워요.

시장을 보는 것과 실제 자기 자산을 굴리는 것은 완전히 다른 차원이라는 이야기입니다. 단순히 손실을 피하는 것을 넘어서 더 큰 수익을 원한다면 반드시 거쳐야 하는 과정이 있습니다. 바로 **시그널과 수익을 연결하는** 것입니다.

시그널을 수익으로 연결하는 개념이 아닙니다. 시그널과 수익을 연결하는 겁니다. 시장에서 누군가는 분명 이미 수익을 내고 있습니다. 원래 수익은 존재하는 것입니다. 많은 사람이 그걸 연결하지 못하고 시그널 따로, 그리고 수익 따로 보고 있습니다.

방송이나 유튜브에 등장하는 숱한 주식 전문가들의 이야기를 듣고 있자면 매우 논리정연하고 다 맞는 말 같습니다. 그런데 왜 그들을 구독하고 좋아요 하는 개미 투자자들은 정작 손실을 볼까요? 바로 시그널만 보고 있기 때문입니다. 실제로 돈을 벌어본 사람만이 '시그널'과 '수익'을 동시에 볼 줄 압니다.

뇌과학적으로 말하자면, 뉴런과 시냅스입니다. 뉴런은 신경세포입니다. 시냅스는 뉴런과 뉴런의 연결, 혹은 뉴런과 다른 세포 간의 연결입니다. 접점이죠. 각각의 모든 인식은 뉴런이고, 이를 시그널로 연결한 게 시냅스입니다. 이 시그널과 수익을 연결한 것 역시 시냅스입니다. 시냅스로 연결되기 위해서는 기본적으로 뉴런이 있어야겠죠. 그리고 뉴런이 제 기능을 하려면, 즉 인식이란 걸 하려면 지식이 있어야 합니다.

정리하면, 주식을 시작하는 기본은 지식이며, 지식이 연결되면서 시장이 보이기 시작하고, 이 시장의 안목에 더해 시그널과 수익을 연결하는 작업이 투자의 관건입니다.

물론 시그널은 수만 수억 개가 있을 겁니다. 그걸 다 해석할 수는 없습니다. 매우 극소수의 확률로 수익과 연결됩니다. 이를 손에 쥐기 위해서는 바로 '촘촘한 거름망'이 필요합니다. 수많은 시그널 중 수익과 연결된 것을 걸러내는 것이죠. **시그널과 수익을 연결하는 거름망의 관점이 바로 '재료, 차트, 거래량, 시황'이고, 이를 항상 '(유동성+실적)×기대감'으로 해석할 줄 알아야 합니다.**

주가 상승의 원리와 투자의 메커니즘
:

주식투자를 하기 위해서는 먼저 주가 상승의 원리를 이해해야 합니다. 주가가 왜 상승한다고 했죠? 바로 유동성과 실적, 그리고 기대감 때문에 상승한다고 설명했습니다.

주가상승=(유동성+실적)×기대감

그렇다면 유동성과 실적이 좋아지면서 동시에 기대감이 높아질 때를 캐치하면 되겠죠? 다만 누구나 이때를 알 즈음에는 이미 주가가 한참 올라서 사기가 망설여질 겁니다. 주가가 오르기 전에 미리 알 수는 없을까요? 이 '미리' 알아내는 영역이 바로 상위 3% 투자자의 영역입니다.

모든 사물에는 메커니즘이 있습니다. 아무리 복잡한 전동모터라고 해도 처음 동력원에서 힘이 전달돼서 구동을 시작하는 아주 작은 톱니바퀴가 있을 겁니다. 그 작은 톱니바퀴가 힘차고 빠르게 돌고 나서야 마지막에 있는 커다란 톱니가 천천히 그리고 무겁게 움직일 겁니다. 주식도 똑같습니다.

현재 어떤 이벤트 때문에 주가가 오른다면, 이 이벤트는 **과거**에도 똑같이 주가를 움직였을 테고, **미래**에도 똑같이 적용될 가능성이 높습니다.

주가는 언제 상승한다고 했죠? 유동성, 실적, 그리고 기대감이 함께 작용할 때 오른다고 했습니다. 그렇다면 우리는 유동성과 실적, 그리고 이에 따른 기대감이 함께 올라갈 수 있는 커다란 톱니바퀴인 이벤트를 미리 알려주는 작은 톱니바퀴인 '시그널'을 감지해야 합니다.

이를 위해서 자신이 가지고 있는 지식이라는 **과거** 데이터베이스를 기반으로, **현재** 발생한 시그널을 포착해서, **미래**를 예측하는 메커니즘이 필요한 것입니다.

투자의 메커니즘 8단계

1. 꾸준한 관찰을 통해 '지식'을 쌓고,

2. 없다가 생기고, 있다가 사라지는 것의 '시그널'을 발견하고,

3. 매매를 위해 자신만의 '투자 전략'을 결정한다.

4. 매매 돌입 후 생각한 대로 돌아가는지 '관찰'하고(모니터링),

5. 생각 외의 변수가 생기는지 변화를 '감지'한다(모니터링).

6. 변화가 생겼을 경우 다각도로 검토 후 '대응'한다.

7. 이후에는 꼭 매매일지를 남겨 '반성'한다.

8. 그리고 다시 관찰하고 지식을 쌓으며 앞의 과정을 '반복'한다.

어찌 보면 '투자 원칙'과도 같습니다. 어떤 투자를 하든 그대로 적용되는 원리입니다. 숙지해서 자기 것으로 만들어봅시다.

1단계. 투자의 핵심 '지식'
:

투자에 있어 지식은 데이터베이스입니다. 현재 발생한 시그널을 해석할 기반이 되는 거죠. 데이터베이스가 있어야 이 시그널이 좋은 건지 나쁜 건지, 좋았다면 과거에 얼마나 강했는지를 판별할 수 있습니다. 그래서 투자를 시작하기 전에 먼저 지식을 쌓는 과정이 중요합니다.

지식에는 시장의 기본 원리, 주식, 채권, 부동산, 파생상품 등 다양한 자산에 대한 이해와 더불어 정치, 경제, 사회 이슈가 시장에 어떤 영향을 미치

는지 등 모든 정보가 포함됩니다. 재무제표에서 비롯되는 기본적 분석 역시 지식의 영역입니다. 단기투자를 한다고 해서 기업 분석을 소홀히 하는 것은 허용되지 않습니다. 또한 자신이 현재 어떤 종류의 투자를 하는지(단기 혹은 장기, 성장주, 모멘텀 투자 등) 명확하게 인지하고 있어야 합니다. 리스크를 인지하는 것도 지식의 영역이죠.

지식은 모든 투자 활동의 기반이 되기 때문에 지식의 깊이가 없으면 투기와 같습니다. 귀동냥으로 들은 정보로 투자한다거나 누구나 볼 수 있는 유튜브나 종목 게시판에서 얻은 정보를 가지고 투자하는 것 역시 모두 투기와 같은 레벨입니다. 정보를 가지고 투자를 하려면 시장이 아직 모르는 정보여야 합니다. 무료 게시판에 떠도는 것은 남들도 다 알고 이미 주가에 모두 반영된 것입니다. 그런 수준의 정보를 투자 아이디어로 삼는 순간 이미 본인의 계좌는 녹고 있다고 생각해야 합니다.

아직 시장에서 부각되지 않은 지식이라면 그 지식이 '기대감'을 얼마나 불러일으킬 수 있는지 파악해야 합니다. **아무도 모르는 정보인지, 사실은 아무도 관심을 안 갖는 정보인지 구별할 수 있어야 한다는** 뜻입니다. 나만 중요하게 생각한다면 당연히 주가는 움직이지 않겠죠. 유동성과 실적을 얼마나 불러일으킬 수 있는지에 대한 고민이 계속 필요합니다. 그리고 남들보다 먼저 알고 있던 지식이 어느 순간 남들도 아는 정보가 됐다면 바로 그때가 매도할 타이밍입니다.

그렇다면 지식은 어떻게 쌓을 수 있을까요. 당연히 '공부'를 통해서입니다. 되도록 많은 시간을 주식 공부에 쏟아야 합니다. 남들처럼 드라마, 영화, 웹툰, 게임 다 즐기면서 주식시장에서 승리할 방법은 없습니다.

시작은 일단 자신이 잘 아는 영역을 선택하는 게 좋습니다. 그 영역은 본인의 직업과 맞닿아 있을 확률이 높고요. 저는 게임 기자로 시작해서 게임사 홍보 업무를 했었습니다. 매일 가장 일찍 출근해서 가장 늦게 퇴근하는 생활이 힘들었지만, 그 덕에 게임주에 대한 이해도가 무척 높아졌죠.

많은 개인 투자자들이 현재 자신의 직업이나 회사를 무시하는 걸 자주 봅니다. 하지만 자신이 하는 일이 속한 섹터조차 꿰뚫지 못하는 사람이 과연 다른 섹터를 잘 알 수 있을까요? 성공한 투자자들은 자신의 포트폴리오와 종목에 대해 완벽할 정도로 지식을 갖추고 있습니다. 왜 그 종목을 샀고 언제 어떻게 팔았는지, 비중을 어떻게 확대하고 축소했는지 모두 머리에 꿰고 있을 겁니다. 스스로에게 물어보세요. 잘 아는 종목을 매매했을 때와 모르는 종목을 매매했을 때 성과가 어땠는지요.

구체적 지식을 쌓기 위해서는 먼저 책을 읽어야 합니다. 다음으로 온·오프라인 강의를 통해 실력 향상을 꾀할 수 있습니다. 단, 강의를 그냥 듣는 것만으로는 공부가 되지 않습니다. 이미 투자 경험이 풍부한 사람을 멘토로 찾고 그들의 경험과 지식을 배우는 데 초점을 맞춰야 합니다. 본인이 막히는 영역을 돌파하는 데 큰 도움을 받을 수 있을 겁니다.

무엇보다 공부한 내용을 직접 '손을 움직여' 기록하는 것이 중요합니다. 아웃풋이라고 할 수 있죠. 책과 강의를 듣는 것은 인풋의 영역입니다. 인풋은 뇌과학적으로 5~10% 정도의 학습만 돕습니다. 직접 정리하고 문제를 푸는 아웃풋을 통해서만 실력을 올릴 수 있습니다. 저는 매일 그날 시세를 준 종목과 다음 날 시장에 영향을 줄 종목을 찾아 에버노트에 정리했습니다. 이렇게 쌓은 노트가 1만여 개가 훌쩍 넘습니다.

2단계. 지식을 깨우는 트리거 '시그널'
:

시그널은 투자자의 지식을 깨우는 트리거입니다. 즉, 시그널도 지식이 있어야 발견할 수 있습니다. 특정 상황에 대한 투자자의 지식을 깨우고 보다 효과적인 결정을 내리는 데 도움을 주죠. 주식시장에서 시그널은 하나로 정해진 게 아닙니다. 투자자마다 모두 다르게 해석하고 적용됩니다.

'차트' 투자자라면 기술적 분석 도구를 사용해 시그널을 감지하겠죠. 특정 주식의 주가 상승과 하락을 예측하기 위해 차트의 각종 보조지표를 볼 것입니다.

'매크로' 투자자들은 경제 데이터를 참고합니다. 미국 소비자물가지수 급등에 따른 인플레이션을 분석하고 인플레이션이 금리에 미치는 영향, 그리고 최종적으로 각종 자산의 변동성을 예측해 투자에 활용합니다.

기본적 분석을 중시하는 투자자라면 회사의 재무 보고서를 집중적으로 볼 것입니다. 실적 턴어라운드를 하는 순간이라든가 기대하는 신제품의 출시, 매출에 영향을 주는 다양한 이벤트를 시그널로 삼겠죠. 테슬라의 상하이 공장 증설이라든가 아마존의 물류창고 확장, 넷플릭스의 오프라인에서 온라인으로의 사업구조 전환 등도 중요한 시그널이었을 겁니다.

이 시그널은 국가마다 다르게 적용되기도 합니다. 대표적인 것이 바이오주입니다. 바이오주는 한국에서는 '임상 진입 시 기대감'으로 움직이지만 실제 임상에 성공한 후 제품화될 때의 매출 기대감은 주가 상승에 미치는 영향이 매우 적습니다. 반면 미국은 임상 진입 시 기대감은 낮지만 실제 매출 기대감이 매우 높습니다.

> ### 한국과 미국에서의 바이오주 비교
>
> * 임상 진입 시
>
> - 한국 : (유동성↑ + 실적 무관심) × 기대감↑ = 주가 변동 큼
>
> - 미국 : (유동성 무관심 + 실적 무관심) × 기대감 0 = 주가 변동 없음
>
> * 임상 성공 후
>
> - 한국 : (유동성 무관심 + 실적 무관심) × 기대감 0 = 주가 변동 없음
>
> - 미국 : (유동성↑ + 실적↑) × 기대감 폭증 = 회사의 가치를 바꾸는 급등

한국은 단기투자에 적합한 국가이다 보니 불확실성을 좋아하는 것이죠. 바이오주의 경우 한국은 투자 심리에 따라서 주가 변동이 일어나지만 미국은 펀더멘털에 따라 주가가 결정됩니다. 한국의 경우 미국식품의약국(FDA)에 임상 1, 2, 3상 진입을 '신청'하거나 '임상 허가'만 받아도 성공에 대한 기대감에 주가가 춤을 춥니다. 성공 시 기대감을 크게 올리는 시그널로 해석하는 거죠. 하지만 실제로 임상 3상에 성공해서 제품화만 앞둘 경우 주가는 계속 하락합니다. '재료 소멸'로 받아들이는 것이죠.

미국의 경우는 반대로 임상 신청만으로 상승하진 않지만 실제 임상 3상을 성공하고 제품 출시를 할 경우 회사의 재무가 좋아지기 때문에 펀더멘털 강화로 주가가 크게 상승합니다. 즉, 바이오주에 있어서 한국은 재무제표를 보지 않습니다. 그러나 미국은 재무제표가 매우 중요한 투자 판단의 근거가 됩니다. 그래서 두 국가의 바이오주에 관한 시그널이 다르죠.

이처럼 시그널은 투자자의 지식을 깨우는 중요한 요소입니다. 그러나 시그널을 해석하고 사용하는 능력은 투자자의 '관점'에 달려 있습니다. 경험과 지식, 분석 능력에 크게 좌우되죠. 시그널 자체는 그냥 '정보'에 불과하기

때문입니다. 이 정보를 어떻게 해석하고 활용해서 '행동'에 옮기느냐는 오로지 투자자의 몫입니다. 이 관점을 갖기 위해서 노력해야 하죠. 많은 지식과 경험을 쌓으면 어느 순간 세상을 보는 눈이 달라집니다. 구멍 난 양말을 신으면 온통 다른 사람의 양말만 보이죠? **보이는 관점을 온통 시그널로 만들기 위해서는 24시간 주식으로 생각하는 훈련을 해야 합니다.**

3단계. '투자 전략'에 정답은 없다
:

시그널을 발견하고 지식을 기반으로 향후 전망을 예상했다면 이제 투자 전략을 결정해야 합니다. 투자 전략은 사람마다 다르고 투자 건마다 다를 수 있습니다. 투자 수단 자체도 다를 수 있죠. 매번 판단을 해줘야 합니다.

예를 들어 위메이드의 신작 게임 〈나이트 크로우〉의 성공을 예측했다면, 배급사인 위메이드 주식을 살 수도 있겠지만 상장 전인 개발사의 지분을 가진 위메이드맥스 주식을 살 수도 있을 겁니다. 혹은 위메이드의 가상화폐 '위믹스'를 코인거래소에서 살 수도 있겠죠. 대형주를 좋아한다면 위메이드를, 좀 더 작은 걸 원하면 위메이드맥스, 코인투자만 하는 사람이라면 위믹스 투자를 결정할 겁니다.

또는 위메이드나 위메이드맥스에 전환사채(CB) 발행을 요청해서 메자닌* 방식으로 투자할 수도 있고, 〈나이트 크로우〉 개발사인 비상장사 지분을 매수할 수도 있겠죠.

가능성을 열어두는 것이 핵심입니다. 차트 매매를 하더라도 장이 상승세일 때는

> **메자닌**
> 채권과 주식의 중간 위험 단계에 있는 투자를 지칭한다. 전환사채, 신주인수권부사채, 전환우선주 등이 대표적인 메자닌 투자 상품이다. 국내에서는 대부분 사모펀드 형식으로 출시된다.

20일선 위에서 단기 조정을 받는 종목을 매매할 수 있겠지만, 장이 하락 추세로 접어들 때는 60일선에서 120일선 승부를 할 수도 있습니다(이동평균선 이야기입니다. 뒤에서 자세히 다룰 테니 당황하지 마세요☺).

인플레이션 시대에는 금리를 높여야겠지만 경기침체 구간에서는 금리를 내려야 할 겁니다. 그렇다고 금리를 높이는 게 무조건 주식시장에 악영향이고, 금리 인하가 무조건 주식시장에 긍정적이냐 하면 그것도 아닙니다. 상황마다 달라집니다.

주가가 빠질 때는 포트를 덜어내는 방법도 있지만, 풋옵션*을 사서 하락시 시세차익을 노릴 수도 있습니다(물론 옵션 거래는 리스크가 매우 큽니다). 스윙투자를 한다면 한꺼번에 매매하기보다 분할 매도나 분할 매수를 하는 편이 안전하겠죠.

전략에 대한 가능성을 열어둔다는 것은 이처럼 상황에 맞춰 전략을 취사선택할 수 있어야 한다는 이야기이기도 합니다. 그러려면 지식만큼이나 실전 경험을 풍부하게 쌓아야 합니다. 머리로 생각하는 전략과 결국 수익을 내는 실행은 천지 차이예요. 실전을 통해서만 얻을 수 있는 감각이 있답니다.

> **풋옵션**
> 특정한 기초자산을 장래의 특정 시기에 미리 정한 가격으로 팔 수 있는 권리를 풋옵션, 반대로 미리 정한 가격에 살 수 있는 권리를 '콜옵션'이라고 한다. 풋옵션은 주가 하락에, 콜옵션은 주가 상승에 베팅한다.

모의투자는 소용 없음

투자 전략을 배우기 위해 많이들 하는 '모의투자'는 추천하지 않습니다. 하더라도 짧게 하셨으면 해요. 모의투자는 결코 실전 경험을 대체할 수 없고, 투자 전략은 오로지 '돈이 걸린' 실전 매매에서만 익힐 수 있습니다. 모의투자는 '백테스팅'이라고 하는, 실전을 검증하기 위한 용도로나 사용하세요.

4단계. 생각대로 돌아가는지 '관찰'하라

:

지식을 기반으로 시그널을 감지하고 투자 전략까지 세워 매매에 돌입했다면 이제는 '자신의 예상대로 돌아가는지' 관찰해야 합니다. 투자를 아무리 잘했어도 시장 상황 변화에 따라 결과는 천차만별이기 때문이죠. 일단 주식을 샀다면, **해당 종목을 편입할 때의 근거가 그대로 유지되고 있는지 끊임없이 확인해야 합니다.**

특히 단기투자자라면 더욱 관찰에 힘써야 합니다. 장기투자자는 처음부터 변동성을 안고 가기 때문에 주가의 단기 변동은 중요하지 않습니다. 하지만 단기투자자는 매수와 거의 동시에 잠재적 매도자로 돌아서는 만큼 변동성을 지켜봐야 합니다. 이제 시작이라는 거죠.

투자한 회사의 동향이나 뉴스나 공시 등 상황 변화를 계속해서 추적 관찰해야 합니다. 잠시 자리를 비운 사이 매도 타이밍이나 추가 매수 타이밍을 놓쳤다는 것은 모두 핑계에 불과합니다. 특히나 실적 발표 시즌에는 매매에 더욱 신중을 기해야 합니다. 주가는 결국 유동성과 실적, 그리고 기대감으로 결정되는 만큼 각 요소에 변화가 생기는 시즌에는 더욱 주의를 기울여야 하죠.

효율적인 투자 전략이었는지, 자신의 원칙을 지킨 매매였는지도 항상 살펴야 합니다. 내가 모든 원칙을 잘 지켰더라도 시장이 너무 과열돼 있거나 침체돼 있다면 시장 상황이 급변할 가능성을 염두에 둬야 합니다. 미스터 마켓은 조울증이라 언제 어떻게 변할지 모르거든요.

물론 직장인들로서는 이렇게 늘 관찰하기가 쉽지 않습니다. 그래서 어쩔 수 없이 장기투자를 선택하는 거라고 생각하고요. 하지만 1년간 매매해서 한 달 치 월급 정도를 수익으로 얻어가는 것보다 목표가 더 높다면 한국에서 장기투자는 답이 될 수 없습니다.

직장인이면서 단기투자를 하는 투자자도 분명 많습니다. 직장인이면서 시장을 계속 지켜볼 수 없는 분들이라면 투자의 범위를 극단적으로 한정해야 합니다. 저는 그 한정의 범위가 자신의 일과 맞닿으면 좋다고 봅니다. 업무 중에도 직간접적으로 체크가 가능할 테니까요.

 두 마리 토끼 잡기

저는 직장인 시절 일과 투자를 양립시키려 많은 노력을 기울였습니다. 없는 살림에도 외주를 써서 매크로를 만들고 시장을 점검할 수 있는 시스템을 구축했었죠. 뉴스를 자동으로 인식하고 AWS(아마존 웹서비스)를 이용해 키움증권 자동 조건 검색식이 텔레그램으로 결과치를 보내도록 했습니다.

물론 게임사라 다른 직원 대부분이 늦게 출근하는 것도 도움이 됐고(저는 가장 일찍 출근했으니까요), 홍보 직군이라 뉴스 검색이 업무였던 것도 주효했습니다.

5단계. 변수는 디폴트, 변화를 '감지'하라
:

투자 아이디어를 만들고 지식을 쌓고 시그널을 잘 보고 투자 전략까지 완벽했다 하더라도 언제나 변수는 생깁니다. 변수 없는 경우는 존재하지 않는다고 생각하는 쪽이 편할 정도로요. 그리고 대부분 손실은 변화를 감지하지 못하는 데서 생깁니다.

회복 불가능한 손실까지 이어지는 경우도 있죠. **무엇보다 큰 손실은 변화를 애써 '무시할 때' 생깁니다.** 일단 종목을 편입하면 팔은 안으로 굽는다고, 종목의 좋은 면만 보입니다. 누가 자기 종목을 안 좋게 말하면 기분 나빠하고 무시하게 됩니다.

그러나 아무리 신중히 꾸린 포트폴리오라도 변화는 감지해야 합니다. 편입할 때의 판단 요소들이 달라지거나 업황이 달라진다면 마음이 아파도 전략을 수정해야 합니다.

변화를 감지하는 데에 가장 중요한 것은 겸손과 신중함입니다. **오만과 편견, 강한 자아는 미리 알아차릴 수 있는 리스크 시그널을 무시하게 만들어요.** 이미 손실이 진행 중임에도 고집 때문에 호미로 막을 손실을 가래로도 못 막게 되는 경우가 비일비재합니다.

겸손이 부족하면 목표 주가도 비현실적으로 잡습니다. '책은 딱 한 권만 읽은 사람이 가장 무섭다'고 하지요. 단편적 지식으로 모든 것을 해석하려는 사람은 설득 자체가 불가능합니다. 적당한 낙관론은 필요하지만 과도한 낙관론은 결국 낭떠러지를 못 보게 눈을 가릴 수 있습니다. 겸손해야 더 배울 수 있고, 신중함은 오로지 겸손한 사람에게서만 나오는 인성적 요소입니다.

따라서 세 가지를 명심해야 합니다.

나도 틀릴 수 있다.
실수를 인정할 줄 안다.
견해를 바꾸는 건 창피한 일이 아니다.

정말 많은 투자자가 견해를 바꾸지 않아 엄청난 손실을 봅니다. 심리적 함정에 걸려서 그래요. 여러 투자 지표를 참고해 '시장이 하락한다'고 결정한 후 꾸준히 하락에 베팅한 투자자는 주가지수가 오르더라도 쉽게 하락 베팅을 거두지 못합니다. 왠지 지금 포지션을 바꾸면 시장이 바로 하락할 것 같거든요. 심리적 함정에 걸려버린 겁니다. 견해를 바꾸는 것에 감정을 섞지 않아야 합니다. **시장이 본인의 판단과 다른 지표를 보여준다면 애써 무시하지 마세요. 언제나 시장이 옳습니다.**

투자에 감정을 섞지 않는 것이 옳기 때문에, 오히려 저는 제 감정을 투자 지표로 활용합니다. 이미 보유한 종목에서 내가 욕심을 내고 있구나 인지하면 즉시 수량을 50% 줄입니다. 반면 시장 상황에서 내가 공포감을 느낀다면 오히려 소량이라도 정찰병을 보냅니다.

시장의 변곡점마다 감정은 대단히 중요한 기준점이 됩니다. 시장이 빠지기 시작할 때 가장 조심해야 할 종목은 무엇일까요? 간단합니다. 반문하면 돼요. '지금 어떤 종목을 들고 있으면 제일 두려울까?' 이런 종목을 풋옵션 매수하거나 선물 매도를 치면 되겠죠. 또, 시장이 침체를 지나 회복기에 들어서면 뭘 사면 될까요? 또 간단합니다. 앞선 질문을 반대로 하면 되죠. '어떤 종목을 사람들이 제일 많이 사고 싶을까?'

이렇게 말하지만 사실 제게도 여전히 호구 개미 근성은 남아 있습니다. 여전히 뇌동매매도 하고요. 욕심 때문에 수익을 덜 거두거나 큰 손실을 보기도 합니다. 여전히 노력해야 하는 개인 투자자입니다.

6단계. '대응'은 기계적으로
:

정말 중요한 구간입니다. 결국 변화가 생겼다면 어떻게 해야 할까요? 이제 행동으로 옮길 차례입니다. 꼭 안 좋은 변화를 말하는 것이 아니에요. 주가가 오르는 이벤트가 발생할 수도 있습니다. 보유한 종목에 '주가가 오르는' 호재 이벤트가 발생했을 경우 익절할 것인지, 더 사서(이른바 불타기) 더 큰 수익을 낼 준비를 할지 결정해야 합니다. 반대로 '주가가 빠지는' 악재 이벤트가 발생했을 경우 바로 매도할 것인지, 정해둔 손절컷까지는 지켜볼지, 평단을 낮추는 이른바 물타기를 할지 결정해야 합니다.

어떤 이벤트가 발생했는데 아무런 행동을 하지 않는 사람은 시장의 먹이가 될 뿐입니다. 대응할 때는 감정을 분리해야 합니다. 이 순간만큼은 감정이 불필요합니다. 완벽히 기계적으로 움직여야 합니다.

효과적인 대응을 위해서는 어떻게 해야 할까요? 재평가가 먼저입니다. 본인의 투자 포트폴리오를 냉정하게 재평가하세요. 그러고 나서 결정하세요, 살지, 팔지, 홀딩할지. 다만 아무 생각 없이 홀딩하는 대응은 보통 '필패'로 이어집니다.

결정은 최대한 신속하게 합니다. 우유부단한 성격요? 주식시장에서는 말아먹기 딱 좋습니다. 애착을 버리고 손실에 대한 두려움을 잊으세요. 빨리 결정해야 하지만 조급해할 필요는 없습니다. **언제나 속도보다 중요한 것은 정확성입니다.**

마지막으로, 이왕 결정했다면 후회하지 마세요. 주식을 하다 보면 손절이나 익절 후에 주가가 크게 오르는 경우가 많습니다. 이때 투자자들은 크게 자괴감에 빠져요. 원인을 찾는 데 혈안이 되기도 합니다. 원인을 찾아내면 다음번에는 더 잘할 거라고 착각하는 거죠.

그런데 저도 여전히 실수하고 팔고 나면 오르고 그럽니다. 생각대로 다 맞아떨어지면 벌써 수백조 원 벌었겠죠. 매도 후 주가가 올랐다고 후회하거나 아쉬워하지 않아도 된다는 이야기입니다. 중요한 건 자신의 원칙에 따라 행동했다는 거예요. **원칙에 따라 수익이나 손실을 확정해야 다음에도 똑같이 수익을 내고 손실을 최소화할 수 있는 겁니다.** 원칙을 지킨 매매에 자부심을 가지세요.

주식은 불로소득 아니다

사실 주식은 감정 소모 노동이에요. 주식투자는 고통의 대가로 수익을 맛보는 '일'입니다. 정신노동의 일종이죠. 자신의 시간과 자본을 바꾸는 일입니다. 절대로 불로소득이 될 수 없습니다. 살 떨리는 금전 손실의 공포를 이겨내고 수익을 추구하는 행위입니다.

7단계. '반성'은 성장의 밑거름
:

반복되는 실수로 괴로워하는 분들이 많을 겁니다. 그런데 그건 습관이에요. 고칠 수 있습니다. 문제는 습관인지조차 인지하지 못할 때입니다.

실수가 나오면 일단 노트에 적어보세요. 괴로움이 큰 매매 실수일수록 노트에 '손으로' 써봅니다. 그냥 눈으로 보는 것과 본인이 직접 쓰는 것은 완전히 다른 프로세스를 거칩니다. 직접 쓰면 논리적으로 각 단계를 명확하게 인지하게 되죠. 뇌에서 글자 하나, 문장 하나, 문단 하나를 모두 이해하고 그 내용을 재구성하기 때문입니다.

이렇게 기록해보면 아주 신기하게도 자신의 '반복' 실수 지점이 아주 명확하게 드러납니다. 어느 부분을 모르는지도 깨닫게 됩니다. 약점을 채워가는 거죠. 약점을 채울수록 자신감이 늘어납니다. 이 자신감을 저는 정신적 자본이라고 생각합니다. 정신적 자본이 마이너스인 경우에는 어떤 매매를 해도 잘되기 어렵습니다. **반성은 정신적 자본을 쌓아가는 가장 중요한 행위** 입니다.

실제로 저는 2015년부터 2016년 후반까지 거의 모든 매매 내역을 엑셀에 기입해서 진입 가격과 매도 가격, 진입 이유를 꼼꼼히 적었습니다.

2017년 정도부터는 매일 한국 상장사에 영향을 미치는 뉴스와 공시를 정리하기 시작했고요. 단 하루도 빼놓지 않고요. 그러다 보니 지금은 웬만한 종목들이 움직이는 이유를 다 알게 됐죠.

제가 이 과정을 반복하면서 깨달은 게 있어요. 바로 '주식은 적중률 싸움이 아니라는 것'입니다. 초보들은 어떤 기법이 얼마나 맞는지 '확률'을 원하지만 그런 건 존재하지도 필요하지도 않습니다. 정말 중요한 것은 '돈을 버는 행위' 그 자체입니다. 본인이 남들보다 더 똑똑할 필요도 없고, 자신이한 예측이 계속 맞아야 한다고 고집할 필요도 없습니다. **오로지 '당신이 돈을 버는 것' 자체가 중요합니다.**

8단계. 이 모든 노력의 '반복'
:

누구나 주식으로 월급 독립을 꿈꾸죠. 디지털노마드가 돼 여행하면서 매매하고 그 수익으로 또 여행하고… 얼마나 멋진 일입니까. 하지만 주식으로이루는 월급 독립은 극소수만 가능합니다. 어느 정도 운이 따라준 분들이라도 지속적으로 수익을 내고 경제적 자유를 이루기 위해서는 '반복'이 필수입니다. 끈기, 근성이라고 말할 수도 있겠죠.

주식은 정말 어려워요. 상상을 초월하는 노력을 필요로 합니다. 몇 주, 몇개월 만에 주식을 마스터한다고요? 불가능합니다. 주식은 정말 많은 노력을 반복적으로 퍼부어야 합니다. 마음 급한 사람들은 자신이 직접 체득하기보다 '가장 빠른 방법', '가장 좋은 방법'을 찾는 데 혈안이 됩니다. 내실을다지기보다 효율을 높이는 데 최선을 다합니다.

그런데 **성공한 투자자들은 하나같이 비효율적입니다.** 직접 일일이 매매일지를 적고 종목을 찾고 리포트를 읽고 기업 탐방을 다니고 IR(Investor Relations) 담당에 전화해서 회사 사정을 파헤칩니다. 매일 차트를 분석하고 시장에 변화를 주는 뉴스와 공시를 찾아봅니다. 관심 있는 종목은 더욱 심혈을 기울여 공부하고, 다른 사람과 종목에 관한 의견도 나누죠. 왕도는 없다고 생각하고 차곡차곡 쌓아갑니다. 효율만 추구한 사람과 시간이 지날수록 격차가 벌어질 수밖에 없지 않을까요?

02

없다가 생긴 것, 있다가 사라진 것

지금 우리는 시그널과 수익을 연결하고자 합니다. 이미 존재하는 시그널과 이미 누군가는 내고 있는 수익을 연결하는 작업입니다. 물론 시그널을 몰라도 수익을 낼 수 있고, 우연히 얻어걸린 시그널로 수익을 낼 수도 있습니다. 우리는 그 수익이 왜 났는지 체크하고 다음번에는 더 확신을 갖고 수량을 실을 수 있는 훈련을 해나가는 겁니다.

단 한 종목만 살 수 있다면?

:

만약 5년 전으로 돌아가서 딱 한 종목을 살 수 있다면 어떤 종목을 고르시겠습니까? 아마 그때는 관심에서 소외되었지만 지금은 가장 기대를 받고 있는 종목이겠죠. 다시 주가 상승의 원리로 돌아가봅시다. **주가는 기대감이**

며, **기대감은 유동성과 실적에서 나온다.** 그렇다면 이 유동성과 실적에서 오는 기대감이 가장 강할 때 주가는 급등하게 될 겁니다. 언제 기대감이 가장 강할까요? 이 시점을 안다면 수익을 내기 편하지 않을까요?

2023년 5월에 대성미생물과 제일바이오가 상한가를 갔어요. 4년 만에 구제역이 발생했기 때문입니다. 2020년 3월 이후 진단기, 바이러스 치료, 비대면 관련주들이 급등한 이유는요? 코로나19의 창궐입니다. **없던 것이 생겨났습니다.** 원격 의료를 가로막던 규제가 사라질 때, 대마초 사용이 엄격히 금지됐다가 CBD오일로 허용될 때, 관세가 없어질 때는 어떻게 될까요? 관련주들이 급등합니다. 이 경우엔, **있던 것이 사라졌습니다.** 주식으로 큰돈을 버는 요체가 바로 여기에 있습니다.

없다가 생긴 것
있다가 사라진 것

이 두 가지가 주식시장은 물론 인간에게 기대감을 가장 강하게 불러일으킵니다. 여러분이 누구보다 빨리 이것을 포착해낸다면 압도적인 초과 수익을 거둘 수 있습니다.

2000년대의 광통신 인터넷의 등장은 어떻습니까. 저속의 모뎀 시대에서 1Mbps라는 (당시) 꿈의 속도를 가진 인터넷이 등장하며 IT 기업 판도를 아예 바꿔버렸습니다. 인터넷을 중심으로 한 네이버, 카카오, NHN 등은 버블과 함께 엄청난 성장을 했죠.

2007년의 아이폰은 어떤가요. 아이폰의 등장과 함께 인터넷, 음악 감상, 통화 사용이 하나의 툴로 통합되었죠. PC보다 모바일 사용 시간이 많아졌고, 그야말로 일상생활의 모든 것이 바뀌었습니다. '모바일 퍼스트.' 이제

PC는 업무용 외에는 쓰이지 않을 정도가 됐습니다. 그 덕에 애플은 전 세계 최대 시총 회사로 올라섰고요.

가장 최근의 코로나19 테마는 어땠나요. 사스와 신종플루, 메르스를 넘어서는 강력한 전염병인 코로나19는 3년 넘게 전 세계를 괴롭혔습니다. 코로나19 발발 시점에 '포스트코로나'를 예측한 투자자나 기업은 엄청난 성장을 일궜습니다. 온라인화를 넘어서 언택트화를 불러내며 구글, 마이크로소프트, 애플, 메타, 넷플릭스, 줌 등은 엄청난 주가 상승과 함께 기록적인 신고가 행진을 이어갔습니다.

mRNA라는 '새로운' 백신을 만든다고 나선 미국의 제약사는 모두 주가가 10배 이상 올랐죠. 한국도 마찬가지였습니다. 심한 경우 30배씩 상승했죠. 특히 한국의 씨젠은 코로나19 진단기의 미국 시판 허가로 1만 원대 주식이 무려 16만 원까지 치솟았습니다.

모임과 외출이 사라지고 재택 생활이 시작되자 난데없이 인테리어 업체들의 주가가 치솟고 홈트레이닝 회사 주가도 오르기 시작하죠. 미국의 홈트레이닝 기업 펠로톤은 코로나19 기간에 주가가 400% 이상 급등했습니다.

'없다가 생긴 것'을 캐치하느냐는 기업의 흥망성쇠에도 큰 영향을 줍니다. 삼성전자와 LG전자가 대표적 사례입니다. 삼성전자는 애플보다는 1년 늦었지만 옴니아로 스마트폰 시장에 뛰어들면서 국내 최대 제조업체가 됐습니다. 반면 삼성이 옴니아를 낼 때 스마트폰은 '일시적'이라는 평을 내리며 피처폰인 '뉴초콜릿폰'을 출시한 LG전자는 10여 년이 지난 후 모바일사업부서가 폐지됐죠. 시가총액 차이는 말할 수 없이 벌어졌습니다.

덴마크의 제약회사 노보노디스크는 비만치료제 '삭센다'와 '위고비'를 연달아 출시하면서 2023년 덴마크 전체의 GDP보다 더 많은 돈을 벌어들였습니다. 유럽에서 루이비통을 제치고 시총이 가장 큰 기업이 된 거죠. 이

비만치료제도 없다가 생긴 겁니다. 덕분에 노보노디스크는 글로벌 1위 바이오제약사가 되었죠. 2023년 10월 13일 기준 시가총액이 940조 원으로 거의 1000조에 달합니다.

역사는 반복된다
:

그런데 이처럼 온갖 것이 없다가 생기고, 있다가 사라지면서 만들어내는 역사의 변화, 주가의 변화는 처음 있는 게 아닙니다. 끊임없이 반복되고 있어요. **매일 단 하루도 시장 정리를 빼놓지 않았던 덕에 저는 이런 변화를 잘 캐치할 수 있게 되었습니다.** 매일 자료를 정리하다 보면 자연스레 반복되는 역사가 정리되고, 대수롭지 않게 다뤄진 정보가 때로는 굉장히 큰 시그널로 다가옵니다.

코로나19가 시작되고 진단, 치료주 등이 크게 상승했다고 말씀드렸죠. 그런데 이번이 처음이 아니었어요. 이미 과거에 벌어졌던 일입니다. 2009년 전 세계를 공포로 몰아넣은 신종플루의 치료제 타미플루를 개발한 회사 길리어드 사이언스는 1992년 창업한 시가총액 2억 달러의 중소 제약사였습니다. 그런데 1996년 만들어둔 타미플루로 무려 10배의 가치 상승을 이뤄내죠.

2023년 5월에 구제역 관련주가 크게 상승했어요. 처음 있는 일일까요? 2016년까지 구제역은 큰 테마였습니다. 2017년과 2018년에는 반응하지 않았지만 2019년 아프리카돼지열병(ASF)의 발병으로 다시 한번 크게 올랐죠. 2023년 5월의 구제역 테마는 2016년 이전과 2019년 ASF 테마의 복사판이었습니다.

주식 잘하는 법 "매일 관찰하라"

:

정리해볼까요. 주식을 잘하기 위해서는 뭘 알면 된다고요? 바로 기대감이 증폭될 때를 알면 됩니다. 그리고 이 기대감은 '없던 것이 생길 때', '있던 것이 사라질 때' 가장 강해집니다.

없던 코로나19가 생겨나고, 있던 규제가 사라질 때 '수혜' 업종이 탄생하는 거죠. 그래서 '없다가 생긴 것, 있다가 사라진 것을 알아보는 눈을 가지면 됩니다. 이 관점이 예리해지면 '생길 것 같다', '없어질 것 같다'라는 시그널을 감지하는 수준까지 이르게 됩니다.

환상적인 능력이죠? 누구나 가질 수 있는 능력이고, 이미 여러분은 갖고 있습니다. 예를 들어 오락실에서 격투 게임을 할 때 상대방의 공격 패턴을 예상한다든가, 스타크래프트에서 어떤 선수가 특정 상황에서 어떤 플레이를 펼칠 것이라는 것을 예상하는 식이죠. 유부남이 집에 늦게 들어가면 어떤 일이 벌어질지 예상되시죠? 그런 것들입니다. 어떻게 알게 됐을까요? '반복'적으로 '경험'했기 때문입니다. 특별한 공부를 한 게 아닙니다.

주식에서 이 능력을 가지려면 무엇을 해야 할까요? 바로 '관찰'입니다. 관찰을 통해 지식을 쌓고, 관찰을 통해 시그널을 캐치하고, 관찰을 통해 편입한 종목의 변화를 감지하고, 관찰을 통해 대응할 근거를 찾아야 합니다. 관찰을 통해 반성합니다.

가장 중요한 것은 '매일' 해야 한다는 것입니다. 대부분 그러지 못해서 문제지요. 관찰의 범위는 어디까지일까요? 주식과 관련된 모든 것입니다. 당신이 주식시장에서 벌어들이고자 하는 욕심만큼 범위는 확장될 것입니다.

03 불확실성과 리스크를 구별하라

투자를 하기에 가장 적합한 때란 언제일까요? 주가가 쌀 때 아닐까요? 최저점에 매수하는 것은 불가능에 가깝더라도 낮은 가격에 살수록 좋겠죠. 그래서 저는 누가 언제 투자하는 게 좋으냐고 물어본다면 '쌀 때'라고 대답할 겁니다.

그리고 주식이 가장 싼 순간이 언제냐고 물어본다면
'불확실성이 리스크로 바뀔 때'라고 답하겠습니다.

보통 불확실성과 리스크를 구별하지 않는 경향이 있습니다. 일반 개인투자자는 물론 기관 투자자들도 혼용할 때가 많아요. 하지만 '없다가 생긴 것', '있다가 사라진 것'의 시그널을 찾는 사람이라면 이 둘은 반드시 구별해야 합니다.

불확실성과 리스크의 정의

:

불확실성과 리스크는 모두 미래의 결과에 대한 미지수를 포함하고 있습니다. 하지만 분명한 차이가 있죠. **불확실성은 측정이 불가능하고 리스크는 명확하게 측정 가능합니다.**

불확실성은 미래의 가능한 결과에 대한 확률분포가 없거나 불가능하거나 알 수 없는 상황을 말합니다. 측정이 불가능합니다. 통계를 내는 것 자체가 어려워요. 예를 들면 2022년 1월부터 미국이 테이퍼링을 언제 할지, 얼마나 할지, 금리를 언제 올릴지, 얼마나 올릴지에 대한 것들이었고요. 2023년에 접어들면서 금리를 언제 그만 올릴지, 얼마나 올리고 멈출지, 언제 내릴지, 얼마만큼 내릴지 같은 문제들입니다. 고용이 얼마나 줄지, 얼마나 늘지 알 수 없다는 거죠. 불확실할 때는 보통 주가가 빠집니다.

리스크는 미래의 가능한 결과에 대해 확률이 있습니다. 예상 가능한 순간이에요. 호재든 악재든 나와 있는 경우로, 측정이 가능합니다. 불확실성은 결국 리스크로 확정됩니다. 예를 들면 2022년에 언제까지 올릴지 알 수 없었던 금리는 11월로 접어들면서 2023년에 멈추는 것을 시사하기 시작합니다. 즉, 테이퍼링을 언제 한다, 얼마큼 금리를 올리겠다, 금리를 언제 올리겠다, 언제 내리겠다, 얼마나 올리고 얼마나 인하하겠다고 확정 지은 것을 말합니다.

더 간단히 말하면 주사위입니다. 주사위는 어떤 숫자가 나올지는 모르지만 1부터 6까지 중에 한 개는 나오죠. 불확실성은 일단 그게 주사위는 맞는지, 면은 6개인지 사실은 36개인지 216개인지 알 수 없는 상태인 거고요. 업사이드 리스크로 확정되면 주가가 오르고, 다운사이드 리스크로 확정되면 주가는 빠집니다.

그런데 보통 투자자들은 불확실했던 것이 악재로 확정되면 던져버리는 경우가 많습니다. 예를 들어 미국이 언제 테이퍼링을 시작할지 알 수 없었는데 연준 의장 제롬 파월이 언제부터 테이퍼링을 시작하겠다고 발표합니다. 그럼 바로 이때가 불확실성이 리스크로 확정될 때죠. 이와 동시에 개미들은 악재의 출현으로 생각하고 던지지만, 기관 투자자 입장에서는 테이퍼링의 시기와 강도가 결정되었기 때문에 언제부터 사야 할지 측정되기 시작하는 시점이 되는 겁니다.

업사이드 리스크는 '공감'이 필요하다
:

주가가 빠질 때는 오만가지 이유가 다 붙습니다. 즉 의견이 모아지지 않는다는 거죠. 수면 아래 있던 악재들이 부각되는데요. 새로운 게 아니라 이미 알려져 있던 악재가 떨어질 때가 되니까 더 크게 다가오는 겁니다. 여러 악재가 동시다발적으로 영향을 줍니다.

하지만 **주가가 오를 때는 반드시 '공감'이 필요합니다.** 시장 참여자들이 그 회사의 미래에 대해 긍정적으로 기대하는 공감이 일었을 때 매수 수요가 늘어나면서 주가가 오르죠. 그래서 불확실성 해소라는 것이 주식시장에서 중요한 시그널이 되는 겁니다.

모두가 긴가민가할 때 주가는 보통 하락합니다. 인간의 본능은 일단 안전을 바라고 그것은 무포트(보유 종목 없음)로 이어지죠. 그러다가 호재로 인식되면 재빠르게 매수세가 형성되면서 주가가 상승하게 됩니다. 결국 남들보다 반 발짝 빠르게 확신하고 결정하는 사람들이 돈을 법니다.

매일 나오는 뉴스가 대표적입니다. 2023년 5월 16일 미국 〈로이터〉에서

LG디스플레이가 삼성에 OLED 패널 대량 공급을 앞두고 있다는 외신이 나왔습니다. 주가가 움직이지 않았죠. 하지만 한글로 소식이 번역돼 퍼지기 시작하자 LG디스플레이와 함께 그간 관련주로 묶였던 야스와 우리이앤엘이 수혜를 얻을 거라는 뉴스가 나오면서 15% 이상 급등합니다. 어떤 호재가 나왔을 때 '관련주 이게 맞나? 아닌가?' 하는 불확실성에서 '특징주' 뉴스가 나오자 확실한 호재로 인식하면서 업사이드 리스크로 확정된 겁니다.

또, 정부에서 여름철 홍수 피해를 막기 위해 어떤 정책을 내세우거나 출생률 증가를 위해 커다란 정책을 발표하면 투자자들은 관련주를 찾습니다. '이 관련주가 맞나?' 불확실해할 때 어떤 종목에서 관련 정부 정책에 부합하는 사업을 한다는 뉴스나 공시가 나와 시장에 확신을 주면 주가는 급등하죠. '나 저거 알았는데!!' 하면서 발을 동동 구르지만 이미 떠나간 배입니다. 다행인 것은 '역사는 반복'됩니다. 이번에는 헷갈렸지만 다음번에도 같은 상황이 벌어지면 미리 해당 종목을 선점해두면 되겠죠.

다운사이드 리스크로 확정될 때도 있습니다. 바이오주에서 임상 실패하면 명백한 다운사이드 리스크가 되죠. 또, 입찰 기대감에 올랐는데 입찰 실패 시 다운사이드 리스크로 확정됩니다.

리스크가 확정될 때가 바닥
:
다시 처음으로 돌아가서 정리해볼까요?

유동성은 돈이라고 말씀드렸습니다. 돈이 많이 몰리는 이벤트일수록 기대감은 증폭될 것이고, 실적이 좋게 나오거나 크게 개선될 거라 예상될수록 기대감은 더 오를 겁니다. '없다가 생긴 것'과 '있다가 사라진 것'은 비어 있던 유동성을 채울 것이며, 향후 실적이 좋아질 것을 예상케 하여 기대감이 크게 증폭됩니다.

불확실성이 짙을 때는 어떨까요? 유동성이 빠져나가겠죠? 불확실할 때는 인간 본성상 가지고 있지 않습니다. 안정을 찾기 위해 매도하는 경향이 강하죠. 유동성이 줄어들다 못해 매도가 강해지면 기대감 역시 줄어들고 주가는 빠지게 됩니다. 불확실성이 짙어지니 그 회사의 미래에 대한 견해도 부정적으로 바뀝니다. 실적 전망도 흐려지죠. 주가는 더 빠질 겁니다.

반면 **불확실성이 리스크로 확정되면 그때가 바로 바닥**이 됩니다. 빠지던 유동성은 채워지기 시작하고 불투명했던 실적 전망도 이제 예상 가능한 영역으로 들어옵니다. 얼마나 긍정적인가에 따라 기대감의 크기가 달라지겠죠.

오해하면 안 될 것이 있습니다. 바닥을 확인했다고 해서 바로 V자 반등이 나오는 것은 아니라는 점입니다. 보통은 횡보라고 하는 눈치 보기가 진행됩니다. 이 횡보의 길이는 매 사안마다 다른 만큼 눈치와 경험치가 필요합니다. 어떤 종목의 차트가 바닥 다지기를 하고 있다면 관심을 가져봐야겠죠?

04 종목을 선택하는 기준

재료, 차트, 거래량의 3원칙
:

소득의 세 가지 분류는 뭘까요. 노동소득, 자본소득, 연금소득입니다. 우리가 이 책에서 공부하고 있는 것은 자본소득의 일종입니다. 자본소득에는 주식뿐만 아니라 부동산도 있고 채권도 있고 세금은 안 내지만 외화의 환율차를 이용한 소득도 있습니다.

이 가운데 유난히 주식이 허들이 낮습니다. 1만 원만 있어도 버튼만 누를 줄 알면 누구나 할 수 있어요. 여덟 살짜리 꼬마도 할 수 있는 게 주식입니다. 그러다 보니 개인 투자자의 첫 주식투자는 '귀동냥'일 확률이 상당히 높아요. 직장 동료나 친구 등 지인이나 무료로 볼 수 있는 유튜브, 초록창의 종목 게시판, 텔레그램방, 블로그나 커뮤니티 등에서 투자 아이디어를 듣고 '이거구나!' 하며 투자에 나서죠.

멋진 상상의 나래로 시작하지만 대부분 손실로 마감합니다. 운 좋게 첫 투자로 수익을 거뒀다면 그게 더 큰 독이 돼서 돌아오죠. 인지편향과 확증 편향에 사로잡혀 결국에는 거뒀던 수익마저 잃습니다. 저도 처음엔 그랬습니다. 아무 이유 없이 그냥 갑자기 매수세 나오는 종목을 따라 살 정도였습니다. 주가가 빠지는데도 '오를 거야(제발)' 기도하면서 버티다가 상장폐지돼서 깡통도 찼습니다.

종목을 고르는 데 아무런 원칙이 없었던 거죠. 그러다가 2015년부터 제대로 공부하며 본격적으로 투자하기 시작했고, 그 과정에서 저만의 원칙이 생겼어요. 원칙이라고 대단한 것은 아닙니다. 하루도 빼놓지 않고 매매하고 정리하면서 깨달은 '종목에 대한 관점'이었죠.

1. 주가를 급등시키는 주요 재료를 가진 종목
2. 단기, 중기, 장기 이평선 조정 상태거나 바닥 차트인 종목
3. 과거에 1과 2가 동시에 발현됐을 때 상한가를 기록했거나 거래량이 1000만 주 이상 터진 종목

2015년은 재료에 집중했고, 2016년에는 차트에 집중했습니다. 그리고 2017년 재료와 차트를 함께 보는 방법을, 둘 사이에는 거래량이 있었다는 걸 깨달았습니다. 이 깨달음으로 2017년 3월에 처음 월 1억 원의 수익을 기록했고요. 그해 5월에는 누적 수익 10억, 10월에는 20억, 12월 말에는 30억을 달성해냈습니다.

나만의 확고한 원칙이 생기자 종목 찾기는 더욱 속도가 붙고 정교해졌습니다. 항상 재료, 차트, 거래량이 갖춰진 종목을 반복해서 찾았죠. 이 과정에서 깨달은 내용을 정리한 것이 제 첫 단행본 『나의 월급 독립 프로젝트』

(2019)입니다. 거래량, 차트, 재료를 중심으로 한 저만의 단기투자 관점을 소개했습니다.

재료, 차트, 거래량을 '현재'로 만드는 요소
:

재료와 차트, 거래량을 중심으로 한 매매 원칙이 전지전능한 것은 당연히 아니었습니다. 이렇게 세 가지가 모두 갖춰졌다고 생각한 종목들도 아예 반응을 안 해서 약손절(조금 손해)하거나 본절(본전에 매도)하고 나왔는데, 다음 날이나 5거래일 이내에 급등하는 경우가 참 많았습니다.

이른바 엇박자죠. 예측은 맞았는데 수익은 거두지 못하는 상황을 자주 겪자 자괴감이 심했습니다. '내가 이렇게 엇박자를 자주 타는 건 결국 내 실력이 부족한 것 아닌가. 이 생활을 계속해도 될까?' 고민이 많았습니다. 주변에 물어봐도 돌아오는 명확한 답은 없었죠. 제 머릿속은 온통 '어떻게 하면 엇박자를 잡을 수 있을까?'였습니다.

그러던 어느 날 퇴근길에 갑자기 깨달음이 왔습니다. 생각의 레벨이 한 단계 성장한 느낌과 함께요.

'아! 시황!!'

아무리 재료, 차트, 거래량이 '과거'에 확인된 종목이라 하더라도 그날 시장에서 관심을 갖고 거래되는 섹터(테마)가 아니면 부각되지 않았던 거예요. 즉, 저는 현재의 시그널을 보고, 과거의 데이터를 파악해서, 미래의 움직임까지 정확하게 예측했지만, 그 미래에 부각되는 '타이밍'은 바로 시황에 달려 있었습니다. 너무 빨랐던 셈이죠. 시장에서 알아채기 전부터 시그널을 한참이나 미리 발견한 거니까요.

재료, 차트, 거래량이 완비된 종목이 움직이려면 '현재' 시장에서 알아줘야 했던 것입니다.

분명히 근거를 가지고 '재료'를 찾았고, 그 재료를 가진 여러 종목 중 가장 좋은 '차트' 모양을 가진 종목을 선정했어요. 그리고 과거 그 재료와 차트가 부각됐을 때 막대한 '거래량'이 터졌는지도 확인했습니다. 그야말로 '분출을 갈망하는 휴화산'을 찾아둔 겁니다. 다만 무엇을 놓치고 있었을까요? 그 휴화산이 활화산으로 분화하려면 '현재' 모든 사람들이 관심을 가져줘야 했습니다. 앞서 설명드린 이론대로 설명하자면, 오를지 아닐지 모르는 '불확실성'인 상황에서 모두가 알게 되는 '업사이드 리스크'로 확정되는 요소가 필요했던 거죠. 그것이 바로 '시황'이었습니다.

시황, 오늘의 테마
:

시황의 사전적 의미는 '상품이나 주식이 시장에서 거래되는 상황'입니다. 시황이 좋다는 말은 거래가 잘된다는 뜻입니다. 거래가 잘된다는 것은 곧 '유동성'이 좋다는 뜻입니다. **주식에서 시황을 읽는다는 것은 현재 주식시장에서 어떤 섹터가 유동성이 좋은지 파악하는 것입니다.**

더 직접적으로는 현재 테마가 무엇인지, 그리고 주도주가 무엇인지 알아채는 것입니다. 현재 시장 참여자들이 가장 뜨겁게 관심 갖고 있는 이슈와 종목이 무엇인지 인지해내는 것이 바로 시황 읽기입니다. 물론 실력이 더 좋아지면 테마를 넘어서 미래 업황을 예측하고, 거시경제를 예측해내는 능력에 이르지요.

트레이딩에 있어서 예를 들면, 당일 인공지능(AI) 테마가 강하면 오늘의 시황은 AI인 거죠. 단 시황과 테마가 동의어는 아닙니다. 테마에 시간이 합쳐질 때 시황이 됩니다. 다시 말해, '**오늘의 테마**'가 **시황**입니다.

예를 들어 솔트룩스는 대표적인 AI 관련주이자 대장주(해당 섹터의 상승을 주도하는 주식)입니다. AI 테마가 한창이던 2023년 1~3월에는 AI 관련 아무 재료만 나와도 주가가 급등했죠. 하지만 5월 들어 AI 테마가 시들해진 상황에서는 오픈AI의 CEO 샘 올트먼이 한국에 온다는 소식이 나와도 주가가 미동도 하지 않습니다. 샘 올트먼이라는 가장 큰 재료가 있다 하더라도 그날 시장 테마가 2차전지라면 '시황'에 맞지 않기 때문에 움직이지 않는 겁니다.

이렇게 재료, 차트, 거래량에 더해 시황까지 연결시키며(재차거시) 단타 트레이더였던 유목민이 스윙과 장투, 비상장까지 투자 다변화를 통해 300억 원의 누적 수익에 이르는 과정을 소개한 것이 두 번째 책 『나의 투자는 새벽 4시에 시작된다』(2022)였습니다.

기본적 분석과 기술적 분석의 융합

:

'어떤 주식이 좋은 주식인가?'

좋은 주식을 판단하는 기준은 같을 수 없습니다. 투자자의 전략, 목표 수익률, 투자 기간, 리스크 감수 정도에 따라 달라지겠죠. 하지만 누가 뭐래도 투자자에게 돈을 가장 많이 벌어다 주는 종목이 좋은 주식일 겁니다. 단타든 장투든 투자는 말 그대로 '자본을 던지는' 행위입니다. 어떤 투자든 던진 자본이 더 커져서 돌아오도록 하는 게 본질이죠.

문제는 '어떤 주식을 살 것인가?'겠죠. '좋은' 주식이 돈을 벌게 해주는 것은 아니니까요. 내가 돈을 못 벌고 있더라도 남들은 신나게 수익을 내고 있을 수 있고요. 내가 돈을 벌고 있더라도 남들은 깨지고 있을 수 있죠. **그래서 주식은 나와 맞는 걸 사야 합니다. 그게 무엇인지는 일률적이지 않고 직접 매매를 해봐야 알 수 있습니다.**

저는 투자에 있어서 단기와 장기투자, 테마주 투자 등을 가르는 게 무의미하다는 생각을 합니다. 특히 박스권 장세를 자주 보이는 한국에서는 더 그렇습니다. 저는 스스로를 단기투자자라고 생각합니다. 하지만 제가 종목을 고르는 방식은 가치투자자의 방식입니다. 다만 진입과 컷을 굉장히 빠르게 하는 거죠. 그리고 압도적으로 더 많이 공부합니다.

기관 투자자들이 포트폴리오 편입을 나눠서 할 때 저는 더 빠르게 하고, 그들이 손절하지 못할 때 저는 과감히 손절합니다. 그들이 사기 어려운 작은 시총의 종목도 서슴없이 들어가고(거래량만 받쳐준다면), 그들이 가치가 없다고 판단한 종목의 미래 가치를 판단해서 선점하기도 합니다.

저는 종목을 고를 때 어느 하나에 치우쳐서 고르지 않습니다. 단기투자에 맞는 기본적 분석을 하고, 당연히 기술적 분석도 함께 합니다. 그리고 이를 '재료, 차트, 거래량, 시황'의 네 단계로 나누어 분석하고요. 단계마다 '주가 상승 =(유동성+실적)×기대감'을 적용하면서 판단합니다.

이 재료는 '주가를 얼마나 올릴까', 이 차트는 '주가를 올리는 데 적합한가', 이 거래량은 '주가를 올릴 만큼 유동성이 충분한가', 오늘의 시황은 '주가를 올릴 만한가'. 즉, **기본적 분석과 기술적 분석을 융합하여 '재차거시'라는 네 가지 거름망을 통과시킵니다.**

남들보다 편한 방법? 그런 건 없습니다. **어렵지만 모든 걸 다 보는 투자가 변동성 심한 한국 주식시장에 맞는다고 생각합니다.** 그래서 세 번째 책인『유목민의 투자의 정석』은 이상의 **주가 상승 = (유동성 + 실적)×기대감**의

각 요소가 **재료, 차트, 거래량, 시황**에서 어떻게 적용되고 상호 시너지를 내는지 직접 확인하고 공부해나갑니다.

조세재정연구원에 따르면 대한민국의 투자자 40%는 손해를 보고 50%는 연간 1000만 원 이하 수익을 거둡니다. 1000만~2000만 원의 수익을 거두는 투자자는 5%, 2000만 원 이상 수익을 거두는 투자자가 단 5%입니다. 이 수치도 많이 올라온 겁니다. 과거에는 95~97%가 손실 보는 시장이었죠.

주식시장은 결코 깨끗하지 않습니다. 우아하지 않습니다. 치열한 전투가 펼쳐지는 전장이고 남이 흘린 피가 내 수익으로 돌아오는 곳입니다. 모두가 그럴듯한 이야기로 포장하지만, 결국 자신의 자산은 자기가 지켜내고 자기가 투자하는 겁니다. 제가 처음부터 끝까지 '공부'를 강조하는 까닭입니다.

05

손절의 용기,
익절의 지혜

손절과 익절은 인성적 자산
:

투자자는 종목 편입과 동시에 손절과 익절을 염두에 둬야 합니다. 손절은 괴롭죠. 익절 역시 팔고 나서 더 올라가니 아쉬운 건 매한가지입니다. 다만 손절은 아쉬움보다는 후회의 감정이 더 강하겠죠.

적확한 손절과 적절한 익절은 투자자의 이해도, 판단력, 그리고 통제력이 동시에 필요한 고도의 영역입니다.

손절은 투자자가 투자에서 발생하는 손실을 인정하고 더 큰 손실을 방지하기 위해 투자를 중단하는 '용기'를 필요로 합니다. 반면에 익절은 수익이 발생했을 때 그 수익을 확정 짓고 추가적인 수익 기회를 포기하는 대신 리스크를 관리하는 '지혜'를 요구하죠. 그래서 손절의 용기, 익절의 지혜는 성공하는 투자자의 매우 중요한 인성적 자산입니다.

특히 익절은 미래의 시장 변동에 대한 불확실성을 인정하는 것입니다. 아무리 고수라 하더라도 변화를 모두 예측하는 것은 불가능합니다. 그래서 욕심을 다스리며 수익을 확정 짓고 투자를 종료하는 것은 진정한 지혜의 영역입니다. 저 역시 '**수익 줄 때 튀어라**'라는 말을 금과옥조로 여기며 투자했습니다. 익절을 해내는 사람만이 손절도 해낼 수 있습니다.

원칙을 세우자

아무리 위대한 투자자라도 결국 시장의 변화 앞에서는 겸손해야 합니다. 모든 것을 준비했어도 예상할 수 없는 시장의 큰 변화가 생겼다면 전략을 수정해야 하지요. 그래서 저는 손절과 익절의 원칙을 대략적으로라도 세워두는 것이 중요하다고 생각합니다. 이 원칙은 사람마다 다를 수밖에 없습니다. 살아온 인생이 다르고 투자에 대한 시각도 다를 테니까요.

그러나 보편적인 기준은 분명 있습니다.

먼저 자신이 왜 이 종목을 포트에 편입했는지 이유를 명확히 알고 있어야 합니다. 동시에 처음 매매 단계부터 손실 한도를 설정해야 합니다. 어느 정도 퍼센티지(%)까지 손실이 나면 기계적으로 손절하세요. 또 객관적인 정보에 기반한 투자가 아니라 감정이나 편견, 유튜브, 종목 토론방 등 신뢰할 수 없는 곳에서 얻은 정보로 매수했다면 실수를 깨닫는 즉시 매도하세요.

오래, 그리고 안정적으로 투자하기 위해서는 시간을 충분히 들인 공부에 기반해야 합니다. 최소한 그날 시장의 지수가 오르고 떨어지는 이유는 알아야 해요. 알지 못하면 매수하지 말아야 합니다. 보유 물량이 있다면 줄여야 합니다.

　매수한 종목에 대해 과도한 기대감이나 욕심이 생긴다면 일단 물량을 줄이세요. 욕심은 주식투자에서 가장 크고 절대적인 적입니다. 하루하루 오르고 내리는 것에 일희일비하는 감정이 들기 시작한다면 이미 말린 겁니다.

　목표 수익률을 정하고 그 수익률에 도달한다면 익절하는 연습을 하세요. 단기투자자일 경우 수익 3%면 감사하는 마음을 가져야 합니다. 10%, 20% 등 높은 수익률을 설정한다면 왜 그 가격을 목표로 하는지 설명할 수 있어야 합니다.

　손절과 마찬가지로, 주가가 상승할 것 같아서 혹은 상승하기 시작해서 더 사고 싶어진 거라면 즉시 익절하세요. 욕심 컨트롤은 투자 인생에 있어 가장 중요합니다.

　수익 중일수록 자만하지 말고 포트폴리오를 다시 한번 점검하세요. 이때 시황을 살펴보는 게 제일 좋습니다. 지금 내 편입 종목이 오르는 이유가 명확하지 않고, 시장이 오름에 따라 연동해서 오르는 거라면 언제든 꺾일 수 있다고 생각해야 합니다.

트레이더는 늘 들이대야 한다
:

앞서 트레이더와 인베스터의 차이에 대해서 공부했습니다. 트레이더는 변동성을 크게 보지만 인베스터는 변동성을 거의 염두에 두지 않습니다. 매도 후 급등에 대해 후회한다면 분명 트레이더일 것입니다. 그럴 때 **'트레이더는 늘 들이댈 뿐, 다음 날 오르는 건 내 것이 아니다'**라고 생각해야 합니다.

　트레이더로서 재료, 차트, 거래량을 확인했지만 '시황'이 아직 아니라 판단하고 매도했다면, 그것은 원칙을 지킨 매매입니다. 아주 훌륭한 겁니다. 특히나 자금이 적을 때는 트레이더로서 매매하는 것이 맞습니다. 다음 날 상한가 갔다고 아쉬워하면 오히려 나쁜 습관으로 이어질 수 있어요. 안타를 쌓아가며 홈런 한 방 터뜨릴 힘을 키워간다 여겨야 합니다.

그리고 이렇게 원칙을 지켜가는 사람만이 한계를 돌파할 수 있습니다. '하루 더 가져갈지' 판단하는 능력은 자본이 커지면서 자연스럽게 생기는 소양입니다. 자본이 작고 단기투자를 하는 동안에는 일단 들이대고 시장과 싸우면서 경험치를 늘리는 게 맞습니다. 그게 나중에 리스크 관리 능력으로 돌아옵니다.

손절은 과정에 불과하다

본질이란 불필요한 것들을 덜어내고 남은 마지막 한 가지를 뜻하지요. 제가 2015년부터 투자를 본격적으로 시작해 2022년까지 300억 원을 벌어들이는 과정에서 핵심적인 요소가 무엇이었을까 자문해봤습니다. 정말 많은 요소가 있었을 겁니다. 운도 매우 크게 작용했을 거고요. 이 모든 것 가운데 딱 하나를 꼽자면, '손절'이었습니다.

처음부터 저는 손절을 아주 잘했고, 어려워하지 않았습니다. 목표가 명확했고, 손절을 실패가 아닌 목표까지 가는 과정이라고 여겼기 때문입니다. 오늘보다 내일, 내일보다 모레 더 잘할 것을 믿었거든요.

손절은 앞으로 자신의 투자가 완성되기 위한 과정입니다. 익절 역시 앞으로 더 큰 투자자가 되기 위한 당연한 과정이고요. 욕심이 크다면 그만큼 욕심을 조절하는 방법을 터득하는 것이 먼저입니다.

CHAPTER 3

시작하는 투자자의 마인드셋

THE PRINCIPLES OF K-TRADING

01 초보 투자자가 쉽게 빠지는 5가지 함정

제가 좋아하는 논법 중 하나가 '반대로 생각해보는 것'입니다. 초보들이 가장 피해야 할 것은 무엇일까요? 반대로 생각해보면 됩니다. 초보들이 가장 많이 하는 행동이면서 고수는 하지 않는 행동들을 알면 되겠죠. 초보들이 가장 많이 하는 질문들이 무엇일까요? 반대로 생각하면, 그것이 바로 초보가 가장 많이 하는 실수들일 겁니다.

초보가 가장 많이 하는 행동, '뇌동매매'
:

뇌동매매. 누가 추천하길래 또는 남들이 다 사니까 덩달아 샀다가 망한 적 다들 한번쯤은 있을 겁니다. 번개가 치면 천지만물이 덩달아 울린다는 의미의 사자성어 '부화뇌동'에서 온 뇌동과 매매를 합친 말이죠. 자기 판단에 따른 매매가 아닌, 남을 따라서 줏대 없이 매매하는 행위를 말합니다.

뇌동매매는 주식 초심자들이 단연코 가장 많이 하는 행동입니다. 본인이 확실히 '예측'하고 매매한 것이 아니라 변수에 제대로 '대응'하지 못하고 손실로 이어지기 십상입니다.

도대체 왜 뇌동매매를 할까요? '아무 생각이 없기 때문에' 하는 겁니다. 자기가 뭘 모르는지조차 모르는 상태라는 것이죠. 뇌동매매로 샀다가 손절하게 될 경우, 손을 자르고 싶을 정도로 스스로에 대한 깊은 분노가 솟구쳐 오릅니다. 그러나 다시 돌아간다면 과연 안 그럴까요? 또 그럴 것입니다. '지식'이 없어서 그렇습니다.

뇌동매매는 '자신의 투자 판단이 결여된 상태'에서 나옵니다. 즉, 자신의 투자 판단이 있으면 안 합니다. 스스로 투자 판단을 내리려면 가장 먼저 지식을 쌓아야 합니다. 그제야 비로소 투기가 아닌 투자를 하게 되는 것이고요.

초보가 가장 후회하는 것,
'망설인 손절'
:

초심자들이 꼽는 가장 후회스러운 행동은 '제때 하지 못한 손절'입니다. 손절은 제때 해내지 못하면 크나큰 손실로 이어지거나, 비자발적 장기투자의 단계로 들어가게 됩니다. '손절'은 손해를 보더라도 적당한 수준에서 매도하는 것입니다. 영어로는 loss-cut, 손실을 멈추는 행위죠.

손절은 왜 이토록 어려울까요? 인간의 본성에 반대되는 행위이기 때문입니다. 인간은 같은 돈도 벌 때의 기쁨보다 잃을 때 고통을 몇 배 더 크게 느끼거든요. 이것이 바로 심리학에서 나오는 '손실 회피 심리'입니다. 인간은 손실을 너무너무 싫어합니다.

그런데 주식 매매에서 이 손실 회피 심리가 정말 막대한 손해를 안길 수 있습니다. **손실을 싫어하는 심리가 불확실성을 좋아하는 심리로 이어지기 때문입니다.** 손실을 확정 짓기 싫어서 오히려 위험을 감수하고 대박이나 원금 회복을 꿈꾸는 거죠. 인간은 불확실성에서 나오는 기쁨을 안정된 상태에서 느끼는 기쁨보다 훨씬 크게 느낀다고 합니다. 가령 5,000원짜리 로또 당첨으로 번 100만 원을 월급 100만 원보다 훨씬 기쁘게 생각합니다. 즐거움의 레벨이 다르죠. 게임 속 랜덤박스, 〈리니지〉에서 아이템 강화 성공 확률, 〈피파 온라인〉에서 좋은 선수가 나올 확률 등을 생각하면 이해가 쉬우실 겁니다.

손실 회피 심리 때문에 손절을 못 하고, 나아가 불확실성에 기대어 오히려 대박이나 원금 회복을 바랍니다. 그래서 돌아오지 못할 강을 건너죠. 바로 '물을 타는 행동'입니다. 더군다나 뇌동매매로 시작했다면 투자 아이디어가 없는 상황이므로 대응책도 없을 겁니다. 오로지 운과 기도만이 남았을 뿐이죠.

손절이 주저된다면, '손실 회피 심리'에 빠져 있는 자신을 먼저 인지해야 합니다. 메타인지가 높은 투자자는 수익도 잘 나올뿐더러 손실도 빨리 정리합니다. 계좌가 이미 손실 상태에 들어서는 순간 투자자의 판단은 정상이 아닐 확률이 높아집니다. 머릿속에 '원금 회복'이라는 네 글자가 떠올라 사라지지 않는다면 이미 망해가고 있다는 시그널입니다. 빠르게 손절을 결정해야 합니다.

손절은 빠를수록 좋습니다. 몇 %에서 손절해야 하는지 묻고 싶겠죠? 하지만 초보에겐 손절컷을 정하는 것보다(원칙을 칼같이 따르면 그것은 초보가 아니겠죠) **자신이 어떤 심리에 빠져 있는지부터 파악하는 게 우선입니다.**

초보가 가장 많이 하는 질문, '언제 사야(팔아야) 하나요?'
:

초보들이 가장 많이 하는 질문은 '언제 사야 하나요?' '언제 팔아야 하나요?' 입니다. 이런 질문도 거꾸로 생각해보세요. 정말로 정해진 매매 타이밍(가격)이 있다고 칩시다. 그걸 아는 사람은 이미 세계 최고의 부자가 되어 있지 않을까요?

그럼에도 초보들은 이 질문을 가장 많이 하고, 전문가를 찾아다니며 그 지점을 배우려 노력합니다. 존재하지 않는 보물섬을 찾아 헤맵니다. 왜 그럴까요? 이 역시 지식이 없어서 그렇습니다. 아직 주식시장이라는 생태계에 대해 아는 게 없으니 보물지도가 존재하리라 믿고 찾아 헤매는 거죠.

매수·매도 가격은 공식처럼 정해지는 게 아닙니다. 앞서 이야기했던 것처럼 재료와 차트, 거래량, 시황이 맞아떨어진 상황에 자신의 경험적 자산이 합쳐져서 매 순간 달리 결정되는 것입니다. 모든 영역이 조금씩 도움이 되는 것이지, 어느 한 가지 공식으로 알 수 있는 게 아니에요. **수없이 차트를 보고, 지지선과 저항선을 그리고, 재료를 검출하고 쌓아가는 노력만이 당신을 답으로 안내할 것입니다.**

공식이 없다면서 답을 알게 될 거라니? 살짝 의아할 겁니다. 사실 수없이 경험이 쌓이면 매수와 매도 가격이 보입니다. 단, 이때 보이는 가격은 어느 좁은 좌표가 아닙니다. 폭넓고 여러 단계에 거쳐 있습니다. 초심자들은 '오차가 거의 없거나 아주 작은' 가격대를 생각합니다만, 경험이 쌓인 투자자들은 많은 경우의 수를 동시에 고려하며 매수(매도) 밴드를 결정합니다. 어떤 종목을 산다고(판다고) 했을 때, 빠르게 머릿속에서 그 종목에 관한 핵심 정보가 정리되고, 현재 그리고 미래 시장 환경에서 그 종목의 수혜나 리스크를 떠올리고, 차트 관점에서는 어떻게 판단하면 될지까지 고려하거든요.

물론 이런 지식은 하루아침에 얻어지는 게 아닙니다. 고수는 모두 숙성의 시간을 겪었습니다. 그런 그들도 여전히 분할 매수를 하고 수익도 준비한 만큼만 가져갑니다. 초보는 한 번에 많이 사고, 수익도 턱없이 바라죠. "저는 보수적으로 30%만 노립니다" 이런 소리를 할 때 차트의 저항선이 얼마 대인지 체크는 해봤을까요?

초보를 가장 괴롭히는 난제, '뭘 사지?'

:

초보들은 어떤 종목을 사야 하는지 결정하기 어려워 골머리를 앓습니다. 그러다 아무거나 사게 됩니다. 혹은 빈약한 공부를 바탕으로 한 빈약한 투자 아이디어를 가지고 매매에 돌입하죠. 물론 남의 투자 아이디어 자체가 문제되는 건 아닙니다. 남의 생각을 듣고 자신의 것으로 완벽히 소화한 상태라면 괜찮습니다. 하지만 대부분 초보들이 하는 실수는 아직 자신의 아이디어로 소화하지 못한 상태에서 매매에 들어간다는 것입니다. 그러다 보니 '대응'을 경험하지 못하게 됩니다.

투기나 도박이 아닌 투자를 하는 것이라면 보통 다음의 네 가지 상황 중 하나로 흘러갑니다.

- 투자 아이디어 (맞고) - 주가 (오름)

- 투자 아이디어 (맞고) - 주가 (안 오름, 혹은 빠짐)

- 투자 아이디어 (틀리고) - 주가 (오름)

- 투자 아이디어 (틀리고) - 주가 (안 오름, 혹은 빠짐)

투자 아이디어 없이 뇌동매매로 시작하는 경우 이 중 어디에도 속하지 않겠죠. 그러면 변수의 존재를 눈치챌 수 없어서 주가가 오르고 떨어질 때 '대응'을 못 하게 될 겁니다.

생각해보세요. 대응을 못 한다면 수익 확률이 높을까요, 손실 확률이 높을까요? 잘 모르겠다고요? 그럼 이렇게 생각해보세요. 눈 감고 아무 종목이나 산 다음 내버려두면 오를 확률이 높을까요, 내릴 확률이 높을까요? 잘 모르겠죠? 지금 하고 있는 행동이 이겁니다. 도박이요, 투기입니다.

그렇기 때문에 모든 매매는 투자 아이디어가 있어야 합니다. **그 투자 아이디어를 찾아가는 것이 바로 '주식 공부'의 본질입니다.**

초보가 가장 못하는 것, '돈 벌기'
:

초보들이 가장 못하는 것은 무엇일까요? 잘 모르겠다고요? 그럼 또 반대로 생각해보면 됩니다. 초보들이 제일 잘하는 게 무엇일까요? 손실 보는 거겠죠. 그것도 아주 자주 볼 겁니다. 즉, 초보들은 주식으로 돈 버는 것을 가장 못합니다.

어쩌면 당연한 일이죠. 초보가 잘 못하는 것은. 그런데 시간이 지나도 계속 못 버는 사람들이 수두룩합니다. 왜 그럴까요? 서두르기 때문입니다. 손흥민처럼 골을 넣겠다면서 기초체력 훈련도 하지 않고 필드에 나가서 달리는 격입니다.

어차피 매매하는 족족 수익률을 깎아먹고 있다면, '돈 벌기'를 잠시 멈추는 것이 오히려 이익일 수 있습니다. 사실 지금까지 살펴본 함정들은 모두 아직 지식이 부족해서 생기는 결과이고, 무엇보다 시간이 필요한 문제입니다. 돈을 버는 게 우선이 아니에요. 공부를 하는 게 먼저입니다. 투자 아이디어를 만들 수 있는 기초체력을 길러야 합니다.

이런 질문도 많이 받습니다. "어떻게 하면 빠르게 초보 기간을 돌파할 수 있을까요?" 여전히 핵심을 못 깨닫고 있네요. **'빠르게'는 핵심이 아닙니다.** 이 질문에는 여전히 기술적, 기법적 돌파 방법이 있을 거라는 기대가 잔뜩 묻어납니다. 금세 초보를 탈출하고 조만간 수백 퍼센트 수익을 달성하길 바라고 있죠. 그러면서도 제가 100일 동안 모든 걸 걸고 공부해보라고 했을 때 30일은커녕 10일 만에 포기하는 경우가 대다수입니다.

주식, 절대 쉽지 않습니다. 그렇지만 공부하면 됩니다. 내가 한 만큼 결과가 나옵니다. 내가 10만큼 노력했다면 10의 결과가 나오지, 절대로 9나 11이 나오지 않습니다. 이 사실을 굳게 믿는다면 반드시 노력한 만큼의 보상이 당신에게 돌아옵니다.

02 인베스터블 마인드의 약속

저는 법학과를 졸업했습니다. 사법고시도 오래 준비했죠. 법학이라는 것은 거의 모든 것에 '정답'이 정해진 학문입니다. 무조건 대법원 판례대로 해석하면 되거든요. 소수 의견과 다수 의견이 있어서 조금 더 공부할 게 있다 치더라도, 결국 답은 정해져 있습니다.

그런 제가 '오픈 마인드'의 극단에 있는 경제·투자·증권 분야의 전문가가 된 것은 완전히 예상 밖의 일입니다. 그래서일까요? 처음 주식을 시작할 때는 고생이 남들보다 더 심했던 것 같습니다. 정답이 없는 세계에서 무척 열심히 정답을 찾으려 했기 때문이었죠.

그런데 시간이 지나서 보니 법학 공부를 파고들었던 경험이 주식 공부에도 큰 도움이 되었음을 깨달았습니다. 바로 리걸 마인드(legal mind)라는 것을 가질 수 있었거든요. 리걸 마인드란 쉽게 말해, 법학도라면 어떤 사례를 판단할 때 일반인의 감정이 아니라 법 감정에 따라 판단해야 한다는 뜻입

PART 1 성장을 위한 투자의 시작

니다. 천인공노할 사건이라 하더라도, 법리에 따라 죄를 판단하고 감경이나 감면의 사유까지 제시해야 하죠.

저는 이 '리걸 마인드'를 주식 투자에 적용해 **인베스터블 마인드**(investable mind)로 바꿔 생각했습니다. 직역하면, '투자 가능한 마음, 투자에 적합한 마음가짐'입니다. 일반인의 상식이 아닌 투자에 최적화한 사고방식을 의미합니다.

처음 주식을 시작했을 때는 이해할 수 없는 일들이 많았습니다. '상한가가 15%인데, 왜 14.97%에서 더 안 올라가지? 왜 매수할 수 없지?' '회사랑 상관없는 이런 이유로 주가가 오르는 게 말이 되나?' '실적이 이렇게 좋은데 주가는 왜 계속 떨어지지?' 등등. 이처럼 증시에서 경험하는 상식과의 충돌이 법학에서 리걸 마인드가 없으면 겪는 고생과 유사하다는 생각이 들었습니다.

그래서 이번에는 인베스터블 마인드를 탑재하기로 했습니다. '내 상식으로, 내가 믿어온 대로 주식을 하니까 손실이 나고 있구나. 그렇다면 이제부터는 미스터 마켓의 눈으로 세상을 보겠다'라고 말이죠.

내 생각이 아니라, 시장의 눈으로 증시를 보자.

세상 모든 일과 주변에 흘러가는 모든 사건, 사고를 주식으로 연결해서 생각하기 시작했죠. 뇌의 좌뇌와 우뇌 사이에 보이지 않는 '주식 필터'를 장착한 것처럼 생각했습니다. 어떠한 지식도 있는 그대로, 상식으로 두는 게 아니라 '투자 가능한지, 아닌지'로 연결하는 사고를 습관화한 거죠.

예를 들어 술집에 갔는데 직원분이 "요즘 테라가 잘나가요"라고 추천합니다. 예전에는 '와, 요새 테라가 핫하구나. 마셔보자'로 끝났을 텐데, 이제는 '테라는 어느 회사가 만들었지? 하이트? 상장사인가?' 하면서 투자와 연결 짓기 시작한 겁니다. 어린이날을 앞두고 아이들과 하남 스타필드에 갔는데 중앙 무대가 〈캐치! 티니핑〉 캐릭터로 도배된 것을 보고 제작사인 SAMG엔터테인먼트로 연결하는 거죠. 스타벅스에서 종이 빨대를 주기 시작하면, '이거 어디서 만든 거지? 종이 빨대를 만드는 상장사가 있나? 아, 삼 률물산이구나!' 하는 식으로요. 모든 일을 주식과 연결하여 사고하기 시작한 거죠.

영어를 가장 빨리 잘하게 되는 방법은 무엇일까요? 유학 가서 현지인과 24시간 생활하는 것 아닐까요. 마찬가지로 주식을 가장 빨리 잘하게 되는 방법은 24시간 주식과 연관된 환경을 만드는 것입니다.

그래서 여러분은 저와 함께 본격적으로 기본기를 다지기 전에 지금 이 순간 스스로와 약속을 하셔야 해요.

나 자신과의 약속

1. 열린 마음과 시장의 눈으로 세상을 바라보기로 약속한다.
2. 내 생각은 언제든 틀릴 수 있다. 틀리는 것은 자존심 상하는 일이 아니다.
3. 실패는 당연히 겪는 일이다. 실패가 나의 자아를 해치지 않는다.
4. 남이 더 잘하는 것에 시기하거나 상대적 박탈감을 느낄 필요 없다. 나 또한 남만큼 잘하게 될 것이며, 나는 어려움을 통해 더욱 성장할 것이다.
5. 나는 노력의 가치를 존중한다. 노력을 통해 내 재능과 강점이 폭발할 것을 믿는다.

약속했다면 기록으로 남기세요.
선언하셔야 합니다.

이제 여러분은 이 약속을 기반으로, 인베스터블 마인드를 가지고 시장을 접하는 겁니다. 인베스터블 마인드의 눈으로 재료, 차트, 거래량을 보는 훈련을 할 거고요. 우선은 100일을 목표로 정진해보세요. 단언컨대 미래가 달라집니다.

PART 2

기본기
다지기

CHAPTER 4

첫 단추,
HTS와 친해지기

THE PRINCIPLES OF K-TRADING

01

증권 계좌
개설하기

MTS는 불리한 전장
:

현재 주식 거래 시스템 중 가장 사용량이 많은 것은 PC 기반의 HTS(Home Trading System)이 아닌 스마트폰 기반의 MTS(Mobile Trading System)입니다. 코스피 시장 기준으로 2019년 MTS 거래 비중이 40.66%에 달하며 HTS(38.89%)를 처음으로 추월했습니다. 2021년에는 MTS의 비중이 47.9%까지 증가하며 절반에 육박했습니다. 모바일 환경이 좋아진 덕도 있고 직장인 투자자가 많아지면서 생긴 효과일 겁니다. 증권사는 돈 되는(수수료 내는) 이용자들이 많은 MTS에 당연히 투자할 것이고요.

하지만 투자의 전장에서 MTS이용자가 HTS이용자를 상대로 이기기란 상당히 어려운 과제일 겁니다. MTS는 어디서든 필요할 때 편리하게 매매할 수 있다는 장점이 있지만, 정보성에서는 HTS에 비할 바가 못 됩니다. 주식투자에서는 순간순간 어떤 데이터를 어떻게 해석하느냐가 굉장히 중요하잖아요. 다 떠나서 '싸게 사는 것'이 제일인데 MTS는 HTS에 비해 매수 속도가 느리므로 불리할 수밖에 없습니다. 팔 때도 마찬가지입니다.

물론 HTS만 이용하라는 이야기는 아닙니다. 특히 직장인들은 불가능하죠. (저도 회사에 다니던 2017년 상반기까지는 오로지 MTS로만 거래했습니다. 퇴사하고서야 HTS를 다루기 시작했어요.) HTS와 MTS 모두 설치하고 익숙해지도록 하세요. 핵심은 MTS 이용자 스스로 불리한 전장에서 싸우고 있음을 자각해야 한다는 것입니다. **불리함을 인지한다는 것은 더 보수적으로 더 안전하게 플레이해야 한다는 의미입니다.** 수익선도 보수적으로 가져가야 합니다. 즉, 방망이를 짧게 잡으라는 이야기죠.

증권사 고르는 기준
:

증권사마다 장단점이 분명히 존재하긴 하지만, 개인 투자자가 투자를 시작하기에 좋은 증권사를 고르는 기준을 소개하자면 다음과 같습니다.

1. 보기 좋고 쓰기 편리한 기능
2. 문제 발생 시 빠른 해결
3. 친절하게 설명된 매뉴얼
4. 투자 아이디어를 바로 찾아보고 적용할 수 있는 시스템
5. 없거나 낮은 수수료

개인적인 생각으로 1번부터 4번까지 조건에서는 키움증권이 압도적입

니다. 다만 5번 수수료 측면에서 가장 안 좋죠. 수수료를 크게 신경 쓰지 않는 초보들이 많습니다만, 쌓이면 무시하기 어렵습니다. 저는 워낙 고빈도로 매매한 탓에 1년에 수수료만 1억 이상 나간 적도 있어요.

그럼에도 키움증권이 압도적 1위라는 것은 그만큼 좋은 서비스를 제공한다는 뜻이겠죠. 초보자라면 일단 키움으로 시작하는 것이 시행착오를 줄이는 선택이 됩니다. 시간이 지나 어느 정도 익숙해지고 실력이 올라오면, 기본적인 차트 체크와 서칭은 키움증권으로 하고 매매용으로 수수료 없는 다른 증권사를 이용하는 방법도 추천합니다.

증권 계좌를 개설하는 방법

:

증권 계좌를 개설하는 방법은 세 가지입니다.

1. 인터넷 신청
2. 증권사 지점 방문
3. 증권투자권유대행인을 통한 개설

인터넷 계좌 개설은 무척 간편하고 쉽습니다. 포털에서 원하는 증권사명과 '계좌 개설'을 검색하세요. 그러면 아주 친절하게 안내합니다. 책에 따로 소개할 필요도 없을 정도예요. 준비물은 세 가지입니다. 휴대전화번호, 신분증, 은행 계좌로, 모두 본인 명의여야 합니다.

다음으로 **직접 지점 방문**이 있습니다. 보통 연세가 있으신 분들이 많이 선택하는 방법인데, 이 경우 대부분 호구가 되는 것입니다. 지점 방문 개설시 대부분 최대 수준의 증권사 수수료가 책정되기 때문이죠. 같은 증권사라 하더라도 인터넷 개설과 오프라인 개설은 수수료 적용이 다릅니다. 0.1% 수수료도 어렵지 않게 만날 수 있습니다. 0.1%는 양반이고, 그 이상도 있습니다. 0.015%의 수수료에 비교해도 0.15%라 치면 10배입니다.

증권사는 뭘로 먹고사냐고요? 걸핏하면 평생 무료 수수료 이벤트를 하는데, 그럼 손해 보는 장사일까요? 절대 그렇지 않습니다. 예탁금 이자가 어마무시하고요. 또 신용이나 대주에서도 많은 이익이 창출됩니다. 스톡론에서도 벌 거고요. 나중에 비상장 펀드에 투자해보시면 수수료를 20%씩 냅니다. 세금이 아니라 증권사와 펀드사에 내는 수수료가요. 부자 되신 후에 수수료 많이 내시고, 일단은 아끼시는 게 좋습니다.

물론 고액의 수수료 상황에서도 증권사에 할인을 요청할 수 있습니다. 개인별로 천차만별의 수수료 적용이 가능합니다. 아예 유관비용을 제외한 수수료 무료로도 '협의' 가능합니다. 실제로 협의 수수료 제도라고 부릅니다. 보통 협의 수수료는 매달 얼마만큼을 거래하겠다는 '약정'을 하고, 이에 기반해서 수수료를 낮춰줍니다.

마지막으로, **증권투자권유대행인**을 통할 수 있습니다. 금융위의 시험을 통과해서 획득하는 자격인데, 이 자격증이 있는 사람을 통해 계좌 개설을 할 경우 증권사에 내는 수수료의 일부가 그 대행인에게 갑니다. 이 수수료를 통해 억대 수익을 거두는 사람도 있습니다. 대행인을 통하면 수수료가 있는 대신 여러 주식 관련 편의를 제공받을 수 있습니다. 금융투자협회에 따르면 2021년 기준 협회에 등록된 증권투자권유대행인은 7,560명, 펀드투자권유대행인은 2만 4,921명으로 투자권유대행인의 합이 3만 명이 훌쩍 넘습니다. 나의 소중한 돈을 맡기는 것이니만큼 믿을 만한 분인지 시간을 두고 검증해보길 바랍니다.

증권사 HTS 이용 후기

거의 모든 증권사를 이용해본 사람으로서 간략한 리뷰를 해보자면 다음과 같습니다.

- **키움증권** : 개인 투자자에게는 이용성 측면에서 키움증권을 추천합니다. 기능과 속도, 사용자환경(UI), 사용자경험(UX) 면에서 가장 좋아요. 그러나 수수료는 제일 비싼 그룹에 속합니다.
- **미래에셋증권** : 영원한 2인자입니다. 다만 3인자와 격차가 하늘과 땅 차이입니다. 고액 고객을 위한 보상 시스템을 잘 갖추고 있어요. 숨겨진 고객 등급도 있어서 명절마다 선물도 좋은 걸 잘 줍니다. 시스템도 아주 좋고, 1인자 키움을 잡기 위해 많은 노력을 합니다.
- **삼성증권** : 이용자에게 편리한 기능을 정말 자주 업데이트합니다. 사용자도 아주 많습니다.
- **유진투자증권** : 소형 증권사다 보니 이벤트가 잦습니다. 키움과 UI/UX가 가장 비슷합니다. 다만 아주 가끔 불안정한 모습을 보입니다. 빈도는 매우 낮지만 큰돈을 굴릴 때는 조금 신경 써야 합니다.
- **하나증권** : UI/UX가 개인 투자자에게 여러모로 불편합니다. 전 증권사가 앞다퉈 수수료 무료 이벤트를 벌일 때도 독야청정 무료 따위 없었습니다. 저도 비상장주식만 거래할 뿐, 상장주식 매매는 추천하기 어렵습니다.
- **한국투자증권** : 이곳도 사용성이 많이 떨어집니다.
- **KB증권** : 대기업이라 공무원 조직을 연상케 하지만 대단히 합리적이고 빠른 시스템을 제공합니다. 이벤트도 자주 하고요. 키움증권과 차별화를 두면서도 여러 편리한 서비스를 제공합니다. 2022년부터는 VVIP 제도를 도입해서 고객 챙기기에 많이 신경 쓰고 있어요.
- **NH증권** : UI/UX가 별로 안 좋습니다. 수수료 무료 이벤트 아니면 쓰지 않을 정도죠. 그래도 회사 규모가 큰 만큼 갑작스러운 다운 등 사고는 덜한 편입니다. 사용성은 낮습니다.

무시하면 큰코다치는 비용

:

주식을 거래하면 기본적으로 세 가지 항목에서 돈이 빠져나갑니다. 증권사 수수료와 증권거래세, 그리고 양도소득세입니다. 얼핏 작아 보이지만 누적되면 상상을 초월할 정도로 커져요.

- **증권사 수수료** : 모든 주식을 매수하거나 매도할 때 각 증권사가 부여하는 수수료입니다. 증권사마다 조금씩 다른데요, 0.015%의 키움증권부터 0.1%에서 0.3%의 높은 과금을 자랑하는 증권사까지 다양합니다. 증권사끼리 경쟁이 치열해 '무료 수수료'를 제공하기도 합니다. '평생 수수료 무료!' 이벤트도 자주 열리니 개설할 때 꼭 검색해서 참고하세요.

  증권사 수수료는 수익과 손실을 구별하지 않습니다. 얼마에 사고팔건 '거래한 주식의 가격 × 수수료율'만큼 즉시 수수료로 떼 갑니다. 수수료 무료인 사람과 유료인 사람은 출발선부터 다릅니다. 500만 원으로 10번을 사고 10번을 팔면 매수와 매도 각각 5000만 원, 총 1억 원이 거래된 셈인데요. 이때 증권사 수수료가 0.015%라면 1억 × 0.00015 = 15,000원의 수수료가 증권사에 정산됩니다. 따로 수수료를 내는 건 아니고 거래와 동시에 수수료 정산이 진행됩니다.

  예를 들어 예수금 500만 원으로 10번씩 사고팔아 10%의 수익을 올렸을 때, 수수료 0.015% 증권사를 사용한 투자자의 최종 잔고는 548만 5,000원이 됩니다. 반면 무료 수수료 증권사를 이용한 투자자라면 550만 원이 남아 있게 됩니다. (물론 정확하게는 550만 원에서 살짝 모자랍니다. 유관기관수수료라고 해서 한국거래소에 내는 수수료입니다. 0.004%로 아주 작아서 신경 쓸 수준은 아닙니다.)

에이, 그 정도야 낼 수 있다고요? 이렇게 매일 매해 한다면? 1.5만 원 × 20일 = 30만 원입니다. 12개월이 지나면 360만 원이 넘는 돈입니다. 굴리는 돈이 늘어난다면 눈덩이처럼 불겠죠?

- **증권거래세** : 주식 거래를 할 때 국가에 내는 세금입니다. **'매도'할 때만 원천징수**됩니다. 2023년 5월 기준으로 코스피는 증권거래세 0.05%에 농어촌특별세 0.15%를 더해 0.2%를 떼갑니다. 코스닥은 증권거래세만 0.2% 부과됩니다. 개정안에 따르면 2025년부터는 코스피 증권거래세 0%(농어촌 특별세는 존치해서 결국 0.15%), 코스닥 증권거래세 0.15%로 정해집니다.
  편하게 2023년은 0.2%, 2025년부터는 0.15%라고 이해하면 됩니다. 그런데 이게 정말 엄청나게 큽니다. 앞서 증권사 수수료로 살펴본 예시와 동일하게 총 1억 원을 거래했을 경우 (매도할 때만 내므로 절반으로 잡습니다) 1억 × 0.002 × 0.5 = 10만 원의 세금을 납부합니다. 한 달 20일(거래일)이면 200만 원, 1년이면 2400만 원입니다. 손실을 보더라도 내는 세금인 만큼 거래가 잦은 단기투자자라면 신경 써야 합니다.

- **양도소득세(금투세)** : 주식 양도소득세는 2023년 현재 대주주 혹은 종목당 10억 이상 보유자에게만 부과되고 있습니다. 그러나 2025년부터는 모든 주식투자자에게 '금융투자소득세(금투세)'가 적용됩니다.
  금투세가 적용되면 수익 5000만 원까지는 무과세이고, 5000만 원 이상부터 금투세 20%에 지방소득세 2%로 총 22%의 세율이 적용됩니다. 3억 이상 수익 시 금투세 25%에 지방소득세 2.5%로 총 27.5%의 세금을 부과합니다.

2025년부터는 금투세 적용으로 엄청난 세금이 부과되는 것이죠. 거기에 매 거래마다 0.15%의 증권거래세까지 부담해야 하니, 이중과세와 마찬가지입니다. 실질적으로 30~35% 이상의 세금 부담이 될 거예요. 주식으로 계층사다리를 오르는 게 많이 어려워진다고 볼 수 있죠. 이러면 해외 주식 투자와 아무런 차이가 없게 되므로 2025년부터는 해외 주식에 대한 관심이 더욱 높아질 것으로 예상됩니다.

02

처음 HTS
세팅하기

주식을 시작하려고 처음 HTS를 설치하면 상당히 막막하죠? 메뉴가 엄청나게 많잖아요. 그런데 막상 쓰는 메뉴는 손에 꼽습니다. 메뉴가 어떻게 구성되어 있는지는 하나하나 직접 탐험해보시고, 여기서는 일단 HTS에 필수적으로 띄워두어야 할 기본 화면 세팅을 소개합니다.

모바일만 사용하는 전업 주식투자자는 없습니다. PC는 모바일에 비해 훨씬 많은 정보를 한꺼번에 받아들일 수 있으니까요. 주식 매매 시 HTS 사용자는 MTS 사용자에 비해 유리한 고지에 있습니다. 그렇다면 PC를 사용하면서 창을 하나만 띄우는 것은 유

화면 검색

이 책은 키움증권 HTS 기준으로 설명합니다. 앞으로 소개하는 HTS 화면을 띄우려면 HTS 메뉴툴바 좌측의 검색창에서 화면명이나 번호를 검색하면 됩니다.

리한 전장을 애써 포기하는 것과 같겠죠. 모니터는 2개 이상 사용하면 좋습니다.

저는 와이드 모니터를 4개 사용 중입니다. 각 화면에서 데이터를 한눈에 보면서 트레이딩에 참고하는 거죠. 처음 시작하는 분들이 저처럼 모니터 4개를 두는 것은 무리일 테지만, 기존의 모니터를 어떻게 분할하고 운용하면 좋은지 궁리하는 것에서 출발해보세요.

종목 차트는 분봉과 일봉을 같이 본다
:

HTS를 설치하고 가장 먼저 열어보는 화면은 아무래도 개별 종목 차트가 아닐까 싶습니다. **키움종합차트[0600]** 화면을 기본으로 씁니다. 그리고 하나의 모니터에 일봉차트와 분봉차트를 함께 띄워둡니다. 매매에 돌입했을 때 분봉의 움직임을 동시에 보면서 투자 판단을 하기 때문입니다. 각자에게 맞는 분봉을 보면 됩니다. 저는 주로 5분봉으로 봅니다. 점점 빠른 것보다 천천히 보는 걸 선호하게 되더군요.

차트 화면의 툴바를 보시죠. 초록색 상자가 종목코드를 입력하는 곳인데, 코드는 몰라도 됩니다. 한글로 종목명을 검색해서 입력할 수 있습니다. 종목명 옆으로 늘어선 버튼을 통해 **일, 주, 월, 년, 분, 초** 등 어떤 기준으로 차트를 조회할지 선택할 수 있습니다. 일봉, 분봉을 여기서 선택하면 됩니다.

빨간색 상자는 화면에 몇 개의 캔들(봉)을 보여주는지 나타냅니다(지금은 100거래일 동안의 움직임을 보고 있습니다). 바로 옆의 '연속조회' 버튼을 누르면 기준 개수를 늘려 더 오랜 기간의 움직임을 확인할 수 있습니다.

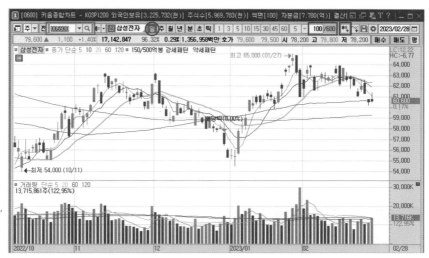

키움종합차트 화면에서 일봉 차트 보기

분 + 5 아이콘을 선택하면 다음과 같이 5분봉을 볼 수 있습니다.

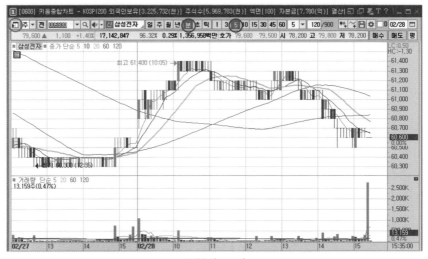

5분봉 차트 보기

툴바의 좌측 **메뉴 보이기/감추기** 버튼(초록색 동그라미)을 클릭하면 메뉴가 펼쳐집니다. 거기서 차트 유형을 바꿀 수 있고, 거래량이나 이격도, 거래대금 등 여러 지표를 화면에 표시할 수 있습니다. 일일이 지면에서 소개하기는 어려우니, 이것저것 클릭해서 살펴보세요. 우선은 기본 세팅에 거래량 지표를 표시하는 정도로 시작해도 좋습니다.

호가는 현재가 화면으로 본다
:

차트만큼 많이 보는 것이 **현재가**[0101] 화면입니다. 해당 종목의 실시간 호가와 기본 정보 외에도 뉴스 및 차트를 확인할 수 있고, 매매까지 한 번에 연결할 수 있습니다. 호가를 보는 여러 가지 방법이 있지만, 초보자는 현재가 화면으로 보기를 권합니다. 같이 한번 둘러볼까요?

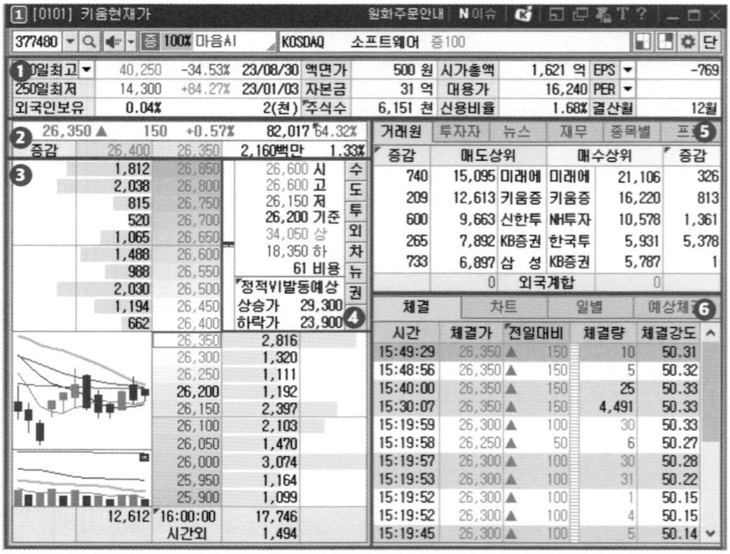

현재가 화면

① **기본 정보** : 250일 최고·최저가, 액면가, 자본금, 시가총액, 대용가, EPS, PER 등 해당 종목의 기본 정보를 파악할 수 있습니다.

② **현재가와 거래량** : 현재가와 등락률, 당일 거래량과 전일 거래량 대비율 등을 표시합니다.

③ **매도·매수 10호가** : '호가'란 팔려는 사람과 사려는 사람이 각각 주문하는 가격의 묶음입니다. 상단의 파란색 바탕 부분이 매도 10호가, 하단의 붉은색 바탕 부분이 매수 10호가를 나타냅니다. 여기서는 26,400원이 매도 1호가이고, 26,850원이 매도 10호가입니다. 매수 1호가는 26,350원, 매수 10호가는 25,900원입니다.

매도 호가 좌측으로 가로 막대기(매물대)와 함께 표시된 숫자는 해당 가격에 팔겠다고 내놓은 물량을 뜻합니다. 반대로 매수 호가 우측에는 해당 가격에 사겠다고 주문을 낸 물량이 표시되죠.

각 호가를 보면 층마다 50원씩 차이가 나죠? 해당 종목의 현 주가에 따라 호가 단위가 달라집니다. 2023년부터 적용되는 호가 단위는 다음 표와 같습니다. 주가가 올라 호가 단위가 바뀔 때면 매물대가

주식 가격	호가 단위
2,000원 미만	1원
2,000원 이상~5,000원 미만	5원
5,000원 이상~20,000원 미만	10원
20,000원 이상~50,000원 미만	50원
50,000원 이상~200,000원 미만	100원
200,000원 이상~500,000원 미만	500원
500,000원 이상~	1,000원

확 늘어납니다. 가령 1원 단위로 있던 호가가 5원 단위로 바뀌면 밀도가 5배 늘어나는 셈이라서 그렇습니다.

④ **시세 정보** : 시가, 고가, 저가, 상·하한가 및 VI 발동 예상가 등을 확인할 수 있습니다.

⑤ 거래원, 투자자 동향, 종목 뉴스, 재무제표 등

⑥ 체결 강도, 차트 등

가장 좋은 것은 '싸게 사는 것'이라고 했죠? 호가를 보는 것은 주문에 있어 중요합니다. 실전 매매에서 호가가 얼마 없는, 즉 호가창의 막대기가 얇은 종목은 피해야 합니다. **호가가 얇은 종목은 거래량이 적은 편입니다. 매도하기 어려운 종목은 초보 때부터 피하세요.** 반대로 호가가 너무 많은 경우에는 상황마다 달리 파악해야 합니다. 호가가 아주 많더라도 거래량이 높은 종목이라면 문제가 되지 않습니다. 하지만 거래량도 부족한데 호가가 너무 빵빵하다면 피하세요. 유동성이 없는데 물린 사람만 많다는 방증입니다.

광고성 뉴스는 거른다
:

주식투자자를 가장 가슴 뛰게 하는 것은 아무리 양보한다고 해도 뉴스일 것입니다. 내가 보고 있는 종목에서 좋은 뉴스가 나온다면 주가가 튀어 오를 거라 예상하니까요. 사실 주식에서 뉴스를 해석하는 방법은 재료의 영역인데요, 이는 뒤에서 자세히 다룰 예정입니다.

뉴스 창을 항상 열어두긴 합니다만, 뉴스뿐 아니라 모든 정보는 많다고 무조건 좋은 게 아닙니다. 과유불급이죠. 모든 뉴스를 섭렵하고 있으면 주식을 잘할 수야 있겠지만, 지금과 같은 미디어 범람 시대에 AI가 아니고서야 불가능하겠죠?

그렇다면 모든 뉴스를 다 보려 들지 말고 필요한 것만 전략적으로 취사선택해야 할 것입니다. 일단 광고성 뉴스는 걸러냅니다. 키움의 **종합시황뉴**

스[0700] 화면에서 톱니바퀴 아이콘을 누르면 뉴스 설정 창이 뜹니다. 여기서 '실시간 광고 필터링 및 제외 단어 설정'을 적용할 수 있습니다.

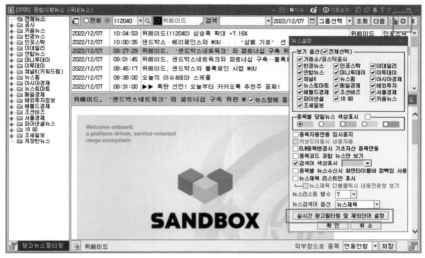

종합시황뉴스

그래도 많죠. 어떤 뉴스가 도움이 되는지 도통 알 수도 없고요. 팁을 하나 드리자면, **'특징주'를 자주 검색해보세요.** 기사에는 여러 종류가 있지만 '특징주'를 달고 나온 기사는 제목 그대로 주제가 명확한 '증권 뉴스'입니다. 특정 종목이 상승하거나 하락하는 '이유'에 대해서 다루죠. 보통은 상승하는 이유를 많이 다루고요. 그래서 어떤 종목이 어떤 재료로 움직이는지 가장 쉽고 직관적으로 알 수 있습니다.

포털 검색창에 '주제+특징주'를 검색하면 관련 뉴스가 검출됩니다. '그래핀 특징주'를 검색하면 어떤 종목이 그래핀이라는 재료로 가장 자주 언급되는지 바로 보입니다. 각 기사 내용을 읽어보면 더 정확하게 파악할 수 있겠죠. 여기에 해당 기사가 나온 날의 차트를 찾아보면 더욱 입체적으로 이해하게 됩니다.

다만, 특징주 역시 가끔 광고성 기사가 있습니다. 처음에는 잘 분간이 안 되지만, 실력이 쌓이면 제목만 봐도 '이건 광고구나' 알게 됩니다.

주문은 기본에 충실하자
:

주문을 넣는 방법은 매우 다양합니다. 수많은 유혹이 있겠지만 초보자가 넘어서는 안 되는 선이 있습니다. 그중 하나가 바로 **호가주문**입니다. 건드리지 마세요. 프로 트레이더가 쓰는 메뉴예요.

정해둔 수량을 호가 클릭만으로 사게 하는 주문인데요. 매우 빠르게 주문을 넣을 수 있습니다. 스캘퍼 중에서도 스캘퍼들에게 맞는 방식으로, 제 주변에도 이걸 쓰는 분들이 많습니다. 하지만 저는 쓰지 않아요. 실수가 잦습니다. 초보자들은 절대로 접근 금지입니다.

이 외에도 쾌속주문이니 신기한 메뉴가 많지만 기본 주문만 하세요. 다른 주문 메뉴는 스스로를 고수라고 여기게 된 다음에 써도 늦지 않습니다. 저는 지금도 기본 주문만 사용합니다.

키움증권 사용자는 **주식종합[2000]** 화면을 사용하세요. 매수와 매도를 동시에 할 수 있다는 장점이 있습니다. 또 한 화면에서 여러 정보를 확인할 수 있고요.

주문은 빠른 게 중요하지 않습니다. 정확성이 몇만 배 중요합니다. 한 번의 주문 실수로 돌이킬 수 없는 피해를 입을 수 있어요. 특히 초보 때는 꼭 주문 실수를 하기 마련입니다. 서두르지 말고 차분하고 정확하게 주문을 넣는 데 집중하세요.

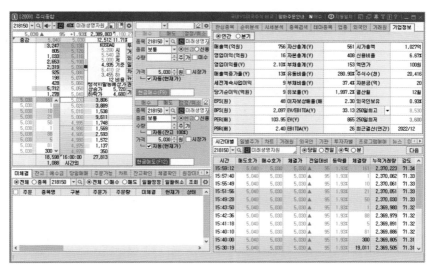

주문은 '주식종합' 화면에서 할 것

관심종목은 다다익선

●

투자자라면 매수할 종목을 찾아다니는 것은 당연한 본능입니다. 사실 이 관심종목은 투자자의 기본 소양인데요. 이 부분은 별도의 장에서 자세히 설명하겠습니다(252쪽 참조).

일단 초보 투자자는 어떤 종목이든 **관심종목[0130]**에 최대한 많이 '때려' 넣으십시오. 관심종목은 다다익선입니다. 많이 넣어보고 왜 이 종목들에 관심을 갖게 됐는지 차근차근 데이터베이스를 만들어가는 겁니다.

*　　　*　　　*

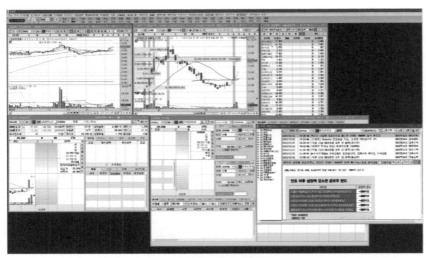

초보자의 기본 화면 세팅

지금까지 설명한 것을 모니터 하나에 넣어보면 위 그림과 같습니다. 좌측 위부터 시계방향으로 분봉, 일봉, 관심종목, 종목뉴스, 주문종합, 현재가 화면입니다. 초보자라면 이 정도 화면 구성으로 주식을 시작하면 적당합니다. 여기에 자신에게 맞게 하나씩 추가해가는 거죠. 모니터도 늘려나가고요. ☺

03 알아두면 도움 되는 메뉴들

X-Ray 순간체결량

X-Ray 순간체결량[1413]은 설정한 특별한 내용의 거래가 나올 때 알려주는 기능입니다. 저는 어느 종목에 순간 거래금액 5000만 원 이상이 나올 때 알려주도록 설정했습니다. 또 누가 매수에 5000만 원 이상을 2호가 내에서 걸 때도 알려주게끔 설정했습니다. 이를 통해 갑작스레 나오는 호재를 어느 정도는 포착할 수 있습니다. 5000만 원씩 갑자기 사려는 사람들이 늘어난다는 것은 내가 놓친 어떤 시그널이 있을 수 있다는 뜻일 테니까요.

설정은 언제나 가능한 한 타이트한 게 좋습니다. 보통 초보자들은 출력물이 많이 나와야 한다고 생각하지만, 많아 봐봐야 매매할 수도 없고 눈에 다 들어오지도 않습니다. 출력되는 결과가 적은 편이 효율적입니다. 제외 조건, 종목 조건도 범위를 좁혀 체크해주세요. 단기투자자에게는 더욱 유용한 시그널이 되므로 사용법을 익혀두기를 권합니다.

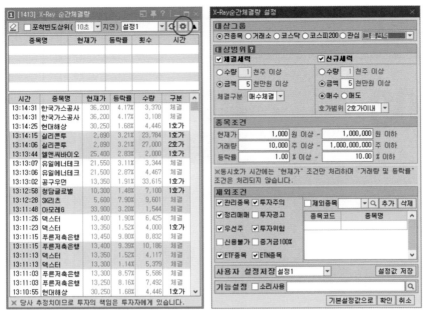

X-Ray 순간체결량, 톱니바퀴 아이콘을 눌러서 조건을 설정한다

실시간 종목 조회 순위

주식을 하는 모두가 반드시 알아둬야 할 정보입니다. **실시간 종목 조회 순위**[0198]는 현재 시장 참여자들이 가장 많이 검색하고 있는 종목입니다. 가장 많이 검색한다는 것은 현재 가장 큰 관심을 받고 있는 종목이라는 뜻이겠죠? 저는 30초에 한 번씩 순위가 업데이트되도록 설정했습니다.

순위	종목명		기준시점 주가	기준시점 등락률	30초 전 대비율
1	세종메디칼		3,505 ▲	13.79%	0%
2	나노엔텍		6,350 ▲	21.41%	-0.47%
3	STX중공업	↑3	6,740 ▲	17.01%	0%
4	휴템	↓1	1,360 ▲	17.24%	0%
5	실리콘투	↑1	2,905 ▲	3.75%	-0.17%
6	카나리아바이오	↑1	15,350 ▲	3.71%	-0.32%
7	제주은행	↓2	10,650 ▲	26.78%	-0.46%
8	F&F홀딩스	↑1	31,150 ▲	16.01%	-0.16%
9	푸른저축은행	↓1	13,400 ▲	9.38%	+0.37%
10	삼성전자	↑1	59,200 ▼	0.16%	0%

실시간 종목 조회 순위

이 정보를 실전 매매에 활용하는 팁을 3가지 알려드릴게요.

- 실시간 종목 조회 순위 '5위' 내에 있을 경우 집중적으로 매수세가 들어옵니다. 프로그램 매매가 설정돼 있다고 생각할 정도로 너무 많은 매수세가 들어옵니다. 그래서 조회 순위 5위 내에 있을 경우 주가가 잘 안 빠집니다. 일단 단기 매매에 들어갔다면 저 순위에서 오르내리는지 확인하면서 순위가 빠지면 서서히 물량을 줄여가는 판단이 맞습니다.

- 실시간 종목 조회 순위를 통해 현재 주도 테마를 쉽게 판단할 수 있습니다. 1~20위의 종목을 보면서 어떤 종목이 어떤 테마에 속해 있는지 당연히 알아야 트레이딩이 가능한 실력이라고 볼 수 있습니다. 어떤 테마인지도 모르는데 매매하는 건 큰 실수죠.

- X-Ray에서 뜨는 건 보통 머리 좋은 큰손들입니다. 미리 사는 거죠. 이후에 어떤 액션이 생긴 후 일반 개미들이 인지하고 '검색'을 하기 시작합니다. 그러면서 실시간 조회 순위에 오릅니다. X-Ray를 잘 이용하면 잠재적 호재를 판단할 수 있다는 의미입니다. 그리고 실시간 조회순위가 X-Ray보다 후행한다는 의미도 함께 가지고 있는 거고요.

미니체결

X-Ray가 전체 종목의 거래금액 등을 보는 것이라면, **미니체결[0120]**은 한 종목에 대해서 집중적으로 보는 메뉴입니다.

그림과 같이 종목 하나가 특정 조건을 만족할 경우 화면에 시그널을 띄워줍니다. 이 또한 단기투자를 할 때 자주 보게 되는 정보입니다. 해당 정보창에 빨간색 ▲ 기호가 자주 뜬다면 이 종목에 매수세가 몰

미니체결

리고 있다는 신호가 되겠지요? 파란색 ▼ 기호가 많이 뜬다는 것은 매도할 때임을 짐작하게 해주는 정보가 됩니다.

기업 개요

기업개요[0660] 화면을 띄워두면 회사의 기본적인 정보를 한눈에 살펴볼 수 있습니다. 무엇보다 주주를 즉시 파악할 수 있어서 관련주 찾는 데 도움을 받습니다. 또, IR 담당의 전화번호가 있지요. 궁금한 게 있을 때 바로 전화해서 물어볼 수 있습니다.

| 1 [0660] 기업분석 - 기업개요 | | | | | | | | | |

| 기업개요 | 기업분석 | ETF정보 | 리서치동향 | 컨센서스 | 랭킹분석 | 부가정보 | 종목별증자예정현황 | IR정보 |

| 090460 ▼ Q 신 비에이치 | 자료 제공처 : FnGuide(에프앤가이드) |

주 소	인천시 부평구 평천로 199번길 25		
설 립 일	1999/03/10	대표이사	이경환
상 장 일	2007/01/26	종업원수	1,494
결 산 월	12	전화번호	032-510-2000
그 룹 명		주거래은행	KDB산업은행
업 종	인쇄회로기판용 적층판 제조업		
주요상품	RF, BU/기타/다층/단면/양면		

주주명	주권의 수(주)	지분율(%)	주주형태	주주수	지분율(%)
이경환(외 3인)	7,319,008	21.24	개인/법인	4	21.24
비에이치 자사주	2,788,561	8.09	자사주	1	8.09

기업개요

종목별 공매도 추이

종목별 공매도 추이[0142] 화면에서 '매매비중'을 통해 파악할 수 있습니다. 공매도 수량을 알아두면 유리할 때가 많습니다. 공매도 비율이 높은 주식은 잘 안 갑니다. 조금만 올라도 다시 공매도 수량이 쏟아져 나오기 때문이죠. 공매도를 하는 데는 다 이유가 있거든요. 본질 가치보다 현재 주가가 높다는 확실한 판단이 있는 겁니다. 펀더멘털에 근본적 변화가 없는 한 주가가 다시 상승세를 타면 다시 공매도가 나오기 쉽습니다.

물론 공매도 물량이 많은데 주가가 크게 오르는 경우도 있습니다. 펀더멘털에 변화가 생기거나 공매도를 할 수 없는 환경으로 바뀔 때죠. '없다가 생긴' 이벤트가 발생한 겁니다. 이때 손실을 줄이기 위해 해당 주식을 급하게 다시 매수하는 행위를 '숏스퀴즈'라고 합니다. 숏스퀴즈가 일어날 때는 주가 급등을 기대할 수 있습니다.

일자	종가	대비	등락율	거래량	누적공매도량	매매비중%	공매도거래대금	공매도평균가
23/05/22	24,000 ▼	350	-1.44	528,967	3,479,816	7.64	983,122	24,343
23/05/19	24,350 ▲	650	+2.74	913,212	3,439,429	2.05	451,155	24,099
23/05/18	23,700 ▲	100	+0.42	372,976	3,420,708	9.16	810,303	23,722
23/05/17	23,600 ▲	450	+1.94	636,126	3,386,550	5.83	878,125	23,678
23/05/16	23,150 ▼	550	-2.32	876,212	3,349,464	9.66	1,943,900	22,955
23/05/15	23,700 ▼	600	-2.47	449,739	3,264,782	18.67	1,993,292	23,745
23/05/12	24,300 ▲	750	+3.18	1,163,030	3,180,838	2.94	831,015	24,292
23/05/11	23,550 ▲	50	+0.21	512,340	3,146,628	9.38	1,134,191	23,602
23/05/10	23,500 ▲	450	+1.95	457,240	3,098,573	8.75	936,705	23,403
23/05/09	23,050 ▼	400	-1.71	461,141	3,058,546	10.92	1,162,361	23,079
23/05/08	23,450 ▲	1,400	+6.35	1,685,984	3,008,183	2.33	924,605	23,499
23/05/04	22,050 ▼	1,250	-5.36	1,014,406	2,968,836	11.57	2,607,706	22,219
23/05/03	23,300 ▼	50	-0.21	273,679	2,851,472	16.60	1,056,214	23,250
23/05/02	23,350 ▲	300	+1.30	232,213	2,806,043	9.57	517,117	23,267

종목별 공매도 추이

재무 추이

재무추이[0663]에서 해당 종목의 상장 이래 모든 실적을 손쉽게 살펴볼 수 있습니다. 최소한 망할 회사인가 아닌가를 빠르게 파악하기 편하죠. 설정을 통해 PER, PBR 등 추가 지표를 볼 수도 있습니다.

재무추이

종목 일별 프로그램매매 추이

종목일별 프로그램매매 추이[0778]에서 하나의 종목에 프로그램매매가 얼마나 붙어 있나 볼 수 있습니다. 프로그램매매란 인간이 수동으로 하는 게 아니라 증권사의 프로그램을 이용해서 '자동'으로 이뤄지는 매매를 말합니다.

종목일별 프로그램매매 추이

프로그램매매가 '매수'라면 주가는 오르거나 덜 빠지고요, '매도'라면 정말 **잘 안 올라갑니다.** 이 지표를 살펴봤더니 프로그램 매도가 많다면 그날 단타는 피하는 게 좋습니다.

단, 프로그램 매수가 많다고 해도 집중해야 하는 건 마찬가지입니다. 주가가 급등할 경우 바로 매도로 돌아서는 경우도 자주 있거든요. 저는 이 화면을 작게 열어두고 지켜봅니다.

종목별 투자자 매매 동향

투자자별 매매동향—종목별 투자자[0796]에서 각 종목의 투자 참여 주체를 상세하게 보여줍니다. 중요하게 봐야 할 것은 '기관'입니다. 기관은 '추세'가 있습니다. 한번 사기 시작하면 계속 사는 편입니다. 팔면 계속 팔고요. **기관 매수세가 연속적인 종목을 찾으면 스윙과 장투에 유리합니다.**

반면 외국인 여부는 트레이딩에는 큰 영향이 없습니다. 외국인은 단타도 아주 많기 때문입니다.

투자자별 매매동향—종목별 투자자

전일 대비 등락률 상위

전일대비등락률상위[0181]에서는 전일 대비해서 등락률 상위 종목을 보여줍니다. 급등, 급락 종목을 쉽게 찾을 수 있습니다. 뒤에서 내드릴 숙제를 하는 데 큰 도움을 주지요. 제가 초보 시절 가장 많이 본 메뉴 가운데 하나고, 지금도 곧잘 봅니다.

전일 대비 등락률 상위

조건검색 실시간

조건검색실시간[0156]은 미리 세팅한 조건검색식을 바탕으로 종목을 검출해주는 화면입니다. 제가 초보 때부터 가장 많이 사용하는 기능이고요.

나만의 조건식은 **조건검색**[0150] 화면에서 직접 만들 수 있습니다. 어렵게 생각할 필요 없습니다. 키움증권 고객게시판에 "5일선 위에 있는 종목 중 시총이 3000억 미만이면서, 최근 거래대금이 1,000% 증가한 종목을 찾는 검색식을 만들어주세요"라고 요청하면 만들어줍니다. 즉, 직접 어떤 종목을 찾고 싶은지 알 수 있는 수준까지 가면, 다음은 시스템이 도와준다는 이야기입니다. 키움 HTS에 메뉴화되어 있는 **조건검색 게시판**[0093]에서도

조건검색 실시간(좌)과 조건검색(우)

요청하면 검색식을 만들어줍니다.

많은 초보들이 고수들의 조건검색식을 구하고 싶어 합니다. 시장도 꽤 크게 형성돼 있는 편이에요. 찾는 사람이 많으니 그렇겠지요? 저는 초보 시절부터 검색식을 직접 연구하면서 만들었고, 대략 20여 개의 검색식을 갖고 있습니다만 팔아볼 생각은 하지도 못했네요. 사실 제 검색식을 안다고 해도 매매에 일부 도움이 될 수는 있겠지만 실제 수익까지 가는 건 완전 별개의 일입니다.

남이 만든 검색식에 목매지 마세요. **자신이 어떤 종목을 찾고 싶은지 스스로 찾아야 수익이 납니다.** '스스로 독립적인 투자 결정 VS 리딩과 종목 추천에 의존.' 둘 중 어떤 투자 인생을 살고 싶나요? 전자로 살고 싶다면 교육을 받고 공부를 해야 합니다. 남이 만든 결과물을 가지고는 성공한 투자자가 되기 어렵습니다.

가장 문제가 되는 건, 주식의 시작을 검색식으로 하는 겁니다. 검색식을 찾는다는 건 무슨 뜻일까요? 가장 쉽고 빠른 길부터 찾는다는 의미일 겁니다. 성공한 사람일수록 미련하고 어려운 길을 갑니다. 실패하는 사람일수록 쉽고 빠른 길부터 찾죠. '더 빨리, 더 안전하게, 더 쉽게, 더 많이.' 이것은 실패하는 투자자의 구호입니다. 그렇게 쉬운 길이 있다면 왜 95%의 투자자들이 실패하겠습니까?(통계청 기준) 검색식은 어디까지나 매매를 보조해주는 아주 작은 영역임을 명심하세요.

변동성완화장치(VI) 발동종목현황

당장 지금 어떤 종목이 가장 핫한지 찾고 싶을 때 **변동성완화장치 발동종목현황**[0193]을 보세요. 직장인은 어렵지만, 전업 투자자는 꼭 체크해봐야 하는 기능입니다. 특히 손이 빠른 트레이더라면 매매에 큰 도움을 받을 수 있습니다.

변동성완화장치 발동종목현황

실시간으로 변동성완화장치(VI)가 발동한 종목을 알려주는 화면입니다. VI가 발동하면 일단 사람들 눈에 띄지요. 사람들 눈에 띄면 이제 실시간 종목 조회 순위가 올라갑니다.

시간적 움직임으로 보자면, 먼저 X-Ray 순간 체결량에 대량 물량이 체결되고, 다음으로 VI가 붙습니다. VI 현황에 들어오면 실시간 종목 순위에 들어오는 수순을 밟습니다.

짧은 순간이지만 폭발적인 매매를 하는 데 도움을 받을 수 있지요. 다만 초보 단계에서 활용하기는 분명 무리입니다.

04   매매를 해봅시다

첫 매매를 위한 마인드셋
:

이제 매매를 해볼까요? 수익을 목적으로 하는 게 아니라 경험에 초점을 맞춰봅니다. 일단 뭐든 한번 해봐야 느낌이 올 테니까요. 다만 연습 매매에 들어가기 전에 반드시 숙지해야 할 마인드셋이 있습니다.

1. 주식은 쉽지 않습니다

종목과 시장에 대한 충분한 이해를 한 뒤에 접근해야 승률이 올라갑니다. 본인의 지적 능력은 주식시장 수익률에 직결됩니다. 학창 시절 공부를 잘한 사람이 주식을 더 잘합니다. 좋은 대학을 나온 분들은 더 잘합니다. 만일 본인이 이에 해당하지 않는다면 (포기를 하라는 말이 아니라) 만 배 더 노력한다는 각오를 하셔야 합니다.

2. 자산 중 얼마를 쓸지 결정하십시오

투자에는 정해진 예수금이 있는 게 아닙니다. 각자의 재무상황에 따라 위험자산(주식)에 얼마의 비중을 둘지 결정해야 합니다. 손실을 감당할 수 있는 돈으로 시작하는 것이지, 빚을 끌어 쓰거나 학자금, 병원비, 전세 자금 등 반드시 지출이 예정돼 있는 돈을 사용해서는 안 됩니다.

3. 시장에 이길 수 없습니다

현재 시장이 하락 추세인지 상승 추세인지 몇 번이고 확인하세요. 하락 추세에서는 본인의 실력을 다 내기가 어렵습니다. 하지만 상승 추세에서는 시장의 힘으로 어느 정도 수익이 보장됩니다. 빠질 때 무리하게 매매하지 말고 주가지수가 올라갈 때 시장에 참여하는 편이 수익률 확보에 훨씬 유리합니다.

4. 투자 아이디어를 갖고 매매하세요

모든 매매는 뇌동매매여서는 안 됩니다. 명확하게 투자 아이디어와 전략을 설정하고 나서 매매에 들어갑니다.

5. 투자 목표를 설정하세요

자신의 인생에서 투자로 무엇을 달성하려는 것인지 정하세요. 단순히 돈이 목표라면 주식은 적합하지 않습니다. 주식은 위험자산입니다. 돈만 목표라면 돈을 벌 수 있는 수단은 많습니다. 투자로 하려고 하는 장대한 인간적 목표를 세우고, 단기적으로는 어떤 목표를 갖고 있는지 한 번 더 생각해보세요.

6. 시행착오를 두려워하지 마세요

실전 매매는 시행착오를 통해 배우는 과정입니다. 당연히 실수하고 손실을 볼 수 있습니다. 수익은 그 누구도 보장할 수 없습니다. 워런 버핏도 손실을 봅니다. 레이 달리오도 당연히 손실을 봅니다. 중요한 건 지금 우리는 모두 과정에 있다는 거죠. 오늘 꼭 벌어야 하는 상황이라면 당장 주식을 놓고 일터로 나가세요.

주문 넣어보기
:

1) 종목 선정

우선 종목을 선정해봅시다. 2015~16년의 유목민이라면 어제 시장에서 강하게 부각돼 상한가를 기록했거나 거래량 천만 주를 돌파한 종목을 하나 고를 것 같네요. 또는 전일 장 종료 후 나온 뉴스 중에서 시장에 영향을 미칠 만한 뉴스를 골라 관련 종목을 찾아볼 것 같습니다.

가령 2023년 5월 24일인 오늘, 새벽에 가뭄으로 밀 흉작이 심할 거라는 외신이 나왔습니다. 외신은 보통 국내에 하루 늦게 영향을 미치게 되거든요. 내일이나 모레 정도 주가가 오를 수 있겠다 생각하면서 밀(식량) 관련주를 찾아봅니다. **미래생명자원**을 골랐다고 가정해보지요. 매매에 앞서 관심 종목에 추가해둡니다.

2) 매수

주문창을 불러옵니다. 우리는 주식종합 화면에서 주문하기로 했죠?

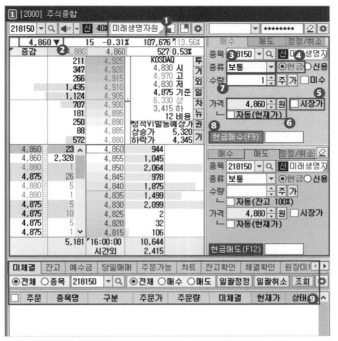

주식종합 화면에서 매수 주문 넣기

① 주문 들어가기 전에 종목명이 맞는지 다시 한번 확인하고요.

② 현재가를 확인합니다. 아래, 위로 10개씩 매수, 매도 호가가 보입니다.

③ 주문 종류는 여러 가지가 있지만 '보통(지정가)'만 씁니다.

④ 오로지 '현금'만 씁니다. 신용과 미수는 절대 금지입니다.

⑤ '시장가' 주문은 가격을 지정하지 않고 주문을 내면 주문이 접수된 시
   점에서 가장 유리한 가격으로 매매가 성립되는 주문입니다. 초보는
   체크하지 않습니다.

⑥ 매수할 가격을 지정합니다. 원하는 호가를 클릭하면 그 값으로 입력
   됩니다. '자동(현재가)'은 매매 가격을 현재가로 자동 설정해주는 기능
   입니다. 초보는 체크하지 않습니다(나중에는 즐겨 쓰지만요).

⑦ 수량을 지정합니다. 매수 10호가 중 원하는 가격을 클릭해서 딱 1주를 주문 넣어봅니다.

⑧ 빨간색 '현금매수' 버튼을 누릅니다. 주문 내용을 다시 점검하고, 최종 '확인' 버튼을 누릅니다.

⑨ 매수 버튼을 누르면 하단 '미체결' 탭에 방금 넣은 주문이 들어가 있을 겁니다. 그 가격까지 오면 매수 체결이 일어나고, 미체결에 있던 내역이 '잔고'로 이동해서 1주가 편입된 것을 확인할 수 있습니다.

매매 주문의 종류

- **지정가(보통)** : 수량과 가격을 투자자가 직접 정하는 것.
- **시장가** : 수량만 정하고 가격은 현재 시장에서 형성된 가격으로 모두 거래하는 것. 위나 아래로 호가를 긁으면서 매수되거나 매도된다.
- **조건부 지정가** : 지정한 가격으로 주문접수되지만, 장 종료까지 체결되지 않으면 그날의 종가로 주문 체결.
- **최유리 지정가** : 매수 시에는 가장 낮은 매도가격으로 지정, 매도 시에는 가장 높은 매수 가격으로 지정. 즉 시장가와 비슷한데 딱 한 호가의 가격으로만 접수된다.
- **최우선 지정가** : 매수 시에는 가장 높은 매수 호가로, 매도 시에는 가장 낮은 매도 가격으로 지정. 최유리 지정가와 비슷하지만 호가를 움직이지 않는 주문이 된다.
- **IOC(Immediate or Cancel)** : 주문 즉시 가능한 수량만 체결되고, 나머지 잔량은 즉시 취소된다.
- **FOK(Fill or Kill)** : 주문 즉시 전체 수량 체결 가능하면 체결되고, 불가능하면 전량 취소된다.

다양한 주문 방법이 있지만, 저는 지금까지 지정가와 시장가 외에는 한 번도 써보지 않았습니다. 주변의 고수들도 쓰지 않는다고 하고요.

3) 매도

잔고에 편입된 종목을 매도해봅시다. 개인은 주식이 잔고에 있어야만 매도할 수 있습니다.(권리입고예정 주문이라는 아주 예외적인 상황이 있지만, 뒤에서 알아보기로 하죠.)

매수와 마찬가지로 진행하면 됩니다. 매수 1호가에 주문을 넣으면 바로 매도할 수 있지만, 매도 1호가에 걸어보시죠. 상황에 따라 수익이거나 손실일 겁니다.

비록 1주이지만 최선을 다해서 최대한 싸게 사보고, 최대한 비싸게 팔아보세요. 이렇게 매매를 마치고 **당일매매일지**[0353] 화면에 가면 오늘 실제 매매한 결과 수익과 손실이 어떤지 한눈에 볼 수 있습니다.

4) 반성

아무리 첫 매매라지만 반성은 언제나 코스입니다. '헉, 그냥 첫 매매라 시키는 대로 했는데요?' 하는 분들 계실 겁니다. 시키는 대로만 하면 되나요. 아무리 1주이고 연습이라도 내 돈이 실리는 거잖아요. 종목 더 열심히 찾고, 뭐가 뭔지 몰라도 차트도 보면서 지금 가능한 수준에서 최고의 종목을 찾았어야 합니다.

지지 저항을 아는 분이라면 매수 1호가를 클릭할 게 아니라 매수 가격을 더 구체화해볼 수 있었겠죠. 단기 저점은 어디였는지, 혹은 분봉상 저점에서 사보려고 노력했는지 돌이켜보는 겁니다. 매도도 마찬가지입니다. 꼭 매도 1호가에 팔았어야 했나, 더 좋은 가격은 없었나, 더 빠른 매도 판단을 했어야 한 건 아닐까 등의 다양한 성찰을 해보는 걸 권장합니다.

참고로, 이날 미래생명자원은 밀 흉작 외신이 국내에 번역돼 나오면서 약 14.5% 상승했습니다.

5) 주문 시 주의사항

주문을 넣을 때 매도가, 매수가에 집착하는 경우가 잦습니다. 하지만 같은 상황에서도 수백, 수천 시장 참여자의 매수, 매도 가격이 다른데 어떻게 최고의 매수 포인트와 매도 포인트가 있겠습니까.

매수할 때는 '자신이 산 가격보다 더 오를 수 있는지'를 판단하는 게 맞고, 매도할 때는 매수세가 강하게 일어날 때 매도한다고 생각해야 합니다. **최고점 매도를 꿈꾸지 마세요.** 가격은 시장이 결정하는 거고, 그 흐름을 미리 읽어서 매수했다면 하늘에 감사하고, 수익은 줄 때 실현해야 합니다.

직장인 필수 기능, 스탑로스
:

직장인 투자자에게 꼭 필요한 기능 중 하나가 바로 '스탑로스'입니다. 이미 사용하고 있는 분도 많겠지만, 괜히 복잡하고 어렵게 느껴 사용하지 않는 분도 많을 겁니다. 업무 중 스마트폰의 주식창을 계속 지켜보는 게 쉬운 일은 아니죠. 저는 비교적 자유로운 게임사에 재직했음에도 분명 눈치가 보이는 일이었습니다. 회의하고 왔더니 매도 타이밍을 놓쳐 손실이 늘거나 수익을 죄다 반납하는 경우가 왕왕 있었다면 이 기능을 사용해보길 추천합니다.

스탑로스(자동매도)는 쉽게 말해, 원하는 가격이나 조건에 자동으로 매도해서 이익실현 또는 손절매를 할 수 있는 기능입니다. 반대 개념인 **스탑(자동매수)** 기능도 있습니다. 원하는 조건에 자동으로 매수하는 기능입니다.

키움 HTS에서는 **주식StopLoss**[0621] 또는 **주식자동감시주문**[0624] 화면을 씁니다. 스탑로스 설정 기능은 동일하지만 차이점이 있습니다.

- **주식Stoploss** : HTS가 실행된 **상태**에서 **당일**만 감시 및 주문이 가능합니다. 조건 충족 시 주문 확인 팝업이 떠서 수동으로 주문을 넣거나, 자동주문 설정을 하면 확인 없이 바로 주문이 실행됩니다. 집중적으로 매매하는 전업 트레이더에게 적절합니다.

- **주식자동감시주문** : 감시를 시작하면 유효기간 동안(휴일 포함 최대 90일) **HTS, MTS 실행 여부에 상관없이** 저장한 감시조건이 만족될 경우 별도의 확인 없이 증권사 서버에서 **자동으로** 주문이 실행됩니다. 직장인에게 유용합니다.

스탑로스는 다시 '스탑로스'와 '트레일링 스탑'으로 나뉘죠. 뭔가 복잡해 보여도, 직접 한번 해보면 헷갈리지 않습니다. 간단하게 트레일링 스탑로스가 일반 스탑로스보다 더 역동적이다, 정도 느낌만 갖고 본격적으로 살펴봅시다.

1) 일반 스탑로스 설정

주식StopLoss 화면을 예시로 설명하겠습니다(자동감시주문 화면에서도 방법은 동일합니다).

① 종류 선택
- **보유종목 스탑로스:** 현재 보유하고 있는 종목에 대해 스탑로스 신청.
- **잔고편입 스탑로스:** 매수할 종목에 대해 자동으로 스탑로스 적용.

② 감시 조건 설정
- 감시 기준가 설정. 매입단가, 직접 입력, 감시시작 시점 현재가 중에서

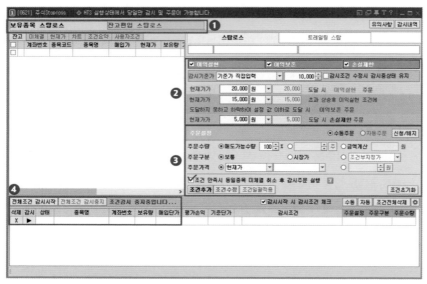

스탑로스 설정 화면

선택.

- 손실제한, 이익보존, 이익실현 중 선택해 조건 설정.

③ 주문 설정

- '수동주문'으로 설정하면, 조건 충족 시 팝업창이 뜨고 투자자가 직접 주문 확인을 클릭해야 주문이 전송됩니다. '자동주문'을 체크하면 별도 주문 확인 없이 주문이 실행됩니다.
- '조건 만족시 동일종목 미체결 취소 후 감시주문 실행' 항목을 체크해야, 기존에 매도 주문이 걸려 있어도 스탑로스가 실행됩니다. 잊지 말고 체크하세요.
- 주문 수량 등 설정을 마친 후 '조건추가' 버튼 클릭.

④ 감시 실행 확인

'조건추가'를 했다면 '감시시작'까지 눌러야 합니다. 앞 단계에서 다 된

줄 알고 멈추는 바람에 낭패를 보는 경우가 꽤 있습니다.

화면 하단에 추가된 조건 내역에서 ▶ 아이콘을 클릭합니다. 그러면 아이콘이 ■ (감시중)으로 변경되면서 감시가 시작됩니다.

감시 전

감시 시작

각 조건이 어떻게 움직이는지 그림을 통해 이해해봅시다.

감시기준가 10,000원, 손실제한가 5,000원, 이익보존가 15,000원, 이익실현가 20,000원으로 각각 설정해보았습니다.

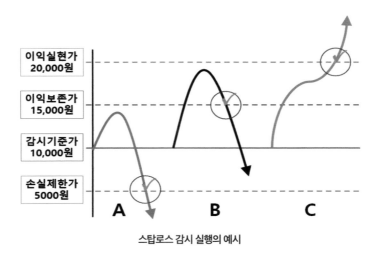

스탑로스 감시 실행의 예시

- **A 손실제한** : 첫 10,000원이 5,000원에 도달할 경우 자동 매도 주문을 접수합니다.

- **B 이익보존** : 주가가 상승하다가 더 이상 상승하지 못하고 하락하게 되
  었을 때, 적어도 이 가격에서는 매도하고 싶다 하는 경우에 사용합니다.
  이익보존가 이상으로 상승했지만 이익실현가까지 도달하지 못하고, 다
  시 이익보존가까지 내려왔을 때 매도 주문이 실행됩니다. 그림의 예시에
  서는, 기준가인 10,000원에서 시작하여 이익보존가인 15,000원을 넘어
  18,000원까지 상승했으나 다시 15,000원으로 하락했을 경우 매도 주문
  이 접수됩니다.
- **C 이익실현** : 이익실현가인 20,000원에 도달할 경우, 자동 매도 주문이 이
  루어집니다.

2) 트레일링 스탑 설정

일반 스탑로스 기능은 우리가 설정한 금액과 조건에 팔립니다. 하지만 딱
정한 가격에 팔기보다는 주가의 흐름에 맞추어, 주가가 고점을 찍고 살짝
내려왔을 때 팔고 싶다는 생각도 들죠. 그럴 때 트레일링 스탑을 사용하면
좋습니다.

- **트레일링 스탑** : 현재가가 목표가를 초과하여 상승하다가 하락 추세로 돌
  아섰을 때, 감시가 시작된 시점 이후의 최고가에서 설정한 만큼 하락할
  경우 자동으로 주문을 실행하여 수익을 실현하거나 손실을 방어합니다.

설정 방법은 일반 스탑로스와 거의 같습니다. '목표가 사용'과 '손실제한'
을 체크하면 트레일링 감시를 시작할 목표가와 하락 시 손실제한 금액을
설정할 수 있습니다. 목표가를 사용하지 않으면, 현재가부터 트레일링 감시
가 시작됩니다.

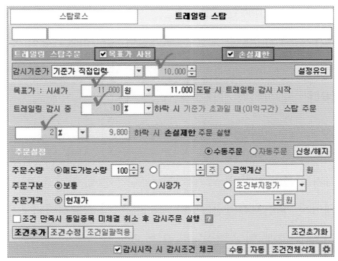

트레일링 스탑 설정 화면

예시를 통해 살펴봅시다. 아래 그림의 분봉과 같은 주가 움직임이 발생했다고 해보죠.

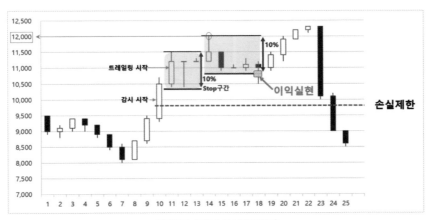

트레일링 스탑 감시 실행의 예시

트레일링 스탑 조건은 다음과 같이 설정해둔 상태입니다.

- **감시기준가** : 10,000원
- **목표가 사용** : 11,000원 도달 시 트레일링 감시 시작 / 감시 중 10% 하락 시, 기준가 초과일 때(이익구간 일 때) 스탑 주문
- **손실제한** : -2% 하락 시 주문 실행

목표가로 설정한 11,000원에서부터 트레일링 감시가 시작됩니다. 주가가 오르다가 흐름이 반전되어 하락하죠(1차 고점 경신). 하지만 -10%까지 빠지지는 않아서 계속 트레일링합니다. 주가는 다시 상승하더니 2차 고점을 찍고 이번에는 -10% 이상 빠집니다. 이제 매도 주문이 자동으로 실행됩니다.

트레일링 감시 시작 이후 가장 고점인 12,000원을 기준으로 -10% 하락한 가격인 10,800원에 도달했을 때(그 가격은 기준가를 초과하여 이익 구간이어야 함) 자동으로 매도 주문이 실행되어 이익을 실현합니다.

만약 제대로 오르지 못하고 떨어질 경우에는 -2%인 9,800원에서 자동 매도되어 손실을 제한합니다.

MTS에서 시세 알림 설정

매수하고 싶은 종목이나 매도를 고려하는 종목의 시세를 알림으로 받아보고 싶은 경우 사용하면 좋습니다. 아무래도 이 기능은 모바일 MTS에서 사용하는 게 유용하겠죠?

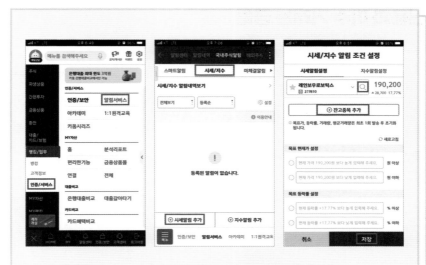

1) 뱅킹/업무 → 인증/서비스 → 알림서비스를 차례로 클릭.

2) 국내주식알림 → 시세/지수 → ⊕ 시세알림 추가를 차례로 클릭.

3) 시세알림설정 메뉴에서 종목을 검색하거나 ⊕ 잔고종목 추가를 클릭하여 보유 종목 중에서 시세 알림 받을 종목 선택. 하단에 알림을 받고자 하는 내용(목표가, 등락률, 거래량 등)을 체크하고 내용 설정 → **저장**.

MTS의 다른 화면에서 개별 종목을 보다가 시세 알림을 설정하고 싶다면, 종목명을 클릭해봅니다. 종 모양의 **알림** 아이콘을 클릭하면 시세 알림 설정창이 뜹니다. 앞에서와 동일하게 설정하면 됩니다.

신용과 미수 거래는 금물

:

주식은 누구나 쉽게 시작할 수 있습니다. 하지만 쉽게 망하기도 하는데, 그 지름길이 바로 '신용 거래'입니다. 신용과 미수는 수많은 개인 투자자를 파멸로 이끕니다. 개인적으로 **주식 경력 3년 이하 투자자는 신용과 미수를 절대 쓰면 안 된다**고 생각합니다.

'신용 거래'란 주식 매수 시 필요한 자금을 빌려주고, 주식 매도 시 필요한 주식을 빌려주는 서비스입니다. 전자는 '신용 융자', 후자는 '신용 대주'라고 부릅니다. 신용 융자는 증권사마다 다르긴 하지만 최대 15억 원 정도까지 빌려줍니다.

각 상장 종목은 신용등급 A, B, C, D로 나뉘어 있으며 A가 높고 D가 낮습니다. 물론 D에도 포함되지 않는 종목도 있으며 이는 신용이 불가합니다. A등급으로 갈수록 신용을 많이, D로 갈수록 조금 쓸 수 있어요.

과거 저금리 시대에는 신용 금리가 3~4%였지만, 2022년 고금리 시대에 접어들며 최대 10%에 육박합니다. 일단 이자부터가 사악하죠. 안 쓰는 게 최선입니다.

그러나 신용을 쓰면 안 되는 진짜 이유는 따로 있습니다.

강제 청산의 무시무시함

초보들은 신용 매매의 개념을 잘 이해하지 못한 채 사용하는 경우가 많습니다. 그저 자기가 가진 돈보다 더 많은 돈을 쓸 수 있다는 게임의 조건에 흥분해서 한방을 노리죠. 시드머니가 많아야 한다고 생각하는 초보들이 가장 많이 하는 실수입니다. 그러나 이렇게 지를 때 손실(리스크)은 생각하지 않습니다. 그저 욕심으로 가득 차서 판단이 마비돼버리죠.

신용은 쓰는 즉시 리스크에 노출되는 겁니다. 어떤 리스크일까요? 바로 원금 '삭제'의 리스크입니다. 나아가 원금 0원에서 멈추지 않고 마이너스까지 내려갈 수 있습니다. **고수는 신용을 바닥에서 사용합니다.** 그러나 초보는 지수가 상승했을 때 '나도 사야 하나 봐!' 하며 과도하게 신용 매수를 하는 경우가 많습니다. 그러다가 시장 조정이 시작되면 **강제 청산** 당하게 됩니다. 팔고 싶지 않아도 팔게 되는 것입니다.

왜 청산될까요? 신용 거래는 보통 자기 자본의 40% 정도만 담보로 제공하고 나머지는 신용으로 살 수 있게 해줍니다. 즉, 신용 A군인 삼성전자의 경우 400만 원만 있으면 총 1000만 원어치를 살 수 있습니다. 이때 600만 원은 신용이고 400만 원만 자기 자본이죠. 주가가 10%만 올라도(100만 원 수익) 원금 대비로는 약 25%의 수익을 거두는 겁니다. 흥분되지요.

그러나 주가가 하락한다면? 마찬가지로 삼성전자 주식을 신용을 써서 1000만 원어치 샀는데 하한가(-30%)를 기록했다고 해보죠. 내 돈 400만 원으로 샀다면 손실 -120만 원이지만 그래도 원금은 280만 원 남게 됩니다. 하지만 신용을 사용했을 경우는 어떨까요? 1000만 원(600만 원 신용)에서 -30%인 300만 원의 손실을 보게 됩니다. 그래도 원금이 100만 원 남지 않았냐고요? 신용 매매는 담보 비율을 요구합니다. 모든 증권사는 신용 자금의 140%로 일괄 규정하고 있습니다. 600만 원의 140%는 840만 원입니다. 그런데 -30%가 됐을 경우 700만 원만 남죠? 담보 부족이 되어 140만 원을 추가로 납입하지 않으면 강제 청산됩니다.

강제 청산되면 익일 오전 9시에 하한가로 '자동' 매도됩니다. 이를 **반대매매**라고 부릅니다. 의사에 반하여 들어가는 매매라는 뜻입니다. 최악의 경우, 남은 700만 원에서 하한가 -30%로 반대매매가 나가면 -210만 원의 손실이 나서 490만 원이 됩니다. 총 손실 금액은 510만 원이 되죠. 원금은 얼마였죠? 400만 원입니다. 총 결산하면 원금을 모두 날린 데다가 -110만 원의 빚이 생겼습니다.

이를 주식시장에서는 소위 '깡통 찼다'고 합니다. 남은 빚 110만 원은 '반드시' 갚아야 합니다. 못 갚으면 증권사에서 집과 회사로 매우 자주 찾아가서 채권 추심을 합니다. 정신적으로나 경제적으로 무척 힘든 상황이 되는 거죠.

주식에서는 리스크 관리가 중요합니다. 때문에 신용 매매는 숙련된 후에 사용하는 게 좋습니다. 초보자는 아예 신용 계좌 자체를 열어두지 마세요. 미수 거래도 신용과 비슷합니다. 신용은 90일간 빌릴 수 있고 미수는 3일입니다. 단기냐 장기냐의 차이일 뿐입니다.

자기 돈보다 더 살 수 있는 것은 '재앙의 씨앗'이지 절대 레버리지가 아닙니다. 레버리지는 초고수의 영역입니다. 명심 또 명심하세요.

'시간 외 단일가' 매매는 주의
:
주식에서 멀리해야 할 것이 여럿 있지만 뇌동매매만큼 조심해야 할 게 바로 시간 외 단일가 매매입니다. 하지만 시장에는 적극적으로 시간 외 단일가 매매를 권장하는 분들도 많기 때문에 주의를 요합니다.

그냥 자신과 약속해두세요. "시간 외 단일가 매매는 하지 않는다."

정규 장은 오전 9시부터 오후 3시 30분까지 열립니다. 그리고 오후 4시부터 10분에 한 차례씩 거래가 가능해요. 이 오후 4시부터 오후 6시까지 이뤄지는 매매를 '시간 외 단일가' 매매라고 합니다.

시간 외 매매는 변동폭이 정해져 있어요. 정규 장에서 상한가, 하한가는

+30%, −30%지만 시간 외 단일가에서는 당일 종가 대비 ±10%입니다. 단, 시간 외에도 당일 최대 상하 30퍼센트의 한계를 벗어날 수는 없습니다. 예를 들어, 당일 상한가를 기록했다면 시간 외에서는 상방으로는 0%, 하방으로 −10%까지 가능합니다. 또, 당일 하한가를 기록했다면 시간 외에서는 상방으로 +10%, 하방으로 0% 변동 가능합니다.

시간 외 매매를 하지 말라는 이유는, 거래량 왜곡이 심각하기 때문입니다. 상하 10%라는 룰과 10분에 한 번씩 거래가 된다는 이유로 주가를 쉽게 조작할 수 있습니다.

시간 외에서 시세가 좋았다고 반드시 다음 날 거래에서 좋으리라는 법은 없습니다. 오히려 반대의 결과가 더 잘 나타나는 편입니다. 특히 시간 외 단일가에서는 10분에 한 번씩 거래가 가능하다 보니, 9분 59초 동안 매수세를 만들어두다가 1초를 남기고 매도세로 바꾸면서 자신의 물량을 터는 투자자도 흔히 볼 수 있습니다.

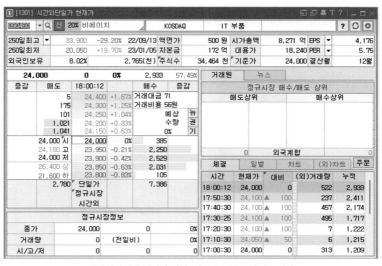

시간외단일가 현재가 화면, 매도·매수 5호가씩 보인다

저라고 안 해봤겠습니까마는 시간 외 매매는 개인 투자자에게 정말 위험하다고 생각합니다. 물론, 100만 원 500만 원으로만 투자를 한다면야 괜찮습니다. 그러나 예수금이 많아지면 절대 불가능한 매매입니다. 주식으로 수저를 바꾸겠다면 거래량이 터지는 곳에서 매매를 해야 합니다.

무엇보다 시간 외에서 무리해서 사겠다는 생각 자체가 '욕심'입니다. 주식에서는 욕심이 과하다 싶으면 무언가 잘못되었다고 여겨야 합니다. 시간 외에서 급하게 살 정도로 좋은 걸 자신만 안다는 게 말이 되겠습니까. 과한 욕심 내지 마시고 정규 장 중에 승부를 보시기 바랍니다.

그래도 해보겠다면 시간 외는 매도의 기회로만 보고 매수의 기회로는 보지 않는 게 좋습니다.

 시간 외 단일가 등락률은 참고할 것

시간 외 단일가는 다음 날 매매에 참고가 될 수 있습니다. 먼저, 어떤 종목이 시간 외에서 시세를 뿜어줬다면 반드시 이유를 찾아야 합니다. 그리고 그 이유가 다른 종목으로까지 뻗어나갈 재료인지 감시해야 합니다. 하나의 종목이 아니라 섹터 전체가 시간 외 단일가에서 시세를 보여줬다면, 다음 날의 테마가 될 확률이 상당히 큰 거죠.

실제로 다음 날 테마가 될 때를 대비해서 관련 테마의 숨겨진 종목을 찾아둬야 합니다. 나만 찾을 리 없기 때문에 뒤늦게 찾은 사람들이 매수하면서 주가가 올라갈 확률이 매우 높으니까요.

단, 시간 외에서 오른 폭보다 다음 날 낮은 시가로 출발한다면 이미 김 샌 겁니다. 뒤도 돌아보지 말고 다른 종목을 찾으세요. 힘 없는 종목은 매매하는 게 아닙니다.

CHAPTER 5

기업 분석은
투자의 기본

THE PRINCIPLES OF K-TRADING

01 기업과 주식 용어

기업 분석은 투자의 기본입니다. 기본적 분석은 가치투자의 영역이라고 흔히 생각하지만 위험한 오해입니다. 단기투자라고 해서 기업 분석을 소홀히 해서는 안 됩니다. 누구보다 많이 알고 있어야 높은 변동성을 감당할 수 있습니다.

단기투자는 장기투자보다 훨씬 위험한 투자이고, 리스크 관리는 수익과 직결됩니다. 그러므로 내가 매수할 종목이 안전한지, 성장하고 있는지, 최소한 망하지는 않을지 정도는 파악할 수 있어야 합니다. 또한 기본적 분석을 하다 보면 해당 회사의 재료 역시 명확하게 알 수 있습니다.

기업 분석을 하려면 재무제표를 보기 전에 기업과 관련된 주식 용어들부터 알아야겠죠. 어느 가상의 스타트업이 성장해가는 짧은 이야기를 바탕으로 기본적인 용어들을 하나씩 풀어가 보겠습니다.

메타버스 교육 콘텐츠 기업 ㈜시킹시그널은 독특한 아이디어와 끈질긴 노력으로 시작되었습니다. 그들은 자신들의 비즈니스 모델이 세상을 바꿀 수 있음을 믿었고, 이를 실현하기 위해 **발행주식** 10만 주, **액면가** 1만 원, 총 10억 원을 **자본금**으로 설정했습니다. 주주는 유목민 100%고요. 이 자본금 10억 원은 회사의 초기 운영비용을 충당하는 데 사용되었습니다.

초기에는 사업에 어려움이 있었습니다. 회사는 꾸준히 성장했지만, 몇 년 후 경제 위기로 인해 **자본잠식**이 발생한 거죠. 자본잠식이란 회사의 순자산이 자본금보다 적어진 상태를 의미합니다. 이를 극복하기 위해 시킹시그널은 **주주 배정 유상증자**를 통해 자본을 확충합니다. 유목민이 100% 주주였으므로 유목민만 참여할 수 있죠. 유목민은 자금 10억 원을 액면가와 같은 주당 1만 원에 투자합니다. 이로써 주식 수는 총 20만 주가 됐습니다.

이후 사업 확장과 성장으로 드디어 시장의 주목을 받기 시작했고 관심을 갖는 투자자가 늘어났습니다. 시킹시그널은 총 400억 원의 자본을 모으기 위해 주당 200만 원 **발행가**에 **제3자 배정 유상증자**를 결정합니다. 이를 통해 총 2만 주의 새로운 주식이 발행되었으며, 이를 제3자에게 배정하여 자본을 확보하였습니다.

이후 사업은 더욱 성장해 상장 수순을 밟게 되었고, IPO를 앞두고 기존 주주들에게 더 많은 보상을 제공하고자 1:50의 비율로 **무상증자**를 실시했습니다. 그 결과, 22만 주(기존 20만 주 + 유상증자로 인한 2만 주)의 주식이 1:50 비율로 무상증자되어 **주식 수** 1100만 주가 되었습니다.

시킹시그널은 IPO를 통해 주당 5만 원으로 평가받았으며, 기업 공개와 함께 100만 주의 추가 주식이 발행됐습니다. 이로 인해 회사의 **시가총액**은 총 6000억 원(주식 수 1200만 주 × 주당 5만 원)이 되었습니다.

이후 더 많은 투자자들이 시킹시그널에 투자할 기회를 얻게 되었고, 회사는 필요한 자금을 더욱 많이 조달할 수 있었습니다. 상장 이후 시킹시그널은 M&A 전략을 추진했습니다. 다른 기업들과 합병 및 인수를 통해 사업 영역을 넓히고 새로운 기술을 획득하며 기존 사업을 강화하고 있습니다.

주식 수

현재까지 발행된 주식의 전체 수량을 의미합니다. 처음 정관에 발행할 최대 수량을 정하지만 언제든 바꿀 수 있어 큰 의미는 없습니다. 증자를 하거나 전환사채(CB), 신주인수권부사채(BW) 등이 주식으로 전환될 때(추가 상장) 주식의 숫자가 늘어납니다. **투자자로서는 '주식 수가 많아지면 좋지 않다'는 것만 알아두면 됩니다.** 주식 수가 많아지면 주가가 희석될 확률이 높아지고, 매물대가 많아집니다. 좋은 회사일수록 주식 수가 적은 편이고, 트리플 스몰캡(시쳇말로 개잡주)에 가까워질수록 주식 수가 천문학적으로 많아집니다. 물론, 제3자 배정 유상증자의 경우에는 주식 수는 늘어나지만, 외부 투자자가 해당 기업을 좋게 본다는 뜻이므로 대부분 호재로 해석됩니다.

유통 비율

'유통주식 수'라고도 합니다. 총 발행 주식 중 최대주주 지분 및 자사주 등을 제외한 실제 주식시장에서 유통되는 주식 수를 뜻합니다. 예를 들어 1000만 주가 발행된 상장사 A의 대주주와 일가가 50%의 지분을 가지고 있다면 유통주식 수는 500만 주가 됩니다. 보통 대주주가 보유한 주식은 시장에 잘 안 나오죠. 나오는 경우에는 큰 주가 하락의 원인이 되기도 합니다. 내부 사정을 누구보다도 잘 알고 있는 대주주가 주식을 매도한다면 무언가 악재가 있을 거라고 판단할 테니까요.

액면가

액면가는 주식 증서에 표시되는 1주의 금액입니다. 법인 설립 당시 정관에 '우리 주식은 한 주당 얼마에 한다'라고 정해둡니다. 자본금 500만 원인 회사의 주당 액면가를 5000원으로 하면 주식은 총 1000주가 됩니다. 이처럼 한 회사의 자본금은 현재가가 아닌 액면가를 기준으로 합니다.

액면가는 대개 100원, 200원, 500원, 1000원, 2500원, 5000원으로 정합니다. 코스피 시장에서는 5000원 액면가가, 코스닥 시장에서는 500원 액면가가 많아요. 액면가는 바꿀 수 있습니다. 주주총회를 거쳐야 하지만요. '액면분할' '액면병합' 들어보셨죠? 액면가가 중요한 것은 바로 **신규 발행 주식 가격의 최저한도가 액면가**이기 때문입니다.

발행가

발행가란 회사가 신주(신규 주식)를 발행할 때 한 주당 가격을 의미합니다. 예를 들어 제3자 배정으로 신규 자금을 유치할 때 정하는 가격입니다. 이 가격은 액면가 이상으로 정해야 합니다. 보통은 액면가보다 한참 높은 금액으로 합니다. 현재가와는 다르죠. '현재가'는 현재 거래되고 있는 상장주식의 실시간 가격을 말하고, 발행가는 신주가 나올 때의 가격입니다.

발행가에 전체 주식 수를 곱한 것이 '밸류(기업가치)'가 됩니다. 비상장사에서는 이게 끝이고요. 상장사는 발행가가 아니라 현재가에 주식 수를 곱한 값이 시가총액이 되지요.

자본잠식

자본잠식을 알기 위해선 먼저 자본에 관해 알아야겠죠. 자본은 '자기자본', '자본총계', '순자산'이라고도 부릅니다.

- **자본(자본총계)** = 자본금+자본잉여금+이익잉여금

  자본은 재무제표상에서 '자산총계-부채총계'로 계산해도 같습니다.
- **자본금** = 액면가×총 주식 수
- **자본잉여금** : 액면가보다 비싸게 신주를 발행했을 경우 액면가를 초과한 부분. 예를 들어 액면가 5,000원짜리 주식을 1만 원에 1만 주 발행할 경우 1억 원이 들어오지요? 이때 5,000원(액면가)×1만 주 = 5000만 원을 제외한 나머지 5000만 원이 자본잉여금이 됩니다.
- **이익잉여금** : 당기순이익에서 배당금을 뺀 금액. 기업의 활동으로 벌어들이고 쓴 돈의 잉여 부분입니다. 정상적으로 기업 활동을 하는 회사들은 이익잉여금이 매년 쌓일 테고 삽질하는 회사들은 줄어들 겁니다.

자본잠식이란 매년 적자가 심해져서 자본이 깎여나가는 걸 말합니다. 자본이 자본금보다 적은 상태인데요. 이익잉여금을 조금씩 까먹다가… 다 까먹고 자본금까지 까먹는 상황이죠. 조금 까먹기 시작할 때가 '부분자본잠식', 다 까먹으면 '완전자본잠식'입니다.

$$자본잠식률(\%) = (자본금-자본총계) / 자본금×100$$

자본잠식률은 자본금에서 자본총계를 뺀 결과값을 자본금으로 나눈 뒤 100을 곱해서 구합니다. **자본금이 50% 이상 잠식된 기업은 1년만으로도 관리종목으로 지정됩니다. 그리고 다음 해 '반기' 보고서에서 자본잠식 50%를 벗어나지 못했을 경우 투자 주의 및 환기 종목으로 지정됩니다. 그리고 그 해 연간보고서에서 50%를 벗어나지 못했을 경우 바로 상장폐지됩니다. 100% 자본잠식(완전자본잠식)은 1년만으로도 즉시 상장폐지입니다.**

또한 3개년 중 2년 이상 자기자본 대비 법인세 차감 전 순손실이 50%를 초과하면 관리종목에 지정되며, 동일 사유가 연속으로 발생하면 상장폐지입니다.

4년 연속 적자와 5년 연속 적자 시 발생했던 관리종목 지정이나 상장폐지 규정이 2023년 삭제됐습니다. 이제는 자본잠식에 대해서만 적용됩니다. 상장폐지는 악몽 그 자체죠. 그래서 자본잠식은 꼭 공부를 하고 가야 합니다.

간혹 이 요건에 해당하는데 거래정지만 되고 아직 상장폐지가 되지 않은 경우를 보실 겁니다. 거래소에서 실질심사를 거쳐서 부활의 기회를 주는 거예요.

2022년 2월 거래정지 처분을 받으며 상폐 위기에 처했던 베스파의 분기보고서입니다. 자본총계가 -100억이 넘네요(참고로 재무제표에서 괄호로 묶은 수치는 마이너스를 의미합니다). 자본잠식률 343%로 즉시 상장폐지 요건에 해

베스타의 분기보고서, 자본잠식률 343%로 즉시 상장폐지 요건에 해당

당하죠. 회생 절차를 밟던 베스파는 2023년 10월 회생계획 인가 결정을 받았음을 공시했습니다.

자본잠식에서 벗어나려면?

간단합니다. '자본금−자본총계'가 플러스가 되면 자본잠식이잖아요. 이 수치를 마이너스로 만들면 됩니다. 그러려면? **자본금을 줄이거나**(감자), **자본총계를 늘리기 위해 자본잉여금을 늘리거나**(유상증자), **이익잉여금을 늘리거나**(압도적 영업이익) 하면 됩니다.

사옥 매각이나 증자를 하면 자본총계가 증가하고, 자본잠식률은 내려가게 됩니다. 왜 재무가 어려운 기업들이 감자와 유상증자를 하는지 알겠죠?

상장사 부분 자본잠식 잇따라…"자본확충 추진"

한화손보는 3분기 833억 원의 순이익을 올린 데다 기초여건(펀더멘털)도 견조한 상황이라며 현재 사옥 매각과 후순위채 발행, 증자를 추진하고 있다고 설명했다.

(연합뉴스, 2022.11.21)

증자

증자는 말 그대로 '자본을 증가시키는 것'입니다. 주식회사는 두 가지 방법으로 자본을 조달할 수 있어요. 첫째는 신주 발행을 통해, 둘째는 돈을 빌리는 것이죠. 증자는 전자의 경우입니다. 신주를 발행하여 판매하면 회사의 '자본금'이 증가하는 겁니다. 돈 받고 팔아서 증자하면 '유상증자'이고, 돈 안 받고 공짜로 증자하면 '무상증자'입니다. 주식 뉴스에 참 많이 등장하는 용어지요.

1) 유상증자

유상증자는 회사에서 신주를 발행한 후 주주와 제3자에게 판매하고 자본금을 늘리는 행위입니다. 일단 자금조달을 할 때 빌린 것이 아니라(부채가 아니기 때문에) 기업 입장에서는 가장 좋습니다. 유상증자에는 투자자들을 공포에 떨게 하는 '주주 배정 유상증자'와 모두를 웃음 짓게 하는 '제3자 배정 유상증자'가 있습니다. 자투리로 '주주 배정 후 실권주 유상증자'도 있고요.

주주 배정 유상증자는 기존에 주식을 보유하고 있던 주주들에게만 신주 인수권을 부여하는 방식입니다. 오로지 기존 주주만 참여할 수 있죠. 단, 기존 주주가 참여를 포기하거나 납입금을 내지 않아 실권주가 생겼을 때는 누구나 참여할 수 있는 '일반공모'로 진행되는데, 이를 '주주 배정 후 실권주 유상증자'라고 합니다.

주주 배정 유상증자는 일단 나왔다 하면 '-30% 하한가 맞겠구나'라고 생각하면 됩니다. 일단 주식 수가 늘어나니까 안 좋겠죠? 가치가 희석되니까요. 가치가 희석되면 주주로서 입지가 줄어드는 거죠. 주주가 10명일 때와 100명일 때 같은 주식을 가지고 있다면 권리가 희석되는 이치입니다.

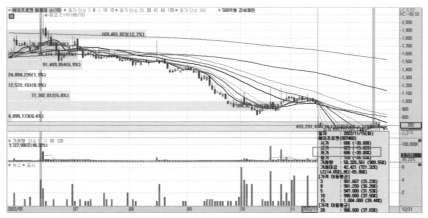

에이프로젠 유상증자 발표 당일 -30% 기록

또한 유상증자의 예정 가액은 보통 현재 주가대비 큰 폭으로 할인됩니다. 싸야지 주주들이 들어오지 않겠습니까. 기존 주주 입장에서는 희석되니까 기분이 안 좋은데, 새롭게 해당 기업의 주식을 사는 예비 주주 입장에서는 '싼 신주'가 유상증자로 추가 상장되면 오버행 이슈가 생길 테니 투자가 꺼려지죠. 그래서 순간 매수 심리는 크게 냉각되고 매도 심리는 강화되면서 주가가 폭락하게 됩니다.

 주주 배정 유증 시 매매 타이밍

주주 배정 유상증자의 경우 기존 주주가 유상증자에 참여해야 회사에 돈이 들어옵니다. 그런데 가뜩이나 주주 배정 유상증자 때문에 주가가 빠지는데 주주들 기분이 좋을 리 없겠죠? 주주 배정 유증이 '청약 미달'되기 쉬운 이유입니다. 그래서 기업에서는 청약일 즈음 해서 호재를 뿌립니다. 그 호재를 보고 주가가 오르면 기존 주주들이 유상증자 청약을 서두르고요. 모두 심리, 기대감으로 움직인다는 이야기입니다.

제3자 배정 유상증자의 경우는 '주주 배정 유상증자'와 달리 주가 상승의 원동력이 되는 경우가 많습니다. 새롭게 신주를 발행해서까지 해당 기업의 주주가 되려는 제3자는 보통 SI(전략적 투자자)인 경우가 많거든요. 해당 기업을 높이 평가해서 들어오는 만큼 시장에서도 긍정적인 평가를 받는 경우가 많습니다.

또한 10억 이상의 3자 배정 유상증자일 경우 법적으로 1년 이상의 보호예수를 걸게 돼 있습니다. 즉, 1년 이상은 시장에 내다 팔지 못한다는 뜻입니다. 그렇다 보니 당장 희석이나 오버행에 대한 두려움이 없지요.

간단하게 말해 갑자기 주주 배정 유상증자 당해서 얼굴도 모르는, 잔뜩 물린 비자발적 개미 주주가 늘어나는 것과 제3자 배정으로 이름 있는 기업 하나가 들어오는 것 사이에는 현격한 차이가 있는 게 당연합니다.

하지만 제3자 배정 유상증자라고 해서 언제나 호재로 작용하지는 않습니다. 이미 주가가 올라서 고가라든가(정보가 샌 것이겠죠?), 들어오는 3자 배정자가 조합이라든가 개인이라든가 혹은 너무 싼 가격에 3자 배정을 받는다든가 등 '기대감'을 충족시키지 못하면 주가는 빠질 수 있습니다.

2) 무상증자

무상증자는 신주를 찍어서 대가 없이 기존 주주들에게 나눠주는 겁니다. 기존 주주들이 주식을 가지고 있던 수에 비례해서 나눠줍니다. 기업 잉여금으로 무상증자를 하는 만큼 잉여금은 줄어들고 자본금은 증가합니다. 결국 무상증자는 회사가 기업활동을 잘해서 이익이 있어야만 가능한 거죠. 그래서 무상증자를 한다면 시장에서는 '재무구조가 좋은 회사구나'라고 인식하고 주가가 올라가는 효과가 있습니다. 무상증자 자체가 기존 주주 친화적입

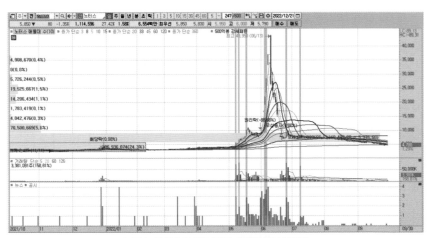

노터스, 무상증자 이후 6연속 상한가를 기록했다

니다. 주식 수가 늘어나지만 기존 주주들이 공짜로 얻은 주식이라 거래량이 증가하는 등 시장에 긍정적으로 작용하기도 합니다.

물론 무상증자라고 항상 호재로 작용하지는 않습니다. 테마가 어떻게 형성되느냐에 따라 시세는 자주 변할 수 있습니다.

참고로, 무상증자를 하기 어려운 기업들이 있습니다. 바로 자사주가 많은 기업입니다. 자사주는 무상증자의 대상이 되지 않습니다. 자사주 많은 회사가 무상증자를 할 경우 '주식 소각'의 효과가 생겨서 주주들에게 더 좋습니다. 하지만 그런 판단을 하는 기업은 많지 않죠. 그냥 돈을 날려버리는 거니까요. 그래서 자사주가 많은 기업은 무상증자를 잘 하지 않습니다.

 무상증자 실전 매매 팁

신규 주식이 들어오는 날의 D-2에 '권리 입고 예정 주문'을 통해 주식이 아직 없어도 팔 수 있습니다. 주식이 들어오는 날에는 모두 잔고에 뜨므로 팔려는 사람들이 많은데요. 미리 팔 수 있다는 것을 알고 있으면 아무래도 조금 더 비싼 가격에 팔 수 있겠죠.

신주인수권

유상증자를 배웠으면 '신주인수권'을 알아야 합니다. 이걸 몰라서 개인 투자자가 얻을 수 있는 수익을 놓치는 경우가 많습니다.

신주인수권이란 미래에 새로 발행될 주식을 인수할 수 있는 권리입니다. 일정 권리행사 기간 내에 미리 정해진 행사 가격으로 특정 기업의 주식을 인수할 수 있는 권리죠. 개인 투자자는 보통 '주주 배정 유상증자'를 당했을 때 만나게 됩니다.

주주 배정 유상증자는 기존에 주식을 보유하고 있던 주주들에게만 신주인수권을 부여하는 방식입니다. 기존 주주는 신주인수권을 받아서 유상증자에 '싼 가격'으로 참여할 수 있지요. 그러나 유상증자에 참여하고 싶지 않거나, 유상증자에 참여할 돈이 없는 경우 해당 신주인수권을 HTS를 통해 시장에 팔 수 있습니다. 그렇기 때문에 증권사에서 유상증자 관련 문자를 받으면 즉시 '아, 나한테 신주인수권이 있구나'라고 인지해야 합니다.

신주인수권을 가지고 있는데 유상증자에 참여하지도 않고 신주인수권을 매도하지도 않으면 소중한 내 돈을 그냥 잃는 겁니다.

일반적으로 유상증자 신주는 발행가가 현재가보다 낮습니다. 때문에 투자자는 신주를 인수한 다음 현재가에 던지면서 차익을 챙기지요. 예를 들어 행사 가격이 5,000원인 신주인수권 100개를 가지고 있는데(유상증자 신주 발행가 5,000원) 해당 종목의 현재가가 10,000원인 경우 차액은 5,000원입니다. 이 경우 신주인수권을 행사하면 500,000원(5,000원×100개)을 입금하고 현재가에 팔 수 있는 주식 100주를 정해진 상장일에 얻게 됩니다(이때 앞서 이야기한 것처럼 상장일 D-2일에 팔 수 있겠죠?).

현재가가 유지된다는 가정하에 신주인수권 행사자는 50만 원의 평가 수익을 얻게 될 겁니다. 현재가가 오르면 오를수록 평가 차익은 커지고, 주가가 내리면 평가 수익은 줄어듭니다. 최악의 경우 손실도 가능하므로 주의를 요합니다. 단, 현재가가 내려가면 신주인수권으로 행사할 주식 가액도 내려갑니다.

제넥신의 유상증자 사례를 보시죠. 2022년 9월 26일 유무상증자를 공시했습니다(유상증자와 무상증자를 섞어서 악재를 숨기려고 하는 형태죠). 예정 발행가는 17,250원입니다. 하지만 12월 8일의 공시에서는 계속된 주가 하락으로 신주 발행가가 15,500원으로 하향됐습니다. 당시 현재가 19,900원과 비교하면 약 4,400원의 평가 차익이 납니다. 신주인수권을 가진 투자자는

15,500원을 내고 신주를 인수한 후 상장일에 팔지, 혹은 그냥 신주인수권
을 매도하고 수익을 확정 지을지 결정하면 됩니다.

현재가 19,900원에서 신주 발행가 15,500원을 빼면 4,400원이지요. 신

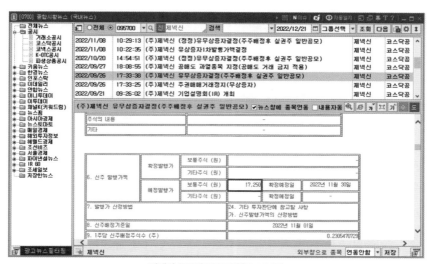

제넥신 유무상증자 공시(22.09.26)

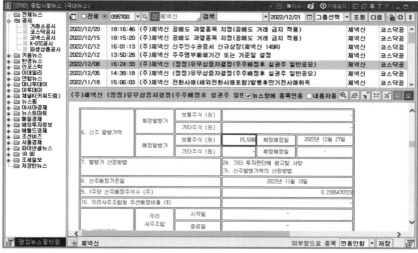

제넥신, 신주 발행가 하향(22.12.08)

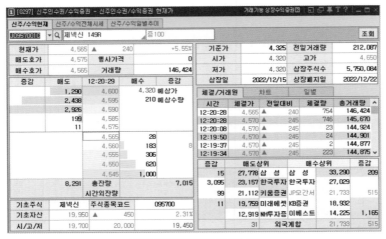

실제 거래 중인 제넥신 신주인수권

주인수권의 가격은 얼추 그와 비슷하게 결정되곤 합니다. 거래는 이 그림에서처럼 이루어집니다.

가끔 유상증자 발행 가격이 결정됐는데도 주가가 급등해서 신주인수권의 가치가 천정부지로 오를 때가 있습니다. 2015년 쌍방울은 유상증자를

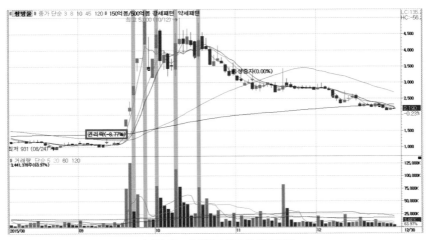

쌍방울 차트, 유상증자 발표 후 주가 급등

발표하고 권리락일 이후에 중국 투자 유치를 발표합니다. 그러면서 주가가 초급등합니다. 당시 신주인수권은 유상증자 발행가보다 몇 배나 비싸게 거래됐습니다.

개인적으로 '바닥에서 나온 유상증자'와 '하락장에 나오는 유상증자'는 호재로 해석합니다. 어려운 매매이긴 한데요. **'진(짜)바닥'에서 나오는 유상증자나 감자는 '악재의 끝'**이라고 보거든요. 모든 악재가 나오면 이제부터는 오르는 일만 남았다고 봐도 된다는 거죠.

권리락

앞서 유무상증자 등에서 신기한 개념이 나오죠. **권리락**. 한자로는 權利落이라고 쓰고 영어로는 ex-rights입니다. '권리가 떨어짐 = 권리가 없어짐'이라는 의미입니다. 더 정확하게는 **기존 주주에게 있는' 권리가 떨어짐**입니다.

쉽게 설명하면, 앞서 주주 배정 유상증자 등을 당하면 권리가 생기죠? 어떤 권리였죠? 신주인수권 등을 받을 수 있는 권리입니다. 그런데 이 권리는 '특정일'에 주식을 보유하고 있는 사람에게 주어지는 겁니다. 그 기간이 지나면 신주인수권 등을 받을 권리가 없어져요. 바로 그날을 '권리가 없어진 날' '권리가 떨어진 날'이란 뜻에서 '권리락일'이라고 하는 겁니다.

권리락 당일에는 주가가 크게 빠져서 시작하는 경우가 많습니다. 유상증자 등으로 싼 가격의 신주가 상장되면 새롭게 들어올 주주들은 불리하겠죠? 그 갭(차이)을 메꿔주기 위해 권리락일에 주가를 하향 조정하는 겁니다. 늘어난 주식 수만큼 희석된 가치를 반영하는 것이죠. 그래서 증자 비율이 클수록 주가 하락 폭도 큽니다. 권리락일 주가를 산정하는 공식은 다음과 같습니다.

- **유상증자 시** = {권리락 전일 종가 + (1주당 발행예정가 × 유상증자 비율)} / (1 + 유상증자 비율)
- **무상증자 시** = 권리락 전일 종가 / (1 + 무상증자 비율)
- **유무상 병행 증자 시** = {권리락 전일 종가 + (1주당 발행예정가 × 유상증자 비율)} / (1 + 유상증자 비율 + 무상증자 비율)

'그럼 기존 주주들은 불리한 거 아닌가요?' 그렇지 않습니다. 공시된 날짜에 증자된 주식이 본인 계좌에 입고되잖아요. 증자에 참여하지 않더라도 기존 주주는 권리가 있잖아요. 바로 신주인수권요. 그걸 팔면 플러스마이너스 0이 되는 계산식입니다.

미스터블루 차트를 보시죠. 12월 19일 무상증자 권리락으로 전일 종가 대비 -66.62% 하락한 주가로 시작합니다. 기존 주주는 -66.62%의 평가 손실을 안고 시작하는 거죠. 그러나 사실 기존 주주는 보기에만 손실이지 실제로는 손해가 없습니다.

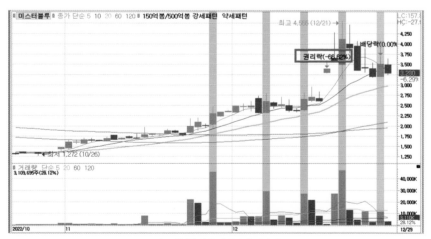

미스터블루의 무상증자와 권리락

1주당 2주의 무상증자이므로 권리락 당일에는 −66%이지만 무증물량 상장일에 2주가 들어오고, 그러면 초기의 손실이 모두 메꿔집니다. 게다가 권리락 당일 상한가를 기록하고 이후에도 30% 정도 추가 상승했네요. 꽤 쏠쏠한 수익으로 전환된 경우입니다.

주가가 −66% 하락하니 미보유자 입장에서는 싼 가격이 매력적으로 보입니다. 매수세가 일어납니다. 일종의 착시 현상이죠. 그래서 **주가가 크게 하향 조정되는 경우 권리락 당일에 주가가 큰 폭으로 상승하는 일이 종종 일어납니다.** 유무상 증자를 하는 종목들은 그래도 인기가 있는 편이고 주가가 올랐을 때 하는 경우가 많거든요. 보는 눈이 많으니 오를 확률이 높은 거죠.

이를 이용한 것이 '권리락 매매'입니다. 권리락 당일에 수량을 싣고 주가가 오르면 높은 가격대에 파는 것이죠. 100% 오르는 것은 아니고, 시황에 맞을 때는 큰 수익을 얻을 수도 있습니다.

감자

감자는 주식시장에서 가장 악재로 평가받는 이벤트입니다. 증자와 반대되는 개념이죠. 감자는 주식회사가 주식 수를 줄이거나 주식금액(주가)을 감면해서 자본금을 줄이는 것입니다. 보통 한계기업에서 '자본잠식률'을 낮추기 위해 자본금을 줄이는 방법으로 사용됩니다. 그래서 보통 감자 공시가 뜨면 하한가는 기본이죠. 하지만 감자에도 '좋은 감자'가 있습니다.

먼저 **무상감자**는 악재입니다. 회사가 자본금을 줄이는 과정에서 주주들에게 아무런 보상이 주어지지 않습니다. 쉽게 말하면, 회사가 자사 주식의 가치를 줄이는 와중에 주주들은 아무런 이득을 보지 못합니다. 이것은 주식의 가격을 낮추는 형식적인 조치입니다.

예를 들어 주식 1주의 가치가 1,000원에서 500원으로 줄어들 때, 주주들은 보상을 받지 않고 주식의 가치가 반으로 줄어든 것을 받아들입니다. 거래정지 회사의 경우 감자 공시를 할 때 20:1도 볼 수 있습니다. 기존 주식의 가치가 20분의 1로 줄어드는 거죠.

유상감자는 호재입니다. 무상증자와 반대 개념입니다. 회사가 자본금을 줄이지만, 주주들에게 금전 보상 혹은 주식 보상을 해줍니다. 액면분할의 효과가 생기기 때문에 주가 변동성이 커지고 거래량이 증가하는 것을 노릴 수 있습니다. 그러나 일단 감자가 뜨면 보통 투자자들은 악재로 받아들이기 마련입니다. 유상감자를 하는 회사는 거의 없기 때문이죠. 시장이 몰라서 빠지는 것이라면 오히려 좋은 매수 기회로 볼 수 있습니다.

IPO(기업공개)

IPO(Initial Public Offering)는 자본 시장의 꽃이죠. 비상장에서 드디어 상장 시장, 즉 유통 시장으로 가는 중요한 과정이기 때문입니다. IPO란 기업이 처음으로 공개적으로 주식을 발행해 주식시장에 상장되는 과정을 말합니다. 비상장기업이 더 큰 규모로 성장하기 위해 주식을 발행하고, 이 주식을 공모 시장에서 소화하면서 해당 기업에 돈이 유입되는 구조입니다.

IPO를 통해 기업은 거래소에서 주식을 사고파는 투자자들과 만날 수 있으며, 이를 통해 자금을 조달하고 기업의 가치를 인정받을 수 있습니다. 주식을 보유하는 주주는 주식의 가격 차이에 따른 이익을 얻을 수 있습니다.

IPO는 단순히 매출과 영업이익, 당기순이익이 좋은 것만으로 통과되지 않으며 대주주 적격성, 성장성, 합법성 등 다양한 요소를 검토합니다. 흑자여야만 상장할 수 있는 것은 아니며, 비상장 상태에서 평가받은 가치를 인정받으면 적자여도 상장할 수 있는 길이 열려 있습니다.

02 기본적 분석 I 재무제표 읽기

기업 분석에 참고할 자료는 매우 많지만 우리는 분기보고서를 중심으로 살펴볼 것입니다. 기업의 사업보고서와 반기보고서가 모두 분기보고서를 기초로 하기 때문입니다. 재무제표 역시 분기보고서에서 봅니다. 감사보고서는 분석보다는 감사 시즌에 폭탄을 피하기 위해 확인합니다.

• **분기보고서** : 모든 상장사는 반드시 매년 사업보고서와 반기보고서를 각각 1회 내도록 돼 있고, 매년 2회 분기보고서를 내도록 규정돼 있습니다. 우리는 사업보고서와 반기보고서의 바탕이 되는 분기보고서를 중심으로 봅니다.

• **재무제표** : 최근 분기보고서에서 '재무에 관한 사항'과 '재무제표＞포괄손익계산서'를 봅니다. 기업의 재무 건강 상태를 파악할 수 있죠. 손익계

산서에서는 매출과 영업이익을, 재무에 관한 사항에서는 자산과 부채, 자본을 주로 봅니다.

- **감사보고서** : 매년 1회 열리는 정기 주주총회 일주일 전까지 내야 합니다. 이게 제때 안 나오면 바로 거래정지 등 매우 무서운 상황이 벌어집니다. 2~3월은 감사 시즌이죠. 투자자로서 반드시 유의해야 할 부분을 살펴보겠습니다.

모든 상장사는 사업에 있어 중요한 사항이 생기면 '공시'를 통해 주주들에게 알려야 합니다. 국내 기업의 모든 공시는 금융감독원이 운영하는 '전자공시시스템(다트)'를 통해 확인할 수 있습니다. 여러분이 주식을 하면서 가장 많이 들락날락해야 하는 사이트입니다. 즐겨찾기 해놓으세요.

https://dart.fss.or.kr

자, 기업 분석을 시작해볼까요. 분석하고자 하는 기업의 최근 분기보고서를 다트에서 열어봅니다. 가장 먼저 재무제표를 살펴보도록 하겠습니다.

참, 그 전에 재무제표에 자주 등장하는 용어들을 살펴보고 가실까요? 외울 필요는 없습니다. 하지만 한번쯤은 개념을 이해하고 넘어가야 찜찜함이 남지 않습니다.

재무제표 기초 용어

:

① 매출액 = 제품 판매액 × 판매량

② 매출총이익 = 매출액 - 매출 원가(제품 생산 비용)

③ 영업이익 = 매출액(영업 내) - 영업비용 = 매출총이익 - 판매비 - 일반관리비

① **매출액**은 기업이 제품이나 서비스 등을 판매해서 발생한 총 영업 수익입니다. 단, 기업의 정관에 있는 목적에 따른 수익만 매출에 포함되고요. 수익이지만 기업의 영업 목적에 맞지 않는 것은 '영업 외 수익(기타 수익)'으로 잡힙니다. 보통은 금융 수익(이자), 비영업 자산 매도(부동산 매도 차익), 환차익, 보험금 수령이나 주식을 매도해서 얻는 수익 등이 이에 해당합니다. 물론 벤처 캐피털 같은 회사들은 주식을 매도해서 얻는 수익이 주된 영업 활동이 될 수 있죠. 이 경우는 '영업 외 수익'이 아니라 '영업 수익'으로 잡힙니다. 이를 마케팅에서는 '그로스 매출'이라고 보통 부릅니다.

② **매출총이익**은 매출액에서 재료비를 뺀 것입니다. 이를 마케팅에서는 순매출, 'Net 매출'이라고 보통 부릅니다.

③ **영업이익**은 매출액에서 영업비용을 뺀 것입니다. 영업비용은 영업 활동을 위해 발생하는 모든 직접적인 비용으로, 재료비, 임차비, 인건비, 판매를 위한 마케팅비, 운영비 등이 포함됩니다. 영업이익은 매출액이 아닌 매출총이익에서 일반관리비와 판매비(합쳐서 판관비로 부릅니다)를 뺀 수와도 같습니다. 판관비에 포함되는 내용은 급여(퇴직급여), 지급수수료, 연구개발비, 광고선전비, 복리후생비, 주식보상액, 수도광열비, 보험료, 특허권 사용료 등 정말 많습니다. 여기서 중요한 것은 '감가상각비'도 이 판

관비에 들어간다는 것입니다.

> ④ 당기순이익 = 매출(영업＋영업외) - 영업비용 - 이자비용 - 세금
>
> ⑤ EBITDA = 영업이익 + 영업 외 이익 + 감가상각비 - 영업 외 비용 - 일회
>
>   성 비용 = 당기순이익 + 이자비용 + 세금 + 감가상각비
>
> ⑥ EV/EBITDA = EV(순차입금＋시가총액) / EBITDA
>
> ⑦ EPS = 당기순이익 / 주식 수

④ **당기순이익**은 기업이 한 해 벌어들인 순이익인데요. 영업이익은 기업 목적 내 사업으로 벌어들인 것만 계산하지만 당기순이익은 영업 내, 영업 외 수익 모두를 계산합니다. 여기에 모든 비용과 세금, 감가상각비를 제하고 남은 최종적인 이익을 뜻합니다.

⑤ **EBITDA**(Earnings Before Interest, Taxes, Depreciation and Amortization)는 당기순이익에서 뺐던 '이자비용 + 각종 세금 + 감가상각비'를 빼지 않는 겁니다. 즉, 정말로 이 회사가 영업 활동이든 영업 외 활동이든 벌어들인 실제 '이익'을 파악하는 데 도움을 주는 지표죠. 그래서 EBITDA는 무조건 영업이익보다 클 수밖에 없습니다. 가장 큰 게 영업이익에다가 '감가상각비'를 더해주거든요. EBITDA는 그 자체보다 EV/EBITDA를 얻는 데 의미가 있습니다.

영업이익과 당기순이익, EBITDA 차이가 뭔지 궁금해하는 분들이 많은데, 이렇게 한번 정리해두면 편합니다. 사실 결과값은 재무제표에 다 나와 있으므로 좋다, 나쁘다 정도를 구별할 수 있으면 됩니다.

⑥ **EV/EBITDA**는 기업 시장가치(EV, Enterprise Value)를 EBITDA로 나눈 것입니다. 낮으면 저평가, 높으면 고평가입니다. 예를 들어 EV/EBITDA가

10이라면, 10년간 벌어들이면 이 회사의 가치에 달한다는 뜻입니다. 더 쉽게 예를 들면 1000억의 시장가치를 받는 회사의 EBITDA가 100억이라면 EV/EBITDA는 10이 됩니다. 그럼 이 회사를 1000억에 인수할 경우 10년이면 투자금을 회수한다는 뜻이죠.

⑦ **EPS**(Earnings Per Share)는 기업이 벌어들인 당기순이익을 전체 주식 수로 나눈 값입니다. 1주당 수익이 얼마 나는지 알려주죠. 이익이 많이 나는 주식을 갖고 싶겠죠? EPS가 높으면 좋은 겁니다.

---

⑧ PER = 시가총액 / 당기순이익

⑨ PBR = 시가총액 / 순자산

⑩ BPS = 순자산 / 총 주식 수

⑪ PSR = 주가 / (매출 / 총 주식 수)

⑫ PCR = 주가 / 주당 영업활동 현금흐름

---

⑧ **PER**(Price to Earnings Ratio)은 기업의 시가총액을 손익계산서의 순이익(당기순이익)으로 나눈 비율입니다. PER이 낮으면 저평가, PER이 높으면 고평가입니다. 가치투자에서는 PER이 높으면 고퍼주라고 부릅니다. 낮으면 저퍼주로 부르고요. 그런데 꼭 고퍼주가 나쁜 것이냐 하면 그렇게 보기만도 어렵습니다. 소위 기술주들은 대부분 고퍼주니까요.

⑨ **PBR**(Price to Book Ratio)은 기업의 시가총액을 재무제표에 나타난 순자산에 대한 비율로 나타낸 것입니다. 흔히들 청산가치라고 합니다. PBR이 1보다 낮으면 주식의 가치가 기업의 순자산보다 낮다는 것을 의미하며, 당장 망해서 청산했을 경우 주주들에게 현재 주당 가치보다 많은 돈을 돌려줄 수 있는 상황입니다. PBR이 1보다 낮으면 저평가됐다고 봅니다.

PER과 PBR은 주식시장에서 기업의 가치를 이해하고 투자 결정을 내리는 데 도움을 주는 중요한 요소지만, 실전에서 이것에 의지해 투자하는 것은 어리석은 행동입니다.

⑩ **BPS**(Bookvalue Per Share)는 주당 순자산가치로, 순자산을 주식 총 수로 나눈 값입니다. BPS가 높으면 청산 가치가 높은 거죠. 좋다고 해석합니다.

⑪ **PSR**(Price-Sales Ratio)은 매출만으로 기업의 가치를 평가하는 것이고,

⑫ **PCR**(Price Cashflow Ratio)은 외상 말고 실제 현금이 들어온 것으로 가치를 평가하는 겁니다. PCR이야 실제 현금의 흐름을 파악하는 거니까 본다고 치지만, PSR은 실제 상장사에서 쓰기는 곤란합니다. 적자가 엄청난 스타트업에서 쓸 만한 지표입니다. '상장은 해야겠는데 가치는 높게 받아야겠고'라는 이유로 나온 가치평가 지표라고 생각합니다.

⑬ ROE = (당기순이익 / 자기자본) × 100
⑭ GMV = 판매된 상품의 수량 × 판매 가격

⑬ **ROE**(Return on Equity)는 기업의 자기자본에 대한 수익률을 나타내는 지표입니다. 기업이 자기자본을 활용하여 얼마나 효과적으로 이익을 창출하는지를 나타내며, 투자자들이 기업의 수익성과 효율성을 평가하는 데 사용됩니다. 그러니까 한 기업이 가지고 있는 자기자본(자본총계, 순자산, 자본 다 같은 말)으로 얼마나 돈을 잘 벌었냐를 보는 겁니다. ROE가 높을수록 돈을 잘 번다는 이야기로, '이익창출능력'이 높다는 평을 받게 됩니다.

⑭ **GMV**(Gross Merchandise Value)는 근래 들어 스타트업의 기업가치평가 지표로 많이 활용되고 있습니다. 전자상거래 업체에서 주어진 기간 동안 이뤄진 '총거래액'을 나타내는데, 일반적인 기업의 수익과는 다른 지표

입니다. 이익이 나는지 여부와 관계없이 플랫폼에서 거래량은 많다는 것을 강조할 때 씁니다. 일단 사람들이 많이 모여서 거래하고 있으니, 나중에 수수료를 붙여서 영업이익을 내겠다고 주장하죠. 매출이나 영업이익과 직접적 관련은 없고, 기업의 활동 규모나 시장 점유율을 파악하는 지표로 활용합니다. 네이버 크림이나 오늘의집, 당근마켓 등이 이 지표를 강조하는 경향이 있습니다. GMV가 많으면 일단 좋은 것으로 평가받습니다. 다만 2022년 접어들면서 영업이익으로 전환되지 않는 GMV만으로는 투자 유치가 어려운 상황입니다.

전통적인 기업가치평가 모델로는 현금흐름할인법(DCF, Discounted Cash Flow)이 있습니다. 회사가 미래에 벌어들일 잉여 현금 흐름을 적당한 할인율로 나누어 계산하는 절대적 가치 평가 방법입니다. 계산법은 많이 복잡해요. 단기투자에는 쓰이지 않습니다. 현금 흐름이 좋은 아마존이나 애플 같은 데서 쓸 수도 있겠지만, 다른 평가모델이 많은데 '굳이?'인 것이죠. 한국에서는 삼성바이오로직스가 2015년 상장 당시 이 방식으로 가치평가를 하면서 두고두고 고생했죠. 적정하냐 아니냐로요.

보통 GMV나 DCF는 기존 평가 모델로는 적정한 가치를 산출할 수 없을 때, 즉 높은 밸류에이션을 정당화하고 싶을 때 가져다 쓰는 가치평가 지표라고 생각됩니다.

---

⑮ 자산총계 = 자본총계 + 부채총계

⑯ 부채총계 = 빚

⑰ 자본총계 = 자산총계 - 부채총계 = 자본금 + 이익잉여금 + 자본잉여금

⑱ 유보율 = (이익잉여금 + 자본잉여금) / 납입자본금 × 100%

⑲ 부채율 = 부채총계/자본총계 × 100%

⑮ **자산총계**는 기업이 보유한 자산의 총합입니다. 보통 유동자산과 비유동자산, 기타자산으로 구분되며 유동자산은 '현금'을 포함한 1년 이내에 현금화될 수 있는 자산입니다. 비유동자산은 1년 이상 보유해야 하는 자산, 기타자산은 유동+비유동에 포함되지 않는 자산입니다. 자산총계는 많을수록 좋습니다.

⑯ **부채총계**는 '빚'이라고 생각하면 됩니다. 유동부채는 1년 이내 상환해야 하는 부채고, 비유동부채는 1년 이상 상환하는 부채입니다. 장기 차입금, 장기 적립금, 장기 선박+장비 대여료 같은 거죠.

⑰ **자본총계**는 자산총계에서 부채총계를 빼면 됩니다. 그리고 자본총계는 앞서 '자본잠식'에서 설명한 '자본, 순자산, 자기자본'과 같은 말입니다. 그렇기 때문에 자본금+이익잉여금+자본잉여금과 결과가 같습니다.

⑱ **유보율**은 재무건전성을 나타내는 지표로, 기업이 이익을 재투자하거나 배당하지 않고 쌓아둔 현금을 나타냅니다. 이익잉여금과 자본잉여금의 합을 자본금으로 나눠 구합니다.

유보율이 높으면 단기투자에는 좋은 기업입니다. 하지만 장기투자 측면에서 봤을 때는 좋지 않은 경우도 있습니다. 자산을 건물 등으로 가지고 있고 현금이 없는 기업일 때 안 좋을 수 있습니다. 2023년 말 높은 연체율로 문제가 되고 있는 부동산 PF 연관회사들이 그렇죠. 건설회사들은 유보율이 매우 높은 편이지만, 부채비율이 올라가거나 이자보상비율이 낮아지는 경우가 많고요. 재무가 부실해지는 거죠. 단기투자 시 유보율은 자본잠식 여부를 체크하는 수단으로 보는 게 좋습니다.

⑲ **부채율**(부채비율)은 부채총계를 자본총계로 나눠서 구합니다. 부채율은 당연히 낮아야 좋습니다.

마지막으로, 재무제표는 '연결'과 '별도'가 있습니다. **별도**는 기업 하나만 보는 것이고, **연결**은 기업과 그 기업이 지분을 가진 종속회사를 다 합치는 겁니다. 삼성전자의 경우 300여 개에 달하는 종속회사를 가지고 있습니다. 삼성전자의 재무제표는 별도와 연결이 50% 이상 차이 납니다. 그 정도로 종속 법인이 많다는 이야기죠.

연결 재무제표에서 자본은 지분율만큼, 당기순이익은 지배기업 소유주에게 귀속되는 만큼 계산합니다. PER, PBR, ROE는 지분율만큼만 계산하고요. PSR, PCR은 비지배 지분도 합산합니다.

*   *   *

기초 용어는 이 정도면 될 것 같습니다. 아무리 꼼꼼하게 파악한다고 하더라도 변수는 계속 생겨납니다. 남들 아는 정도는 알아두자, 이런 지표들은 이렇게 계산하는 거였구나, 정도로 생각하시면 됩니다. 이 지식들을 종목에 맞게 잘 활용하는 게 실력이 되고요.

계산은 일일이 할 필요가 전혀 없습니다. **한국거래소**(www.krx.co.kr)에서 모든 종목의 실시간 지표를 확인할 수 있습니다. 멀리 갈 것도 없이, 이 모든 재무 지표와 투자 가치 지표까지 대부분 HTS **기업분석**[0919] 화면에서 확인할 수 있습니다.

다만 초보자들은 이런 숫자들을 알면 투자를 잘할 수 있게 되고 '저평가된 종목을 사서 수익을 쉽게 낼 수 있을 것'이라고 생각하는데요. 그런 생각을 가진 투자자들이 천만 명 정도 있다고 생각하시면 편합니다. 저도 초보 때는 그랬고요. ☺

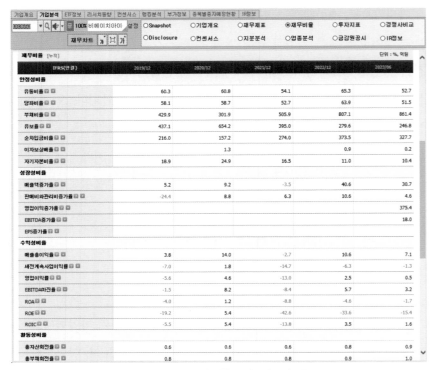

IFRS(연결)	2019/12	2020/12	2021/12	2022/12	2023/06
안정성비율					
유동비율	60.3	60.8	54.1	65.3	52.7
당좌비율	58.1	58.7	52.7	63.9	51.5
부채비율	429.9	301.9	505.9	807.1	861.4
유보율	437.1	654.2	395.0	279.6	246.8
순차입금비율	216.0	157.2	274.0	373.5	327.7
이자보상배율		1.3		0.9	0.2
자기자본비율	18.9	24.9	16.5	11.0	10.4
성장성비율					
매출액증가율	5.2	9.2	-3.5	40.6	30.7
판매비와관리비증가율	-24.4	8.8	6.3	10.6	4.6
영업이익증가율					375.4
EBITDA증가율					18.0
EPS증가율					
수익성비율					
매출총이익율	3.8	14.0	-2.7	10.6	7.1
세전계속사업이익율	-7.0	1.8	-14.7	-6.3	-1.3
영업이익율	-5.6	4.6	-13.0	2.5	0.5
EBITDA마진율	-1.5	8.2	-8.4	5.7	3.2
ROA	-4.0	1.2	-8.8	-4.6	-1.7
ROE	-19.2	5.4	-42.6	-33.6	-15.4
ROIC	-5.5	5.4	-13.8	3.5	1.6
활동성비율					
총자산회전율	0.6	0.6	0.6	0.8	0.9
총부채회전율	0.8	0.8	0.8	0.9	1.0

기업분석 화면에서 확인할 수 있는 각종 지표들

투자의 기본, 재무제표 점검

:

많은 투자자가 재무제표 읽기를 어려워합니다. 사실 저도 8년 넘게 주식을 해오고 있음에도 한눈에 잘 들어오지는 않습니다.

하지만 볼 부분은 정해져 있습니다. 저는 단기투자에 맞춰 기업을 분석했고, 재무제표 영역은 다음과 같이 정리하고 있습니다. 원자력을 포함한 발전용 기자재 기업 비에이치아이를 예로 들어 설명해보겠습니다.

비에이치아이

◎**기업정보**
▶시총 1893억 (2023.4.28)
▶최대주주 및 특수관계인 지분. 박은미 외 47.88%
▶재무추이
- 2022년 매출액 3302억. 영업이익 81억.
- 2021년 매출액 2349억. 영업이익 -306억.
▶부채비율 807.1%. 유보율 279.6%. (2022년 12월 기준)
▶미상환 전환사채 및 신주인수권부사채 등 발행현황
- 1회차 전환사채. 전환가 4,045원. 전환청구기간 2023.02.28~2027.01.28. 전환가능주식수
  4,944,375주
▶전자공시 : 비에이치아이/사업보고서/2023.03.17
▶홈페이지 : 비에이치아이 - BHI

1) 시가총액과 지분율, 매출과 영업이익을 먼저 봅니다. 만년 적자 회사라 조심해야 하는 건 아닌지 체크하죠.

2) 부채율과 유보율을 보면서 다시 한 번 돌다리를 두들깁니다.

3) 마지막으로, 아직 상환되지 않은 전환사채(CB)가 있는지 확인합니다. 갑자기 오버행 이슈가 터지는 물량 폭탄이 나올 것을 대비하는 겁니다. (저는 아예 '폭탄감지기'라는 이름의 프로그램을 만들어서 돌렸습니다. 예상치 못하게 나오는 CB 물량은 마치 폭탄 같아서 붙인 이름입니다.)

4) 편하게 전자공시와 홈페이지로 갈 수 있도록 하이퍼링크를 남깁니다.

전자공시 사이트 '다트'에서 비에이치아이의 2023년 1분기 분기보고서 (05.15 공시)를 열고 **재무에 관한 사항**을 보시죠.

비에이치아이는 21년에는 적자였지만 22년에는 흑자네요. 부채비율은 상당히 높아서(807%) 유상증자 한번 떨어질 만한 상황입니다. 그래도 유보

율은 높은 편이므로(279%) 감자 등이 터질 상황은 아니라고 보입니다.

모든 갑작스러운 추가 상장과 관련한 것은 **증권의 발행을 통한 자금조달에 관한 사항**에서 확인할 수 있습니다. 회사채 발행 사항은 물론 유무상 증자와 감자, 미상환 CB와 BW까지 확인할 수 있습니다. 전환할 경우의 행사가액까지 볼 수 있는데요. 행사가액이 현재가보다 낮을 경우 오버행 이슈가 생길 수 있으니 조금 주의할 필요가 있겠습니다.

이런, 미상환 전환사채가 있군요. 그래도 이 정도면 단기투자에는 괜찮겠다는 판단을 하고 투자 접근을 합니다.

그 외에, 자산은 늘고 있고 부채는 늘었다가 23년 상반기에 다소 줄고 있

비에이치아이 23년 1분기 분기보고서

7. 증권의 발행을 통한 자금조달에 관한 사항
7-1. 증권의 발행을 통한 자금조달 실적
[지분증권의 발행 등과 관련된 사항]

가. 증자(감자)현황
- 해당사항 없습니다.

미상환 전환사채 발행현황

(기준일 : 2023년 03월 31일   )   (단위 : 원, 주)

종류\구분	회차	발행일	만기일	권면(전자등록)총액	전환대상 주식의 종류	전환청구가능기간	전환조건		미상환사채		비고
							전환비율(%)	전환가액	권면(전자등록)총액	전환가능주식수	
제1회 무기명식 이권부 무보증 사모 전환사채	1	2022.02.28	2027.02.28	20,000,000,000	비에이치아이 주식회사 무기명식 보통주식	2023-02-28 ~ 2027-01-28	100	4,045	20,000,000,000	4,944,375	-
합계	-	-	-	20,000,000,000			-	-	20,000,000,000	4,944,375	-

'재무에 관한 사항'에서 미상환 전환사채 확인

네요. 거기에 이번 분기(23년 1분기)에는 당기순이익까지 났네요. 기업은 확실히 좋아지고 있습니다. 이렇게 되면 작년까지는 장기투자에 적합하지 않다고 봤지만 올해 말까지 가보면 긍정적으로 바뀔 가능성이 생긴 거죠. 물론 겨우 한 분기 성적인 만큼 상황은 봐야 합니다.

여기서 장기투자자는 다른 시각을 가져야겠죠. '회사의 체질이 바뀌기 시작하는 구간'으로 보고 어디가 어떻게 좋아져서 영업이익과 당기순이익이 좋아지고 있는지를 확인해야 합니다. 앞서 설명드렸던 가치평가 분석 툴(PER, PBR, PSR, EV/EBITDA 등)을 이용해서 더 분석을 해야겠죠.

재무제표를 여기까지 확인했다면 본격적으로 분기보고서를 봅니다. 물론 지금 살펴본 재무제표는 분기, 반기, 사업보고서(연간)에 다 기재되어 있습니다. 다만 재무제표를 먼저 본 것은 기업에서 가장 중요한 '매출과 영업이익'이 나와 있어서 그렇습니다.

상장사 명운 걸린
'감사보고서'와 검토의견

본격적으로 분기보고서를 보기 전 감사보고서를 먼저 살펴보죠. 분기보고서가 아무리 중요해도 감사보고서에 먼저 확인해야 할 결정적인 정보가 있습니다.

모든 상장사는 매년 1회 1년간의 사업 내용을 정리해서 주주에게 보고해야 합니다. 이를 사업보고서라고 합니다. 이 사업보고서에는 외부 감사인의 **감사보고서**가 첨부됩니다.

상장폐지 규정에 1개라도 포함되면 한국거래소는 바로 거래정지를 시키고 상장폐지 실질심사에 들어갑니다. 상장폐지되면 무조건 20분의 1 토막나는 거라고 봐야 하거든요. 조심해야 합니다.

분기와 반기 보고서에도 검토 보고서가 나오니 항상 주의해서 봐야 합니다. 다만 사업보고서와 달리 분기, 반기에서 의견거절, 부적정 등이 나온다고 해서 '즉시' 상장폐지 실질심사에 들어가지는 않습니다. 위험 경고인 것이죠. '관리종목'으로 지정됩니다. 쳐다보지도 마세요. 매우 높은 확률로 연간보고서에도 동일한 의견이 나오거든요.

앞서 자본잠식 부분에서 이야기했죠. 2022년 말 법이 바뀌어서 이제 별도 기준 4년 연속 적자 시 관리종목 지정, 5년 연속 적자 시 상장폐지 규정은 삭제됐습니다. 이제는 자본 하나만 봅니다.

우선 가장 최근의 감사보고서를 봐야 합니다. 이 부분을 쓰는 시점 기준으로 가장 최근인 2023년 3월 17일 자 감사보고서를 살펴보죠. 먼저 확인할 부분은 자본잠식률입니다. 작년이나 올해나 문제가 없었네요.

다만 '최근 3사업연도의 법인세비용차감전 계속 사업 손실률'에 문제

[자본잠식률] (단위 : %, 원)

구분	당해 사업연도	직전 사업연도
자본잠식률(%) = {(자본금-자기자본)/자본금} × 100	-	-
자기자본[지배회사 또는 지주회사인 경우에는 비지배지분 제외]	49,333,302,937	64,333,582,340
자본금	13,000,000,000	13,000,000,000

[최근 3사업연도의 법인세비용차감전계속사업손실률] (단위 : %, 원)

구분	당해 사업연도 (T)	직전 사업연도 (T-1)	전전 사업연도 (T-2)
(법인세비용차감전계속사업손실/자기자본)×100(%)	41.9	53.5 / 50%초과	-
법인세비용차감전계속사업손실	20,775,115,442	34,484,581,408	-
리픽싱조건부 금융부채 평가손실 제외 여부	미해당	미해당	미해당
자기자본[지배회사 또는 지주회사인 경우에는 비지배지분 포함]	49,538,551,747	64,403,192,696	98,101,465,249

[최근 5사업연도의 영업손실] (단위 : 원)

구분	당해 사업연도 (T)	직전 사업연도 (T-1)	전전 사업연도 (T-2)	전전전 사업연도 (T-3)	전전전전 사업연도 (T-4)
영업손실(지배회사인 경우에는 별도재무제표, 지주회사인 경우에는 연결재무제표)	-	28,123,104,459	-	8,919,013,934	22,648,827,695

비에이치아이 22년도 감사보고서

가 있습니다. 3년 중 2021년에 50% 초과 손실이 있습니다. 3년 중 2개년
일 경우 관리종목 포함입니다. 그리고 세 번이면 즉시 상장폐지입니다. 이
때 2년 '연속'이라고 생각할 수 있는데요. 그렇지 않습니다. 3년 중 2년이라
2022년은 아니었더라도 2023년에 또 50% 초과가 뜨면 바로 관리종목행
입니다. 다행스러운 점은 23년 1분기 실적이 좋으므로 확률은 낮아졌네요.

또, '최근 5사업연도의 영업손실' 항목을 보면 5년 중 3개년이 적자입니
다. 살짝 마음을 졸여야 합니다.

감사보고서를 확인했다면 가장 최근의 보고서를 열어 '회계감사인의 의
견'을 찾고 특별한 의견이 있는지까지 꼭 확인해주세요.

03

기본적 분석 II
분기보고서 읽기

재료의 처음과 끝 '분기보고서'
:

분기보고서는 다양한 섹션으로 나뉘고 굉장히 양이 많지만, 무엇을 살펴봐야 하는지 '관점'을 가지면 쉬워집니다.

1) 회사의 개요

'회사의 개요'는 해당 회사의 설립부터 최근 주식 수가 늘어나고 자본금이 변했는지, 정관을 바꾸었는지 등 아주 기초적인 내용을 다룹니다. 여기서 중요한 것은 **정관에 관한 사항**에서 '정관 변경' 여부와 그 내용입니다. 기업에서 정관은 매우 중요하고 함부로 바꾸기 어려워요. 이 정관에 쓰여 있는 사업을 해야 '영업 내 이익'이 됩니다. 정관에 없는 사업으로 돈을 벌면 '영업 외 수익, 기타 수익'이 되고요. 그래서 어떤 회사가 정관 변경을 통해 사업 목적을

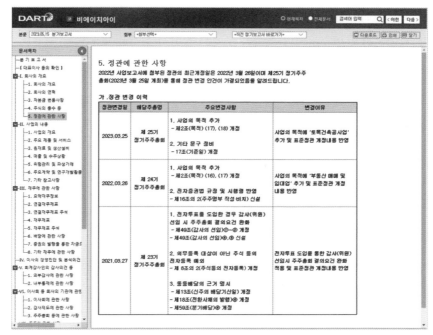

비에이치아이 분기보고서 중 '정관 변경' 확인

추가한다는 것은 '기업의 체질'이 변하는 계기가 될 수 있습니다.

정관 변경은 특별결의라 전체 주식의 3분의 1 이상 참석과 참석자의 3분의 2 찬성이 필요합니다. 따라서 대주주가 3분의 1 이상의 지분을 갖고 있다면 언제든 특별결의를 할 수 있지만, 그렇지 않은 회사들은 주주들의 위임장을 받으러 다녀야 하기 때문에 가능하면 정기 주주총회 때 합니다. 한국은 대주주 지분율이 낮은 경우가 대부분이라 정기 주총에서 하는 경우가 많습니다.

정관 변경을 통한 '사업 목적 변경(추가)'은 회사의 체질 개선을 하겠다는 경영진의 '의지'로 볼 수 있는 이벤트입니다. 특히 전기차, 전기차충전, 폐배터리, 신재생에너지 등의 전망 좋은 사업 목적의 추가는 회사에 질적 변화를 일으킬 수 있기 때문에 더 잘 봐둬야 합니다. 물론 소위 잡주들이 밥 먹듯 사업목적을 변경하거나 추가하는 것은 걸러서 해석해야겠죠.

영업이익이 탄탄한 회사였지만 관심소외주였다면 '뜨는' 사업을 시작함으로써 관심을 불러일으킬 수 있습니다. **주가 상승 = (유동성 + 실적) × 기대감**에서 실적은 이미 좋았으니, 유동성을 확실하게 가져올 수 있는 계기가 될 겁니다.

정관 변경을 분기보고서에서 보는 것은 어디까지나 '과거'의 확인입니다. 실시간으로는 '주주총회 소집 공고'에서 '사업 목적 변경(추가)'을 확인할 수 있습니다.

미리 보기로 작정한다면, 다트에서 2,000여 개가 넘는 상장사의 공고를 다 살펴보는 수밖에 없습니다. 3월에 집중적으로 나오고요(12월 결산 법인은 3월 말까지 주주총회를 해야 하기 때문입니다). 그런데 생각보다 어렵지 않아요. 하루에 50개 정도 체크한다 생각하면 됩니다.

회사의 개요에서는 '본사의 주소'를 봐둡니다. 대통령 집무실 용산 이전이나 새만금 개발, 정부청사 이전 등 굵직한 국가의 정책 변화가 '부동산 가격'에 영향을 미칠 경우 관련 부지를 갖고 있다는 이유만으로 주가가 움직일 수 있거든요.

그 외 설립일자도 봅니다. 업력이 오래됐다면 유서 깊은 회사니 '좀 더 안전하겠다'라는 판단을 할 수 있습니다. 또 회사 홈페이지 주소와 공식 전화번호도 정확히 기재돼 있습니다.

한국 상장사에서 대주주 지분이 낮은 이유

대주주가 3분의 1 이상의 지분을 갖는 게 쉬울 것 같으죠? 하지만 한국은 대주주 지분을 높게 형성하기 어려운 구조적 한계를 갖고 있습니다. 바로 '상속세' 때문입니다.

한국의 상속세율은 세계 최고 수준입니다. 시가총액에 따라 다르지만 최고 60%에 달하죠. 개인은 상속 자산이 30억 원을 넘어서면 50%를 상속세로 내야 합니다. 그런데 기업의 경우, 그리고 최대주주 지분일 경우 20% 할증하죠. 그래서 60%입니다. 창업주 지분이 100%라면, 자식 대에서 40%가 남고, 손주까지 가면 16%만 남게 됩니다. 여기까지가 2대 상속입니다. 한번만 더 상속하면 지분은 6.4%가 되죠.

그래서 부모에서 자식으로 세대가 한 번 바뀔 때마다 대주주의 지분이 크게 낮아집니다. 3세대만 지나도 사실상 경영권 방어가 어렵죠. 국내에 가업을 이어가는 회사가 적은 원인이기도 합니다.

한국중소기업중앙회에 따르면 한국은 100년 이상 된 장수 기업이 9개입니다. 200년 이상 기업은 없습니다. 세계적으로 200년 넘은 기업은 7,000개입니다. 일본은 100년 이상 된 기업만 3만 3,000개죠. 독일 제약회사 머크, 미국 포드, 독일 BMW 이런 회사들도 3대를 넘긴 회사들이에요.

이게 가능한 이유는 해외 각국의 상속세는 20~40% 수준인데, 우리나라와 달리 공제를 해줍니다. 그래서 실질 상속세는 독일 4.5%, 영국 20%, 스페인 1.7%, 네덜란드 3.4%입니다. 미국은 40%인데, 10년간 분납이 가능해 부담이 적습니다. 일본은 납부유예를 해줍니다.

이런 세율 때문에 상속을 앞둔 회사는 주가를 낮게 유지하려는 경향이 있습니다. 그래야 상속세가 적어지고 상속이 쉬워지니까요.

2) 사업의 내용

분기보고서의 꽃입니다. 굉장히 길고 어렵긴 하지만, 해당 **기업이 가진 숨겨진 재료 대부분을 '사업의 내용'에서 찾을 수 있습니다.** 좋은 회사는 본인들이 영위하는 사업의 시장 규모를 비롯한 시장 분석을 상세히 기재합니다. 투자자 입장에서는 일일이 찾아보는 수고를 덜어주죠. 특히 신사업에 대한 내용이 있다면 더 관심을 가지고 살펴보세요.

또 해당 회사가 취득한 '특허'와 향후 유망하다고 여겨 연구개발하고 있는 사항까지 상세히 적혀 있습니다. 사람들이 잘 안 보고 넘어가더라고요. 저는 이 부분을 꼼꼼히 읽는 건 기본이고, 이해가 되지 않는 부분은 검색을 통해 빼곡히 채워 넣습니다.

비에이치아이 분기보고서 중 '사업의 내용'

저는 에버노트에 '종목 탐구' 카테고리로 정리합니다. 검색과 접근에 용이하거든요. 노트로 기록해두면 전자공시에 가서 다시 검색하는 것보다 빠르게 또 다각도로 볼 수 있습니다. 예시를 하나 보여드리겠습니다.

비에이치아이

◎ 주요 연혁
- 법인 설립 (1998)
- 고압가스 특정설비 제조 허가취득 (1999)
- 한국수력원자력 주식회사 Feedwater Heater & Deaerator 유자격공급자 등록 (2001)
- 한국전력공사 Feedwater Heater & Deaerator(건설용) 등록 (2001)
- 중국 Boilers and Stationary Pressure Vessel 부문 SQL STAMP 취득 (2002)
- 한국남동발전(주) 외 발전 4개사 Main Condenser & Auxiliaries 유자격공급자 등록 (2002)
- 전력산업기술기준(KEPIC) 원자력부문 품질보증 자격인증 MN & SN 취득 (2003)
- POSCO 우수공급업체 선정 (2005)
- 코스닥 상장 (2005)
- 한국수력원자력 신고리 원자력 발전소 3, 4호기 SSLW 수주 (2007)
- 국내 최초 미국 800MW 화력발전소용 급수가열기 BECHTEL사로부터 수주 (2007)
- 캐나다 IST사와 OTSG부문 라이선스 체결 (2007)
- 원전기술개발사업 주관업체 선정 (2008)
- 포스코건설과 전략적 제휴에 관한 업무협약 체결 (2008)
- 미국 신규원전 보조설비 수주 (2009)
- BHI로 사명 변경 (2009)
- 독일 지멘스사와 Benson타입 HRSG 부문 라이선스 체결 (2010)
- Amec Foster Wheeler사와 Oil & Gas boiler 부문 라이선스 체결 (2010)
- 독일 지멘스사와 Benson타입 HRSG 공급계약 (2011)
- 미 원전설비(AP-1000 프로젝트) 첫 출하 (2011)
- 인도네시아 ISM 프로젝트, BFG 보일러 공급계약 (2011)
- Amec Foster Wheeler사와 CFBC Boiler 부문 라이선스 체결 (2012)
- SPIG사와 Air Cooled Condenser 기술협약 체결 (2014)
- HRSG 미국시장 첫 진출 (2014)
- HRSG 일본시장 첫 진출 (2014)
- 세계 최대 규모 알제리 복합화력 메가 프로젝트 HRSG 수주 (2014)
- Amec Foster Wheeler사와 환경설비 라이선스 체결 (2014)
- 2014년 HRSG 세계 1위 기록 (2015)
- 스마트 원전 사업 진출 (2015)

– 탈황설비용 Non-leakage type GGH의 ANCOR-S 법랑코팅한 핀 튜브 'NEP' 인증 획득 (2017)
– Amec Foster Wheeler PC Boiler 사업부 인수 (2017)
– PC Boiler 해외시장 첫 진출 (2018)
– 한국수력원자력에서 경수로원전 격납건물 여과배기계통(CFVS) 수주 (2018)
– 독일 GNS사와 사용후 핵연료 이송 및 저장용기관련 업무협약 체결 (2018)
– 국책과제로 150kW급 SOFC시스템 개발사업 참여 (2019)
– AmecFW HRSG 원천기술 인수 (2020)
– KC Thermal AFC 사업부 인수 (2020)
– 이스라엘법인 설립 완료 (2021)
– 태국법인 설립 완료 (2021)
– 국내 최초 & 최대 규모 1.25MW급 안산 수전해 프로젝트 수주 (2021)
– 18년 연속 포스코 인증공급사 선정 (2022)
– 2021 HRSG 세계 1위 기록 (2022)

◎ 주요 제품
– 배열회수보일러(HRSG), 화력발전용 미분탄(PC) 보일러와 순환유동층연소(CFBC) 보일러
– HRSG(Heat Recovery Steam Generator)
  → HRSG 점유율 세계 1위
  → 복합화력과 원자력발전소에 들어가는 HRSG와 보조기기를 모두 공급
– 보일러(Boiler)
– B.O.P(Balance of Plant)

◎ 고객사
• 국내
– 한국전력공사, 한수원, 한국지역난방공사, 포스코그룹, 삼성엔지니어링, 삼성 C&T, 현대, 현대 E&C, 한화, SK E&C, 대림 등
• 해외
– 지멘스, 도시바, 중국 최대 발전플랜트 ECP(설계·조달·시공)기업인 SEPCO III
– 사우디 전기 에너지 회사(Saudi Electric Company) : 사우디아라비아 내 45개 발전소를 통해 전력 생산, 송전, 배전 독점

◎ 원전
– 한국수력원자력 주식회사 Feedwater Heater & Deaerator 유자격공급자 등록 (2001)
– 신고리 원자력 발전소 1, 2호기용 / 신월성 원자력 발전소 1, 2호기용 발전보조설비 수주
– 신고리 원자력 발전소 3, 4호기 SSLW 수주
– 신고리 5, 6호기 보조기기 납품
– 사용후 핵연료의 안전한 수송과 저장을 할 수 있는 기술 보유
  → 독일의 GNS사와 업무협약을 통해 향후 사용 후 핵연료 저장용기(CASK)로 원전 해체 시

장 진출 가능
- 소형 용융염 원자로(CMSR) 사업과 현대건설과 홀텍에서 추진하고 있는 미국 SMR-160 시장 참여 모색
- 스마트파워 지분 보유 (13.9%)
  → 한국형 SMR 원전의 사우디 등으로 수출을 위한 특수목적법인(SPC)
- 한수원이 주관하는 혁신형 소형모듈원전(i-SMR) 개발 사업 민간기업으로 참여 (두산중공업, 효성중공업, 비에이치아이 등)

◎ **수소**
- 수소 전문기업 하이젠테크솔루션과 함께 알카라인 수전해 방식으로 대용량 수소 생산이 가능한 기술을 개발
- 국내 최대 규모(1.25MW 발전용량)의 '그린수소' 생산 사업자로 선정 (2021)
  → 하루에 넥쏘 100대 충전 가능한 수소생산량

◎ **중동**
- 아랍에미리트 이말(Emal), 이스라엘 하데라(Hadera), 사우디아라비아 쿠라야(Qurayah) 등에 발전설비 공급
- 중동은 친환경에너지인 LNG 복합화력발전이 전원의 70% 이상을 차지
  → HRSG는 친환경 LNG발전의 핵심 설비
  → 대규모 가스화력발전소 건설이 예정된 사우디와 UAE, 쿠웨이트 등 주력 시장에서 HRSG 수주 기대
- 스마트파워 지분 보유 (13.9%) : 한국형 SMR 원전의 사우디 등으로 수출을 위한 특수목적법인(SPC)
- 사우디아라비아 네옴시티 건설 수혜주
  → 사우디아라비아는 전력수요의 태양광 발전으로 확보할 계획인데 신재생 에너지의 전력 발전의 경우 그에 맞는 백업발전으로서 LNG복합화력 발전이 필수적
  → 사우디아라비아 내 45개 발전소를 통해 전력 생산, 송전, 배전하는 독점 전기 에너지 회사인 Saudi Electric Company를 고객사로 확보

◎ **연구개발**
- 열교환기 효율 향상을 위한 고온 안정 초발수 코팅 기술 개발 완료
- 대용량 보일러에서의 CO_2 배출 저감 위한 Smart Boiler Management System 개발 완료
- ICT 기반 화력발전소 환경설비 정밀계측 및 진단제어 시스템 개발 완료
- 미세먼지 배출저감을 위한 석탄화력발전소 초 저NOx 연소기술 개발 완료
- 8MWth급 상용 목질계 바이오매스 가스화기 개발 및 실증 완료
- 해수식 LNG 기화기 국산화 개발을 통한 초저온 열교환기 산업 클러스터 구축 완료
- 발전용 확장이 가능한 고효율 모듈형 SOFC 시스템 개발 수행중 (~2023.6.30)
- 수소연료전지 추진선박용 연료저장 및 공급시스템 핵심 소재의 성능평가 설비 구축 및 평가 기술 개발 수행중 (~2023.12)

한 번이라도 매매한 종목은 모두 이렇게 노트를 만들어 정리하고 있습니다(지금 확인해보니 820개의 종목탐구 노트가 쌓여 있네요). 개인 투자자들이 매매할 만한 스몰캡 종목을 정리하고 DB를 만드는 데 이 정도로 시간을 쏟은 사람은 제가 유일할 겁니다.

확 부담스럽다고요? 하지만 투자로 돈을 많이 벌고 싶다는 '욕심'이 든다면 스스로에게 물어보면 됩니다. '나 정도로 노력한 사람이 얼마나 많을까? 그들을 상대로 얼마나 이익을 낼 수 있을까?' 남들보다 더 많이 벌고 싶다면 그에 걸맞은 시간을 공부에 쓰셔야 합니다.

3) 재무에 관한 사항

'재무에 관한 사항 = 재무제표' 입니다. 앞에서 먼저 살펴본 이유는, 아무리 단기투자라도 피 같은 돈을 투자하는 거잖아요. 당장 망해도 이상할 것 없는 회사는 미리 걸러야 하기 때문입니다.

여기서 추가로 봐둘 만한 자료는 **배당에 관한 사항**입니다. 배당은 해당 회사가 착실히 이익을 내고 있는지 판단하는 요소가 됩니다. 물론 이익 나는 회사가 무조건 배당을 하는 것은 아니므로 절대평가 요소로 삼을 수는 없지만 기본적 분석에서 가산점을 줄 수 있습니다.

우리나라는 배당이 활발한 시장이 아니라서 사실 크게 중요하지는 않습니다. 물려서 비자발적 장투로 버틸 때 그나마 소소한 위안이 된다는 것? 꾸준히 배당하는 기업은 은행 이율보다 잘 주는 경우도 있죠.

4) 회계감사인의 감사의견

이 부분도 앞서 '감사보고서' 부분에서 미리 다뤘습니다. 이 역시 애초 걸러

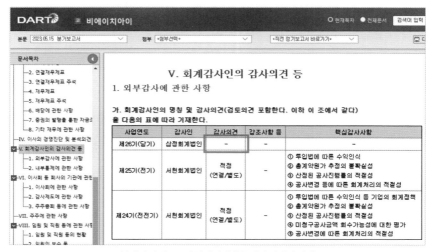

분기와 반기보고서 감사의견란은 비어 있어야 정상

야 할 종목인지 알아보기 위해서였고, 자세하게 공부할 필요는 없습니다. 다시 한번 강조하지만, 감사 시즌인 2~3월에는 가장 먼저 살펴봐야 합니다. 감사 의견이 나와야 할 시점에 안 나온다면 무조건 조심해야 하고요.

빨간 상자 부분처럼 감사 의견 부분이 비어 있으면 정상입니다. **의견거절, 부적정 이런 내용이 있으면 거들떠도 보지 않습니다.** 한순간에 거래정지 및 상장폐지까지 갈 수 있기 때문입니다. 코스닥에서는 이런 경우가 빈번합니다. 그렇다고 코스피만 투자하라는 얘기는 아니에요. 단기투자자에게는 코스닥이 훨씬 좋죠.

5) 임원 및 직원에 관한 사항

경영진의 이력이 나오기 때문에 이 회사를 믿고 내 돈을 맡길 수 있는지 기본적인 판단을 가능케 합니다. 각 경영진마다 얼마나 지분을 가지고 있는지도 알 수 있습니다.

임원들의 이력도 보는데요. 정치 테마주는 임원의 출신 지역이나 대학에 따라 수혜주로 분류되기도 합니다. 대선 때는 후보자와 동창인 임원이 있는 회사가 뜬금없이 떠오르기도 하거든요.

6) 주주에 관한 사항

해당 회사의 주주와 지분율을 상세히 알 수 있습니다. 대주주 지분율이 높을 경우 장기투자자에게는 안정적인 경영권 방어 등 가산점을 줄 수 있습니다. 반면 단기투자자에게는 조금 다르게 적용됩니다. 대주주 지분율이 높으면 유통주식 수가 적어서 주가가 쉽게 오르내립니다. 또 경영권 분쟁은 오히려 호재로 작용하곤 합니다.

그 밖에 알려지지 않았던 주주가 드러나기도 합니다. 이때 그 주주가 해당 분야의 전문성을 갖춘 교수이고 연구 업적이 괜찮다면, 그 성과가 주가 상승 기대감의 요소로 작용하는 경우도 많습니다.

7) 연결 대상 종속회사, 계열회사, 타법인 출자 현황

이 회사가 투자한 다른 회사나, 지분이 많아서 지분법상 영업이익까지 끌어 오는 회사가 있다면 여기서 확인할 수 있습니다.

자주 '히든'으로 터지죠. 해당 기업이 투자한 비상장사가 크게 이슈가 되는 경우 주가가 급등합니다. 〈아기상어〉로 유명한 더핑크퐁컴퍼니가 나스 닥에 상장한다는 기사가 나오자 투자사이자 상장사인 삼성출판사 주가가 급등했던 것처럼요. 그래서 저는 타법인 출자 현황 역시 일목요연하게 에버 노트에 기록해둡니다.

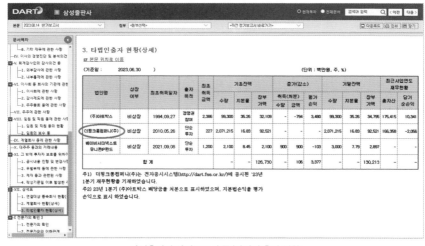

삼성출판사 반기보고서 중 '타법인 출자 현황'

04

기업 분석에서
호재, 악재, 애매

투자를 하다 보면 수많은 뉴스를 접하죠. 그때마다 이게 좋은 건지 나쁜 건지 판단하기가 쉽지만은 않습니다. 호재가 악재가 되기도 하고, 악재가 호재로 탈바꿈하기도 하죠. 여기서는 몇 가지 유형을 들어서 살펴보겠습니다. 다만, 이것은 좋고 저것은 나쁘다는 식의 흑백논리를 펼치려는 것이 아닙니다. 중간 영역이 있거든요. 균형 있는 시각을 갖도록 노력하자는 데 의의가 있습니다. 참고로, 대부분의 큰 호재는 '없다가 생긴 것'입니다.

호재
:
예상치를 뛰어넘는 재무 성과
매출, 영업이익, 당기순이익이 당초 '예상보다' 크게 나오면 호재입니다. '어닝 서프라이즈'라고 하죠. 예상보다 흑자일 경우야 물론 좋고, **적자가 예상보다 적게 나와도 호재**입니다. 특히 적자폭이 예상보다 크게 줄어든 경우 부진 사업의 개선, 체질 개선의 시작으로 볼 수 있기 때문에 가치투자자들이 특히 좋아합니다. 단기투자자에게도 매우 좋은 요소가 되죠. '주가 상승 = (유동성＋실적)× 기대감'의 공식에서 실적을 변동시키니까요.

2023년 1분기 반도체 섹터는 재고와 불황 등으로 실적 기대감이 바닥이었죠. 그러다 '이제 재고가 줄어들기 시작하는 순간'이라든가 '최악은 지났다'라는 평이 나오면 실적 개선 기대감이 일면서 적자일지라도 주가가 오릅니다.

 어닝 서프라이즈에 대한 팁

분기 어닝 서프라이즈(어닝 서프)는 보통 '연속'으로 터집니다. 명심하세요. 그리고 세 분기 연속으로 터질 가능성이 높아요. 그러나 3~4분기 연속 터질 때는 감흥이 전과 같지 않기 때문에 매매에서 따라 붙으려면 첫 어닝 서프에서 바로 들어가야 합니다.

어닝 서프라는 건 어디까지나 애널리스트들의 '추정'보다 더 나올 때를 의미하는 것이기 때문입니다. 애널리스트들이 매출과 영업이익을 추정할 때 보통 1년 전체를 두고 합니다. 그래서 한 분기에서 어닝 서프가 터지면 '1년 전체로 봤을 때 이 정도를 추정했는데 한 분기 어닝 서프가 터졌으니 다음 분기는 낮아지겠지' 하면서 추정치를 바꾸지 않거나 오히려 낮춥니다. 그래서 어닝 서프가 연속으로 나오게 되는 겁니다.

그런데 처음과 두 번째 정도가 강하지, 세 번을 넘어가면 시장이 별 반응을 보이지 않습니다. '두 분기 연속으로 좋았으니, 다음에도 좋지 않겠어?'라는 기대감이 생기더라도 이미 선반영된 것으로 보기 때문입니다.

시장 점유율 증가

기업이 영위하는 시장에서 점유율이 증가하는 것은 미래 실적 기대감을 자극합니다. 한번 점유율이 높아지기 시작하면 추세적으로 계속 확장하는 경향이 있거든요. F&F가 중국에서 점유율이 늘고 이것이 매출로 이어지면서 주가가 두 배 이상 오른 게 예시입니다.

코로나19와 같은 사태에서도 연결해 생각해볼 수 있는데요. 불경기에 들어가면 자본력이 약한 기업들은 도산하게 됩니다. 대기업도 힘든 건 매한가지이지만, 자본이 충분해 버틸 수 있습니다. 버티기만 하면 작은 기업들이 도산하면서 M&A와 같은 비용 없이 자연스레 마켓셰어(시장 점유율)를 높일 수 있게 됩니다.

혁신

신제품이나 기존 제품의 혁신은 회사의 가치를 크게 높입니다. '없다가 생긴' 것이죠. 바이오 회사의 신약 개발 성공, 게임사에서 신작 게임의 글로벌 히트, 엔터 회사에서 신인 그룹의 빌보드 석권, 내연기관 자동차 시대에 전기차 플랫폼 도입 등이 예시입니다. 혁신은 고객의 관심을 끌어오고 유치하는 데 대단히 유리한 위치를 점하게 합니다.

MOU

유력한 회사와의 전략적 제휴(MOU)는 기대감을 불러일으키는 요소입니다. 회사의 역량 제고에 대한 기대감을 갖게 하고, MOU 상대의 규모나 레벨에 따라 해당 회사가 시장에서 더 높게 포지셔닝되는 효과를 가져오기도 합니다.

작은 중소기업은 테슬라에 납품한다거나 마이크로소프트와 AI 제휴를 한다거나 하는 소식에 쉽게 상한가를 갑니다.

> **[특징주] 이스트소프트, MS 본사 초청 방문에 22% 급등…장중 상한가도**
>
> 이스트소프트에 따르면 정상원 대표, 변계풍 AI 사업본부 이사, 변형진 테크 센터 이사는 22일(현지시간)부터 24일까지 MS 시애틀 본사를 방문한다.
>
> (뉴스1, 2023.05.23)

새로운 시장 진출

중국이나 미국에 새 공장을 짓거나 국내에서 벗어나 글로벌 매출을 일으키는 데 성공하는 것은 회사의 미래 전망을 밝히는 시그널입니다.

> **[특징주] 덕양산업, 미국 조지아주에 배터리 모듈 공장 설립…8%↑**
>
> (머니S, 2021.05.24)
>
> **[특징주] 상신브레이크, 美 삼성SDI 합작사 인근 부지확보…현지공장 설립추진 강세**
>
> (이투데이, 2023.05.24)

일례로, 덕양산업이 미국 조지아주에 배터리 공장을 지었는데, 이 팩터가 자주 애플카나 현대차 관련 미국 내 이슈와 맞물리며 시세를 주곤 합니다.

악재

:

예상치를 하회하는 실적

예상치보다 낮은 매출, 영업이익, 당기순이익이 나오면 악재입니다. 초보자들은 결과적으로 영업이익이 흑자이거나 전년 동기 대비 성장했다면 호재가 아니냐고 반문할 때가 많습니다. 하지만 그건 시장의 눈이 아니라 본인의 눈으로 시장을 보는 것입니다. 시장은 언제나 '선반영'입니다. 예상치 수준으로 선반영돼 있는데 그것을 하회한다면 주가는 미끄러지게 되어 있습니다.

주가 상승 = (유동성 + 실적) × 기대감의 공식에서 이미 예상치만큼 들어간 '유동성'도 빠질 테고 '실적' 또한 기대치보다 낮으므로 마이너스 요소입니다. 기대감도 낮아지죠. 주가는 하락한다고 보고 재빨리 빠져나와야 합니다.

시장 점유율 감소

앞서 호재라고 본 것의 반대입니다. 한번 줄어든 시장 점유율은 추세를 갖고 줄어드는 경향이 있습니다. 점유율이 줄어든다는 것은 치열한 경쟁(레드오션)이 시작됐거나 시장이 불황에 빠지고 있거나, 혹은 정말 강력한 경쟁자가 등장한 것이죠. 고집 피우지 말고 도망쳐야 합니다. 무엇이 됐든 기업의 전망을 불투명하게 만드는 요소니까요. 기대감을 대폭 삭감합니다.

당국의 규제 발생

대한민국에서 국가와 척을 지는 산업이 성공한 예는 단 한 건도 없습니다. 정부에서 규제 산업으로 정할 경우 아무리 전망이 좋다고 하더라도 빠져나와야 합니다. 미국은 규제를 하더라도 '그래도 하되, 이익을 중소기업과 나누라'는 식의 규제인데요, 한국은 그냥 '하지 마!!!'입니다. 하루아침에 문 닫는 것도 가능한 곳이 한국입니다. 규제는 유동성을 줄이고 기대감 또한 감소시킵니다. 언제나 조심해야 해요.

일례로, 정부의 규제 시도로 인해 카카오는 주가가 빠지고, 가짜 뉴스 AI 검출 기능을 탑재한 줌인터넷은 반대 수혜를 받고 올랐습니다.

포털 규제 어디까지 향하나···다음 '클릭 응원' 매크로 조작 논란

아시안게임 한·중 축구경기 응원에서 논란 촉발···매크로 악용 추정. 원하는 팀을 횟수 제한 없이 클릭해 응원하는 다음 스포츠의 '클릭 응원' 논란에 카카오가 홍역을 치렀다. 매크로 조작으로 한국보다 중국 응원이 압도적으로 많자 여당은 각종 의혹을 제기했고 정부도 범부처 태스크포스(TF)를 구성하는 등 강경한 모습이다.

(아이뉴스24, 2023.10.08)

소송 발생

아무리 작은 소송이더라도 악재입니다. 반드시 귀를 기울여야 하고 어떤 내용인지 분석해야 합니다. 특히 채권자의 파산 신청과 같은 것은 어이없을 정도로 주가가 큰 폭으로 빠집니다. 실제로 단 3주 가지고 있는 주주가 제기하는 경우도 있는데요. 이 같은 것이 받아들여지는 것도 문제지만, 어쨌든 조심해야죠. 천재지변과 같은 겁니다. 이런 사건은 안 일어나길 바라는 수밖에 없어요.

그런데 더 신경 써야 할 소송이 있습니다. 바로 국가기관과 관련한 소송류입니다. 식약처가 보톡스 업체들에게 사용 허가를 취소할 때 보통 기업들은 취소 처분 정지를 구하는 가처분 신청을 합니다. 하지만 국가 기관은 포기가 없습니다. 계속해서 취소 처분을 하고 그때마다 주가는 미끄러집니다. 국가기관과 관련해서 나오는 부정적 시그널은 무조건 '일단 도망친다'라고 생각해야 합니다. 더구나 당국의 규제를 준수하지 않았다는 소식이라면 더욱 조심해야 하고요.

애매한 경우
:
경영권 분쟁

원래 경영권 분쟁은 악재입니다. 경영진에 중대한 변화가 생기면 기업 운영이 차질을 빚게 되니까요. 불확실성이 생기는 겁니다. 하지만 한국 증시에서는 이를 호재로 인식하는 경우가 많습니다.

경영권 분쟁은 보통 1% 이상 차지한 주주가 주주제안을 하면서 시작하거나 어느 정도 지분을 모은 주주 혹은 단체가 경영권 분쟁의 소를 제기해서 일어납니다. 이때 경영권을 노리는 쪽이 시장에서 지분을 더 늘릴 거라는 (매수 세력 증가) 기대감에 따른 주가 상승을 예상하는 거죠. 또, 경영권 분쟁을 일으키는 쪽은 '좋은' 회사로 탈바꿈시키겠다는 청사진을 보여주는데요. 이에 개인 주주들은 기업 전망이 좋아지리라 기대하면서 매수세가 몰리는 것으로 보입니다.

한국 주식시장에서는 일단 경영권 분쟁은 호재로 인식합니다. 단, 이내 시들해지고 대부분 오른 주가만큼 다 뱉어냅니다. 초기가 아니라면 절대 따라 들어가는 불나방이 돼서는 안 됩니다.

제품의 리콜이나 사고

자동차 배터리 화재라거나 자율주행 오류, 제품에서 이물질 발견, 제조 과정상의 오류 등으로 리콜이 실시되는 경우입니다. 또 배터리 화재나 자율주행 오류로 인해 사망 사고가 발생한 것도 포함됩니다.

이런 건 분명 악재는 맞습니다. 그러나 자동차 회사에 있어서 배터리 화재나 사고, 공산품의 이물질, 서비스 회사의 CS 사고 등은 '없다가 생긴' 새로운 것이 아닙니다. 기업의 생성과 함께 내포된 위험이죠. 많이 있어왔던 사고들이고요.

그래서 예상과 달리 주가에 미치는 영향은 없는 경우가 많습니다. 그럼에도 주가가 급락한다면 사실 이건 매수 찬스와 같습니다. 이미 주가에는 이런 사고들이 발생할 확률도 선반영된 것으로 봐야 하거든요. 물론 일상적인 사고 범위를 넘어선 것이라면 이야기가 다르겠지요. 예를 들면 생산 공장의 화재로 인해 영업을 못 하게 되는 것은 큰일이죠. '실적' 부분을 제로로 만들어버리는 사건이니까요.

기술 개발 중단

바이오 회사가 어떤 백신을 만들다가 중단하는 경우가 대표적인 예입니다. 일견 악재로 보입니다. 실제로 주가가 빠지는 경우도 많아요. 하지만 이미 시장성을 상실한 신약 개발이라면 포기하는 편이 과도한 연구개발비 지출을 막게 되므로 실질적으로는 호재로 작용하는 경우도 많습니다.

대규모 해고

직원의 대규모 해고는 회사의 전망이 불투명한 것으로 느껴질 수 있습니다. 하지만 고용을 줄이면 기업의 고정비가 줄어들고 이는 결국 회사의 영업이익 증가로 돌아오게 됩니다. 특히 주가 바닥에서의 대규모 해고는 주가 상승의 시그널로 비춰질 때가 많습니다. 반면에 주가 고점에서 대규모 해고는 주가 하락의 시그널입니다.

M&A

기업의 합병 및 인수는 보통 호재로 작용합니다. 회사의 체질개선이 일어나니까요. 일단은 주가가 올라갑니다. 하지만 인수 대상이 부채가 너무 많거나 경영이 어렵거나, 정말 이게 잘된 M&A일까 의문이 생길 때도 있죠. 이렇게 투자자가 확실한 기업의 확장이 아니라 모호하다고 생각하면, 불확실성으로 받아들이고 주가는 빠집니다. 처음에는 내렸다가 나중에 재평가받고 오르는 경우도 있고요.

네이버의 미국 포쉬마크 인수 발표 당시 주가가 심하게 하락했죠. 이후에는 재평가받으면서 주가 상승의 이유로도 해석된 바 있습니다.

> 네이버, '포쉬마크' 인수에 16만 원대로 추락…신저가 경신
>
> (헤럴드 경제, 2022.10.05)
>
> 네이버, '포쉬마크 인수효과' 호평 속 연일 강세
>
> (연합뉴스, 2023.05.09)

대규모 투자

기업이 자신의 사업 부문에 대규모 투자를 하는 경우 분명 성장을 위한 발판이라 호재로 해석돼야 하지만 대부분 주가가 빠집니다. 단, 아주 핫한 섹터의 경우에는 오릅니다. 예를 들어 2023년 1~2분기 뜨거웠던 배터리 관련 섹터 기업들의 공장 증설은 호재로 작용했습니다.

반대로 바이오 회사가 공장 증설하는 경우는 거의 하락합니다. 단, 그 바이오 회사에 설비를 공급하는 중소 상장사는 급등 재료가 되지만요.

결론적으로 해당 투자가 확실히 그 회사의 현금 흐름과 이익을 좋게 한다면 주가가 오르지만 아니라고 생각될 경우 악재로 반영됩니다.

종목 히스토리는 반복된다
:

주식을 하다 보면 여기에 소개된 것 외에도 정말 다양한 상황을 만나게 됩니다. 매번 판단을 달리해야 합니다. 상황과 종목에 맞는 해석을 해야 한다는 이야기입니다.

앞에서 소개한 호재, 악재, 애매에 해당하는 이슈들도 사실상 종목마다 해석이 달라지는 경우가 많습니다. 대기업의 일을 중소기업과 같게 해석하는 것은 처음부터 무리일 수도 있고요.

그런데 놀랍게도 매번 같은 판단을 해도 되는 경우가 있습니다. 바로 개별 종목의 히스토리입니다. **개별 종목에서 과거에 일어났던 일(히스토리)은 이번에도, 미래에도 똑같이 적용될 확률이 매우 높습니다.**

그래서 각 종목이 과거에 어떤 재료에, 어떤 차트에서, 어떤 주가 움직임을 보였는지 살펴놓는 것은 안정적 투자 수익을 거두는 데 매우 큰 도움을 줍니다. 역사는 반복되잖아요.

진원생명과학의 사례를 간단히 살펴볼까요. 2014년부터의 기록을 모아 봤습니다. 더 오래전 자료도 찾을 수 있지만, 이 정도만 보더라도 전염병과 바이오 이슈로 반복해서 주가가 급등하는 것을 확인할 수 있습니다.

[특징주] 진원생명과학, 美 에볼라 퇴치 6조 8900억 예산 승인 촉구…강세

진원생명과학 주가가 상승세다. 버락 오바마 미국 대통령이 에볼라 퇴치를 위한 6조 규모 예산 승인을 촉구했다는 소식 때문으로 풀이된다.

(이투데이, 2014.12.03)

[특징주] 진원생명과학, 美 정부 지원 에볼라 DNA 백신 임상 착수

진원생명과학이 에볼라 DNA 백신 개발의 1상 임상 연구를 미국과 캐나다에서 시작했다는 소식에 장 초반 강세다. 13일 오전 9시 10분 현재 진원생명과학은 전일 대비 11.83% 오른 9,740원을 기록 중이다.

(아시아경제, 2015.05.13)

[특징주] 진원생명과학, 에볼라 백신 1상 임상 성공 '강세'

진원생명과학이 에볼라 DNA백신 1상 임상에 성공했다는 소식에 강세를 나타냈다. 진원생명과학은 31일 오전 9시 53분 현재 코스피 시장에서 1만 6,500원에 거래됐다. 전 거래일 1만 5,200원보다 1,300원(8.55%) 오른 가격이다.

(머니S, 2016.03.31)

[특징주] 진원생명과학, 美바이오 업체와 공급계약 소식에 '강세'

진원생명과학이 미국 바이오 업체와 제품 공급계약을 했다는 소식에 강세다. 8일 오전 9시 9분 현재 진원생명과학은 전 거래일보다 2.85%(180원) 오른 6,490원에 거래되고 있다.

(이투데이, 2017.11.08)

[특징주] 진원생명과학, 메르스DNA백신 임상 중…환자 발병 소식에 '上'

진원생명과학은 메르스 감염 사례가 증가함에 따라 2015년 5월 27일 이노비오와 메르스 DNA 백신의 공동연구계약을 체결했다.

(이투데이, 2018.09.10)

[특징주] 진원생명과학, 美 업체와 DNA 공급계약…'강세'

진원생명과학이 미국 바이오 업체와 공급계약을 체결했단 소식에 강세다. 4일 오전 9시15분 현재 유가증권시장에서 진원생명과학은 전 거래일 대비 3.58%(170원) 상승한 4,915원에 거래되고 있다.

(아이뉴스24, 2019.03.04)

[특징주] 진원생명과학, 자회사 코로나19 임상용 백신 출시에 '上'

진원생명과학이 자회사 VGXI가 코로나19 임상용 백신을 출시했다는 소식에 장 초반 상한가로 직행했다. 7일 오전 9시32분 현재 진원생명과학은 전 거래일 대비 29.61% 오른 1만 5,100원에 거래됐다.

(EBN, 2020.04.07)

[특징주] 진원생명과학, 먹는 코로나 치료제 임상 2상 승인 소식에 급등

진원생명과학이 먹는 코로나19 치료제의 국내 임상 2상을 승인받았다는 소식에 급등세다. 9일 오전 9시 10분 현재 진원생명과학은 전 거래일 대비 3,700원(10.26%) 오른 3만 9,750원에 거래 중이다.

(한국경제TV, 2021.09.09)

[특징주] 진원생명과학, 먹는 코로나 치료제 임상 완료 임박에 15%대↑

진원생명과학이 신종 코로나바이러스 감염증(코로나19) 먹는 치료제 GLS-1027의 임상 완료가 임박했다는 소식에 주가 강세를 보이고 있다. 14일 오후 1시 15분 진원생명과학은 전 거래일 대비 1,850원(15.74%) 오른 1만 3,600원에 거래되고 있다.

(머니S, 2022.07.14)

[특징주] 진원생명, 바이든 원료약 美 25% 현지 생산 정책…VGXI 부각 '강세'

바이든 미국 행정부가 5년 내 광범위한 바이오 제조 능력을 구축해 모든 원료의약품 25% 이상을 현지 생산하는 전략을 세운 것으로 알려진 가운데, 진원생명과학의 미국 자회사인 VGXI가 부각되는 모습이다. 24일 오전 9시 26분 현재 진원생명과학은 전일 대비 5.54% 오른 6,670원에 거래 중이다.

(아이뉴스24, 2023.03.24)

05 단기투자를 위한 기업 분석은 따로 있다

저에게 단기투자는 '종가 매수 후 다음 날 혹은 며칠 내로 매도하는' 혹은 '시가 무렵에 샀다가 당일에 파는' 형태에 가깝습니다. 따라서 모든 관점을 '비중 조절과 종가 혹은 시가 베팅을 위한 것'으로 일치시킵니다. 그리고 이런 관점에서는 기업 분석을 **부채비율, 유보율, 주주 현황, 재무제표**로 한정하여 살펴봅니다.

1단계. 부채율과 유보율 확인
:

부채율과 유보율은 재무건전성을 점검하기 위해 가장 먼저 확인하는 요소입니다. 부채율을 먼저 살펴보는 이유는 재무제표에서 매출과 영업이익을 보고, 감사보고서를 보는 이유와 같습니다. 망할 위험이 있는 회사는 빠르게 거르기 위해서입니다.

부채율

먼저 부채율은 부채비율의 줄임말입니다.

$$부채율(\%) = 부채 / 자본 \times 100$$

여기서 부채는 재무제표상의 부채총계고요. 자본은 재무제표상의 자본 총계를 말합니다. 앞에서 공부했지요?

부채율이란 회사의 안정성을 나타내는 지표로, 자금의 타사 의존도를 나타냅니다. 타사에 의존하지 않고 얼마나 스스로 운영되고 있는가를 나타내는 지표라고 할 수 있죠. 100%라면 부채와 자본이 1:1인 상황입니다. 망하더라도 주주에게 아무런 피해가 없는 상황이죠. 하지만 기업이 대출 등의 부채 없이 운영되기는 사실 어렵습니다. 그래서 부채율이 200% 아래면 건전한 회사로 보는 게 일반적입니다. **단기투자에 있어서도 200% 아래인 종목을 매매하는 게 안전합니다.** 부채율이 높다면 갑작스러운 주주 배정 유상증자가 발생할 수 있으니까요. 참고로 부채비율이 400%를 넘어간 회사는 쳐다도 보지 마세요.

부채율이 높은 회사는 언제든 부도가 날 수 있다고 생각해야 합니다. 부도라는 게 별거 없습니다. 대출금(=부채) 갚으라고 했을 때 못 갚으면 부도가 나는 거죠. 물론 부채는 새로 대출을 받아서 갚으면 되지만, 부채율이 높으면 은행 등에서 대출을 안 해줍니다. 그래서 상장사들은 가능한 한 부채율을 낮게 유지하려고 합니다.

부채율을 낮추는 방법에는 두 가지가 있습니다. 부채를 낮추거나 자본을 늘리면 됩니다. 그런데 쉽게 갚을 수 있는 부채라면 부채율이 오르기 전에 처리했겠죠. 결국 방법은 자본을 늘리는 것으로 수렴합니다. 방법은 앞서 살펴본 자본잠식을 벗어나기 위해 자본총계를 늘리는 것과 유사합니다. 자본잉여금을 늘리기 위해 유상증자를 단행하거나 압도적 영업이익으로 이익잉여금을 늘리면 됩니다. 대부분은 손쉬운 유상증자를 단행하겠죠. 그것도 주주 배정 유상증자를 애용할 것 같습니다. 물론 제3자 배정 유상증자도 가능합니다.

유보율

다음으로 유보율은 유보비율의 줄임말입니다.

$$유보율(\%) = (이익잉여금 + 자본잉여금) / 납입자본금 \times 100$$

유보율이 높다는 것은 기업이 보유하고 있는 현금성 자산이 많다는 뜻입니다. 기업이 외부 대출 등이 아니라 스스로 즉시 조달할 수 있는 자금이 그만큼 많다고 볼 수 있죠. 유보율이 높으면 단기투자 관점에서는 당장의 자본잠식은 걱정할 필요가 없다는 뜻으로 해석합니다. 부채비율은 200% 이하가 좋다는 기준이 있지만 유보율은 적정 기준이 없습니다. 그냥 높으면 높을수록 좋다 정도로 알아두면 됩니다.

쉽게 예를 들면, 만일 자본금이 100억인 회사의 유보율이 100%라면 현재 이익 배분이 되지 않은 현금성 자산이 100억 있다는 뜻입니다. 300%라면 300억이 있다는 뜻이에요. 이것으로 무엇이든 할 수 있고요. 현금성 자산이 많은 만큼 돌발사태에 충분히 대응할 수 있겠죠.

다만 유보율이 너무 높을 경우 부도의 위험은 낮지만 R&D(연구개발)에 돈을 쓰지 않거나 배당 등을 하지 않아서 미래 성장성이 낮다고 평가될 수 있습니다. 그래도 단기투자에 있어서 **유보율이 높다는 것은 망할 확률이 매우 낮다는 의미에서 단타하기에 좋다** 정도로 이해하면 됩니다. 특히 무상증자의 경우에도 회사에 이익잉여금이 있어야 가능합니다. 무상증자 테마는 꼭 유보율이 높은 회사에서만 일어난다는 점도 투자 팁입니다.

주의할 점도 있습니다. 유보율은 '자본금 대비' 비율을 의미합니다. 그러므로 자본금이 낮은 경우, 예를 들어 자본금이 1억인 회사라고 치면 아무리 유보율이 높아도 실제 회사의 여유 자금은 크지 않을 수 있습니다. 즉, **유보율을 볼 때는 자본금은 얼마인지 꼭 함께 확인해야 합니다.**

2단계. 지분율 확인

주주 현황에서 지분율을 체크합니다. **대주주의 지분율이 높아서 실제 유통 주식 수 비율이 낮으면 낮을수록 좋다**고 볼 수 있습니다. 물론 100%는 아닙니다. 품절주라고 해도 인기가 없는 관심소외주는 매매하기 적합하지 않습니다. 가끔 대주주 지분율이 높은 관심소외주가 엄청나게 상승하는 경우가 있습니다만, 보통 끝이 좋지 않습니다.

2023년 증권가를 뒤흔들었던 'SG증권발 하한가 사태'가 있었죠. 하림지주, CJ, 선광, 서울가스, 삼천리, 대성홀딩스, 세방, 다우데이타, 다올투자증권 등의 차트와 함께 관련 뉴스를 한번 검색해보세요. 폭락 사태라고 떠들썩하게 알려져서 그렇지, 정말 저들 종목만 그랬을까요? 저평가라고 기관에서 열심히 매집한 후 저평가 리포트 발간으로 주가를 끌어올리고 그 매수세에 파는 증권사를 우리는 몇십 년간 보아오지 않았던가요.

3단계. 매출과 영업이익 확인

:

재무제표는 우선 매출과 영업이익을 봅니다. 자본잠식도 보면 좋은데요. 부채율이 낮고 유보율이 높다면 사실 문제가 생길 확률은 제로에 가깝게 수렴합니다. 그래서 부채율과 유보율을 먼저 보는 것입니다.

매출과 영업이익이 전년 동기 대비 늘었다면 마음이 놓이겠죠. 그리고 적자가 아니라 흑자 상태면 더 마음이 놓일 겁니다. 가끔가다가 분기 영업이익이 너무 크게 늘어난 종목을 발견하기도 하는데요. 이런 건 거의 당해 연도 내에 주가 급등을 이뤄냅니다. 좋은 실적이 알려지면 유동성이 터져줄 테니까요. 물론 원래부터 좋은 게 아닌 갑자기 좋아진 경우를 말합니다.

적자 기업이라고 무조건 투자를 안 하는 것은 아닙니다. 특히 테마주들은 적자인 경우가 대부분이거든요. 3년 연속, 혹은 4년 연속 적자 기업일 경우에는 관리종목, 상장폐지 우려가 있어서 '과거에는' 매매하지 않았지만, 2022년 12월에 거래소 규칙이 변경되면서 더 이상 관리, 상폐 규정이 아니게 됐죠. 이제는 적자는 자본잠식 수준만 아니면 됩니다. 이 또한 부채율에서 걸러지고요.

그러므로 **적자가 심한 기업은 투자 기간이 더 짧아지는 것뿐**입니다. 장중 매매만 하고 종가 매수는 하지 않는 거죠.

단, 적자 여부를 예민하게 봐야 할 시기가 있습니다. 바로 실적 발표 시즌이죠. 아무래도 적자 실적이 발표되면 주가 상승 동력은 떨어지기 마련입니다. 나쁜 실적이 잊히는 시간이 필요하다는 이야기죠. 2023년 2~4월 뜨겁던 2차전지 테마도 실적 발표와 함께 5월 사그라들었습니다.

이후 다시 올랐지만 실적 기대감이 사라지자 3분기 폭락을 거듭했습니다. 물론 10년 치 영업이익을 미리 당겨와서 만들어진 주가이므로, 향후 수

백조 규모의 수주가 새롭게 생길 때 다시 오를 것으로 생각합니다. 그때까지 괴로울 뿐이죠. 배터리의 수요는 무한대에 가까우니까요. 다만 그 기간을 물려 있는 것보다는 좋은 주식에 이동하며 투자하는 게 '한국에서는' 낫다고 개인적으로 생각할 뿐입니다.

정리해보겠습니다.

유목민의 단기투자용 기업 분석

1. 부채율은 200% 미만이면 우량기업으로 봅니다.
2. 유보율은 기업의 안정성을 측정하기 위해 부채비율과 함께 자주 활용합니다. 높으면 좋죠.
3. 주주 현황을 통해 유통 주식 수를 체크합니다. 시총이 아무리 커도 유통 주식 수가 적으면 가벼운 주식으로 평가될 수 있습니다.
4. 재무제표는 매출액과 영업이익 증감 여부, 적자 혹은 흑자 여부를 확인합니다. 테마주들은 적자인 경우가 많습니다. 적자 폭이 큰 회사들은 장중 매매 위주로 하고, 종가 매수는 자제하는 게 좋습니다. 특히 실적 발표 시즌에는 재무제표를 더욱 꼼꼼히 살펴봐야 합니다.

케이스 스터디—우림피티에스
:

단타를 위한 기업 분석 시에 재무제표는 HTS **재무추이**로 확인하면 충분합니다. 핵심은 최대한 심플하게 직관적으로 파악하는 것입니다. 깊게 들어갈수록 생각이 많아져서 차트 매매에 방해가 됩니다. 자기 투자 스타일이 단타인지, 스윙인지, 장투인지, 인베스트인지 확실히 해야겠죠?

1) 재무제표 확인

재무추이에서 매출과 영업이익, 부채율과 유보율을 한눈에 파악할 수 있습니다. 현재 기준으로 매출이 매년 조금씩 증가하고, 영업이익도 증가하여 적자에서 흑자 전환을 했습니다. 전체적으로도 흑자 기조네요. 좋은 회사입니다. 거기에 2022년 부채율이 10.49%, 유보율은 1,198.52%입니다. 종가 매수하기에 매우 안전한 회사(부채율)에다가 돈도 많구나(유보율)라고 생각할 수 있습니다.

결산년도	주가	자본총계	매출액	영업이익	당기순익	BPS	PER	EPS	부채율	유보율	영익률
2022년	5,810	862	683	54	51	6,493	15.40	377	10.49	1,198.52	7.87
2021년	4,050	820	605	20	35	6,183	15.53	261	12.98	1,136.52	3.35
2020년	5,030	792	601	8	-80	5,974		-589	13.45	1,094.87	1.25
2019년	3,165	868	555	-13	-7	6,537		-49	13.17	1,207.46	-2.28
2018년	3,690	884	643	21	42	6,657	11.79	313	10.44	1,231.33	3.33
2017년	4,050	849	542	-18	-20	6,396		-149	12.33	1,179.12	-3.39
2016년	8,270	873	457	6	12	6,574	95.22	87	10.43	1,214.81	1.41
2015년	3,975	867	490	20	45	6,533	12.05	330	13.24	1,206.67	4.17
2014년	4,400	832	603	47	48	6,271	12.40	355	17.83	1,154.16	7.85
2013년	6,170	804	570	31	16	5,953	52.20	118	20.53	1,090.62	5.46
2012년	7,690	793	527	53	51	5,874	13.68	375	18.63	1,662.31	10.14
2011년	7,580	728	700	101	94	5,544	7.23	699	31.73	1,563.23	14.47
2010년	8,290	650	503	86	81	4,885	9.24	598	31.36	1,365.36	17.17
2009년	11,200	561	442	100	86	4,153	10.90	685	21.56	1,146.03	22.68

우림피티에스 재무추이

주주구분	대표 주주수	보통주	지분율	최종변동일
최대주주등 (본인+특별관계자)	1	7,298,167	54.06	2023/08/22
10%이상주주 (본인+특별관계자)				
5%이상주주 (본인+특별관계자)				
임원 (5%미만 중, 임원인자)				
자기주식 (자사주+자사주신탁)	1	283,098	2.10	2015/08/19
우리사주조합				

주주 구분 현황

기업분석 화면에서 주주 현황 확인

이제 주주 현황을 통해 유통 주식 수를 파악합니다. 총 주식 중 대주주가 54.06%, 자사주 매입 2.10% 제외하면 유통 주식 비중은 44% 수준으로 유통 주식 수 비율이 낮은 편입니다. 단기투자에 좋다는 의미가 되겠죠.

우림피티에스는 부채율, 유보율, 매출, 영업이익, 지분율에서 '단기투자용으로' 매우 적합한 조건임을 알 수 있습니다.

2) 재료 파악

기업이 좋다고 주가가 오르면 얼마나 좋겠습니까만 오르기 위해서는 변동성이 필요합니다. 이 종목에는 '유동성'이 들어와야겠죠. 실적은 이미 좋으니까요.

우림피티에스는 산업용 감속기를 생산하는 기업입니다. 로봇, 풍력, 농기계, 그린뉴딜 테마도 많이 엮여 있죠. 테마가 많은 것은 재료로 큰 시세를 줄 가능성이 높겠죠? 이런 종목은 더 자세하게 알아두면 좋습니다. 뉴스에

우림피티에스, 로봇 핵심부품 정밀감속기 국산화 개발⋯삼성중공업과 협력
우림피티에스는 이미 삼성중공업과 국책과제 공동개발에 나선 바 있어 이번 삼성 로봇 신성장 동력 진출에서 수혜가 예상된다는 분석이 나온다.

(파이낸셜뉴스, 2022.01.04)

[특징주] '농슬라' 우림피티에스, 주가 10% 근접⋯4연속 상승세
지난해 아쉬운 실적에도 선방한 트랜스미션 사업의 주요 고객사가 '농기계의 테슬라'로 불리는 미국 기업 '존 디어'로 알려져 '농기계' 관련주에 거론된다.

(내외경제TV, 2022.05.03)

[특징주] 우림피티에스, 삼성 대형 M&A진행 중⋯로봇 반도체 M&A 가능
삼성전자가 최근 인수·합병 관련 조직의 전열을 가다듬으며 본격적인 대

서 어떻게 포장되고 있는지를 살펴봐야 합니다.

농기계 관련주이면서 삼성전자의 로봇 M&A 때 강한 시세를 주는 종목
임을 알 수 있습니다. 그럼 단타에 좋은 기업 우림피티에스가 다시 오를 수
있는 때는 언제일까요? 앞서 말씀드렸죠. "역사는 반복된다." 다시 농기계와
삼성의 로봇 M&A가 시장의 중심이 될 때일 것입니다.

3) 차트 파악

차트를 볼까요? 횡보한 구간의 상한가 흐름 먼저 보시죠.

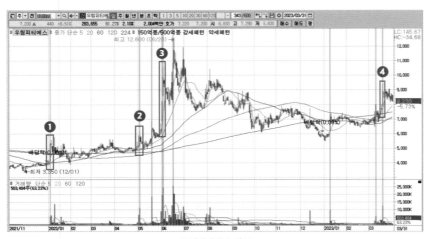

우림피티에스 차트

① 2022년 1월 4일 상한가가 나오고(앞에서 기사를 검색했을 때 이날 삼성중공업과의 로봇 부품 협력이 부각되었음), ② 바닥권에서 6개월가량 횡보한 구간을 뚫고 5월 3일 다시 20% 정도 상승했습니다(이때는 '눌슬라'로 시세를 보여줬음). ③ 그러다가 6월 2일 삼성 로봇 M&A 기대감 기사로 상한가가 나오면서 52주 신고가*를 만들었습니다. 다음 날인 6월 3일에도 고가 기준 28%나 상승했죠. (참고로, 신고가의 경우 아직 그 가격대에서 물린 사람이 없기 때문에 주가 상승이 쉽게 일어납니다.)

이후에도 크게 시세를 주는 날은 어김없이 로봇 관련주들이 강세를 보일 때였습니다. ④ 가장 최근의 23년 3월 20일에도 삼성 로봇 사업이 재료가 됐죠.

> **52주 신고가**
> 52주 동안의 주가 중 최고가, 즉 최근 1년 중 가장 높은 가격을 기록한 경우를 말한다. HTS 메뉴 '신고가/신저가 [0161]'에서 기간을 250일로 설정하면 52주 신고가 경신 종목을 검색할 수 있다.

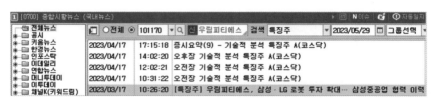

우림피티에스 종합시황뉴스

이와 같이 단기투자를 할 때는 **안전한 기업인지 확인한 후 → 재료와 차트 위치를 파악하고 → 매매에 들어가는** 프로세스로 진행됩니다. 어떤 차트가 좋은 차트고, 어떤 재료가 좋은 재료인지, 거래량이 왜 중요하고, 가장 중요한 '언제' 이 재료가 부각될지… 궁금하시죠? 3부에서 본격적으로 설명하겠습니다.

CHAPTER 6

초보 탈출
100일 챌린지

THE PRINCIPLES OF K-TRADING

여기까지 잘 따라오신 분들은 '아~ 이거 이렇게 하면 되겠는데?' 하는 느낌이 드실 겁니다. 하지만 그 느낌은 느낌으로만 가지고 계세요. 될 것 같은 느낌이 무수히 실패로 이어지거든요. 수백 번 가설과 검증을 거치며 한 걸음씩 성장하는 수밖에 없습니다.

공부에는 '절대적인 양'이 있습니다. 여기까지 한 시간 만에 읽었다면 이제 딱 한 시간만큼 실력이 는 것입니다. 책 한 번 읽었으면 딱 한 번 읽은 정도의 실력만 는 겁니다.

여러분이 투자자로서 주식시장이라는 전장에 들어설 준비가 되었는지 알아볼 수 있는 가장 확실한 리트머스 용지로 '100일 챌린지'를 제안합니다. 바로 100거래일간 매일 상한가를 기록한 종목과 천만주 거래량이 발생한 종목을 대상으로 '왜' 올랐는지 조사해서 정리하는 것입니다.

처음에는 정말 오래 걸립니다. 차츰 나아지지만, 어쨌든 지겹고 반복적입니다. 하지만 원래 성공은 지겨운 걸 반복하는 데서 나옵니다. 이걸 아무렇지 않게 해내는 사람들이 투자자로서 성공할 수 있습니다.

주식으로 큰돈을 번 사람을 보고 타고났다고 생각하는 경우가 많습니다. 혹은 특별한 방법이 있을 것으로 생각하죠. 그렇게 생각하면 마음이 편하니까요. 하지만 이런 편견이 성공을 가로막고 있는지도 모릅니다.

주식을 잘하는 사람들을 두루 만나보니, 이들은 분명 남들보다 특별한 관점을 가지고 있었습니다. 아무 상관없는 요소들을 연결해 수익의 기회를 잡는 데 비범한 능력을 발휘하는 것을 자주 보게 됩니다. 그런데 이들의 공통점이 하나 더 있었습니다. 바로 '엄청난 노력파'라는 겁니다. 그들이 가진 것은 특별한 발상 능력이 아니라, 무수한 관찰과 축적에서 비롯한 '알아차림'에 가까웠습니다. 즉, 미련스러울 정도로 공부하면서 지식을 쌓고, 거기에서 반복되는 무언가를 이해하고, 그것이 다시 오기 전 신호를 포착하는 것이었습니다.

주식을 잘하는 방법은 간단합니다. 지식을 쌓아야 합니다. 즉, 공부해야 합니다. 그날 주식시장에서 벌어진 '모든' 일을 파악한다고 생각하세요. 왜 주가가 올랐고 떨어졌는지, 어떤 뉴스가 나왔고, 어떤 공시가 나왔는지 파악하면 됩니다. 이왕이면 그걸 정리해서 자신만의 데이터베이스를 만들어 갑니다. 이렇게 데이터를 모아가다 보면 과거에 주가를 움직였던 사실이 '반복적으로' 발생한다는 것을 알아차리게 됩니다.

01

100일간의 숙제; 상한가 & 천만주 기록하기

그렇다면 구체적으로 무엇을 해야 할까요? 제가 2015년부터 매일 퇴근 후에 했던 작업이자 지금은 수강생들에게 내주는 숙제가 있습니다.

그날 '상한가' 기록한 종목과

'거래량 1000만 주' 이상 터진 종목을

찾아서 정리하는 것

여기서 중요한 것은 그냥 정리하는 데 그치는 것이 아니라, **왜** 상한가를 갔는지, **왜** 거래량 1000만이 터졌는지 조사하고 알아내는 것입니다. 뉴스를 찾고 공시를 검색해서 기록합니다(저는 에버노트를 쓰지만, 각자 자기에게 맞는 기록 프로그램을 사용하시면 됩니다.)

처음에는 이 두 가지를 정리하는 데 시간이 오래 걸립니다. 아무리 검색해도 이유를 알 수 없는 경우도 많습니다. 그런데 없어서 안 나오는 게 아니라 아직 실력이 부족해서 못 찾는 거예요. 온갖 방법을 동원해야 합니다.

중요한 것은 WHY입니다. 왜 상한가를 가고, 왜 천만주 거래량이 터졌는지를 파악하는 것이 중요하지, 정리 자체가 중요한 것이 아닙니다. 일반 뇌에서 '주식 뇌'로 바꾸기 위해서는 **'왜?' 라는 질문이 머릿속을 휘감아야 합니다.**

이 작업을 하는데 '어렵다, 답답하다'라는 감정이 든다면 공부가 잘되고 있는 겁니다. '지루하다'라는 생각이 든다면 아예 흥미를 못 느끼는 상태로, 주식과 안 맞는 사람이라는 뜻일 수 있습니다.

이렇게 쌓아가다 보면 어느 순간 이슈가 반복된다는 걸 알게 됩니다. 그러면 이제는 예측의 영역으로 넘어가 봅니다. 장이 끝난 후 나온 뉴스 가운데 다음 날 주식 시장에 반영될 만한 기사와 공시를 정리하는 겁니다. 그 재료가 실제로 주식 시장에서 큰 시세를 주는 것을 확인할 때 레벨업되면서 자신감이 상승함을 느낄 수 있습니다.

예시와 함께 좀 더 구체적으로 설명해볼게요. 단, 이것은 어디까지나 제 방식일 뿐이며 자신과 맞는 방식을 스스로 만들어가는 게 좋습니다.

매일 공부 1단계.
상한가 & 천만주 종목 정리 및 원인 조사
:

당일 코스피 및 코스닥 시장에서 상한가를 기록한 종목과 거래량이 천만주 이상 터진 종목을 찾아서, 어떤 이유로 그런 움직임이 생겼는지 확인합니다. 보통은 '종목명+특징주' 키워드를 활용해 뉴스 검색으로 찾을 수 있습니다. 안 나오면 전자공시, 홈페이지를 찾아보고 IR에 전화도 해봅니다.

조사한 내용은 다음 예시와 같이 기록합니다. 주요 내용은 발췌해서 붙여두고, 차트도 캡처해서 전일에는 어떤 모양이었는지 살펴봅니다.

2022년 5월 18일

HLB글로벌
→ 상승률 +29.91% / 거래량 762만 주

◎ **관련 기사**
HLB 미국 자회사 '엘레바', '리보세라닙' 상업화 위한 전문가 영입
엘레바는 폴 프리엘을 최고사업책임자로, 마이클 팔럭키를 부사장으로 영입했다고 밝혔다.
앞서 HLB는 지난 3월 식품의약국 출신 신약 개발 및 인허가 전문가인 정세호 박사와 장성훈 박사를 각각 엘레바 신임 대표와 부사장으로 영입한데 이어, 이번에 생산·판매 등의 분야에서 높은 역량과 경험을 갖춘 전문가들이 합류함에 따라 리보세라닙의 NDA 준비는 물론 상업화 준비에도 속도를 낼 방침이다.
HLB 관계자는 "세계 최초로 신약허가 목적의 선양낭성암 임상2상을 마친 데 이어, 간암3상 임상까지 성공적으로 종료돼 리보세라닙의 글로벌 항암제 진입을 목전에 두고 있다"며 "국내 최초의 글로벌 항암제가 조속히 탄생해 전 세계 많은 환자들에게 희망이 될 수 있도록 정세호 대표를 비롯한 각 분야의 전문가들과 긴밀히 협력해갈 것"이라고 말했다.

(한국경제TV, 2022.05.18)

◎ **차트**

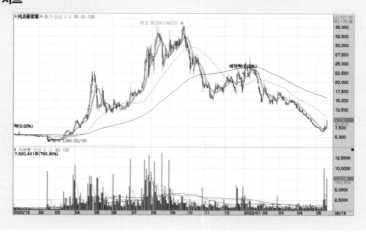

로보로보
→ 상승률 +7.66% / 거래량 1399만 주

◎ 관련 기사

삼성전자, 로봇사업팀 인력 연말까지 2배 더 늘린다

삼성전자가 로봇 사업 부문 인력을 대폭 늘린다. 첫 상용화 제품인 '젬스' 출시를 앞두고 공격적인 인재 수혈에 나선 것으로 분석된다. 이재용 삼성전자 부회장이 낙점한 핵심 미래사업의 한 축인 로봇을 미래 먹거리로 본격 추진하겠다는 의도로도 읽힌다. 삼성전자는 현재 첫 의료용 로봇 제품 '젬스' 출시를 앞두고 있다. 로봇 상용화 시점이 임박함에 따라 공격적인 인재 수혈 기조는 당분간 계속될 것으로 예상된다. 계획대로 인력을 현재 대비 2배로 늘린다면 연말에는 260여 명에 달할 것으로 추정된다. 팀이 신설된 지난해 초 12명과 비교하면 약 20배 이상 덩치를 키우는 셈이다.

(한국경제TV, 2022.05.18)

[특징주] 로보로보, 코딩 교육 의무화로 업계 1위 기업가치 재평가

로보로보는 2000년 로보옵틱스로 법인을 설립해 2006년 사명을 변경했다. 교육용 로봇을 생산하고 자체 소프트웨어를 보유하고 있다. 주력 제품은 '로보키트'와 '로보키즈'로 코딩과 조립을 병행하고 있다.

(아시아경제, 2019.04.04)

◎ 차트

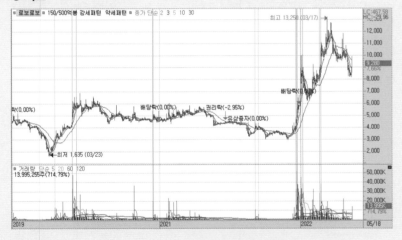

매일 공부 2단계.
장 마감 이후 핵심 뉴스 선정 및 관련 종목 찾기

:

상한가와 천만주 찾기가 어느 정도 몸에 익었다면 다음 단계로 넘어가 봅니다. 상한가와 천만주는 지나간 것을 찾는 일이고, 이제 미래를 보는 능력을 조금씩 배양해야겠죠.

　오후 3시 30분 장이 끝나고 나온 뉴스나 공시 중 가장 중요하다고 여겨지는 이슈를 2개 고릅니다. 그리고 그 이슈를 정리하고 관련주를 찾아서 기록합니다.

　저는 따로 요약하기보다 기사 링크 및 발췌 인용 스타일로 정리하고, 내용 중 중요 포인트에 밑줄을 칩니다. 그리고 관련주의 경우, 신규 테마가 아니라면 과거 해당 테마가 상승했을 당시의 대장 종목을 찾아서 함께 기록합니다.

2022년 5월 18일

◎ **주요 이슈**
EU 집행위, 러시아 에너지 의존 축소 가속화 방안 제안
EU 행정부 격인 집행위원회가 18일(현지시간) 러시아 화석 연료에 대한 의존도를 빠르게 줄이고 녹색 경제로 전환을 가속하기 위한 계획을 제안했다. AP, dpa 통신 등에 따르면 이번 계획에는 연료 사용 효율 개선, 재생가능 에너지 확대 등의 방안이 담겼다. 이 가운데는 태양광 발전 용량을 2025년까지 두 배로 늘리고 신규 공공, 상업, 주거용 건물에 태양전지판을 설치해야 할 법적 의무를 단계적으로 도입하는 방안도 포함됐다. EU 집행위는 또 러시아 석유 의존도가 높은 회원국을 지원하기 위해 석유 기반시설에 20억 유로(약 2조 7천억 원)가량을 투자하는 방안도 내놨다. EU 집행위가 이번 계획을 이행하는 데는 2030년까지 거의 3천억 유로(약 400조 원)가 필요할 것으로 추산됐다.

(연합뉴스, 2022.05.18)

SDN "태양광 모듈 생산 제조설비 완공. 국내 최고 효율 제품 출시"

SDN은 고효율 태양광 모듈 신제품 'Sunday 10'을 국내에 출시했다고 21일 밝혔다. 신제품의 최대출력은 550W로 효율은 21.28%에 달한다. 에스디엔 측은 "이 제품은 현재 국내에서 출시되고 있는 태양광 모듈 중 최고 수준의 발전효율을 시현하고 있으며, 태양전지의 전면뿐만 아니라 후면까지 발전이 가능한 양면수광형 제품으로 설치 장소에 따라 약 10%의 전기를 추가로 생산한다"고 설명했다. SDN은 지난 2021년 9월 투자 결정 이후 광주첨단공장에 최첨단 태양광 모듈 제조설비의 구축을 진행했고 2022년 3월에 완공됨에 따라 연 300MW 규모의 태양광 모듈 생산 능력을 갖추게 됐다. SDN은 탄소인증 1등급 450W 모듈의 확보와 함께 2등급 550W 모듈을 출시하게 됐고, 올해 3분기 중 590W를 생산할 계획이다. 또 M12 셀로 650W급 모듈을 개발 중에 있다.

(뉴스핌, 2022.03.21)

에스에너지, 유럽서 '태양광 프리미엄 모듈 공급계약' 체결

에스에너지가 베네룩스(벨기에, 네덜란드, 룩셈부르크) 및 프랑스 시장에 15MW 규모의 태양광 프리미엄 모듈 공급계약을 체결하며 또 한 번 경쟁력을 입증했다. 유럽 최대 주택용 태양광 발전소 설치업체 중 하나인 바이바와 오랜 기간 전략적 협력 관계를 유지해온 에스에너지는…

(팍스경제TV, 2020.03.12)

대명에너지, 신재생발전사업 모든 단계에 참여

대명에너지는 풍력, 태양광 등 신재생에너지 발전 사업을 한다. 신재생에너지 사업의 주 발전원인 태양광과 풍력을 기반으로 사업 개발부터 설계, 조달, 시공 및 운영관리까지 전 단계를 직접 수행한다. 주요 사업으로는 풍력 발전단지 건설 사업, 태양광 발전단지 건설 사업, ESS 연계 사업, 발전단지 운영관리(O&M) 및 업무 위탁사업 등이 있다.

(아이투자, 2022.05.03)

러시아-우크라이나 전쟁으로 유가가 너무 오르자 EU 집행위가 태양광 등 신재생에너지 공급을 더 확대하기로 한다는 뉴스입니다. 3000억 유로 규모의 예산을 신규 투입한다고 합니다. '없다가 생긴' 이슈죠? 그래서 한국의 태양광 등 신재생에너지 종목들을 관련주로 보고 정리해보는 겁니다.

포털에서 '신재생 태양광 특징주'로 검색하면 많이 나옵니다. 이 가운데 과거에 가장 많이 올랐던 종목이 대장주입니다. 검색한 기사를 바탕으로 추린 종목들의 차트를 HTS에서 살펴보고 각각 얼마나 올라갔었는지를 확인합니다.

아주 단순하죠. 누구나 할 수 있어요. **다만 매일 해야 합니다.** 매일 쌓아가다 보면 변화를 알아채는 눈이 생기기 마련입니다. 여기에는 어떠한 편법도 없고 근성만 있을 뿐입니다.

처음 주식을 시작하는 분, 손실을 많이 본 분, 뭔가 뜻대로 되지 않아 답답한 분, 여전히 감이 안 잡히는 분들에게 두루 추천합니다. 어렵겠지만 분명 얻는 게 있을 거예요.

100일 챌린지를 완수하기 위해서는 먼저 수면 시간을 조절해야 합니다. 처음에는 줄여야 할 겁니다. 저녁 일정을 잡지 마세요. 게임이나 드라마? 끊어야 합니다. SNS에도 관심을 끊으세요. 모든 유흥과 거리를 둬야 합니다. 심지어 친구들도요. 100일간 모든 신경을 주식과 연결되는 것들에만 씁니다. 돈과 연결된 정보만 유의미하게 해석하려고 100% 몰입하는 시간을 갖는 겁니다. 애인은 없는 게 좋고, 결혼했다면 그건 숙명입니다. 페널티 안고 시작한다고 생각하면 됩니다.

그래도 이 말씀은 꼭 드려야겠네요. **돈보다 건강입니다. 건강을 해치면서 주식하지 마세요.** 아직 30대라면 체력이 받쳐줘서 의욕이 앞서도 커버됩니다. 하지만 나이 마흔을 넘어서면 건강이 예전 같지 않지요. 한번 건강이 상하면 회복이 너무 더딥니다. 남들보다 더 천천히 간다고 생각하고 속도를 조절하세요.

숙제할 때 유용한 HTS 메뉴

:

상한가·천만주 정리에 필요한 메뉴들을 소개합니다.

참, 주식 공부는 가능한 한 PC나 노트북에서 하셔야 합니다. 그래야 시간이 줄어요. 모바일은 출장이라든가 업무 때문에 어쩔 수 없을 때 보조적으로 사용한다는 개념으로 접근해주세요.

상한가/하한가 종목 찾기

키움증권 HTS에서 **상한가/하한가**[0162] 화면에서 오늘 상한가에 도달한 종목을 알아볼 수 있습니다. **특정일자 상한가/하한가**[0177] 화면에서는 원하는 거래일의 상한가/하한가를 찾아볼 수 있습니다.

당일 상한가/하한가 찾기

특정일자 상한가/하한가 찾기

거래량 상위 종목 찾기

당일거래상위[0184] 화면에서 당일 매매된 종목 중 거래량이 가장 많이 나온 종목들을 보여줍니다. 천만 이상의 거래량을 달성한 종목을 체크합니다.

전일 대비 등락률 상위 종목 찾기

전일대비등락률상위[0181] 화면에서는 전일과 비교하여 크게 상승 또는 하락한 종목을 알아볼 수 있습니다.

시간외 단일가 급상승 종목 찾기

시간외단일가 등락률순위[1304] 화면은 정규 시장 종료 후, 시간외 단일가에서 큰 상승 및 하락을 보여준 종목을 보여줍니다.

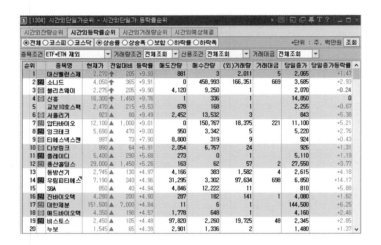

예상 체결가 보기

예상체결등락률상위[0183] 화면은 장 시작 전, 어떤 종목에 관심이 쏠리고 있는지 확인하도록 도와줍니다. 숙제했다고 끝이 아니죠. 다음 날 실전 매매에 꼭 참고해야 하는 메뉴입니다.

MTS에서 찾는 방법

- 키움증권 MTS 어플 왼쪽 하단의 '메뉴'를 클릭하고 차례로 ①주식 → ②국내주식 → ③주식분석 → ④시세분석을 클릭해 **상한가** 또는 **하한가** 등을 선택해 살펴봅니다.
- **⑤순위검색** 탭에서 당일거래 상위, 전일대비 등락률 상위, 시간외 등락률 상위 등 다양한 순위로 종목들을 정렬하여 살펴볼 수 있습니다.

02 관심종목 만들기

관심종목은 투자자의 기본 소양
:

투자 고수의 '관심종목'을 다들 궁금해합니다. 아마 오를 확률이 높은 종목이 들어 있을 거라고 생각하기 때문이겠죠. 하지만 그가 관심종목 하나를 더할 때는 아마 초보 여러분이 상상하기 어려울 정도로 많은 사고 과정을 거쳐 추렸을 겁니다. 그런 사고 과정 없이 종목 하나를 추천받는다고 해서 정말로 그 종목으로 수익을 얻을 수 있을까요?

고수가 종목 선정 이유를 꽤 상세히 설명해줬다고 가정해보죠. 그랬다고 해도 정말 그 고수의 노하우를 소화했다고 볼 수 있을까요? 그렇지 않습니다. 초보의 관점은 '종목 추천'과 '수익' 하나에 맞춰져 있겠지만 고수의 관점은 자신이 평생에 걸쳐서 해온 공부와 안목일 테니까요. 그래서 상황이 바뀌면 고수는 대응이 가능하지만 초보는 대응이 불가능합니다.

투자자 본인의 관점, 어떤 종목을 찾겠다는 관점이 꼭 필요하다는 이야기입니다. 스스로 종목을 찾을 능력이 없는 투자자라면 당장 매매를 멈춰야 합니다. 이것이 가장 기본이고 기초이자 시작이기 때문입니다. 남에게 추천을 받아서 종목 선정을 해야 할 실력을 가진 분들 중에 주식으로 자산을 일군 사람은 전 세계에 단 한 명도 없을 겁니다. 리딩과 종목 추천 없이 교육을 통해 스스로 독립적인 투자 결정을 할 수 있는 게 투자자이고, 제가 지향하는 방향입니다. 투자자의 기본 소양이죠.

남이 아닌 나의 관심이어야
:

관심종목 리스트를 내 관심이 아니라 남의 관심으로 가득 채운 사람에게 주식의 신은 과연 미소를 지어줄까요? 관심종목이 정말 스스로의 선택으로 차기 시작할 때 비로소 투자자로서 첫발을 떼는 것입니다.

우리는 주식시장이라는 전장에서 매일 크고 작은 싸움을 하고 있습니다. 관심종목 히스토리는 나만의 전투 현장입니다.

제 경우는 2015년 주식을 시작했을 때 '당일00'이라는 그룹명으로 처음 리스트를 채우기 시작했습니다. 당일00, 당일01, 당일02… 당일98까지 가니 더 이상 저장이 안 되더군요. 키움증권은 최대 99개 그룹까지 생성 가능하더라고요. 그 이후에는 '전투00'부터 다시 시작했습니다.

사실 저 역시 처음에는 '남들의 추천'이 기준이었어요. 누가 좋다고 하면 그걸 일단 등록해두었죠. 다만 등록해두고 추이는 물론 왜 그걸 추천했는지, 왜 그런 논리가 나왔는지, 매매할 경우 수익과 손실금까지 모두 엑셀에 따로 기록했습니다. 시간이 흐르면서 점차 나의 관점을 가지고 관심종목을 담을 수 있게 되었고, 이 목록이 사실상 매매의 역사가 되었죠.

결국 폴더 정리가 필요했습니다. 나만의 매매 역사를 지우는 게 너무 아까웠습니다. 그래서 나름대로 섹터를 정해 정리하기 시작했어요. 대부분 직접 매매했던 종목이라서 이게 어떤 테마이고 어떤 재료를 가지고 있는지 금세 파악이 되더라고요.

이렇게 하나씩 하나씩, 다른 사람이 알려준 테마가 아니라 제가 직접 매매하면서 깨달은 테마로 정리하다 보니 정말 강력한 무기가 되더군요. 특히 제 경우 모니터 하나를 관심종목으로 가득 채워서 지켜보는데요. **거대한 관심종목 화면에서 특정 테마가 빨갛게 물드는 것을 보면 바로 그 섹터에 돈이 몰리고 있음을 '직관적'으로 포착할 수 있습니다.**

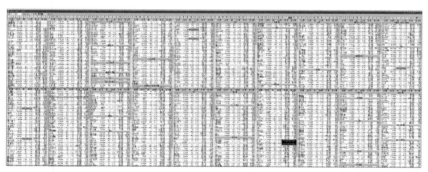

유목민의 관심종목 화면 세팅

예를 들어 LG에너지솔루션이 갑자기 움직이기 시작한다면 2차전지 섹터에 돈이 몰린다는 것을 알게 되고, 그럴 때면 나인테크, 나라엠앤디가 LG에너지솔루션 공급사로 자주 부각되니 그 두 종목을 포트폴리오에 편입하는 거죠. 삼성SDI가 움직인다면 삼진엘앤디, 상신이디피, 신흥에스이씨 등이 움직이리라 생각하는 거고요.(삼진엘앤디는 삼성SDI에 원통형 전지 뚜껑 역할을 하는 개스킷을 과점 공급하고 있습니다. 때문에 삼성SDI의 배터리 생산 증가는 삼진엘앤디에 호재가 되는 거죠. 더 많이 공급하게 될 테니까요.)

이렇게 1~2년 정도 관심종목을 쌓다 보니 2017년 말에는 90개가 넘는 관심종목 그룹이 생겼습니다. 그 90여 개의 그룹은 각각 다시 2~4개 정도의 세부 테마로 나뉩니다.

예를 들면, 저는 'IP'라는 그룹에 오늘의집, 마켓컬리, 파두, 핑크퐁, 에스엠랩 등 특정 비상장사가 언급될 때 움직이는 종목들을 분류해서 넣어두었습니다. 그럼 핑크퐁 개발사인 더핑크퐁컴퍼니의 상장 소식이라거나 투자유치 소식이 들려오면 삼성출판사부터 케이티알파까지 세부 테마에 넣어둔 종목이 움직일 것을 예측하고 바로 매매할 수 있겠죠?

왜 이 종목들을 IP 섹터로 나눴는지 의아할 수 있습니다. 제 관점에서는 비상장사와의 관련성이라는, 무형의 뭔가를 가지고 있다는 이유로 오르는 종목이 마치 '지식재산권'을 가지고 있는 것처럼 느껴졌거든요. 그냥 저만의 해석입니다. 이처럼 관심종목 섹터는 자신만의 스타일로 자유롭게 구성해도 상관없어요.

자신이 직접 매매한 종목을 관심종목에 넣고 이 종목이 어떤 테마에 속해 있는지, 이 종목에 대한 '나의 기억'은 어떤지, 이번에 나

종목명	현재가	대비		등락률	거래량	시가총액
오늘의집						
오하임앤컴	5,280	▲	170	3.33	97,281	1,123
미래에셋벤	4,640	▲	25	0.54	75,840	2,513
마켓컬리						
흥국에프엔	2,010	▼	5	0.25	48,569	807
미래에셋벤	4,640	▲	25	0.54	75,840	2,513
케이씨피드	2,485	▲	35	1.43	53,239	415
DSC인베스	2,780	▲	105	3.93	112,047	773
지어소프트	6,270	▲	170	2.79	100,893	970
태경케미컬	12,190	▲	140	1.16	33,630	1,414
SK네트웍스	5,760	▼	30	0.52	579,550	13,581
우양	4,320	▲	60	1.41	188,788	616
서울식품	185	▼	2	1.07	1,709,207	693
이씨에스	3,285	▲	15	0.46	32,412	404
파두						
컴퍼니케이	4,745	▲	130	2.82	49,448	741
엑시콘	13,810	▲	460	3.45	38,490	1,498
신화콘텍	4,335	▲	210	5.09	87,444	440
에이디테크	23,700	▲	1,250	5.57	377,567	3,182
한화투자증	2,515	▲	120	5.01	4,082,721	5,396
KX하이텍	1,123	▲	21	1.91	64,434	619
티엘비	23,500	▲	1,450	6.58	101,960	2,311
하나마이크	28,050	▲	3,700	15.20	6,400,976	13,442
네오셈	3,800	▲	170	4.68	280,561	1,577
에이피티씨	14,390	▼	80	0.55	92,536	3,451
코미코	49,050	▲	800	1.66	32,818	5,131
테스	20,550	▲	300	1.48	93,190	4,062
어보브반도	7,890	▲	190	2.47	44,626	1,403
윈팩	1,403	▲	82	6.21	201,803	836
핑크퐁						
삼성출판사	13,210	▲	510	4.02	27,789	1,321
토박스코리	3,400	▲	70	2.10	13,254	327
KH 전자	2,970				0	317
오로라	6,480	▲	50	0.78	9,356	697
KTcs	3,450	▲	215	6.65	2,297,616	1,473
케이티알파	5,350	▲	130	2.49	59,954	2,623
에스엠랩						
DSC인베스	2,780	▲	105	3.93	112,047	773

'IP'라는 제목을 붙인 관심종목 그룹

온 기사로 향후 이 종목과 섹터는 어떻게 움직일지 등이 머릿속에 자연스럽게 떠오를 때부터 '나도 이제 트레이딩할 수 있다'라고 생각해야 합니다. 이런 걸 모르고 투자한다는 것은 기름통 지고 불구덩이로 들어가는 것과 다를 바 없습니다.

오늘부터 자신만의 관심종목 리스트업을 시작하세요.

유목민의 관심종목 분류

제 관심종목을 궁금해하는 분들이 많아서 공개해봅니다. 저는 2023년 12월 기준 관심종목을 이렇게 총 99개 그룹으로 분류해서 관리하고 있습니다. 각 그룹은 수십 개 종목을 포함하고 있고요.

유목민의 관심종목 분류(2023년 12월 기준)

유목민의 관심종목 화면 세팅

사람마다 선호하는 방식이 다릅니다. 저는 많은 종목을 한눈에 보는 것을 좋아하거든요. 보통 관심종목 화면을 열면 리스트가 하나만 뜨는데요, 그것을 가로 10개×세로 2개로 설정해서 모니터 4대 중 하나는 관심종목 화면만 띄워서 보고 있습니다.

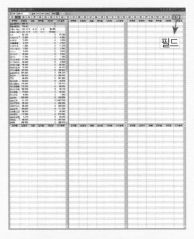

툴바에서 창문 모양 아이콘을 클릭하면 M×N 박스 메뉴가 생성됩니다. 원하는 만큼 칸을 드래그하면 됩니다. 3×2로 선택하면, 다음과 같이 가로 3개 세로 2개의 리스트를 볼 수 있습니다. 이렇게 생성된 빈 화면에서 빈칸을 클릭해서 하나씩 채워가도 되고, 미리 세팅해둔 관심종목 섹터를 불러와도 됩니다. 관심종목 화면 우측 상단 **필드→필드편집→종목등록** 메뉴에서 자유롭게 세팅할 수 있는 만큼 꼭 자신에게 맞는 유형을 만들어보길 권합니다.

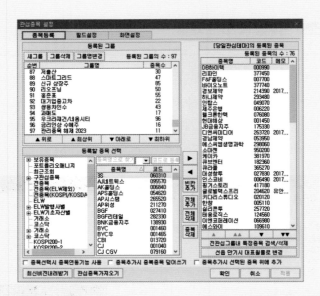

저의 관심종목 메뉴는 종목명/현재가/대비(전일비)/등락률/거래량/시가총액만 보여줍니다. 저는 한 화면에 수십개의 관심종목 폴더가 나오는 것을 선호하므로 간결한 정보만 보이게 설정한 겁니다. **필드 설정** 메뉴에서 여러 가지 항목을 추가할 수 있어요.

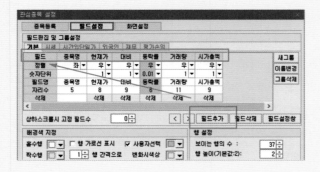

관심종목 구분선 만들기

유목민의 관심종목을 캡처한 화면에서 종목들 사이에 '분홍색 바'가 눈에 띄죠. 이는 각 관심종목에서 하위 분류를 나눌 때 씁니다. 종목 사이에서 커서를 두고 '컨트롤+스페이스바'를 동시에 누르면 공백 1줄이 생깁니다. 빈칸에서 **마우스 우클릭**→ **빈칸메모 입력**을 선택해서 원하는 대로 표기함으로써 하위 분류를 만들 수 있습니다.

나만의 관심종목 찾기
:

주식을 처음 시작하는 사람이라도 관심종목은 분명 있습니다. 인지하지 못하는 것뿐입니다. 원래 인간은 자기가 좋아하는 게 뭔지 몰라요. 좋아하는 걸 봤을 때 비로소 '내가 이걸 좋아하는구나' 알게 되는 거죠. 주식 초보라 하더라도 분명 좋아하는 종목군은 있을 수밖에 없습니다.

그래서 첫걸음으로 나만의 '주식용' 이력서를 써보라고 추천합니다. 관심 있는 것을 나열하는 게 아니라 정말 이력서, 자기 삶의 이력서를 써보는 겁니다. 태어난 곳부터 생년월일, 이름, 학교, 학과, 커리어, 자격증 등 모두 써보세요. 그런 다음 각 항목과 관련 있는 종목을 찾아보기 시작하는 거죠.

전자공시시스템(다트)의 통합검색에서 '검색조건 : 본문내용'으로 설정하면 대한민국에 공시된 모든 문서를 아주 빠르게 검색할 수 있습니다. 출신 학교를 검색해도 되고 다니는 회사를 넣어봐도 됩니다.

가장 좋은 건 직업인 것 같습니다. 자기가 종사하는 직업 영역은 좀 더 직관적으로 와닿으니까요. 예를 들어 '용접'이라고만 쳐도 무려 2,000개가 넘는 공시가 나옵니다. 중복 항목을 추리면 수십에서 수백 개 종목으로 압축될 거고요.

전자공시시스템 통합검색

하나씩 면밀히 살펴보세요. 그러면서 유사한 섹터를 모아보는 겁니다. 처음에는 나무를 봤다면, 이제는 숲을 보는 거죠. 여기까지만 하더라도 당신은 '분류적' 사고를 해낸 겁니다.

이렇게 분류해낸 섹터(테마)의 모음이 관심종목입니다. 이제 종목을 하나하나 분석해봅니다. 차트를 보고 재무, 재료, 시황, 거래량 등도 보면서 가장 맘에 드는 종목을 골라내 순서상 상단으로 올리는 작업을 합니다.

🧑 주식은 종합예술

물론 쉽지 않아요. 처음부터 감을 잡는 사람도 있지만 그렇지 않은 사람도 많습니다. 어려서부터 공부를 많이 해오던 사람은 조금 더 빠르고, 공부를 안 하던 사람은 시간이 더 걸립니다.

어렸을 때 학교 교과과정을 보면서 '도대체 이런 걸 학교에서 왜 가르치는 거야? 사회 나가면 아무짝에도 쓸모 없는 것들인데!' 했던 것들이 주식에서 다 쓰입니다. 주식은 종합예술이거든요.

사고 자체를 횡과 종으로 나눠서 하는 능력은 어릴 때 배양됩니다. 그러나 성인이 돼서도 시냅스는 자극하면 할수록 성장합니다. 포기하지 말고 하나씩 '꾸준하게' 하면 됩니다.

실전 투자를 위한 절대 관점

CHAPTER 7

재료란
무엇인가

01 재료의 변신

이제 재료, 차트, 거래량, 시황을 본격적으로 공부합니다. 이를 통해 앞서 공부했던 내용들을 하나로 연결할 수 있는 힘을 기르게 될 것입니다.

먼저 재료입니다. 쏟아지는 정보 속에서 무엇을 투자의 재료로 삼을 수 있을지, 재료가 어떻게 생명력을 얻어 주가 상승으로, 시장을 뒤흔드는 테마로 이어지는지 등을 살펴봅시다.

상승 전 찾으면 '재료'

:

주식투자에서 재료란 회사의 가치를 올리거나 회사를 좋아 보이게 하는 것을 통틀어 말합니다. 한마디로 '기대감을 불러일으키는 것, 이 종목을 사게 만드는 모든 것'을 재료라고 봅니다. 일반적으로 재료는 '있다가 사라진 것,

없다가 생긴 것'에서 수혜를 입을 가능성이 있는 영역, 즉 회사의 사업 영역에서 찾을 수 있습니다. 정보일 수도 있고, 테마일 수도 있죠. 사실상 지금까지 우리가 살펴본 사업보고서와 재무제표, 기업의 공시와 뉴스 등이 모두 재료가 됩니다.

다음과 같은 헤드라인의 뉴스가 있다면 어느 종목을 사고 싶으신가요?

"A사, 미국 테슬라에 1000억 규모 납품 계약 체결"
"B사, 중국 텐센트에 신작 모바일 게임 수출 계약"
"C사, 삼성전자에서 10억 제3자 유상증자 실시"
"D사, 남아프리카 광산에서 2차전지 핵심 재료 니켈 200만 톤의 매장량 확인"
"E사, 대선 후보 친인척으로부터 투자 유치"
"F사, 효과 6배 차세대 비만 치료 신약 마운자로 임상 1상 신청 예정"
"G사, 연 10조 규모 대북 주택 건설 수혜 기대감…데크플레이트 공급 개시"
"H사, 미국 아마존에 M&A"

각 종목의 시총과 관련된 기업, 인물의 영향력에 따라 다르겠지만, 이 모두가 해당 종목의 주가를 크게 상승시킬 만한 재료입니다.

주가가 상승한 후 찾으면 '이유'가 되지만
주가가 상승하기 전에 찾으면 '재료'가 된다.

우리가 상한가와 천만주를 정리하는 건 '상승의 이유'를 찾는 것이죠. 어떤 재료가 왜 부각되었는지를 알아내는 것입니다. 특히 단기투자 영역에서는 재료가 매우 중요한데요, 살짝 상승하는 수준은 단기투자의 재료로 적합하지 않습니다. 강하게 급등하는 것 위주로 공부하는 게 좋습니다.

재료가 부각되고 주가 상승으로 이어지려면 '시황'의 도움이 필요합니다. 시황이란 주식 시장의 매매 상황이라고 생각하면 쉬운데요, 그날의 테마라고도 볼 수 있습니다. 그날 시황에 속한 종목은 사람들의 관심을 많이 받기 때문에 거래량이 늘어납니다. 그만큼 많은 사람이 매매에 참여하고 있다는 뜻이므로 '급등' 가능성이 높아집니다. 거래량이 많다고 끼가 많은 건 아니지만, 끼가 많은 종목은 여지없이 거래량이 많습니다. 이처럼 거래량이 터져주는, 소위 끼 있는 종목들에서 '재료'가 부각될 때 급등할 확률이 현저히 높습니다.

그리고 이런 종목의 호가는 정말 튼실한 경우가 많습니다. 사기 편한 종목이 팔기도 편합니다. 거래량이 많은 종목들에서 매매해야 물려도 손절하기 용이하고 상승할 때는 크게 상승한다는 이야기입니다. 유동성이 그만큼 중요하죠. 여기에 더해 차트상 매도세가 적은 자리, 잘 조정받은 자리, 빠져도 얼마 안 빠질 자리라면 재료가 훨씬 잘 부각됩니다.

테마란 무엇인가

재료는 시황과 마찬가지로 테마와 떼어놓고 생각할 수 없습니다. 테마는 주식투자에서 널리 사용되는 용어죠. 주식을 분류하고 이해하는 데 있어 중요한 개념입니다.

초보들은 테마가 업종이나 섹터와 헷갈린다고 하는데요. 업종이나 섹터는 기업이 영위하는 주된 사업에 기반한 분류입니다. 반면 테마는 정해진 분류라기보다는 특정한 사건, 정책, 시장 동향 등에 따라 주가가 영향을 받는 종목들의 집합을 의미합니다. 전혀 관계가 없는 업종이나 섹터의 종목들이 하나의 테마로 묶일 수 있습니다.

- **업종(Industry)** 기업이 영위하는 사업 또는 제공하는 제품과 서비스에 기반하여 분류됩니다. 예를 들어, 자동차 업종, 화학 업종, 음료 업종, 제약 업종 등이 있습니다.
- **섹터(Sector)** 비슷한 특성을 가진 여러 업종을 통합한 분류입니다. 금융 섹터, 정보 기술 섹터, 소비재 섹터 등입니다. 하지만 국내 시장에서는 업종과 같은 개념으로 쓰는 경우가 많습니다.
- **테마(Theme)** 새로운 사건이나 현상, 경제적 변화 등에 따라 주가가 영향을 받을 것으로 예상되는 종목들의 집합입니다. 정치·경제·사회·문화적 이슈는 물론이고 계절이나 날씨, 유행, 신기술 등 다양한 현상에 의해 형성됩니다.

다시 말해, 여러 종목이 하나의 동일한 '재료'로 연결되어 주가의 등락을 함께할 때 이를 테마라고 부릅니다. 테마의 종류는 무척 많습니다. 항상 새롭게 형성되는 테마가 있는가 하면, 철마다 돌아오는 테마도 있고, 몇 번이고 살아나는 테마도 있습니다.

정부가 새로운 정책을 발표하면 관련 산업의 주식들이 해당 테마에 포함될 수 있습니다. 예를 들어, 정부의 신재생에너지 정책에 영향을 받는 다양한 업종의 주식들이 '신재생에너지 테마주'로 분류될 수 있습니다. 선거철이 다가오면 유력 후보의 테마가 형성되곤 합니다. 한때 봄마다 '미세먼지 테마'가 큰 시세를 주곤 했죠.

어떤 테마가 있고, 해당 테마에 어떤 종목이 해당되는지, 오늘은 어떤 테마가 시세를 주는지 등을 확인하는 여러 방법 가운데 가장 손쉬운 방법은 '네이버 증권'의 **국내증시 > 테마별 시세**에서 확인하는 것입니다. 플랫폼마다 명칭이나 분류는 제각각입니다. 키움 HTS에서는 **인포스탁섹터종목-섹터그**

룹별구성종목[0659]에서 확인할 수 있습니다.

테마주 투자는 종종 단기적인 수익을 추구하는 방식으로 오해받습니다. 하지만 **테마주 투자의 본질은 '시장의 특정 변화나 사건에 대응하여 유망한 주식을 선별하는 전략**입니다. 다양한 업종의 주식을 아우르며 장기적인 시장 변화에 대응하는 현명한 접근법이 될 수 있습니다. 따라서 테마주를 매매할 때는 단순히 유행을 좇는 단기적인 판단이 아니라 깊이 있는 시장 분석과 전망을 바탕으로 해야 한다는 점을 명심해야 합니다.

재료의 부각은 시황이 좌우한다
:

시황과 맞는 재료는 이를테면 싱싱한 '미끼'입니다. 물고기가 많이 몰리겠죠? 주식 시장에서는 투자자들이 큰 관심을 갖고 몰릴 겁니다. 주가는 급등세를 보일 거고요. 반면 오래된 미끼는 어떨까요? 낚시가 거의 되지 않습니다. 유행이 이미 지난 상황이고, 당연히 주가는 기대만큼 오르지 않죠.

'코로나19' '원숭이두창' '우크라이나 재건' '무상증자' 'AI' '전고체 전지' 등은 익히 아실 겁니다. 정말 강력한 테마들이었죠. 하지만 코로나19 확진자가 줄어들고 리오프닝 관련주들이 상승하는 시기에, 더구나 인공지능(AI)과 전고체 전지 테마가 시장을 휩쓰는 상황에서 '진단 키트 국내 허가 혹은 수출 허가' 뉴스가 나왔다 한들 코로나19 관련주가 상승할까요? 코로나19를 겪지 않고 원숭이두창만 생긴 상황이었다면 진단키트를 개발했다고 상한가를 갈 수 있었을까요? 우크라이나 전쟁이 발발하지 않았다면 우크라이나 관련 사업을 수주한 회사의 주가가 상승했을까요?

이처럼 재료는 시황이 뒷받침되어야 부각되고 주가가 상승할 수 있습니다. 시황을 읽을 줄 알아야겠죠? 시황을 읽는다는 것은 그날 어떤 주식이 매매되고 있는가를 파악하는 것입니다. 매매하는 그날의 테마, 즉 매매 당일 다수 시장 참여자가 관심을 갖는 공통된 주제를 파악하는 것이죠.

가령 당일 코로나19 테마가 강하면 코로나19 시황인 겁니다. 그렇다고 테마와 시황이 동일한 개념은 아닙니다. 테마에 시간 개념이 들어가야 시황입니다. 그 테마가 부각되는 상황(시간)이 시황인 거죠. **정리하자면, 주가가 오르기 전 찾은 '재료'가 테마에 속해야 하고, 그 테마가 움직이는 때가 오면 (시황) 비로소 재료는 커다란 시세의 원인으로 변신하는 겁니다.**

그리고 주가 상승은 어떻게 일어난다고 했죠? '주가 상승＝(유동성＋실적)×기대감'이라고 했지요. 어떤 테마가 일었을 때 이 테마에 속한 어느 종목이 가진 재료가 '유동성'을 만들어내느냐, 실적이 좋을 것으로 전망하게 하느냐, 그리고 이 유동성과 실적에의 기대감이 얼마나 세느냐에 따라 주가 상승의 폭이 결정됩니다.

예를 들어보겠습니다. (지금 드는 예는 공부가 충분하지 않을 경우 이해가 어려울 수 있습니다. 괜찮아요. 이 책을 다 읽고 또 읽을 때 이해가 돼 있을 겁니다.)

무상증자 테마의 상승

2022년 5월 노터스(HLB바이오스텝으로 사명 변경)라는 종목이 무려 1 대 8 무상증자를 발표하면서 6연상을 기록했습니다. 통상 1 대 1 무상증자를 많이 하는데, 2배 3배도 아니고 8배를 한다고 공시해서 4,000원대 주식이 1만 원을 뚫고 상승했습니다. 유보율이 2021년 기준 8,180%였네요. 유보율에 따라서 무상증자 비율이 정해지는데 노터스는 유보율이 엄청나게 높아 1 대 8 무상증자를 한 것입니다. 무상증자한 종목들을 찾아보시면 대부분 유보율이 높을 겁니다.

그러자 '(노터스처럼) 유보율이 높은 종목은 무상증자를 할지도 모른다(그러면 주가가 오를 것이다)'라는 기대감에 해당 종목들에 매수세가 몰렸고 실제로 줄지어 상한가를 기록했습니다. '유보율'이라는 팩트 재료가 '무상증자 가능성'이라는 또 다른 재료로 '해석'되면서 매수세(유동성)를 몰리게 한 거죠. 그렇게 주가가 오른 거고요. 무상증자 테마가 곧잘 있었지만 1:8 비율은 사상 초유의 '없다가 생긴' 이벤트였으며, 이로 인한 6연상도 '없다가 생긴' 일이었기 때문에 유보율 높은 종목에 대한 기대감이 크게 일어나 테마까지 형성했던 케이스입니다.

> 무상증자 테마주의 상승 =
>
> (유보율이라는 재료가 유동성 자극 + 실적 0) × 기대감
>
> 실적 변화는 없으니 0, 유보율이라는 재료가 노터스의 6연상을 떠올리게 하면서 매수세(유동성)를 크게 자극. 실적 전망 없이 유동성이 극대화된 예.

AI 테마의 상승

2022년 12월 오픈AI의 챗GPT 3.5가 등장하며 세상을 흔들었습니다. 세상에 없던 기술의 등장이 기대감을 증폭시켰고 솔트룩스 등 국내 AI 소프트웨어 관련주에 매수세가 크게 몰렸습니다. 새로운 기술에 대한 관심으로 전에 없던 '유동성'이 만들어졌고, 오픈AI의 유료화 기대감으로 '실적'에 대한 전망까지 좋아졌죠.

> 오픈AI 발 테마주의 상승 =
>
> (없다가 생긴 기술에 대한 기대가 유동성 자극 + 실적 전망 개선) × 기대감
>
> 유동성과 실적 전망이 동시에 움직이며 주가가 급등한다. 이후 실적 발표에서 실망

스러운 결과가 나오면 주가는 빠지게 된다. 단 세상을 바꾸는 기술이므로 일시적 조정일 확률이 높다고 해석.

2차전지 테마의 상승

2023년 2월부터 4월까지는 2차전지 테마가 거세게 불었습니다. 이때 2차전지에 대해 가치주로 접근하는 분들이 많습니다. 그러나 여전히 저평가 상태라고들 주장하는 가운데 5월부터 내리막을 걷지요.

저는 이 또한 테마주로 해석했습니다. 2차전지 테마의 주가 상승은 2021년 하반기부터 2022년 하반기까지 약 1년 반 동안 내리 주가가 빠지는 와중에 AI발 테마가 일어나자 '바닥론'이 힘을 얻으면서('이제 오를 때가 됐다') 들어갈 대형주를 찾는 과정에서 일어났다고 생각합니다. AI는 시장에 메기 효과*를 가져올 수 있지만 시총이 작아서 지수를 들어올리기는 어려워요. 이때 AI 테마에 타지 못한 초보 투자자들이 유튜브 등을 통해 가치투자 이론을 바탕으로 한 '저평가론'을 들고 나오면서 유동성이 몰린 것으로 판단했습니다.

메기 효과
미꾸라지 운송 시 메기 한 마리를 넣으면 미꾸라지들이 메기를 피해 다니느라 생기를 얻어 죽지 않는다는 속설을 기업 경영에 적용한 것.

2차전지 테마주의 상승 =
(1년 6개월간의 지수 하락에서 맞는 첫 반등에서 대형주 찾아든 유동성 +
쉬운 저평가론과 가치투자라는 환상이 끌어올린 실적 전망) × 기대감
즉, 23년 2~4월의 2차전지 테마는 초보들이 만들어낸 거대한 탐욕의 장이었다.

＊　　　＊　　　＊

무상증자, AI, 2차전지 테마의 공통점은 무엇일까요?

'높은 유보율'은 이미 있는 재료였습니다. 무상증자 테마가 '시기'에 맞게 불었기 때문에 부각될 수 있었죠.

'AI' 역시 이미 가지고 있던 재료였습니다. 오픈AI라는 미국 회사가 딱 그 '시기'에 챗GPT 3.5를 성공리에 선보였기 때문에 AI 테마가 각광받으면서 관련 재료가 부각될 수 있었던 거죠.

'2차전지' 또한 에코프로부터 각 중소형 관련주들까지 원래 각각의 재료를 가지고 있었습니다. 그러다가 저평가라는 이슈와 향후 실적 전망, 그리고 유튜브에서 불길처럼 일어난 2차전지 논란으로 초보자들의 매수세(제2의 동학개미로 불림)가 몰리면서 거센 테마 형성으로 이어졌습니다.

모두 '재료'는 원래 있던 거였는데, 시기에 맞게 테마가 불면서 부각되지요. 그래서 시황이 좌우한다고 이야기하는 것입니다.

처음엔 끼, 후에 테마로 퍼진다
:

재료의 첫 부각은 대부분 언론 보도로 시작됩니다. 언론 보도에서 특정 섹터의 시장 규모가 수십 조에서 수백, 수천 조 원이라거나, 새로운 항암 치료제가 나왔다거나, 삼성전자 혹은 글로벌 대기업이나 국가가 새로운 사업을 한국 기업 혹은 한국과 한다고 했을 때 종목이 부각되며 큰 상승세를 만들어냅니다.

재밌는 점은 대한민국의 2,300여 개 종목 전체는 사실상 재료가 정해져 있습니다. 그 종목에 있어서 주가 폭등 및 거래량 폭증을 만들어내는 '재료'가 정해져 있다는 이야기입니다. 매일 상한가와 천만주를 정리하는 것은 그 종목의 재료에 익숙해지라는 뜻입니다.

종목의 재료가 정해져 있다는 말은 테마의 재료 역시 정해져 있다는 말이겠죠? 특정 테마가 다시 불어오기 전에 꼭 징조(시그널)가 나타납니다. 정부 정책이 마련되기 전에는 반드시 다수당에서 미리 정책안을 준비한다는 이야기가 들려옵니다. 국내에만 국한된 이야기가 아닙니다. 굵직한 테마인 바이오 테마가 불어오기 전에는 자본주의의 본토인 미국에서 반드시 먼저 테마가 됩니다. 게임주는 신작 론칭 일정이 반드시 먼저 오고요. 이처럼 모두 시그널을 먼저 줘요. 이것을 알아차리기 위해 매일 공부하는 것입니다.

처음 움직이는 종목은 소위 '끼가 좋은' 종목들입니다. 과거에도 같은 재료가 부각될 때 가장 먼저 상한가를 갔다거나, 평소 거래량이 많아서 사고팔기 좋은 종목들이 먼저 움직이죠. 그리고 한 종목이 상한가를 기록하면 이제 테마로 퍼져나갈 채비를 하게 됩니다.

투자를 할 때 언론 보도에서 테마 형성을 바로 파악하는 능력이 매우 중요합니다. 해당 뉴스에서 핵심을 파악하고 적확한 재료와 종목을 찾아 연결해야 합니다. 이는 절대적으로 경험과 데이터의 영역입니다. 과거 매매 경험 혹은 상한가·천만주 정리 등을 통해 '이런 유형의 언론 보도는 어떤 테마로 연결되고, 이 테마의 핵심 대장주는 무엇이다'까지 꿰고 있어야 합니다.

처음 테마가 발생하면 끼가 좋은 종목이 대장이 되는 경우가 많지만 테마가 과열되거나 여러 번 반복되면 해당 사업을 진짜 영위하거나 더 좋은 재료가 있는 종목들이 부각됩니다. 여기서 말하는 더 좋은 재료란 해당 사업에서의 독점이나 유일한 사업자인지, 실수혜인지, 고객사가 어딘지, 어떤 기업과 협력하는지 등과 관련이 있습니다.

　나아가서는 해당 테마에 원자재나 소재, 장비를 공급하는 섹터로, 즉 파생 테마로 퍼지기도 합니다. 처음 형성됐던 테마주와 '재료의 질'이 다른 거죠. 여기서 더 나아가면 같은 하위 테마를 가진 종목끼리 움직이게 됩니다.

 테마 모멘텀

어떤 종목이 5연상을 기록하면 테마가 형성됩니다. 100%는 아니지만 5연상을 기록한 종목이 나오고 동시에 관련주가 1개만 상한가를 가도 들불이 일어나는 것처럼 테마가 형성되고 관련주들이 모두 급등합니다. 노터스로 인한 무상증자 테마가 그랬고, 뉴프라이드(애머릿지로 사명 변경)로 인한 대마초 테마도 그랬죠.
또, 5연상이 아니어도 대장주가 형성되고 RSI 70을 넘어설 정도로 과열이 지속될 경우 테마가 형성되며 다른 관련주들로 매수세가 확장됩니다. 2023년 2~4월의 배터리 테마가 그랬습니다. (RSI에 대해서는 뒤에서 따로 설명하겠습니다.)

02 테마의 해석

테마는 여전히 아리송하죠. 여기서는 몇 가지 주요 테마를 **주가 상승=(유동성+실적)×기대감**의 공식에 입각해 조금 더 상세히 살펴보겠습니다.

코로나19 테마(2020년)
:

주가 상승 = (유동성 + 실적) × 기대감

- 코로나19는 '없다가 생긴' 초유의 거대 전염병

- 그러나 사실 과거 '메르스' 등으로 테마의 힘은 예상 가능했던, 그래서 더욱 강력했
  던 '유동성'

- 사상 초유의 전염력으로 인한 진단기 등의 초호황, 이에 따른 '실적' 전망이 상상을

코로나19 확진자가 늘어나면 가장 먼저 부각되는 섹터는 진단기입니다. 보통 **진단기 → 치료제 → 원격(재택) → 택배** 등으로 테마 순환이 이뤄집니다. 저는 이를 '회전문 테마'라고 부릅니다. 택배주까지 오면 다시 진단기주로 돌아가거든요.

코로나 테마는 이렇게 회전식으로 순환매가 이뤄졌는데요. 2020년 이래 가장 큰 테마였던 만큼 셀 수 없는 파생 테마를 만들어냈습니다. 진단기 테마가 강해질 때는 진단기에 원료를 공급하는 회사들까지 부각됐으며, 치료제 테마 때 역시 제약사에 핵심 원료를 공급하는 회사들이 함께 주가가 부양됐습니다. 재택 테마 때도 원격지원을 하는 회사가 주도 테마였지만 인테리어와 가구 수요가 늘어나는 등 부가 테마도 함께 형성됐습니다. 집에서 직접 조리해 먹는 수요가 늘며 배달 중심의 쿠팡, 마켓컬리 관련주는 물론 제지, HMR(Home Meal Replacement, 가정간편식)과 HMR의 재료 공급업체들까지 테마가 됐죠.

휴마시스, 수젠텍, 씨젠, 에스디바이오센서, 랩지노믹스 등은 대표적인 진단기 종목입니다. 진단기는 점유율이 높거나 실적(수익)이 잘 나오는 종목들이 먼저 우상향으로 움직이기 시작합니다. 그러다가 미국 수출이라든가 FDA 승인, 식약처 승인, 유럽 CE 승인 등이 기폭제가 되면서 관련주 가운데 한 종목이 상한가가 나오면 다른 종목들로 시세가 퍼지게 됩니다.

2022년 7월은 코로나가 끝나기 전 리오프닝을 준비하는 과정에서 여름 확진자가 폭증하던 시기였습니다. 당시 자가진단기의 품절이 문제가 됐고 가정상비약도 모자라는 사태가 지속됐죠. 이때도 처음에는 실제 진단기를 제작하는 회사들이 먼저 주가 상승을 이뤄내지만 테마가 강해지자 이내 진단기에 원료를 공급하는 회사들까지 시세가 번졌습니다.

먼저 오상자이엘이 자회사 오상헬스케어의 진단기가 부각되며 상한가를 기록했는데요. 이후 제노포커스는 진단기에 핵심 원료를 공급한다는 소식이 부각되며 상한가를 갑니다.

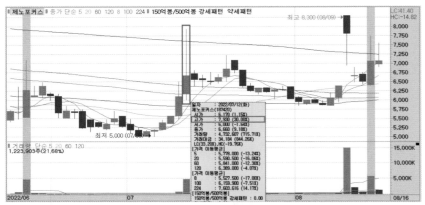

제노포커스 차트

[특징주] 제노포커스, 자가진단키트 품절 속출⋯핵심원료 독점 공급 기대감에 상승세

제노포커스는 지난해 6월 글로벌 생명과학 회사의 한국 법인인 한국피셔과학과 'Proteinase K'를 독점 공급하는 계약을 체결했다. Proteinase K는 연쇄반응(PCR) 기반 코로나19 진단 시 고효율 추출 키트에 쓰이는 핵심 원료다. 제노포커스의 국산화 성공 이전에는 국내 진단키트 제조업체들이 전량 고가로 수입해왔던 제품이다. 제노포커스가 판로를 확보해 이미 판매 중인 국내 메이저 진단키트 업체들은 향후에도 제노포커스가 직접 공급한다.

(이투데이, 2022.07.12)

코로나19는 2019년 말 중국 우한에서 시작돼 2020년 전 세계를 강타한 전염병이죠. 이 코로나19는 감기 바이러스인 코로나를 기반으로 움직이는데요. 신종플루, 사스, 심지어 메르스도 결국 코로나 바이러스입니다. 즉, 코로나19(국제명 코비드19)는 2020년만의 특수한 질병이 아니라 계속 생겨왔던 바이러스인 거죠. 앞으로도 언제든 대규모로 발병할 수 있는 대규모 전염병입니다. **코로나 테마는 과거 사스, 신종플루, 메르스 테마와 동일한 순서로 움직였습니다.** 코로나19 테마를 공부해둔다면 다음 전염병 테마에서도 같은 방식으로 수익을 거둘 수 있습니다.

물론 사람의 목숨이 달린 일로 돈을 번다는 게 유쾌한 일은 아니지만, 사람의 목숨 값이 아닌 기업의 실질 이익의 증가에 따른 기업 투자로 돈을 버는 것이라고 생각합니다.

원전 테마(2021년)
:

주가 상승 = (유동성 + 실적) × 기대감
- 원래 있던 '원전'이라는 재료가
- 윤석열이라는 유력 후보가 밀어붙이는 '정책'으로서 주목받고 대통령 선거라는 '시기'가 맞물리면서
- 대선 테마 + 원전 테마라는 더블 테마가 형성되며 '유동성' 극대화
- 문재인 정부 때 무너진 '실적'이 이제 올라갈 수 있다는 전망까지 붙음

원전 정책은 윤석열 정부에서 가장 강하게 밀어붙이는 영역입니다. 당선

전부터 문재인 정부의 탈원전을 비판하며 원전 강화를 하겠다고 말해왔죠. 특히 문 정부 시절의 탈원전 압력이 검찰총장 직을 던지고 대통령 후보로 나서게 된 계기의 하나였다는 언론 보도가 나오자 원전 테마가 강하게 일어나기 시작합니다. 2021년 2월부터 에너토크가 먼저 우상향하며 원전 테마 전반에 대한 기대감을 높여가기 시작했고요.

문 정권 시절에는 탈원전 정책으로 인해 원전 관련 기업들이 대부분 폐업하거나 사업을 변경한 상황이었습니다. 원전 테마가 시작될 당시 실제로 사업을 유지하고 있는 업체들이 별로 없었죠. 특징주를 찾아봐도 관련 종목들은 "공급 이력", "공급했다" "참여했었다" 등 대부분 과거형으로 나왔습니다. 반면 일진파워, 우진, 서전기전은 당시에 실제 사업을 하고 있었습니다. 과거 이력들로 엮인 테마주들과 달리 실수혜주로 기대를 모은 종목이었

[특징주] 일진파워, 원자력 발전 강화 기대감에 4% 강세

일진파워는 한국원자력연구원의 국책과제 주관기관의 파트너사로 원자로 및 기기 개발 중에 있다.

(서울경제, 2021.09.03)

[특징주] 서전기전, 원전 최고 등급 인증…산업부 소형모듈원전 예타신청 소식에 '상승세'

서전기전은 지난해에도 전력산업기술기준에서 요구되는 원자력 품질 보증, 즉 원자력 전기부문(KEPIC-EN) 인증을 새롭게 취득하며 기술력을 인정받았다. 김한수 서전기전 대표는 "원자력 발전소에서 일차 측에 활용할 수 있는 배전반과 전동기제어반(MCC)을 제조할 수 있는 기술적 능력을 공식 인정받은 것"이라며 "원전 개보수 물량을 비롯해 Q-class를 요구하는 플랜트 시장에 진출하는 계기를 마련했다"고 말했다.

(이투데이, 2021.09.01)

죠. 이들 실수혜주 종목은 큰 폭의 주가 상승을 이뤄냅니다.

일진파워 차트를 보면 2021년 3월부터 20대 대선이 치러진 2022년 3월까지 계속 상승합니다. 대선 테마주의 운명상 대선이 끝나면 '재료 소멸'로 주가는 다시 원래 위치로 돌아갑니다. 그런데 일진파워는 그냥 소멸하지 않고 이후로도 한 번씩 큰 반등을 보여주죠. 실수혜를 받는 정책주여서 그렇습니다.

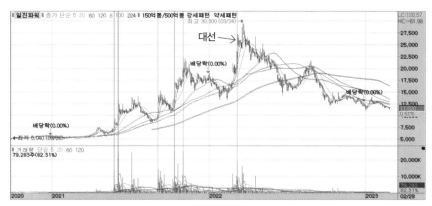

일진파워 차트

우진 차트

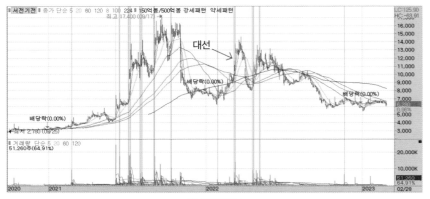

서전기전 차트

우진 역시 2021년 3월부터 서서히 오르더니 22년 3월까지 큰 폭으로 오릅니다. 당선 후에도 5월까지 더 올랐습니다.

서전기전도 21년 초부터 대선까지 큰 폭의 주가 상승을 이뤄냅니다. 선거 이후에도 조금 더 오르다가 이내 조정을 받습니다.

미래 기대감으로 테마에 묶이다

이 밖에 원전주 중에서 지투파워라는 특이 종목이 있는데요. 실제로 원전 매출은 전혀 없으면서도 기대감만으로 원전 테마에 속한 종목입니다. 지투파워는 원자력 발전소에서 사용되는 수배전반 Q클래스 인증이 진행 중으로 '향후' 원전 매출이 기대된다는 점에서 관련주로 부각됐습니다. 여기에 '수배전반 시장 점유율 1위 및 태양광 발전 시스템 사업 정부, 지자체 등 공급' 등을 이유로 다가올 여름 전력난 및 신재생 에너지 관련주로도 편입이 가능한 종목이었죠.

그런데도 이 종목은 신기하게 (2023년 3월 기준) 여전히 원전주로 편입돼 있습니다. 아직까지 원전 매출은 0원이지만요. '유동성에 따른 기대감'이 주가를 움직인다는 좋은 예가 되지요.

[특징주] 지투파워, 한미 원전시장 공동진출 협력 선언 기대⋯원전용 전력설비 필수 인증 부각↑
지투파워는 원자력 발전설비에 꼭 필요한 필수 인증요건인 'Q클래스급' 품질기준의 전력 상태를 실시간으로 모니터링하고 진단하는 수배전반 생산을 추진하고 있어 매수세가 몰리는 것으로 풀이된다.

(파이낸셜뉴스, 2022.05.20)

[IPO 새내기] 국내 관급시장 수배전반 1위 '지투파워'
지투파워는 CMD(상태감시진단) 기술력을 바탕으로 수배전반 분야에서 관급 시장 점유율 1위를 기록하고 있다. 지투파워는 국내 최초로 수배전반용 지능형 CMD 시스템 국산화에 성공했다.

(이코노믹리뷰, 2022.03.22)

UAM 테마(2022년)

:

> 주가 상승 = (유동성 + 실적) × 기대감
> - UAM 역시 '없다가 생긴' 것, 하지만 드론 테마가 이미 있어왔기 때문에 딱 그 정도의 상승을 가능하게 하는 '유동성'
> - 실제 사업화되면 시장 규모가 커질 거라는 '실적' 전망

UAM(Urban Air Mobility). 도심항공교통. 대형 드론을 택시처럼 타고 시내를 활보한다는 상상. 생각만 해도 가슴이 뛰죠. 복잡한 도심 교통 상황을 공중으로 해결한다는 아이디어에서 나온 신사업입니다. 국내에서는 현대와 한화가 적극적으로 나서고 있으며 미국에서도 신사업으로 각광받고 있습니다.

한국의 국토교통부에 따르면 2025년에는 109억 달러, 2030년 615억 달러, 2040년 6090억 달러(약 800조 원)의 시장 규모가 될 것으로 추정하고 있습니다. 미국 투자은행 모건스탠리는 2040년까지 1조 달러(약 1300조 원)가 될 것으로 예측하고 있고요. 큰 시장인 만큼 정부의 정책이 뒷받침되면 산업에 돈은 들어오기 마련이고, 돈이 들어오면 산업은 좋아질 테고, 주가는 선반영되니까 미리 상승하겠죠.

2022년 4월 25일 대통령직인수위원회가 "시장 규모 1700조 원인 UAM 사업을 디지털플랫폼 정부를 실현하는 핵심축으로 키운다"라고 발표했습니다. 이에 22년 4월 26일 UAM 테마 대장주인 베셀이 시초가 +15%로 시작하여 상한가로 마감합니다.

대장주인 베셀은 자율주행 개인항공기 국책사업을 현대차와 함께 참여

하고 있으며 인천시와 UAM 관련 기체 개발, 실증도시 구현 MOU를 맺은 실사업 관련주로 분류됩니다. 사실 그 외의 UAM주는 실제로 UAM을 하는 게 아니라 소형 드론 사업을 하는 회사들이었습니다.

다만 파이버프로는 드론주로 분류되기에는 성질이 달랐습니다. 국내 유일 하이엔드급 광섬유 센서를 제조해 삼성, KT, 구글에 공급하는 회사였죠. 또 K-UAM컨소시엄에 초청되면서 관련주로 분류되기 좋은 상태였습니다. 여기에 22년 3월 26일 스팩 합병으로 신규 상장하면서 아직 사람들에게 알려지기 전이었습니다. 사람들이 모르다가 알게 될 경우는? '없다가 생긴 것'과 마찬가지죠? 없다가 생긴 매수세가 들어오게 되는 것과 같으니까요.

[특징주] 파이버프로, UAM컨소시엄 초청…국내 유일 광섬유 관성센서 기대감에 상승세

파이버프로는 국내에서 유일하게 무인화 및 자동화의 필수 하드웨어인 하이엔드급 광섬유 관성센서를 제조하고 있다. 현재 방산시장 위주로 공급 중이나 우주 항공 분야에서도 기술력을 인정받아 실용급 위성(정지궤도 위성용) 자이로스코프의 개발 공급사로 선정됐고, 미래 교통수단인 도심항공모빌리티(UAM) 컨소시엄에도 초청됐다.

(이투데이, 2022.04.27)

[IPO출사표] 파이버프로 "광섬유 분야 독보적 지위…4차산업 밑바탕 될 것"

측정과 계측이 필요한 모든 산업 영역에 적용 가능한 광섬유 센서 제조 기업이다. 파이버프로는 뛰어난 기술력과 제품경쟁력을 바탕으로 KT, 삼성전자, SK하이닉스, 한화, LIG넥스원 등 국내 유수의 고객사를 확보했고 구글, 베이커 휴즈, 로건 그룹, 쇼트 등 해외 기업에도 제품을 공급하고 있다.

(이데일리, 2022.02.08)

차트를 보면 장 초반 베셀(위)이 4월 26일 갭 상승 후 강한 시세를 보여주자 파이버프로(아래) 역시 함께 움직여주는 것을 알 수 있습니다. UAM 테마로 첫 부각되고 바로 상한가로 마감했으며 이후 130% 이상 오르게 됩니다.

베셀 차트, 4월 26일 갭 상승

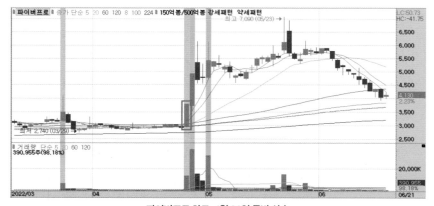

파이버프로 차트, 4월 26일 동반 상승

2023년 6월에는 미국 최대 UAM 기업이자 뉴욕거래소 상장사 조비에비에이션이 미국 연방정부로부터 비행 허가를 받았다는 소식에 한국의 관련주들이 모두 급등한 사례가 있었습니다. 역시 테마는 돌고 돌지요?

개인적으로 2027년 정도에는 UAM이 실생활에 들어올 것으로 생각하고, 그렇다면 2년 전인 2025년에 시세를 가장 크게 줄 것으로 예상합니다.

03 테마주 매매 시 주의사항

대장 테마, 후발 테마, 파생 테마를 구별하라

강한 테마는 상승률이 매우 높으며 여러 파생 테마를 만들어냅니다. 또 강한 테마는 테마의 주제에 따라 지속 시간이 매우 길 때도 있습니다. 이렇게 테마가 길어질 때는 신규 대장 테마 외에 '후발 테마'를 만들어내죠.

예를 들면 코로나19 테마는 진단기 테마로 시작해서 후발 테마인 '치료제 테마 → 원격 테마 → 재택 테마'를 만들어냈습니다. 진단기가 선도 대장 테마, 뒤로 갈수록 후발 테마가 됩니다. 그리고 진단기를 넘어서 진단기에 원료를 공급하는 회사들이 덩달아 움직이면 '파생 테마'가 됩니다.

후발 테마는 성질이 달라지지만, **파생 테마는 대장 테마와 함께 움직입니다.** 또 진단기에서도 검체 원료 등은 모두 파생 테마에 속합니다. 치료제 테마에서도 원료 공급은 파생 테마로 분류되겠죠? 미생물 배양 배지 같은 것도 파생 테마에 속합니다.

원격 테마에 있어서는 알서포트처럼 직접 원격 서비스를 제공하는 회사가 대장주가 되고 콜센터는 파생 테마가 됩니다. 재택 테마에 있어서 재택 관련주 대장은 택배 물동량이 늘면서 택배주나 제지주가 되겠지만 HMR이나 가구 등이 파생 테마가 됩니다.

매매 시에 주의할 점이 있습니다. 신규 테마주와 파생 테마주는 차트가 우상향일 때 저가 매수세를 이용한 눌림목 매매*를 해도 됩니다. **하지만 후발 테마는 눌림목 매매를 할 때 매우 조심해야 합니다.** 후발 테마가 나올 때쯤이면 대장 테마 이슈가 소멸할 시기이기 때문입니다. 대장 테마의 힘이 사그라지면 당연히 후발 테마들은 전부 박살 나죠. 정해진 비율이 있는 건 아니지만, 후발 테마는 대장 테마 하락률의 세 배 정도 더 빠집니다.

> **눌림목 매매**
> 눌림목이란 급등 후 숨고르기를 하는 것처럼 거래량이 줄고 음봉이 나오는 것을 통틀어 일컬음. 이때를 매수 포인트로 삼는 것이 눌림목 매매.

이 때문에 항상 대장 테마와 후발 테마, 파생 테마를 구별하면서 매매에 참여해야 합니다. 물론 아주 강한 테마일 경우 대장 테마가 오랫동안 살아

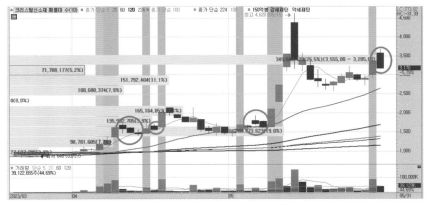

크리스탈신소재 차트, 빨간 동그라미 부분이 '눌림목'

남을 수 있습니다. 대표적인 게 코로나19 테마죠. 이 경우에는 후발 테마에서도 눌림목 매매를 즐겨 할 수 있을 겁니다. 그래도 대장 테마에서 하는 게 가장 좋습니다.

매매는 가급적 대장주와 대장 같은 2등주에서

앞서 설명한 대장 테마와 후발 테마, 파생 테마는 각각 관련주로 이루어져 있습니다. 예를 들면 진단기 테마에는 휴마시스, 씨젠, 에스디바이오센서 등이 있으며 후발 테마로 볼 수 있는 재택 테마에는 태림페이퍼, 신풍제지 등이 있습니다. 진단기 테마의 파생 테마에는 진단기에 원료 공급을 하는 제놀루션 등이 있을 겁니다.

이때 대장 테마, 후발 테마, 파생 테마의 어떤 종목을 매매하건 되도록 대장주 혹은 대장 같은 2등주를 중심으로 매매해야 합니다. 앞서 대장 테마의 힘이 빠지면 후발 테마는 더 크게 하락한다고 말씀드렸는데요. 이는 개별 종목에서도 그대로 적용됩니다. 즉, **대장주가 빠지면 2~3등주는 몇 배로 더 빠집니다.** 그렇기 때문에 대장주를 중심으로 매매하는 게 좋습니다. 3, 4등 주는 상승도 약하고 반등도 약합니다.

참고로 대장주는 정해져 있는 것이 아닙니다. 그날 같은 재료에 가장 많이 움직인 종목이 대장주입니다. 물론 평소 같은 재료로 많이 움직이는 종목이 정해져 있는 편이지만 매번 같지는 않습니다. 보통 호가가 충분하면서 대주주 지분율이 높아 유통 물량이 적은 종목이 대장주로 잘 부각됩니다. 끼 좋은 종목이 대장이 잘 된다는 이야기입니다.

테마의 지속성 파악하기

테마주를 매매할 때는 잘 아는 테마를 매매해야 합니다. 잘 아는 테마일수록 주기를 파악하고 있을 가능성이 높습니다. 어떤 테마는 계절처럼 주기적으로 찾아옵니다. 가을 추석 시즌부터는 물동량 증가로 택배주가 오릅니다. 추석이 지나면 저온 건조한 날씨가 이어지면서 구제역과 조류독감 등이 쉽게 돌면서 전염병 테마가 고개를 듭니다. 겨울에는 난방 관련한 테마가 오는 경우가 많고 봄에는 미세먼지 테마가, 여름에는 냉방 테마가 불어오죠. 이렇게 주기적으로 오는 테마는 판단하기가 편합니다.

하지만 어떤 테마는 갑작스럽게 발표된 정부 정책과 같이 '없다가 생긴' 이벤트와 함께 생성되기도 합니다. 이렇게 생성된 테마는 짧으면 하루 이틀에서 길면 1~2개월 동안 상승하고 추후 제자리로 돌아가게 되는데요. 이때 다시 부각을 받아 오를 수 있는 테마인지 판단하는 게 중요합니다.

연내 다시 부각받기 어려운 1회성 테마이거나(예를 들면 중국에서 발생한 흑사병 테마), 혹은 연내 3~4회는 재차 부각될 수 있는 테마(UAM 등 정책 테마), 그리고 연내 지속적으로 부각될 테마(코로나19, 로봇, AI, 2차전지) 등으로 나눌 수 있어야 합니다. 이를 파악해둬야 급등 후 주가가 제자리로 돌아와 횡보하고 있을 때 재진입을 판단할 수 있으니까요.

수급을 체크할 것

테마주 매매를 할 때는 수급을 체크해야 합니다. 보통 테마주가 급등할 때 현 주가보다 현저히 낮은 가격대의 물량이 남아 있을 경우 재차 상승하기보다 급등 후 크게 하락한 후 횡보를 겪는 경우가 많습니다. 이후 다시 올라가고요. 이유는 바닥권에서 CB, 유증, 무증 등 추가 상장될 주식 물량이 남아 있다면 이 물량을 소화하는 과정이 필요하기 때문입니다. 미리 미전환 CB, BW 등이 있는지 살펴봅니다. 오버행을 주의하자는 겁니다.

마지막으로, 재무 건전성 체크

앞서 단기 매매에 맞는 기업 분석 부분에서 공부한 내용인데요. 부채비율과 유보율을 확인해서 단기 매매에 맞는지 살펴야 합니다. 자본금이 열악해서 갑작스러운 주주 배정 유상증자 혹은 CB(전환사채) 발행 등을 할 가능성이 있는지 체크합니다.

＊　　　＊　　　＊

간단하게 적었지만 결코 쉽지 않은 내용입니다. 하지만 경험을 통해 쌓아갈 수 있는 지식들입니다. 쉽다면 누구나 몇 개월 만에 주식 고수가 될 겁니다. 어려우니 도전할 가치가 있는 거겠죠.

04 일단 외워두는 테마주 매매 팁

각 테마주를 매매할 때 알아두면 좋을 실전 팁의 요점 정리입니다.

바이오주

- 한국에서 바이오 테마는 3가지, 항암, 탈모, 치매가 가장 강하다.
- 한국에서 '임상 3상 통과'는 재료 소멸로 받아들인다.
- 의미 없는 전임상도 한국에서는 단기 재료로 유동성을 불러일으킨다.
- 미국 FDA만 보라. 한국 식약처나 중국 CFDA, 유럽 CE 등은 매우 약한 재료다.

남북경협주

- 남북화해 무드가 나오면 곧바로 철도주부터 체크한다.
- 다음은 개성공단에 땅 가진 종목들이 오른다.

- 이후에는 농업, 산림업부터 건설, 철강, 광물, 해운주들이 오른다.

게임주

- 게임주 최대 호재는 신작 출시다.
- 신작은 출시 직전까지만 오른다.
- 출시 당일에는 '급락'하는 경우가 대부분이다.
- 이후에는 실제 매출이 상위권에 올라갈 때 주가가 오른다.
- 애플과 구글 매출 양쪽을 다 봐야 하는데, 구글 매출이 10배가량 크다.

전염병 테마

- 처음엔 손 소독제와 마스크다.
- 하지만 비교할 수 없을 정도의 강도로 진단기 → 치료제 → 원격(재택) → 제지(택배)순으로 오른다.
- 사스, 신종플루, 메르스 때도 코로나19만큼은 아니지만 엄청나게 올랐다. 다음에도 또 이런 광범위 전염병이 돌면 뒤도 보지 말고 사라.

반일 테마

- 정권이 보수당이면 반일 테마주는 힘을 쓰지 못한다.
- 정권이 진보당이면 반일 테마는 메가톤급 테마가 된다.

대선 테마

- 대선 테마는 처음에는 인맥이지만 후에는 정책으로 움직인다.
- 저출생 대책, 일자리 정책은 무조건 나온다. 테마주를 찾아라.
- 부동산 대책 역시 단골 테마다. 도시재생 테마도 함께 엮인다. 특히

2028년이 되면 1986년 제10회 아시안 게임 때 준공 허가 난 아파트들의 수명연한이 끝난다. 2025년부터 시작될 21대 대통령 선거전 때는 재건축 이슈가 불거질 것이다.

- 진보당의 '탈원전' 정책이 나올 것이다. 지지율에 따라 원전주의 향방이 갈릴 것이다.
- 폐배터리와 2차전지는 물론 전기차 충전 '인프라'는 앞으로도 엄청난 테마가 될 것이다.
- 신재생에너지 정책도 공약에 나올 것이다.
- 세종시 이전 문제는 단골 테마로 이어진다.
- 그린벨트도 체크하라.
- 지하도시도 꼭 한 번은 나온다.

구제역 테마

- 기본적으로 바이러스는 저온, 건조한 환경에서 활발해진다.
- 추석이 끝나면 딱 춥고 건조한 시즌으로 들어간다.
- 이때 구제역이나 조류독감이 잘 유행한다.

CHAPTER 8

좋은 재료,
나쁜 재료,
이상한 재료

01 주가를 상승시키는 좋은 재료

주가를 상승시키는 재료를 검토할 때 지금 당장 이해는 가지 않더라도 머리에 이거 하나는 전제로 깔고 진행해주세요.

나에게만 좋아 보이는 재료는 좋은 게 아니다.
내가 아닌 시장이 좋게 보는 재료여야 한다.

재료를 찾을 때 초보자들이 가장 자주 실수하는 것이 '자신이 좋아하는 것에 꽂혀버리는 것'입니다. 언제나 '시장의 눈'으로 바라봐야 합니다. 그리고 그 재료는 시황이 받쳐줄 때 부각되는 거고요. '이것도 같은 재료인데 왜 안 가죠?' 이런 질문을 하기 전에 '현재 시장 상황이 어떤지'부터 살펴야 합니다. 끝없는 자기 객관화 노력을 통해 자신의 눈이 아니라 시장의 눈으로 보고 판단하셔야 해요.

'없다가 생긴' 긍정적 사실

회사의 실적 전망을 제고하는 계약이나 정부 정책의 출현, '국내 최초'나 '세계 최초' 키워드, 새로운 에너지 동력의 탄생 등을 예로 들 수 있습니다.

정부 정책 갤럭시아머니트리, 정부 '증권형 토큰(STO)' 전면 허용 소식에 강세

신규 계약 필옵틱스, 삼성디플과 공급계약 소식에 강세

국내 최초 코난테크놀로지, 국내 최초 엔비디아 AI 장비 도입 부각 '강세'

세계 최초 클리노믹스, 세계 최초 액체생검용 췌장암 조기진단 출시 소식에 상승세

신동력원 비츠로테크, 핵융합 발전 상용화 추진…국제핵융합실험로 수주 이력 부각

'있다가 사라진' 긍정적 소식

정부의 규제 철폐가 대표적인 예입니다. 또 강력한 경쟁자의 몰락도 경쟁업체에게는 좋은 소식이 되죠.

규제 폐지 일본 반도체 수출규제 폐지에 삼성전자 등 강세

규제 개혁 맥스트, 정부 메타버스 포함 신기술 분야 규제 개혁 소식에 강세

경쟁자 몰락 두올, 美 ARC 오토모티브 에어백 리콜 대상 400만 대 추산… 반사 수혜 기대감에 강세

신제품 출시

게임사의 경우 신작 출시 '전'까지의 기대감이 크게 작용하죠. 단, 신작은 일단 출시되면 '실적'이 찍히기 전까지는 '재료 소멸'로 받아들여져 크게 하락합니다.

> 네오위즈 'P의 거짓' 신작 쇼케이스 소식에 강세
>
> 엔씨소프트, 신작 'TL' 공개에도 한주간 11.07% 급락
>
> 모델솔루션, 삼성전자 자체 생성형 AI 개발 발표…삼성전자 AI 고객사 부각↑

배당금 신설 혹은 증가

기업의 배당 증가 성향은 유동성을 불러일으킵니다.

> 우리금융지주, 높아진 배당 매력에 주가 오름세
>
> 일성신약, 파격 배당 결정에 급등

특허 취득

해당 기업의 전망을 밝게 하는 중요한 특허 취득은 유동성을 불러일으키고 실적 기대감을 높입니다.

> 삼성제약, 알츠하이머 치료제 기술 특허 확보에 상한가
>
> 애경케미칼, 주가 연일 상승세…리튬2차전지 특허 상용화 진행 중
>
> 라이프시맨틱스, 전립선암 AI 솔루션 특허 취득에 3거래일 연속 상승

대규모 공급 계약 체결

대규모 공급 계약은 실적 전망을 밝게 하므로 매수세를 일으킵니다. 특히 전년 매출액 대비 코스피 종목은 5%, 코스닥은 10% 이상의 계약을 체결할 경우 다음 날까지 공시하게 돼 있습니다. 공시까지 올라오는 대규모 계약은 큰 주가 상승을 불러옵니다.

> 투자회사 대규모 동박 공급 계약 SKC 7% 상승
>
> 티앤엘, 대규모 패치 공급 계약 체결 '급등'
>
> 휴마시스, 대규모 진단키트 공급 계약에 "강세"
>
> 현대무벡스, 2차전지 관련 대규모 수주에 '上'

자사주 매입 계획 발표

재무가 좋으니 자사주도 매입할 수 있겠죠. 특히 회사가 직접 살 경우 장기 보유할 가능성이 높습니다. 여기에 자사주 소각까지 이어질 경우 주가 가치 제고에 더 도움이 됩니다.

> HPSP, 100억 규모 자사주 매입 소식에 강세
>
> 신세계, 자사주 매입·증권가 실적 낙관에 상승

이 밖에 예상치를 뛰어넘는 재무성과, 시장 점유율 증가, 혁신, MOU, 새로운 시장 진출 등은 앞서 기업 분석에서 살펴봤습니다.

02 주가를 하락시키는 나쁜 재료

계약 해지

일단 계약 해지는 기분 나쁘죠. 앞으로 있을 매출과 영업이익 기대감을 꺾는 악재입니다. 특히 그 계약으로 주가가 많이 오른 상황이라면 매도세는 더 거세집니다.

> 시너지이노베이션, 엠아이텍 매각 철회 '급락'
>
> 네이처셀, '조인트스템' 국내 판권계약 해지 가능성에 '下'
>
> 씨젠, 계약 해지 소식에 약세

주요 주주 혹은 경영진의 주식 매도

회사의 모든 것을 잘 알고 있을 경영진의 주식 매도는 시장에 안 좋은 시그널입니다. 회사가 더 잘될 거라면 그 가격에 매도할 리 없다는 논리죠. 단,

그 경영진이 시장에 매도했을 때만입니다. 더 좋은 회사에 매각한다면 더 좋은 주주가 들어오는 것이므로 호재입니다.

> 엔비티, 경영진 주식 매도에 29% 급락
>
> 대정화금, 경영진 지분 매도에 약세
>
> 카카오페이, 경영진 지분 매도에 약세 지속

주주 배정 유상증자

주주 배정 유상증자는 '할인'된 가격의 신주가 발행된다는 게 가장 큰 하락 요인입니다. 싼 주식이 오버행되는 거죠. 그리고 좋은 회사라면 주주에게 손 벌리지 않습니다. 3자 배정을 선택하겠죠.

> 피씨엘, 360억 유상증자에 10% 넘게 하락
>
> CJ바이오사이언스, 대규모 유상증자 결정에 9% 약세
>
> 클리노믹스, 446억 규모 유상증자 결정에 급락
>
> 옴니시스템, 주주 배정 유상증자 결정에 20%대 급락
>
> 젠큐릭스, 주주 배정 유상증자 결정 소식에 '급락'

감자

감자는 거의 모든 악재의 끝입니다. 일단 하한가를 한 번 맞겠지만, 이제 더 나올 악재가 없다는 면에서 '악재 소멸'의 측면으로 바닥권 횡보 후에는 관심 둘 만합니다.

> 아이오케이, 보통주 96% 무상감자 결정 '급락'
>
> '무상감자 공시' 쌍방울 18% 급락
>
> 판타지오, 감자 소식에 15% 하락
>
> 컨버즈, 감자 결정에 급락

자사주 매각 발표

자사주 매입과 반대 상황이죠. 자사주를 시장에 매각한다는 소식은 악재가 됩니다. 회사가 돈이 얼마나 없으면 자사주를 매각하겠느냐는 평을 받을 수 있고, 매도 주체가 회사가 된다는 것부터 시장에 안 좋은 소식이죠. 좋은 회사라면 자사주를 매각하기보다 제3자 배정 유상증자를 택하는 게 나을 테니까요.

> '자사주 매각' 신풍제약 주가 14% 급락
>
> 국일신동, 자사주 매각 소식에 하락
>
> 코콤, 자사주 매각 소식에 하락
>
> 금양, 525억 규모 자사주 처분에 약세

이 밖에 정부의 새로운 규제 및 정부 당국의 제재, 소송, 시장 점유율 감소, 예상치를 하회하는 실적 등은 앞서 기업 분석에서 살펴본 악재와 같습니다.

03 매번 판단을 달리해야 하는 이상한 재료

리스크 요인 해소(분쟁의 해결)

예를 들면 '경영권 분쟁' 같은 건데요. 경영권 분쟁이 거세질 때는 호재로 인식되지만, 분쟁이 해소되면 재료 소멸로 비춰지는 경우가 많습니다. 물론 합의 등으로 경영권 안정화로 해석되면 주가가 오르기도 합니다.

단독 기사로 나오는 악재

보통 '단독'을 달고 나오는 악재 기사는 오보일 확률이 높거나 침소봉대일 가능성이 높습니다. 해당 언론사 혹은 기자가 그 기업과 사이가 좋지 않아서 더 나쁘게 쓰는 경우죠.

하나의 매체에서 악재가 나왔다면 해야 할 일은 바로 기업 IR 부서에 전화를 걸어보는 것입니다. IR이 강력하게 "사실무근"이라고 할 경우 반박 기사가 나올 확률이 높죠. 그러면 주가는 빠진 것의 '절반' 정도 회복합니다.

왜 절반이냐고요? 정말 좋은 회사라면 아예 빠지지도 않습니다. 그 정도 단독 기사에 급락할 회사라면 이미 기초 체력이 약하다는 방증이죠. 그래서 모든 시세를 회복하진 못합니다.

경영진 변화
어떤 경영진이 들어오느냐에 따라 달라집니다.

환율 변동
환율의 변동은 특정 회사에는 좋을 수 있지만, 특정 회사에는 피해가 될 수 있습니다. 대표적으로 수출 회사는 환율이 오르는 게 좋고, 수입 회사는 환율이 낮아야 좋죠.

원자재 가격 변동
원자재를 많이 사는 회사에는 비용 증가로 악재이지만, 실제 원재료는 6개월 치를 미리 준비해두죠. 그래서 싸게 사둔 원자재로 만들면서 '원자재 가격 상승으로 인한 가격 인상'을 해두면 나중에 이익이 더 크게 찍히는 경우가 잦습니다.

경제지표의 변화(금리, 실업률 등)
금리가 오르면 회사채 발행 등에서 대출비용이 증가하고 기업 이익이 줄어듭니다. 금리가 하락하면 대출비용이 줄어 기업 이익이 증가하고요. 실업률이 높으면 소비자의 구매력이 떨어지고 결국 기업 이익에 악영향을 줍니다. 실업률이 낮으면 소비가 증가해 기업 이익에 좋고요.

　그런데 금리 인상은 시장이 과열된 상황에서 진행됩니다. 그래서 금리를 올리는 게 꼭 주식시장에 악영향을 주는 통일된 시그널은 아니에요. 마찬가지로 금리 인하를 한다고 해서 무조건 시장에 좋은 시그널은 아닙니다. 실업률이 상승하면서 경기부양을 위해 금리를 인하하는 경우에는 주식 시장에 악영향을 줍니다. 즉, 금리의 인하기에는 주가 지수를 올릴 때도 있고, 내릴 때도 있습니다.

무상증자, 제3자 배정 유상증자

무상증자는 기본적으로 유보율이 높아 재무가 건전하다는 신호로 받아들여집니다. 또 거래가 활발해짐으로써 유동성을 증가시키는 효과도 있지요.

제3자 배정 증자 역시 회사의 미래 가치를 높게 보는 자금이 들어오는 것으로 해석됩니다. 물론 3자 배정의 주체가 대형 회사거나 쏠 만한 곳이어야 하지요. 3자 배정의 주체가 납득하기 어려운 곳이면 주가는 오히려 폭락합니다. 특히 투자조합의 경우에는 시장에서 선호하지 않습니다. 조합은 수익을 목적으로 하기 때문에, 주가가 오르면 물량을 던질 가능성이 높거든요.

무상증자의 경우도 마찬가지입니다. 주가가 오를 때도 있지만, 이미 신뢰를 잃은 상장사의 경우에는 무상증자를 한다고 해서 주가가 오르지 않습니다. 오히려 하락할 때도 있습니다.

경영권 분쟁, 제품의 리콜이나 사고, 기술 개발 중단, 대규모 해고, M&A 등은 앞서 기업 분석에서 '애매한 경우' 부분과 같습니다.

04 재료를 찾는 방법

재료를 찾는 방법은 단순합니다. 현재의 시그널과 과거의 데이터를 **검색**으로 찾습니다.

먼저 새로운 기사를 검색하고(시그널 감지), 해당 시그널과 연결되는 과거 사례를 검색해, 그것이 어떻게 어떤 종목으로 수혜가 됐는지 알아보고, 그 외의 숨겨진 사항이 있는지(히든) 전자공시와 홈페이지에서 찾아봅니다. 마지막으로 IR에 직접 전화해서 최종 팩트 확인을 하면 됩니다. 거의 검색에서 시작해서 검색으로 끝나죠. 아래에서 하나씩 살펴보겠습니다.

새로운 기사 검색

투자 판단에 영향을 미치는 재료는 대부분 '없다가 생긴 것'에서 나오는데, 이는 철저히 검색의 영역입니다. 매일 포털의 뉴스 코너에서 언론사별 뉴스를 최대한 모두 체크합니다. 그리고 핫한 키워드나 관심 있는 키워드를 검색해서 새로 나온 기사들도 체크합니다.

저는 처음에는 일일이 수동으로 검색했고, 나중에는 외주를 주기도 했어요. 지금은 회사 차원에서 알고리즘을 개발해 원하는 키워드의 뉴스를 직접 수집하고 있습니다. 개인적으로 자동화를 해보고 싶은 분들은 외주 사이트(크몽 등)를 통해서 원하는 프로그램을 만들어보세요. 이때 수집할 뉴스 키워드를 선별하는 작업이 선행되어야 합니다.

예시를 통해 재료 찾는 과정을 설명드릴게요.

2022년 7월 25~26일 동안 현대차 아이오닉6 관련 뉴스를 접했습니다. 특히 '세계 최초 공개' 키워드가 있었기 때문에 놓치기 어려운 재료였습니다. 현대차의 액션은 삼성전자 못지 않게 시장에 활력을 가져옵니다. 더군다나 현대차의 신차, 그것도 전기차라면 시장에 큰 파급력을 가져올 수 있습니다. 단, 얼마나 큰 힘을 가졌는지는 과거 사례를 찾아봐야 합니다. 본인이 아무리 큰 재료로 판단했더라도 시장에서 작게 본다면 의미가 크게 줄어들 테니까요.

'아이오닉6로 갈아타? 28일부터 구매전쟁 시작된다' 올해 출고량 1만 2천 대

현대자동차의 전기차 전용 아이오닉 브랜드의 두 번째 작품인 아이오닉6가 오는 28일부터 사전 계약을 시작한다.

(M투데이, 2022.07.25)

4년 만에 돌아온 부산모터쇼…주인공은 세계 첫 공개 '아이오닉 6'

4년 만에 열린 '2022 부산국제모터쇼'의 주인공은 현대자동차가 세계에 처음으로 공개한 '아이오닉6'였다. 전기차 전용 브랜드 아이오닉의 두 번째 모델이다.

(한국경제, 2022.07.25)

과거 사례 확인

혹시 재탕 기사는 아닌지, 확실히 없다가 새로 생긴 재료인지 먼저 확인해야겠죠. 이전 버전인 아이오닉5는 시장에서 어느 정도의 관심을 받았는지도 확인합니다.

과거 기사들을 살펴보니 확실히 아이오닉5는 시장에 큰 파급력을 미쳤다고 볼 수 있겠네요. '돌풍', '흥행' 등의 미사여구가 기대감을 충분히 주고 있다고 판단됩니다.

다음으로는 이 기대감이 시장에서 얼마큼의 주가 상승을 일으켰는지 알아봐야 합니다.

밀린 車 주문 120만 대…아이오닉6까지 가세

반도체 공급난 완화에 따라 하반기 신차 출시도 탄력을 받을 것으로 예상된다. 현대차는 이달 전기 세단 아이오닉6 사전예약을 앞두고 있으며, 연말에는 신형 그랜저를 내놓는다. 최근 노사가 4년 연속 파업 없이 임금 협상을 마무리하면서 노조 리스크도 사라졌다는 평가다.

(한국경제, 2022.07.21)

현대차 아이오닉5 인도네시아서 사전예약 흥행, 작년 전기차 판매 2배

(비즈니스포스트, 2022.05.01)

아이오닉 5·EV6 사전예약만 1년 치…생산 차질 어쩌나

(이투데이, 2021.04.01)

'아이오닉5' 사전예약 국내외서 돌풍…반도체 부족 관건

현대차에 따르면 지난 25일 사전계약을 시작한 아이오닉5의 첫날 계약대수가 2만 3,760대를 기록했다. 당초 올해 판매 목표인 2만 6,500대의 96%를 단 하루 만에 달성한 셈이다.

(세계일보, 2021.02.28)

특징주 검색

재료를 확인하고 과거에도 부각됐던 재료였음을 확인한 다음에는 해당 재료가 어떤 종목으로 연결되는지를 살펴야 합니다. 포털 검색창에 원하는 재료와 '특징주'를 함께 검색하면 됩니다. 키워드를 포함하거나 제외하는 '+', '-' 기능을 활용하면 검색 결과를 추려내는 데 도움이 됩니다.

네이버 혹은 다음, 구글에서 **'특징주 아이오닉'**, **'특징주 현대 전기차'**, **'특징주 현대 전기차 + 핵심'**, **'현대 전기차 + 유일'** 등으로 검색해봅니다.

아이오닉과 어떤 종목이 연결되는지 쉽게 확인할 수 있습니다. 뉴인텍,

대원화성 등이 검색 최상단에 노출됩니다. 그만큼 관련이 깊다는 이야기일 겁니다.

특징주 검색으로 관련주가 특정된 후에는 그 외의 새로운 것들이 있을지 파악해봅니다. 이를 위해 특징주를 제외하고 공급, 납품, 공시, 코스닥 등의 키워드를 조합해봅니다.

'현대 아이오닉6 공급 코스닥', '현대 아이오닉6 부품 납품', '현대 아이오닉6 수혜', '현대 아이오닉 핵심 공급' 등등 다양한 조합을 만들어볼 수 있겠죠.

여기에 '유일' 키워드를 조합해 **'현대 아이오닉 핵심 유일 공급'**이라고 검색해보았습니다.

이번에도 뉴인텍이 상단에 검색됩니다. '이 아이오닉이라는 재료에서는 아무래도 뉴인텍이 가장 크게 부각됐었구나' 하고 파악할 수 있죠.

머니투데이 　12면 1단　5일 전　네이버뉴스
조코위 인니 대통령이 **현대차** 연구소만 방문하는 이유는
현대차가 **유일**하다. **현대차**가 인도네시아 시장에서 전기차 생태계 조성에 **핵심**적인 역할을 하고 있어... 갖춘 **현대차** 최초의 아세안 지역 완성차 공장이다. 인도네...

이투데이　2022.05.18.
[특징주] 뉴인텍, 국내 **유일** 800V 충전 축전지 양산...**현대차그룹**...
아이오닉5, 기아 EV6 그리고 포르쉐 타이칸. 세 전기차 모델은 800V 충전 시스템을 탑재한 게 공통점이다. 뉴인텍은 국내에서 **유일**하게 800V 충전 시스템용 커패시...

머니S　4일 전　네이버뉴스
[특징주] 뉴인텍, 국내 **유일** 800V 커패시터 양산 부각...폭스바겐·B...
있어 **현대차**가 선보이는 모든 전기차에 기본으로 장착된다. 800V 충전시스템을 적용한 **아이오닉** 5가 지난해 세계적으로 큰 인기를 끌면서 800V급 커패시터를 공...

뉴스 기사와 댓글로 인한 문제 발생시 24시간 센터로 접수해주세요. ❓

전자공시 확인

전자공시에서는 '통합검색'을 가장 많이 사용합니다. **통합검색-본문내용으**로 설정한 후 찾고 싶은 내용을 검색합니다.

당시에는 아이오닉6가 흔치 않은 재료였죠. 네오오토가 하나 나오네요. 관심종목으로 편입해두면 되겠죠?

홈페이지 방문

홈페이지 방문은 많은 투자자들이 놓치는 것 중 하나입니다. 홈페이지는 각 회사의 공식 입장과 자료를 확인할 수 있는 곳인데요. 전자공시에 실리지 않는 빠른 소식이 올라오는 곳으로 생각해야 합니다. 고객들과 소통하고 싶어 하는 기업들은 전자공시에 올릴 만한 내용은 아니다 싶을 때 홈페이지를 아주 잘 활용하죠.

홈페이지 검색을 통해 더 특별한 것을 얻을 수도 있습니다. 바로 회사측의 '실수'입니다. 기업은 정말 많은 사람이 협업하면서 조직을 이룹니다. 그러다 보니 의사 통일이 쉽지 않죠. 그래서 아직 공개되면 안 되는 정보가 홈페이지에 노출되는 경우가 간혹 있습니다.

일례로 성우하이텍이라는 종목에서 그런 정보를 우연히 찾은 적이 있습니다. 성우하이텍 홈페이지에는 다양한 정보가 공개되어 있었습니다. 그런데 고객사를 소개하는 페이지에 현대, 기아, 벤츠, BMW, 아우디 등등과 함께 테슬라가 포함되어 있었던 것입니다. 전자공시나 언론에는 테슬라가 성우하이텍의 고객사임이 공개된 적이 아직 없었습니다. '히든' 재료를 찾은 거죠. 테슬라는 전 세계에서 가장 관심도가 집중된 회사인 만큼, 이 회사의 거래처라는 사실만으로도 주가는 자주 요동칩니다. (나중에 고객사 소개 페이지에서 테슬라 로고는 삭제됐습니다만) 이 사실이 추후 공개되었을 때 한발 앞서 알고 매매를 준비한 사람은 수익을 볼 수 있지 않았을까요?

회사 IR에 최종 팩트 체크

전자공시와 홈페이지, 혹은 외신 등으로 어떤 정보를 확인했을 경우에는 최종적으로 회사의 IR에 직접 전화를 해서 팩트 체크를 해야 합니다. 앞의 경우라면 정말 테슬라와 거래하는지 물어보는 겁니다. 이에 더해 어떤 부품을 납품하고 공급액은 얼마인지, 점유율은 어느 정도인지 등을 체크하면 더 좋겠죠.

CHAPTER 9

처음 만나는
차트 세계

THE PRINCIPLES OF K-TRADING

01 차트란 무엇인가

사회 현상의 집약체
:

주식에서 차트란 '시간과 공간을 통해 가격의 이동을 시각적으로 표현한 그림'입니다. 수억 수천만 투자자들의 의사결정, 감정, 정보의 흐름을 반영하는 사회학적인 측면을 가지고 있습니다.

투자자들은 차트라고 하면 비법이나 기술적 분석으로 수익 내는 도구 정도로 인식하는 게 보통입니다. 하지만 차트를 그렇게 한정 지어버리면 투자가 굉장히 꼬일 수 있습니다. 차트가 담고 있는 정보를 우물에서 하늘 보기 정도의 수준으로 막아놓고 해석하는 것과 같거든요.

차트는 기본적으로 '재료'를 담고 있습니다. 이 '재료'가 특정 '시간(가로축)'에서 어떤 '공간(가격축, 세로축)'에 있느냐를 시각적으로 담아낸 것이 바로 차트입니다. 따라서 사회와 아주 긴밀한 연관이 있죠.

시간

차트의 가로축은 시간을 담고 있습니다. 주식 가격이 특정 시점에 어떠한 상태였는지, 그리고 그 상태가 시간의 흐름에 따라 어떻게 변했는지를 알 수 있게 해주죠. 이 시간은 보통 '일' 기준이지만 분과 주, 월, 연으로도 바꿀 수 있습니다.

공간

차트의 세로축은 가격의 변동을 나타내는 공간축입니다. 이 공간을 통해 주가가 얼마나 오르고 떨어졌는지, 강도는 어땠는지를 파악할 수 있죠.

시간과 공간의 결합

투자자는 차트를 통해 시간의 흐름에 따른 가격의 이동을 파악합니다. 나아가 각 지점에서 어떤 뉴스나 공시가 있었는지, 정보의 흐름과 정책의 변화가 어떤 움직임을 만들었는지 상세하게 알아볼 수 있습니다.

팬데믹 머니로 만들어진 대상승장, 야당과 여당의 프레임 싸움, 금리 상승과 실업률 상승, 그 와중에 위로만 쏠리는 자산의 움직임, 돈에는 눈이 없다는 평가… 차트에는 단순히 숫자와 데이터만 있는 것이 아닙니다. 차트에는 그 사회가 집약적으로 녹아 있습니다.

전염병으로, 전쟁으로 사람이 죽어나가는 와중에도 관련주는 급등하죠. 대형 화재로 수십 명의 어린이가 생명을 잃은 참사 소식에 모두가 애도할 때 소화기 회사 주가가 오릅니다. 2차전지가 충분히 고점이라는 것을 머리로는 알면서도 불나방처럼 달려들죠. 실체가 없는 것에 실체적 의미를 부여하며 불장이 형성되기도 합니다. 탐욕, 환상, 착각, 분노, 희망, 염원… 이 모든 것이 차트를 만듭니다.

그렇기 때문에 차트 분석만으로 승부할 수 있다는 생각은 대단한 오산입니다. 차트 바깥에서 그와 같은 모양을 만들어낸 사회적 맥락과 관행, 심리까지 읽어낼 수 있어야 합니다.

차트는 5%
:

저는 매매에서 차트가 차지하는 비중이 5%라고 생각합니다. 그런데 이 5%는 시작의 5%일 수도 있고, 100%를 완성하는 마지막 5%일 수도 있습니다. 종합적으로 판단해야 하는 퍼즐의 한 조각이라는 거죠. 반드시 필요하지만, 5%인 차트의 영향력을 100%로 여겨서는 안 된다는 말씀을 꼭 드리고 싶습니다.

대부분 초보 투자자들은 차트에 대한 환상을 갖고 살고 있습니다. 하지만 차트라는 것도 결국 투자 판단을 하기 위한 하나의 '보조' 지표입니다. 이 지표를 참고하되 판단은 스스로 하는 거예요. 절대 남이 해줄 수 없습니다. 그럼에도 존재하지 않는 보물섬을 안내해주는 '보물 지도(=차트 기법)'를 찾아 헤매는 분들이 참 많습니다. **차트 분석은 필요합니다. 하지만 차트에 기반한 '기법'을 맹신해서는 안 됩니다.**

어떤 차트 기법이건 '51%만 맞는다'고 해도 그 기법의 창시자는 수조 원을 벌 수밖에 없습니다. 그냥 산수예요. 이걸 이해하지 못한다면 아직 주식을 해서는 안 됩니다.

차트 공식은 없다, 다만 통계가 있다, 정도로 생각합시다.

차트 역시 '유동성, 실적, 기대감'으로 해석한다

:

앞에서 말한 차트의 의의를 이해하고 나면 한 가지 더 연결할 수 있습니다. 바로 **주가 상승 = (유동성 + 실적) × 기대감**입니다. 이 책에서 계속 강조하는 논리지요.

차트는 시간과 공간의 개념을 가격의 이동으로 나타낸 것이라 했습니다. 그래서 같은 가격이라 하더라도 차트의 모양이 다를 수 있어요. 예를 들어 주가가 같은 1만 원이라고 하더라도 상승 추세일 수 있고, 하락 추세일 수 있죠. 그래서 차트에서는 **저항선보다는 지지선이 가까울 때, 급등 후 조정을 잘 받았을 때, 바닥 횡보를 잘하고 있을 때, 매물대 소화를 잘하고 있을 때** 등 '유동성'을 몰리게 하는 '자리(차트)'를 분별해내는 것이 중요합니다.

남들이 더 안심하고 살 수 있는 자리에 유동성이 몰리겠죠. 실적이 충분히 반영된 차트라도 새로운 더 큰 규모의 공급 계약이 체결되면 주가는 더 올라갈 수 있는 겁니다.

02 차트 보는 법

차트의 종류

:

차트 종류야 여러 가지가 있지만 제 경험상 딱 두 종류만 보면 됩니다. 선차트와 봉차트입니다.

선차트

가장 단순한 형태의 주식 차트로 한국보다는 웹브라우저 방식이 보편적인 미국에서 많이 사용됩니다. 특정 기간 동안의 가격 변동을 선으로 연결해 표시합니다. 많이 쓰는 종가선차트는 단순하게 종가만을 연결해 만든 것이고요.

선차트

봉차트(캔들차트)

빨간색과 파란색 두 가지 색상과 막대(양초) 모양의 몸통, 위아래 꼬리를 통해 주가를 보여주는 차트 방식입니다. 시가, 고가, 저가, 종가°를 알아보기 편합니다. 우리나라 HTS에서는 보통 봉차트를 사용합니다.

시가 장이 시작될 때 거래된 가격
고가 장 중 가장 높게 거래된 가격
저가 장 중 가장 낮게 거래된 가격
종가 장이 끝날 때 거래된 가격

참고로 국내 주식시장에서는 양봉이 빨간색, 음봉이 파란색이지만 미국을 포함한 대부분 외국에서는 반대입니다. 상승일 때 파란색, 하락일 때 빨간색으로 표시됩니다.

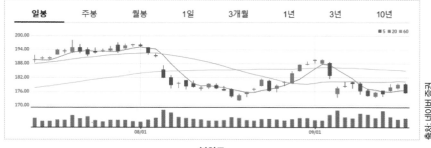

봉차트

봉차트 보는 법

:

봉차트는 기간에 따라 분봉, 일봉, 주봉, 월봉 차트로 나뉩니다. 말 그대로 분, 하루, 일주일, 한 달 동안의 주가 흐름을 나타내는 차트입니다. 보통 일봉을 보지만, 매매에 돌입할 때는 매수와 매도 세력의 힘겨루기를 자세히 살피기 위해 분봉(분봉은 다시 1분, 3분, 5분 등으로 설정해 살펴볼 수 있음)을 참고합니다.

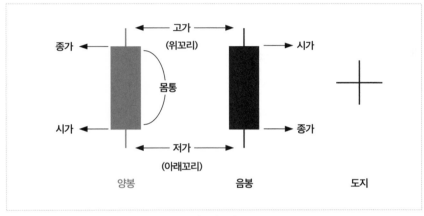

캔들의 구성

빨간색 봉을 **양봉**, 파란색 봉을 **음봉**으로 부릅니다. 시가보다 종가(현재가)가 높게 형성될 때 양봉이 되고, 시가보다 종가(현재가)가 낮게 형성되면 음봉이 됩니다.

단, 음봉이라고 어제보다 주가가 낮은 것은 아닙니다. 시초가가 '갭 상승'으로 어제 종가보다 높게 시작했다 떨어졌다면 음봉이 되지만 어제보다 주가는 높을 수 있죠. 마찬가지로 양봉이라고 전일보다 주가가 무조건 높은 건 아니고요. '갭 하락'으로 시작해 오른 것일 수도 있으니까요.

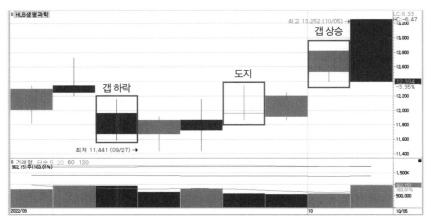

갭 상승, 갭 하락, 도지

갭(Gap)이란 전일의 종가보다 훨씬 높은 가격, 혹은 낮은 가격으로 시작해서 생기는 가격 차이를 뜻합니다. 전일 종가보다 훨씬 높게 시작하면 '갭 상승', 전일 종가보다 훨씬 낮게 시작하면 '갭 하락'이라고 부릅니다.

시초가와 종가의 가격이 같거나 거의 차이가 나지 않는 경우를 **도지**(doji)라고 부릅니다. 도지는 대부분 매수세와 매도세가 힘의 균형을 이룰 경우에 나옵니다. 몸통이 아주 짧죠. 혼조세라고 부르기도 합니다.

트레이딩에서는 도지가 나왔다는 건 힘의 균형이 이뤄져 있는 만큼 매수, 혹은 매도 어느 방향으로도 한 번에 추세 전환되기 쉬운 상태로 해석됩니다. 도지 캔들은 위/아래 꼬리가 살짝 있는 경우도 있고, 아래나 위 꼬리만 있는 경우도 있습니다.

그리고 갭이 너무 커서 차트에 거의 점(dot)만 찍히는 경우도 있습니다. 시초가부터 하한가로 직행해서 차트에 점만 찍히는 경우를 **점하**(쩜하), 그리고 시초가가 상한가로 결정돼서 차트에 점만 찍히는 경우를 **점상**(쩜상)이라고 부릅니다.

한편 시초가보다 종가가 많이 올라 양봉의 가운데 '몸통'이 길면 '긴 막

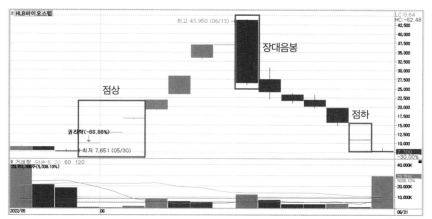

점상, 점하, 장대음봉

대기(장대)' 같다고 해서 **장대양봉**이라고 부르고, 반대의 경우 **장대음봉**이라고 부릅니다.

위꼬리, 아래꼬리는 각 봉에서 위, 아래로 주가가 올랐거나 내렸던 흔적을 의미합니다. 시장에서는 아래꼬리는 주가를 받쳐줬다는 긍정적 시그널이고 위꼬리는 매도세가 강하다는 부정적 시그널이라고 설명하는 경우가 대다수입니다만, 그런 고정관념 갖지 마시고 그냥 위꼬리와 아래꼬리라는 개념이 있구나 정도로 생각해주세요. 모든 케이스마다 해석이 달라지기 때문입니다.

지지와 저항
:
지지선과 저항선은 차트에 자동으로 표시되는 지표는 아니고, 차트의 수평선 기능을 이용해 직접 이리저리 그어보는 분석 도구입니다.

- **지지** : 주가가 하락하다가 더 떨어지지 않고 멈칫하거나 반등하는 지점을 말합니다. 마치 뭔가가 바닥에서 지지해주는 것처럼요. 차트에서 이 지점을 연결한 것이 지지선입니다.

- **저항** : 주가가 상승하다가 더 오르지 못하고 멈칫하거나 반락하는 지점을 말합니다. 마치 천장을 막아놓은 것처럼요. 차트에서 이 지점을 연결한 것이 저항선입니다.

간단히 말하면, 주가가 오르다가 멈추는 가격대를 저항선, 떨어지지 않고 버티는 가격대를 지지선이라고 합니다. 지지와 저항이 생기는 이유는 과거에 그 가격대에서 손바뀜이 있었기 때문입니다. 대기하고 있던 잠재적 매도자/매수자들이 이 지점에 이르면 '충분히 올랐군/떨어졌군' 하는 판단을 하며 매도/매수하기 때문에 추세가 바뀌는 것입니다.

지지선과 저항선을 긋는 정해진 법칙은 없습니다. 다만 저는 거래량이 많이 터진 지점들을 중점적으로 보는 편입니다. 그 지점의 종가를 기준으로 수평선을 그어보면 기가 막히게 지지선 또는 저항선으로 연결되는 것을 종종 볼 수 있습니다.

이처럼 지지와 저항은 매매 시점을 포착하는 지표로 활용되는 만큼, 차트 분석에서 매우 중요합니다. 뒤에서 더 상세하게 다루겠습니다(378쪽 참고).

추세선

주가는 추세를 가지고 움직이며, 특별한 힘이 개입하지 않는 이상 추세는 같은 방향으로 지속됩니다. 이러한 추세를 알아보기 쉽게 직선으로 나타낸

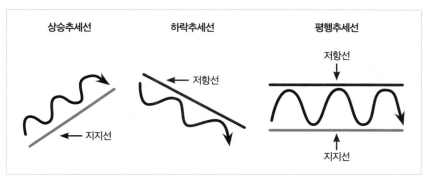

추세선

것이 추세선입니다. 추세선은 주가의 고점끼리 혹은 저점끼리 이어서 긋습니다. 주가 상승 시 저점을 연결하면 상승추세선이 되고, 이는 지지선이기도 합니다. 반대로 주가 하락 시 고점을 연결하면 하락추세선이 되고, 이는 저항선 역할을 하죠.

지지선·저항선과 마찬가지로 HTS에서 직접 그어볼 수 있고, 사용자 설정에 따라 자동으로 표시해주는 기능도 있습니다. 뭐든 많이 그어보세요.

03 관점 만들기

차트는 무한에 가깝게 생성됩니다. 날마다 2,300여 개 종목에서 장이 운영되는 6시간 30분 동안 계속해서 새로운 모양을 만들어냅니다. 거기에다 분봉과 초봉 차트에서도 새로운 그림들이 생성되지요.

그렇기 때문에 차트는 단순히 보는 게 아니라 어떻게 '인지'하느냐가 중요합니다. 어떤 차트를 보건 과거의 어느 한 유형과 비슷한 것으로 분류해낼 수 있는 인지능력이 핵심입니다. 어렵죠. 수도 없이 많은 순간의 유형을 인간의 뇌로 어떻게 다 기억하겠습니까.

그래서 '관점'이 필요한 것입니다.

지금 제가 책의 한 면을 백지로 만들어보겠습니다.
10초간 옆의 백지를 가만히 봐주세요.

아무 점도 없던 백지를 볼 때는 시선이 왔다 갔다 제멋대로였죠? 그러나 굵은 점 하나가 찍힌 다음에는 어땠나요? 자연스럽게 그 점만 보이죠? 이게 바로 관점입니다. 제가 원하는 차트를 빠르게 찾아내는 건 '××와 같은 차트 모양을 찾겠다는 관점'이 있기 때문입니다.

어떤 사람을 보면 똑같은 24시간인데 말도 안 되는 일들을 해내죠? 인생에 명확한 관점이 있기 때문입니다. 해야 할 일이 분명한 사람, 일의 경중을 아는 사람은 남들보다 빠릅니다.

다시 차트로 돌아옵시다.

저는 차트를 보는 관점을 크게 세 가지 유형으로 정했습니다. 모든 차트를 들쑤시지 않고 약속한 딱 세 가지 유형의 차트만 매매할 종목으로 간주하는 거죠.

유목민이 보는 차트

- 150억·500억봉이 등장한 차트
- 3~120일선 차트
- 바닥주와 그 외 종목들

먼저, **150억·500억봉이 등장한 차트**는 시장에서 가장 주목받은 종목군입니다. 150억 원 이상 거래금액이 터진다는 것은 시장 참여자 대다수의 공감 없이는 일어날 수 없는 일입니다. 그래서 이 정도로 거래금액이 터진 종목군은 '급등주' 혹은 '대장주', '주도주'로 불리면서 당분간 시장 관심의 중심이 됩니다. 150억·500억봉이 등장한 종목의 차트를 확인한 후에는 3, 5, 8, 10, 15, 20일선까지 추적 관찰합니다.

다음으로 **3~120일선 차트**는 개별 종목들의 이동평균선을 추적하는 방식입니다. 3, 5, 8, 10, 15, 20, 33, 45, 60, 100, 120일선을 주로 보고요, 각 종목들의 추세 및 매매를 위한 기본 판단이 됩니다. 중요한 건, 모든 종목을 보는 게 아니라 과거에 150억봉이나 500억봉이 뜬 적 있는 등 시장에서 큰 관심을 끌었던 종목 위주로 살피는 것입니다.

바닥주와 그 외 종목들은 장기투자 혹은 스윙투자를 위한 진입 시점을 파악하기 위해서 지켜보는 차트들입니다. 현재는 다소 관심 소외 상태지만 과거에 큰 주목을 받았고, 종목 고유의 재료가 다가올 시황에 적절하다고 판단되는 종목 중심으로 봅니다. 특히 이 바닥주들에서 224일선을 뚫거나 뚫으려는 종목을 관심 깊게 살핍니다.

갑자기 모르는 개념들이 대거 등장했죠? 아직까지는 모르는 게 당연합니다. 앞으로 이어지는 장들에서 하나하나 상세히 다루도록 하겠습니다.

CHAPTER 10

추세 전환을
읽는 힘

01 이동평균선이란 무엇인가

이동평균선

:

일정 기간 동안의 '주가 평균'을 이은 선으로, 이평선이라고도 합니다. 주식 시장에서 기술적 분석을 하기 위해 쓰는 기본 도구 중 하나죠.

보통 이평선은 20일까지는 단기, 60일은 중기, 120일선과 그 이상은 장기로 구분합니다. 여기서 기간은 '거래일'을 기준으로 합니다. 주말에는 장이 열리지 않기 때문에 일주일은 5거래일입니다. 그래서 5일선은 일주일 거래의 평균선이 됩니다. 한 달의 거래일은 보통 20일이죠. 따라서 20일 이평선은 한 달 치 거래의 평균선이 됩니다. 20일×6개월＝120일이므로, 120일선은 반년간의 이평선이 됩니다. 제가 자주 쓰는 224일선은 120일×2＝240일에서 공휴일 등을 적절히 빼면 나오는 평균 연간 거래일입니다.

주가뿐 아니라 거래량, 거래대금 등 다양한 데이터를 이동평균선으로 나

에코프로 차트, 6가지 이평선을 설정했다

타낼 수 있습니다. 이를 사용하는 주된 용도는 과거의 기록으로 미래를 예측하는 것입니다. 추세를 식별하고 예측하고 데이터 패턴의 변화를 감지하는 데 유용합니다(여기서 느낌이 와야 하는데요. 공식이 아니라 해석이 중요한 이유가 됩니다).

개인 투자자들은 5, 10, 20, 60, 120일선 세트를 가장 많이 사용하는데요. HTS를 설치했을 때 초기 설정돼 있는 이평선이기 때문입니다. 업데이트를 안 하고 설정된 그대로 쓰는 사람들이 그만큼 많다는 이야기죠. 저는 뒤에서 이야기할 파생 이평선을 추가 설정해서 보고 있습니다.

이동평균선의 핵심은 '추세'

이평선은 기술적 분석의 꽃이자 가장 기본적인 요소지만, 이를 지나치게 맹신하는 것은 화를 부릅니다.

이동평균이란 지정된 기간 동안의 데이터를 '평균' 낸 통계 계산입니다. 여기서 핵심은 평균이에요. 하루에도 주가는 밑으로 −30% 위로 +30%씩 움직일 수 있잖아요. 변동성이 엄청나죠. 그래서 '평균'으로 계산하는 겁니다. 단기 변동을 완화하고 장기 패턴을 강조하여 데이터의 '추세'를 식별하는 용도로 쓰이죠. 그러니까 가격의 평균값을 나타내는 것에 불과하지 특별한 의미를 담고 있는 건 아닙니다. 의미가 있다면 앞서도 말했듯 **'현재'의 추세를 식별하고 '과거'의 데이터와 비교해서 '미래'의 데이터 패턴을 감지하는 데 쓰인다는 것.** 그리고 미래의 데이터 패턴 역시 '추세'입니다. 결국 어떤 자리를 지지하고 오를지, 저항을 맞고 떨어질지, 횡보할지 판단하는 근거로 사용하는 거죠. 이 추세를 판단하는 건 각자의 경험적 지식에 따라 달라집니다. 해석이 중요하다는 뜻입니다. 그래서 공식처럼 알고 있으면 큰코다칩니다.

해석 연습 : 이평선의 상승 추세

해석 연습을 해볼까요. 이동평균선이 상승 추세라면 시장에서 그 종목에 대한 투자 심리가 상승 중이라는 뜻입니다. 단기 이평선들이 상승 중이라면 이 종목에 참가한 단기투자자들이 상승 예측을 강하게 하고 있다는 이야기입니다. 장기 이평선이 상승 추세라면 이 종목에 투자한 장기투자자들의 투자 심리가 좋다는 이야기가 됩니다.

만약 장기 이평선은 하락 추세인 데 반해 단기 이평선이 상승 추세라면 어떻게 해석할 수 있을까요? 단기투자자들은 이 종목을 좋게 보고 있지만 장기투자자들은 매도 심리가 강하다고 해석할 수 있을 겁니다. 그렇다면 높은 확률로 장기 이평선의 저항을 뚫지 못하고 하락할 확률이 높아지는 겁니다. 그 때문에 장기 이평선을 단기에 뚫으려면 1. 재료 2. 차트 3. 거래량

4. 시황까지 모두 맞아떨어져야 하는 거고요.

해석 연습: 20일 이평선

해석을 더 연습해봅시다. 보통 '20일 이평선은 생명선'이라고들 말합니다. 단기 이평선의 최후 보루인 20일선을 깰 경우 투자 심리가 크게 훼손되어 주가 급락이 오는 경우가 많아서 그렇습니다. 현재 주가가 20일선 위에 있다는 것은 20일 내에 산 투자자들의 대부분이 수익 중이라는 뜻입니다. 반대로 현재 주가가 20일선 아래에 있다는 것은 20일 내에 산 투자자들 대부분이 손실 중이라는 뜻이죠. 대부분 단기투자자들의 원금회복 심리가 강한 상태여서 20일선 부근에만 와도 가지고 있던 물린 물량을 던지는 경향이 아주 거셉니다. 그래서 주가 상승이 잘 일어나지 않습니다. 따라서 **단기투자를 한다면 20일선 위에서 하는 게 정석입니다.**

 투자 성향에 따른 매매 시점

단기투자를 한다면 단기 이평선 추세가 살아 있는 때에 매매합니다. 스윙을 한다면 중기 이평선이 살아 있는 때에 하는 게 맞겠죠. 장기투자를 한다면? 오히려 장기 이평선들이 망가지고 충분히 가격이 내려간 상태에서 시작하는 게 맞을 겁니다.

정배열과 역배열

정배열이란 단기 이평선이 장기 이평선의 위에 위치할 때를 의미합니다. 반대의 경우는 **역배열**이라고 합니다. 3, 5, 10, 20, 60, 120일선으로 층층이 쌓여 있다면 정배열이고요. 120, 60, 20, 10, 5, 3으로 쌓여 있다면 역배열이 되겠죠.

정배열(좌)과 역배열(우)

상대적으로 보기도 합니다. 20, 5, 10, 60, 120일선 순으로 쌓여 있다면 20일선 대비 5, 10일선은 역배열이겠지만, 20일선은 60, 120일선 대비는 정배열입니다.

모든 이평선이 정배열일 경우 당연히 차트는 우상향으로 그려집니다. 반대로 모든 이평선이 역배열이라면 차트는 우하향으로 나오게 됩니다.

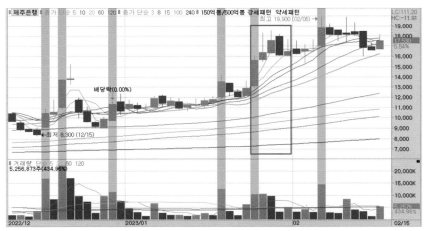

제주은행 차트, 초록색 상자 부분이 완벽한 정배열 예시

정배열에서는 저가 매수세가 나타난다

정배열과 역배열 역시 '추세'입니다. 정배열일 경우에는 주가가 하락할 때마다 '저가 매수세'가 나타나게 됩니다. 왜일까요? 정배열이라는 것은 '상승 추세'라는 것이고 모든 시장 참여자들이 상승한다는 기대 심리가 있는 만큼 주가가 내려오면 싸게 사서 더 큰 수익을 내려는 심리가 지배하고 있기 때문입니다. 시장의 관심이 모여 있기 때문에 거래량도 충분합니다.

그러나 또 해석의 영역이 나오죠. 이렇게 정배열인 상태에서 주가가 하락할 때 저가 매수세가 등장해서 반등을 한다고 했는데, 만일 나올 거라고 예상한 '저가 매수세'가 나오지 않는다면? 그건 자신보다 똑똑한 시장 참여자들이 리스크 시그널을 감지했다는 뜻으로 봐야겠죠.

반대로 역배열에서는 어떤 일이 일어날까요. 바닥인 줄 알고 샀던 사람들이 계속해서 손절하거나 물리는 일이 발생합니다. 그래서 주가가 5일선 위로 올라서는 것 자체가 매우 어렵습니다. 싸다고 생각했지만 더 빠지니 바로 던져버리는 거죠. 5일선 가까이 올라오기만 해도 원금 회복 심리에 매도하기 시작하는데요. 역배열 상황에서는 거래량 자체가 적기 때문에 아주 소수의 매도세만으로도 주가는 다시 망가지게 됩니다.

골든크로스와 데드크로스

역배열 상태에서 정배열로 만들어지는 때를 '골든크로스'라고 합니다. 단기 이평선이 장기 이평선을 뚫고 올라갈 때죠.

반대로 정배열 상태에서 역배열로 만들어지는 때를 '데드크로스'라고 합니다. 단기 이평선이 장기 이평선을 뚫고 우하향할 때를 말합니다.

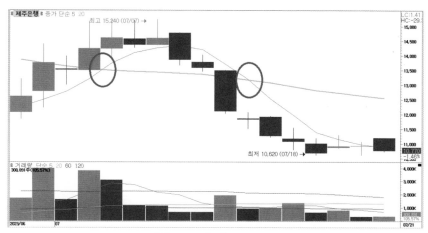

골든크로스(좌), 데드크로스(우)

이동평균선 설정하기
:
이평선 변경

1) **차트** 화면에서 왼쪽 상단의 **종가 단순 5 10 20 60 120**(빨간색 상자)을 더블클릭. 화면에 있는 아무 이동평균선 가운데 하나를 더블클릭해도 됩니다.

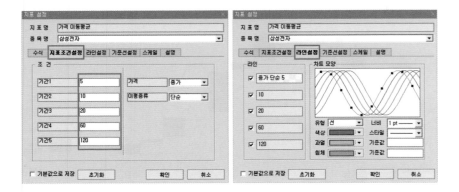

2) **지표조건설정**을 클릭한 후 원하는 이동평균선으로 변경해주세요. (예를 들어 3을 입력하면 3일선, 8을 입력하면 8일선, 100을 입력하면 100일선이 됩니다.)

3) **라인설정** 탭을 클릭한 후 선의 색상, 너비(굵기), 스타일 등도 변경할 수 있습니다.

새 이평선 추가

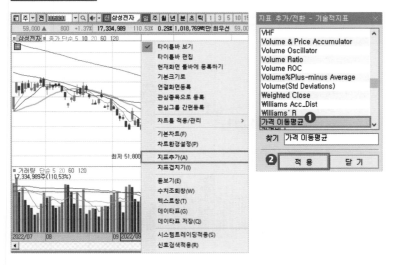

1) **차트** 화면에서 **마우스 우클릭 → 지표추가**를 클릭해주세요.

2) ① **가격 이동평균** 입력 후, ② **적용** 버튼을 클릭해주세요.

기존에 있었던 이동평균선 이외에 5개의 선이 추가된 것을 확인할 수 있습니다. 이후에는 앞서 설명한 것과 동일하게 더블클릭하여 원하는 설정으로 변경하면 됩니다.

MTS에서 이평선 설정하기

1) MTS 앱을 실행한 후 **종목차트** 화면에서 **톱니바퀴** 아이콘(설정)을 클릭해주세요.

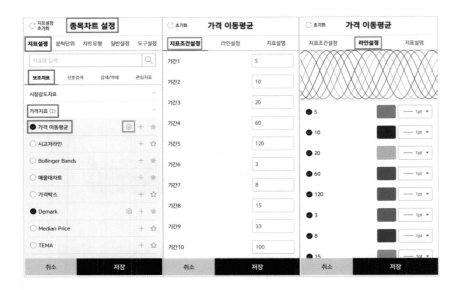

2) **종목차트설정** → **지표설정**에서 **보조지표**→**가격지표**→**가격 이동평균**을 선택한 후, **톱니바퀴**를 클릭합니다.

3) **지표조건설정** 탭에서 추가 및 변경하고 싶은 이동평균선에 해당하는 숫자를 입력해주세요.

4) **라인설정** 탭에서 이평선의 색상과 너비를 변경할 수 있습니다.

02 이동평균선의 심리적 관점

앞서 이동평균선은 '일정 기간 주가를 평균으로 이은 선'이라고 말씀드렸습니다. 또 이평선의 핵심은 '추세'라고 설명드렸는데요. 이 두 요소를 연결하면 심리가 됩니다. **차트라는 것 자체가 해당 종목을 둘러싼 그날그날 욕망의 결집을 점과 선으로 이은 것이니까요.**

이번 장에서는 우리가 공부하면서 마주하게 될 여러 이평선을 살펴보고 심리적 관점에서 분석해보겠습니다. 저는 이동평균선을 '기본 이평선'과 '파생 이평선'으로 나눕니다.

기본 이동평균선은 우리가 HTS를 켜면 보이는 5일, 20일, 60일, 120일선입니다. **파생 이동평균선**은 기본 이동평균선을 다른 관점으로 보는 이평선으로, 저는 3일선, 8일선, 15일선, 33일선, 45일선, 100일선, 224일선을 주로 봅니다. 그리고 이들 각 이동평균선은 상승 추세와 하락 추세일 때마다 다른 의미를 가집니다. 하나씩 살펴보시죠.

쉽지 않은 내용이고 이를 한 번에 이해하기도 어렵습니다. 매일 생겨나는 수많은 사례를 집중적으로 공부하는 게 중요합니다.

기본 이평선 해석하기 (5, 20, 60, 120일선)

:

모든 시세의 시작, 5일선

5일선은 5거래일간 주가의 평균을 이은 선입니다. 횡보를 하던 종목이 시세를 보이기 시작할 때 5일선부터 타야 하죠. **상승 추세에서 핵심은 주가가 5일선을 깨지 않고 오른다는 겁니다.** 다음 에코프로 차트를 보면 5일선을 깨지 않죠. 5일선을 타고 주가가 지속적으로 오릅니다.

기본적으로 급등주는 5일선 위에서 놉니다. 눌림목 매매도 5일선 위에서 진행합니다. 힘 있는 종목이 얼마 안 가서 5일선을 깨고 내려간다면, 처

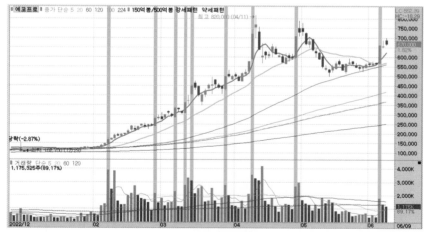

에코프로 차트, 5일선(핑크색)

음부터 갈 종목이 아니었다는 뜻이 됩니다. 시장의 관심을 받고 있으니 시장참여자들의 매수세에 5일선을 타고 오르는 건데, 이게 금방 깨지면 안 되겠죠.

5일선 매매는 아주 기초적인 매매입니다. 기초 중의 기초지만 투자자 대다수가 그냥 공식처럼 외워둔 터라 제대로 적용을 못 합니다. 5일선이라는 것은 5거래일의 평균 가격을 나타냅니다. 그리고 현재가(종가)가 5일선 위에 있다는 것은 일주일간 시장 참여자들은 수익 중이라는 이야기죠. 즉, **5일선 매매는 횡보 혹은 상승 추세에 접어들었을 때 의미가 있는 것**입니다. 주가가 5일선 밑에 있다가(=하락 추세였다가) 5일선 위로 올라섰을 때부터 관심을 갖는 것이죠.

하지만 급격히 5일선을 뛰어넘는 종목이라면(테마주 편입 등) 상승 후 5일선을 밟아주는 눌림이 왔을 때 매수를 하는 게 맞습니다.

엑세스바이오 차트를 보면 오래 우하향해온 차트임에도 주가가 5일선 위로 올라올 때마다 약하지만 상승세로 바뀌는 것을 확인할 수 있습니다.

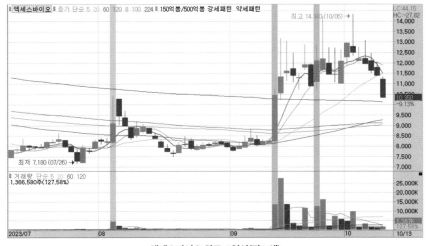

엑세스바이오 차트, 5일선(핑크색)

그리고 다시 5일선을 깰 때마다 하락 추세로 바뀝니다. 특히 5일선 위로 올라오더라도 눌림에서 5일선을 지지하지 못하는 경우에는 그냥 주가가 나락으로 빠집니다.

그런데 여기에 3일선과 8일선을 추가해서 볼까요.

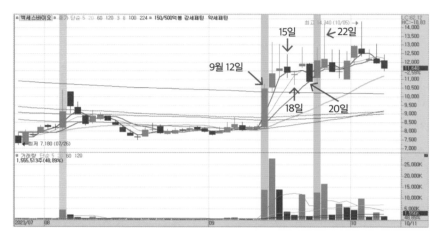

엑세스바이오 차트, 3일선(연두색)·8일선(하늘색)

9월 12일에 주황색 500억봉이 뜬 이후로 다음날 9월 13일 첫 눌림에서 3일선 지지를 해줍니다. 14일과 15일도 3일선 지지를 해주죠. 그리고 9월 18일에는 5일선을 깨는가 싶더니 종가는 정확하게 5일선에서 종료합니다. 그리고 다음 날인 19일에는 갭과 함께 13%에 달하는 상승률을 보여줍니다.

20일에는 음봉이 크게 빠지는 듯하지만, '거래량은 감소하면서 음봉(거감음봉)'이 나왔죠. 동시에 8일선을 정확하게 지지해줍니다. 다음 날인 21일에는 18% 상승을 보여주면서 500억봉을 다시 만들어냅니다. 또 다음 날인 22일에는 추가로 17% 상승을 보여주고요.

하락 추세 종목은 주가가 5일선 위로 올라가는 것 자체가 어렵습니다. 바닥인 줄 알고 샀던 물량들을 계속 손절하는 통에 내려가는 거죠. 그래서 관심 있는 종목이라면 주가가 5일선 위로 올라가는지부터 보는 게 우선입니다. 5일선 위로 올라섰다면 최소한 5일간 물린 사람들의 물량은 다 소화시켰구나, 하고 생각하면 됩니다. 역전의 발판이랄까요.

솔트룩스 차트에서 보면 5일선 위로 올라섰다가 다시 빠지고, 빠지고를 반복하는 것을 확인할 수 있습니다.

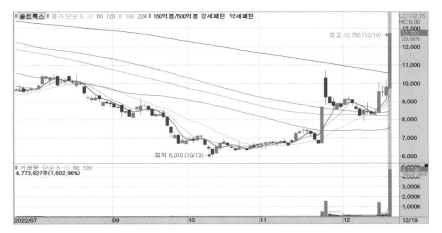

솔트룩스 차트, 5일선(핑크색)

상승 추세라면 반드시 지켜야 하는 20일선

20일선은 단기 매매에서 '생명선'이라고 부릅니다. 20일선을 깨면 추세가 깨진다고 해서 붙은 별칭입니다.

보통 급등했던 종목들은 조정받다가 20일선에서는 반등을 줍니다. 제가 보기에는 20일선을 만드는 한 달이라는 기간이 포인트인 것 같습니다. 즉 한 달 정도 지나며 사람들 기억에서 사라질 만한 시점까지 내려가다가 '재료가 살아 있을 경우' 재부각되면서 그 지점에서 '아! 맞다! 그렇지!' 하는 투자심리 자극과 함께 올라가는 것이죠.

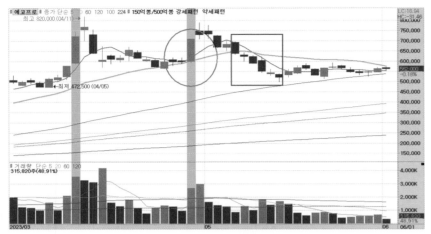

에코프로 차트, 20일선(노란색)

에코프로 차트도 20일선에서 큰 반등을 주지요(빨간색 동그라미). 이렇게 크게 상승 추세였던 차트에서는 정배열이 안 깨졌기 때문에 20일선쯤에서 '저가 매수세'가 붙는 겁니다.

그런데 이게 깨지면? 오히려 단기투자자(20일선 이내)들이 모두 물량을 던지고, 그 결과 '급락'하게 됩니다. 실제 에코프로 차트에서 20일선을 지키지 못하자 급락이 나오는 것을 확인할 수 있습니다(초록색 상자).

하락 추세에 있다가 5일선 위로 올라온 종목이라면? 이제는 20일선을 뚫으러 가야 합니다. 20일선이니 한 달간 물렸던 친구들과 싸워야 하죠. 보통 힘없는 종목은 20일선을 뚫지 못하고 내려앉습니다. 반면 일단 뚫고 올라섰다면 이제 더 관심을 가져야 합니다.

마지막 남은 반등 자리, 60일선

하락 추세에서 5일선, 20일선을 뚫고 올라왔다면? 이제 3개월간 물린 이들과 싸워야 할 자리가 60일선입니다.

아직 3개월밖에 안 돼서 물린 투자자들의 정신이 바짝 날 서 있습니다. 언제든 평단(평균단가)만 회복하면 던질 준비가 돼 있죠. 크게 물리고서 '하느님, 원금 회복만 시켜주시면 다시는 주식 안 하겠습니다' 하고 기다리는 이들이 많아요. 그래서 60일선을 뚫는 건 정말 쉽지 않습니다. 중대급 전투 병력들과 대전을 치러야 하죠. 여기를 못 뚫었을 경우 20일선을 지지하는지 확인해야 합니다. 지지하면 재차 60일선과 전투를 치르는데요. 보통 하향 추세에서 60일선을 깨는 경우엔 대규모 거래량을 동반합니다.

그런가 하면 **60일선은 중기 이평선 최후의 보루, 마지막 반등 자리입니다.** 60일선을 깨면 이제 테마나 주도주로의 수명은 다했다고 봐야 합니다. 물린 지 오래된 분들도 3개월이면 아직 버틸 만하죠. 그래서 호재가 나오면 다시 꿈틀거리고 기대감도 살아 있습니다.

하락 추세였던 종목에서 단기 이평선들이 중장기 선을 차례로 '골든크로스'하는 순간이 오는데요. 바로 큰 반등이 시작되는 때입니다. 노을의 2023년 8월 25일 차트를 보면 5, 20, 60일선이 모두 겹치면서 동시에 20일

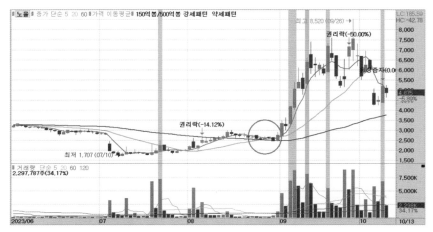

노을 차트, 60일선(초록색) 골든크로스

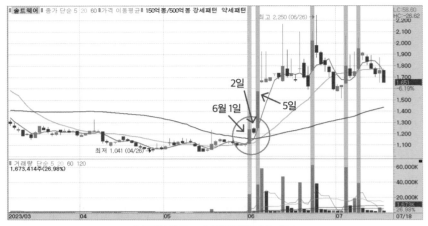

솔트웨어 차트, 60일선(초록색) 골든크로스

선이 60일선을 골든크로스합니다. 이후 추세가 바뀌면서 주가는 4배 이상 오르죠.

솔트웨어 차트도 같습니다. 6월 1일 5일선이 60일선을 돌파하면서 추세를 돌리더니, 6월 2일에는 '거감음봉'이 나오고, 다음 날인 6월 5일에는 결국 20일선마저 60일선을 돌파하는 골든크로스를 만들어내고 나중에는 6월 1일 대비 100% 이상 주가 상승을 이뤄냅니다.

단, 이렇게 60일선 골든크로스까지 만들어내면서 추세 전환을 만들어 낸 종목들이 다시 60일선까지 내려온다면, 판단을 잘해야 합니다. 여전히 이 종목이 포함된 섹터가 주도 테마라면 다시 매매해도 되겠지만, 이미 인기를 잃은 테마가 됐다면 재진입에 신중을 기해야 합니다.

모두가 잊었지만 반복되는 역사, 120일선

시장을 움직였던 주도주라면 120일선에서 한 번은 반등을 줍니다. 여기까지 깨면 볼 것도 없고요. **보유자 측면에서는(물린 경우) 물타기를 해야 할 구**

간이고, 미보유자 입장에서는 '기술적 반등'*이 나오는지 확인하고 짧게 들어가 볼 만한 구간입니다.

하락 추세에서 보자면, 120일선은 6개월간 보유한 이들이 대기하고 있는 곳입니다. 이제 정신력이 고갈될 때쯤이죠. 여기를 깨고 내려가면 자포자기하는 물량이 나올 확률이 높습니다. 물린 지 반년이 넘어가는지라 그냥 매일 원금 수준에 걸어두고 잘 들여다보지 않는 이들의 물량입니다. 대놓은 물량이 많아서 그렇지 실제 전투 자체는 어렵지 않습니다. 까다롭지만 의외로 엉성한 관문이랄까요.

> **기술적 반등**
> 개별 종목이나 시장 전체가 급격한 하락세를 타다가 '일시적'으로 상승세로 전환되는 현상을 말한다. 주가가 충분히 하락했다고 판단하고 매수를 시작하는 투자자들의 심리가 반영된 것. 장기적인 추세 전환을 의미하지는 않는다. 반대로 급격하게 상승하다가 일시적으로 떨어지는 현상은 '기술적 반락'이라고 한다.

그날 매수세가 120일선에 걸려 있는 매도 덩어리 물량을 쳐내느냐 아니냐, 딱 그 싸움 하나입니다. 그걸 못 뚫으면 힘이 부족하다는 거고요. 못 뚫고 위꼬리를 길게 남기며 내려오면, 상당히 지루한 싸움을 해나가야 합니다. 먼저 60일선 지지 확인부터 해야 하고, 지지 못 하면 도망쳐야 합니다. 120일선 돌파는 못 했지만 60일선 지지를 해낸다면 다시 병력을 모아 120일선 전투를 진행할 건데요. 60일선 돌파 때처럼 120일선 돌파 역시 대규모 거래를 동반하는 경우가 많습니다.

그런데 재밌는 건, 해당 종목의 과거 차트가 120일선에서 반등을 자주 준 종목이라면 이번에도 반등할 확률이 높다고 볼 수 있습니다. 과거 기록을 살펴보세요.

파생 이평선 해석하기
(3, 8, 15, 33, 45, 100, 224일선)
:

앞서 살펴본 5, 20, 60, 120일선을 한번 생각해보세요. 기본 선들이므로 다들 잘 아는 이평선인데요. 모두가 아는 5일선, 20일선, 60일선, 120일선을 기다리고 있다면 남들보다 초과수익을 내기 어려울 겁니다. **우리는 누구나 알고 있는 이평선의 의미조차 조금 확장해서 생각해봐야 합니다.** 남들보다 더 빨리 싸게 사고, 더 빨리 비싸게 팔아야 하는 것이죠.

급등주는 더 빠르게, 3일선

급등주일 경우에는 5일선 매매 방식이 잘 들어맞지 않습니다. 급등주라는 것은 매도 세력보다 매수 세력이 더 강한 상태인데, 이 경우 5일선까지 가지 않고 3일선을 타는 경우가 아주 많습니다. **정말 강한 급등주는 5일선 조정은커녕 3일선 조정으로 끝나버립니다.**

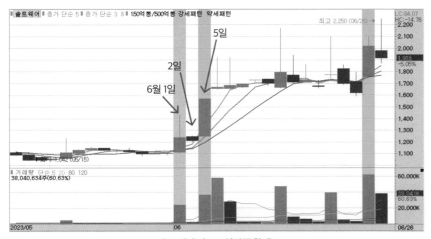

솔트웨어 차트, 3일선(주황색)

앞서 60일선에서 살펴봤던 솔트웨어 차트를 3, 5, 8일선만 보이게 한 차트입니다. 6월 1일 첫 150억봉(분홍색 기둥) 이후 이튿날인 2일에 '거감음봉'이 나오면서 3일선 지지를 합니다. 6월 5일에는 첫 500억봉이 나온 후 다음 날부터 지속적으로 3일선 지지를 합니다. 5일선에서 매수 타이밍을 잡으려 했다면 잘 잡히지 않죠.

5일선 손절 물량을 먹고 가는 8일선

이번에는 8일선입니다. 5일선 지지를 못 한다고 보고 손절한 단기투자 매물은 8일선에서 받아주고 반등하는 경우가 많습니다. 이것도 결국 심리적 요인에서 비롯합니다.

급등한 종목에서 매수를 위해 5일선을 기다리는 투자자가 아주 많을 겁니다. 또, 고점에서 산 단기투자자라면 5일선을 손절할 지점으로 생각하고 있을 수 있습니다.

그런데 만일 매도세가 너무 강해서 5일선이 깨지는 순간 어떻게 될까요? 즉, '5일선에서 사려는 매수세 < 5일선을 손절 라인으로 생각한 매도세' 상황이라면? 만일 세력이 있다면(여기서 세력이란 주가를 움직일 만한 자본을 가진 '큰손'을 뜻합니다. 작전이나 주가 조작 얘기가 아닙니다), 5일선 손절 물량을 모두 받아 가려고 할 것입니다. 그리고 너무 떨어져서 10일선을 깬다면 투심이 무너질 수 있기 때문에, 강한 상승세를 위해 10일선까지는 가지 않으려 합니다. 바로 그 선이 8일선입니다. 8일선은 세력이 존재하는 모든 차트에 적용됩니다. 저는 이 8일선으로 자주 벌곤 했습니다.

다시 한번 말하지만, **주식은 심리 게임입니다. 모두가 5일선을 보고 있을 때 우리는 3일선과 8일선을 보면서 대응하는 것입니다.**

셀바스AI 차트에서 확인할 수 있습니다. AI 테마를 타고 큰 주가 상승을

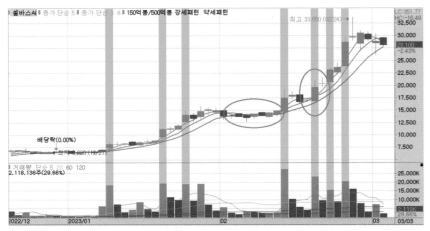

셀바스AI 차트, 8일선(하늘색)

견인한 셀바스AI는 첫 번째 동그라미 부근에서 8일선 지지를 쭉 하다가 다시 오르고, 두 번째 동그라미에서도 8일선 지지를 확인하고 주가가 재급등합니다.

하지만 8일선에서 살 여유조차 안 주는 경우가 있습니다. 그 경우 작동하는 이평선이 바로 7일선입니다. 그런데 7일선에서 작동하는 종목은 너무 급박하게 진행되고 이미 상당히 올라 있는 상태이기 때문에, 보통 강심장으로는 접근하기 어렵습니다.

8일선은 다시 한번 확장할 수 있습니다. 저 혼자 '돌림 8일선'이라고 부르는데요. 8일선이 5일선 손절 물량을 받아먹고 오르는 차트라고 했지요? '돌림 8일선'은 8일선을 깨고 10일선을 터치하고 올라가는 차트를 말합니다. 10일선 차트 플레이라고도 볼 수 있겠죠.

이처럼 차트는 사실 말 붙이기 나름입니다. 절대적 의미를 부여하지 마세요. 관점 하나를 더 가져간다 정도로 생각해야지 이런 걸 비법으로 생각하는 순간 말리게 됩니다. 왜냐고요? 나만 아는 비법이라고 생각하면 모든 걸 거기에 억지로 끼워 맞추기 시작하거든요. 그러다 탈이 나는 거죠.

생명선의 조급함을 역이용, 15일선

20일선 조정을 기다리는 매수 세력이 있기 때문에 강한 종목은 15일선에서 반등을 줍니다. 심리적으로 분석해봅시다. 10일선까지 깬 차트라면 많은 사람이 20일선 지지선에서 매수 혹은 손절을 생각할 것입니다. 이때, 20일선에서 대기하고 있는 사람들이 많을수록(생명선이니까요) 조급함 탓에 매수 심리가 강해질 것이고, 20일선에서 따라 들어오는 개미 투자자를 데리고 가지 않기 위해서 더 빨리 살 수도 있습니다. 이때 작용하는 선이 15일선입니다.

직장인의 친구 45일선, 정찰병 자리 33일선

20일선과 60일선 사이의 미묘한 조정에서 33일선과 45일선이 나오게 됩니다. 60일선에서 반등 줄 종목들은 미리 33~45일 사이에서 미리 반등을 주기도 하더군요.

생명선인 20일선이 무너졌다, 그러면 다음에 볼 전통적인 이평선은 어떤 것이죠? 네. 바로 60일선입니다. 45일선은 20일선과 60일선 사이에서 일어나는 공방의 한가운데 있는 이평선입니다. 제가 직장 다닐 때 주력으로 써먹었습니다. 45일선은 직장인 최고의 친구로 불러도 무방합니다. 단, 경험이 꼭 필요해요.

45일선 매매의 최대 장점은, 하락 차트에서 반등을 노리는 만큼 낮은 가격에서 수량을 확보하기 매우 좋다는 것입니다. 오르는 차트는 계속 올려서 사야 하지만, 떨어지는 차트는 수량을 확보하기 매우 편하지요. 낙주 매매* 의 일종입니다.

45일선 매매의 가장 큰 장점이, 45일선에서 바로 오르지 않더라도 60일선까지 가지 않을 경우에는 거의 높은 확률로 올라간다는 겁니다. 당일에서 5일 내에 승부 내기 좋은 기법이지요.

레인보우로보틱스 차트를 보겠습니다. 삼성전자가 로봇 사업 확장의 발판으로 이 회사의 2대 주주가 된 것이 큰 시세 상승을 일으켰죠. 3월 14일에 45일선 지지를 받고 다시 100% 주가 상승을 이뤄냅니다.

이처럼 45일선 매매 기법은 급등 후 첫 45일선에서 아주 잘 먹힙니다. 그다음 45일선(저는 이걸 2파라고 부릅니다)에서는 확률이 확 떨어져요. 이왕이면 확률이 높은 데서 시도하는 게 좋죠. 2파부터는 무시합니다. 혹은 1파에 비해 10분의 1 비중으로 소량만 싣거나요.

낙주 매매

투매가 나오는 종목에서 반등을 노리는 기법. 투매란 주가 하락이 예상될 때 손해를 무릅쓰고라도 대량으로 싸게 파는 것으로, 주가 급락 현상을 야기한다. 이때 그냥 쭉 내려가지 않고 반등이 생기는데, 이를 노려서 매매한다

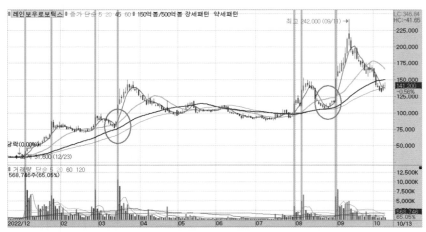

레인보우로보틱스 차트, 45일선(파란색)

45일선도 반드시 피해야 할 상황이 있습니다. 낙주 매매인 만큼 반드시 조심해야 할 부분이기도 한데요. 거래량이 늘어나면서 45일선에 닿을 경우에는 조심해야 합니다.

다시 레인보우로보틱스 차트를 보시죠. 10월 5일에 오히려 거래량이 증가하면서 45일선을 깨버립니다. 45일선에서는 거래량이 증가하면 매수 관점이 아니라 안정적으로 60일선까지 기다리는 전략이 유효합니다. 실제로 45일선은 깨졌지만 60일선에서 바닥을 잡으며 우상향 준비를 하고 있음을 확인할 수 있습니다.

낙주 매매를 할 때, 음봉에 거래량이 늘어났을 경우 다음 날도 떨어질 확률이 높습니다. 역시 45일선을 지지하지 못하고, 이후 하락 추세로 전환하기 쉽습니다.

45일선 매매 시에는 꼭 거래량이 줄면서 음봉에 45일선을 지지할 때 사는 것을 염두에 두세요.(그런데 강세장에서는 45일선에서 거래량이 소폭 늘어도 잘 적용됩니다. 유연하게 대응해주세요.)

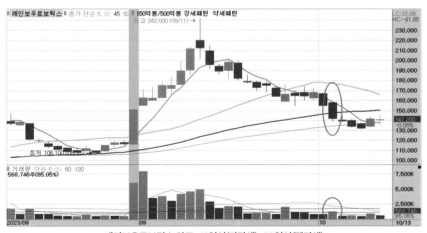

레인보우로보틱스 차트, 45일선(파란색)·60일선(빨간색)

33일선이 나오게 된 배경은 '주식은 대응이다'와 일맥상통합니다. 요즘 45일선까지 오지 않고, 33일선에서 반등하는 경우가 종종 생기더라고요. 그래서 정찰병을 일부 보내둡니다. **33일선에서 가면 정찰병만 수익 보고 끝, 45일선까지 오면 승부를 보는 거죠.**

33일선은 지지와 저항을 잡을 때 꽤 눈여겨볼 만한 이평선이긴 하지만, 45일선이 더 잘 맞는 경향이 있습니다. 실제 저도 45일선을 주로 사용합니다. 33일선의 의미는 45일선 매매에 앞서 정찰병을 보내는 정도로 여기면 무난할 것 같습니다.

역배열 → 정배열 추세 전환 식별, 224-100일선

100일선은 120일선에서 나온 파생 이평선으로, 20주 혹은 100일간의 평균 종가를 의미합니다. 224일선과 함께 이야기할 때는 '중기 추세'를 파악하는 데 사용됩니다. 100일선보다 주가가 위에 있을 때는 상승세, 아래에 있으면 하락세를 의미합니다.

224일선은 120일선의 두 배 관점으로, 40주 혹은 200일간의 평균 종가입니다. 120일선보다 '장기 추세'를 담고 있습니다. 224일선보다 주가가 위에 있으면 상승세, 아래에 있으면 하락세죠.

저는 역배열에서 추세 전환을 하며 주가가 100일선과 224일선 사이로 올라온 차트를 주의 깊게 지켜봅니다. **모든 이평선이 우하향하던 종목이 '밥그릇' 모양을 만들며 100일선 위에서 횡보로 바뀌면 빠른 시일에 224일선을 돌파하러 갑니다.** 이때 224일선을 돌파하는 경우를 저는 **224-100일선 차트**로 부르는데요, 매우 좋아하는 그림입니다. 장기 역배열이던 차트가 정배열로 바뀌는 추세 전환을 식별하는 데 주로 사용합니다.

주가가 역배열에 있다가 224일선보다는 아래에 있지만 100일선 위로 올라왔을 때 어떻게 해석할 수 있을까요? 중기 추세는 상향으로 바뀌었고 장기 추세는 여전히 하향이라는 이야기겠죠? 또한 이 정도라면 단기 추세 역시 상향으로 바뀌었을 겁니다. 이 상황에서 주가가 224일선을 돌파할 경우 단기, 중기, 장기 추세가 모두 상향으로 바뀌면서 모든 이평선이 정배열로 바뀌고 주가가 크게 오를 여건이 마련된다고 추정할 수 있습니다.

반면 100일선 위에 있고 224일선 아래 있던 주가가 224일선을 돌파하지 못하고 빠진다면 어떻게 해석할 수 있을까요? 물려 있던 투자자들의 매도세를 뚫을 만한 힘이 부족한 것일 테고 주가는 다시 횡보성 우하향을 하면서 물량 소화 과정을 거치게 될 겁니다. 이렇게 횡보하다가 다시금 224일을 공략하고 마침내 224일선 위로 올라설 경우 자연스레 모든 이평선이 정배열로 바뀌면서 주가는 상승 동력을 갖게 되겠죠.

특히 224일선을 강하게 '돌파'하거나 돌파 과정 자체를 생략하고 '갭 상승'할 때 향후 아주 큰 시세를 보이는 경우가 잦습니다.

224일선을 돌파할 때 150억·500억봉 수준의 큰 거래대금을 동반하는 경우가 많은 것도 특이점입니다. 물론 시나브로 돌파하는 경우도 있는데요. 두 경우 모두 매매하는 데 도움이 됩니다.

224일선에서 강한 저항선 돌파 혹은 갭 상승이 나올 때
일시적으로 매도 세력보다 매수 세력이 많아지면서 주가가 크게 올라간다.

몇 가지 예를 보면서 공부해볼까요? 잘 나오는 유형을 눈에 익히는 느낌으로 학습해봅시다.

코맥스 차트를 보시죠. 224일선을 강하게 돌파한 후 매물대 소화 과정을 거치다가 500억봉을 두 번 보여주면서 큰 폭 상승을 이뤄냅니다.

코맥스 차트

솔트웨어 차트

솔트웨어도 장기간 역배열에 있다가 100일선을 밟고 올라선 다음 224일선 돌파 시도를 합니다. 224일선 돌파 후 150억봉을 보여주면서 상한가로 종가 마감합니다. 다음 날은 14.47% 상승했지만 강력한 2차 저항선 (전 고점)을 뚫지 못하고 다시 제자리로 돌아왔습니다.

컴퍼니케이 차트도 좋은 예시입니다. 초록색 원을 보면 224일선을 뚫고 위꼬리가 달린 다음 날 224일선을 뛰어넘은 시초가를 형성합니다. 그리고 시세는 폭발하죠. **보통 224일선을 갭으로 뛰어넘어 시초가가 형성될 경우**

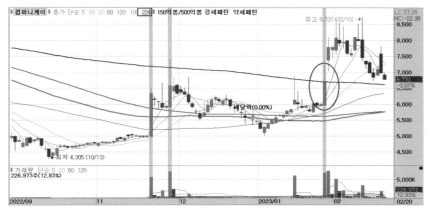

컴퍼니케이 차트

에프에스티 차트

매우 높은 확률로 주가는 급등합니다. 비록 위꼬리가 달리더라도요.

에프에스티 역시 224일선 주변을 맴돌다가 갭 돌파 이후 당일 500억봉을 만들며 상한가를 보여줍니다. 강력한 저항선을 한순간에 뛰어넘으면 일시적으로 매도세가 약해지면서 생기는 현상입니다.

셀바스AI 차트를 보시죠. 갭 상승으로 224일선을 뚫고 시초가가 형성되더니 500억봉을 만들고 큰 폭의 주가 상승을 이뤄냅니다. 이후에는 AI 테마까지 붙여주면서 주가가 300% 이상 상승합니다.

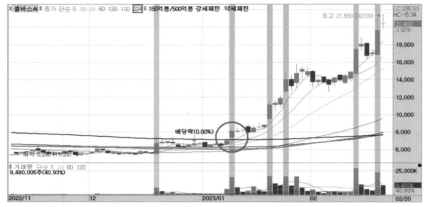

셀바스AI 차트

소프트센 차트

소프트센 역시 좋은 사례입니다. 이 차트는 224일선을 지지하는 유형입니다. 224일선을 돌파하면서 강한 시세를 준 다음, 224일선 지지 확인 후 500억봉을 만들어내면서 상한가를 기록합니다.

프레스티지바이오파마를 보면 120일선(회색)을 맞고 떨어지고는(핑크색 원) 다시 우하향성 횡보를 합니다. 하지만 갭 상승으로 120일선을 강하게 돌파한 후(초록색 원) 150억봉으로 이어지죠. 이내 224일선 돌파 '시도'까지 갑니다(주황색 원). 위꼬리를 길게 달고 내려왔네요. 보통 저런 상황에서 갭

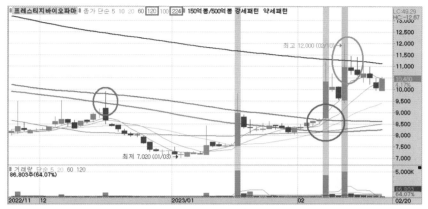

프레스티지바이오파마 차트

상승으로 224일선을 돌파하며 시초가가 시작된 경우였다면 주가는 이후 큰 폭으로 상승하게 됩니다. 위꼬리가 달리는 한이 있더라도요.

　이처럼 기대감만으로 주식을 해서는 안 됩니다. 미리 종가에 사는 게 아니라, 224일선을 넘어서서 시작하는지 꼭 보고 들어가는 게 안전한 매매 방법입니다. 제가 무수히 매매해보니 그렇더라고요.

이동평균선은 '후행 지표'

:

이동평균선은 주식의 과거 가격 데이터를 평균화하여 그려진 선입니다. 많은 투자자들이 주식의 미래 추세를 예측하는 데 이동평균선을 사용합니다. 그러나 이동평균선은 '후행 지표'입니다. 과거의 가격 변동을 기반으로 만들어졌기 때문입니다. 즉, 이동평균선은 이미 발생한 시장의 변화를 보여주고, 현재의 추세를 추적하는 데는 유용하지만, 미래를 예측하는 데 직접적인 정보를 제공하지는 않습니다. 모든 추세 지표가 마찬가지입니다. 따라서 투자할 때 중요한 것은 이러한 지표들을 어떻게 해석하고, 다른 시장 정보와 어떻게 조합하여 사용하느냐입니다.

MACD, RSI, 오실레이터, 일목균형표, 볼린저밴드, 디마크 등 다양한 지표가 있습니다. 그런데 이 지표들도 결국 이동평균선의 특정일을 뽑아서 보는 것입니다. MACD는 5, 10, 60일 이평선을, 일목균형표는 10, 30, 60, 120일 이평선을 사용합니다. 볼린저밴드는 20일선입니다. 이평선을 제대로 알고 있는 게 중요하다는 뜻이겠죠.

여러 번 강조한바 이동평균선의 핵심은 '추세'입니다. 기술적 분석의 영역이죠. 이 분석을 쓸 때는 이게 잘 먹히는 영역이 어디인지 명확히 인지하고 있어야 합니다. 보통 가치투자나 장기투자 영역의 종목은 기술적 분석이 아니라 주로 기본적 분석에 의존합니다. 기술적 분석, 특히 **이평선을 중심으로 매매할 때는 변동성이 크고 거래량이 많은 종목에 한정해야 하는 경우가 많습니다.**

단순히 차트 중심의 이평선만 보고 매매하다가 거래량 없는 종목에서 다 털릴 수 있습니다. 기술적 분석에 적합한 종목을 연구해놓고서는 정작 기본적 분석에 적합한 종목이나 거래량이 없는 종목에 적용하는 순간 말리는 것입니다.

초보자들은 기본적 분석으로 좋은 종목을 추린 다음 기술적 분석을 통해서 매매할 종목을 골라내겠다는 순진한 생각을 할 수 있는데요. 그건 아예 처음부터 종이 다른 생물을 교배해서 후손을 보겠다는 전략과 같습니다. 실적 대비, 가치 대비 싼 주식을 고르는 기법인 '기본적 분석'에 맞는 종목은 필연적으로 관심소외주이기 때문입니다. 관심소외주에 기술적 분석 방법을 적용하면 어떻게 되겠습니까.

이렇게 이야기해도 '그럼 차트 분석 방법이 잘 맞는 종목만 매매하면 되는 거 아니냐'라고 생각하는 분들이 계실 겁니다. 하지만 그건 별다른 공부 없이 차트 하나만으로 승부를 보겠다는 '비장함으로 포장한 귀차니즘'에 불과합니다. 이런 생각을 떨쳐버리기 힘들다는 것도 잘 압니다. 차트라는 알록달록한 세상이 주는 매력이 있거든요. 정말 많은 사람들이 차트 분석에 매달립니다. 저도 한때 그랬기 때문에 너무나 잘 압니다.

하지만 제반 지식 없이 이동평균선 등의 기술적 분석에만 의존하는 개인 투자자는 작전 세력에게 쉽게 휘둘리게 됩니다. 거래량이 거의 없는 관심소외주를 중심으로 6개월 이상 오랫동안 골든크로스와 데드크로스까지 차트를 먹음직스럽게 만들어두고 개인 투자자를 유혹하죠.

이런 작전은 95% 이상 코스닥에서 이뤄집니다. 코스피는 워낙 시총이 크고 거래량이 많기 때문에 작전에 적합하지 않거든요. 하지만 개인 투자자들은 사실 코스피와 코스닥 구별도 잘 못하는 경우가 많습니다. 그저 '다 같은 종목'인 거죠.

그러나 코스피도 예외가 있습니다. 큰 종목이라 하더라도 이동평균선 등 기술적 분석을 좋아하는 단기투자자들이 유혹당할 만한 차트 상황에서 허위·과장 뉴스나 공시 등이 나오면 이들이 순식간에 달라붙는 습성을 이용해 주가 조작을 하는 경우도 있습니다.

이평선은 언제나 해석이 중요하고, 투자 판단을 도와주는 도구 중 하나에 불과하다고 생각해야 합니다. 마찬가지로 차트는 어디까지나 참고사항이고 해당 종목을 둘러싼 시황, 재료를 포함한 모든 것을 점검한 상황에서 매매를 해야 합니다. 명심하세요. **'후행' 지표에 불과할 뿐인 이동평균선을 '미래' 지표라고 생각하는 순간 말립니다.**

03 역배열이 정배열로 바뀌는 순간을 잡아라

역배열 차트는 그림으로 보면 이해가 빠릅니다. 솔트룩스 차트를 보시죠. 224일선이 맨 위에 있고 다음으로 120, 100, 60, 20, 10, 5일선 이렇게 순차적으로 쌓여 있습니다. 이렇게 장기 이평선이 단기 이평선보다 위에 있을 때 역배열 차트라고 했지요? 당연히 주가는 매우 낮게 형성돼 있고 거래량도 바닥을 기고 있을 겁니다. 바닥이라고 생각하고 들어온 투자자들이 계속 물리고 물리는 데 더해 5일선 위로 올라가려고 할 때마다 물린 투자자들이 원금회복 심리로 매도하는 통에 주가를 더 하락시키는 형국입니다.

그런데 이렇게 역배열인 차트가 정배열로 바뀌는 시그널을 캐치할 수 있다면 어떨까요? 정말 싼 상황에서 주식을 살 기회겠죠? 그리고 그 방법이 놀랍게도 있습니다. 물론 공식 같은 것은 아니지만 종목과 시황까지 이해하고 있다면 높은 확률로 잡을 수 있습니다.

기본 관점을 기억하세요. "이평선은 추세다." 이 하나의 명제에서 모든 게

솔트룩스 차트, 이평선 역배열

연결되는 겁니다. 역배열인 추세에서 정배열 추세로 바뀌기까지 어떤 일들이 일어날지에 대한 통계적 고찰입니다.

결론부터 써볼까요.

'역배열 → 정배열' 시그널

1. 주가가 5일선 위로 올라온다.

2. 5일선이 20일선을 뚫는다.

3. 5일선이 60일선을 뚫는다. 이때 강한 거래량을 동반하는 경우가 많다.

3-1. 5일선이 60일선을 못 뚫으면 아직도 한참 빠져야 한다는 시그널이다.

4. 지속적인 60일선 지지를 확인한다(강한 종목은 20일선을 지지한다).

5. 224일선을 맞고 떨어지는 것을 확인한다(한 번에 돌파할 경우는 224-100 차트).

6. 주가가 60일선 위를 지키면 재차 224일선 돌파를 시도하고 결국 돌파한다.

공식처럼만 생각하지 않는다면 모든 차트에 적용할 수 있는 원리입니다.

기법이 아니에요. 그냥 통계와 원리라고 생각하세요. 이것도 수없이 비슷한 차트를 봐야 겨우 인식이 될 겁니다. 공식처럼 생각하는 사람은 아무리 들여다봐도 제대로 보이지 않을 거고요.

1) 주가가 5일선 위로 올라온다

먼저 완전 역배열 차트에서 주가가 5일선 위로 올라서는지 확인하는 게 우선입니다. 바닥을 기던 차트가 5일선 위로 올라가는 건 상한가 가기보다 어렵다고 생각해도 될 정도로, 아주 중요한 첫 번째 관심 포인트죠. 앞서 설명한 것처럼 5일선 위로 주가가 올라선다 하더라도 물린 투자자들이 계속해서 던지는 만큼 바로 5일선을 하회할 수 있습니다.

2) 5일선이 20일선을 뚫는다

이번에는 주가가 아니라 5일선의 관점입니다. 5일선 위로 올라온 주가가 더 빠지지 않고 5일선을 지켜주면 1~2주 이내에 5일선은 20일선을 뚫게 됩니다. 두 번째 관심 포인트입니다. 이때부터 주가는 쉽게 빠지지 않습니다. 언제까지? 5일선이 60일선을 처음 만날 때까지요. '주가'가 60일선을 만나기 전에 빠진다면 여전히 힘이 부족한 상황이고 더 조정을 받아야 한다는 시그널입니다.

3) 5일선이 60일선을 뚫는다. 이때 강한 거래량을 동반하는 경우가 많다

20일선을 뚫은 5일선은 결국 60일선을 공략하러 움직이게 됩니다. 이때 60일선을 뚫어준다면 주가는 대단히 높은 확률로 1개월 내에 224일선을 공략하러 갑니다.

역배열이던 차트에서 5일선이 20일선을 뚫는 경우는 자주 일어납니다.

하지만 60일선을 뚫는 것은 대단히 어려운 일입니다. 역배열이라는 것은 시장의 관심에서 소외되었다는 이야기인데요. 다시 관심을 불러 모을 정도의 숨겨진 호재가 있지 않은 이상 60일선을 돌파하기 쉽지 않습니다.

일단 60일선까지 왔다면 첫 5일선 위로 올라온 때와 비교해 주가는 거의 20~30% 이상 상승한 상태입니다. 그만큼 매수세를 모아서 올라온 겁니다. 상대적으로 단기 매수 세력(개인+외국인+기관)의 힘이 상대적으로 장기간 물린 매도 세력(개인+외국인+기관)보다 강해야만 60일선을 돌파할 수 있죠.

그래서 5일선이 60일선을 돌파하는 과정에서 거래량이 폭증하는 경우가 많습니다. 이렇게 거래량을 동반한 5일선의 60일선 돌파가 일어난 경우 최종 보스인 224일선 돌파까지 단기간에 이뤄지기도 합니다.

3-1) 5일선이 60일선을 못 뚫으면 아직 한참 빠져야 한다는 시그널이다

5일선이 60일선을 못 뚫을 경우는 '리스크 시그널'로 판단해야 합니다. 단기간에 모인 매수세가 약해서 겨우 두 달간(60일) 물려 있는 매도세보다 약하다는 것은 '그냥 기술적 반등에 불과했구나'라고 생각해야 합니다. 기술적 반등에 불과했기 때문에 올랐던 것을 모두 뱉어내는 것은 물론 그 이상으로 추가 하락할 가능성이 높습니다. 120일선이나 224일선도 아니고 60일선을 못 뚫는 것은 모여 있는 힘도 시장도 관심이 매우 부족하다는 방증이죠.

4) 지속적인 60일선 지지를 확인한다(강한 종목은 20일선을 지지한다)

일단 5일선이 60일선을 돌파한 뒤에는 주가가 60일선을 지지하는지 매일 확인해야 합니다. 단, 강한 거래량을 동반해서 60일선 위로 올라간 종목은 20일선을 지지합니다. 더 강한 종목이라는 이야기죠. 20일선이건 60일선이건 목적지는 224일선입니다. 224일선이라는 가장 강력한 장기 이평선을 돌파하기 위해 주가는 움직이는데요. 60일선을 하회하지 않는 이상 주가는 224일선까지 오를 가능성이 높습니다. 이때 120일선 이하 모든 이평선이 정배열로 바뀌는 '전조'를 보입니다. 이렇게까지 되면 거의 224일선을 터치하게 됩니다. 이런 경우 주가는 보통 100%에 가까운 상승률을 보입니다.

5) 224일선을 맞고 떨어지는 것을 확인한다(한 번에 돌파할 경우는 224 -100 차트)

이렇게 완전 역배열에서 정배열로 접어들게 되면 주가는 보통 1개월 이내 224일선을 공략하게 됩니다. 가장 오랫동안 물려 있던 매도세인 만큼 한 번에 뚫는 경우는 드물어요. 224일선을 맞고 떨어질 때가 많습니다. 당일 트레이딩이라면 뚫기를 기대하기보다 수익 실현의 구간으로 보는 게 맞습니다. 못 뚫는 것을 확인하면 바로 매도합니다. 물론 224일선을 한 번에 뚫어줄 때도 있는데요. 이 경우는 150억봉 내지 500억봉이 출현합니다. 상승 추세가 매우 강해지면서 폭발적인 시세를 보여줍니다.

6) 주가가 60일선 위를 지키면 재차 224일선 돌파를 시도하고 결국 돌파한다

224일선을 맞고 떨어진 주가가 60일선을 깨지 않고 지켜주는지 확인해야 합니다. 60일선만 지지해주면 주가는 다시 224일선 돌파를 시도하고, 결국 돌파할 확률이 높습니다.

자, 그리고 224일선까지 돌파한 종목은 이제 어떤 모습을 보일까요? 역배열에서 완벽히 정배열로 변한 종목이 됐을 겁니다. 그리고 여기까지 온 종목은 99.99% 테마와 재료, 시황이 부각돼 있는 상태일 겁니다. 관심 소외부터 테마의 핵심까지 모두 매매하게 된 케이스가 됩니다. 그리고 이를 주식에서는 시쳇말로 '발라 먹었다'고 표현하죠.

간단하게 설명했지만 직장인 여러분들에게 매우 유용한 매매 아이디어가 될 것으로 생각합니다. 관심종목의 차트를 지켜보면서 잘 연습해보세요.

04 지지와 저항
바로 읽기

차트에서 지지와 저항은 반드시 이해해야 할 부분입니다. 모든 주식은 99% 지지와 저항이 적용됩니다. 하지만 지지와 저항 역시 차트의 한 부분입니다. 차트의 핵심은 추세이고 추세의 핵심은 심리죠. 이런 관점에서 **지지와 저항은 '심리'에 의해 '추세'가 바뀌기 '쉬운' 지점** 정도로 이해하면 됩니다.

여기서는 일단 이것을 기억합시다.

주식을 잘하면 "지지 부근에서 사고 저항에서 판다"
주식을 못하면 "지지 부근에서 팔고 저항에서 산다"

지지에서 파니까 내가 팔면 오르고, 저항에서 사니까 내가 사면 떨어지는 겁니다.

지지와 저항을 실제 차트로 살펴보겠습니다.

수평 지지와 저항

:

먼저 한농화성 차트로 살펴봅니다. 9,780원 즈음에 그어진 수평선(핑크색)이 저항선이 되었다가 지지선이 되고 있습니다.

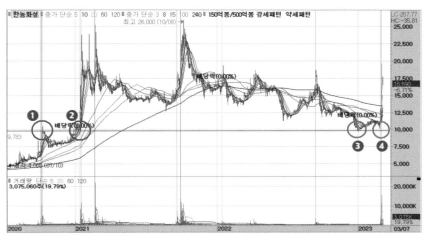

한농화성 차트

① 부분을 보면 9,780원선을 뚫지 못하고 내려앉죠. 여기에서는 이 수평선이 저항선으로 작동합니다. 주가가 올라가지 못하도록 저지합니다. ② 부분에서도 마찬가지로 저항선으로 작용했지만, 일단 뚫어주자 강하게 올라갑니다. ①에서 물린 사람들의 물량과 비슷한 거래량이 ②에서 발생하면서 '손바뀜'이 일어났고, 그 전까지 저항선이던 9,780원선은 이제 지지선 테스트에 들어갑니다.

차트 오른쪽 ③, ④ 부분을 보면 9,780원선이 이제 완연한 지지선으로 작동하는 것을 확인할 수 있죠. 저 가격대에서는 매도할 사람에게 매도 실익이 없는 상태라는 뜻입니다. 또한 앞서 강력한 저항 매물대를 뚫어둔 만큼 그 가격대 이하로는 매수에 실익이 있다는 뜻으로 해석할 수 있고요. 즉, 그즈음까지 오면 시장 참여자들이 '싼데?'라고 생각하고 매수에 들어가므로 그 가격 이하로 잘 안 떨어지게 되는 심리입니다.

하나 더, 한빛소프트 차트도 살펴봅시다. 하늘색 동그라미로 표시한 부분 중 ①과 ②를 보면, 주가가 대략 5,900원선에서 강한 지지를 받으면서 다시 반등합니다. 전 저점이 지지선 역할을 한 것입니다.

그런데 이 지지선이 한번 깨지고 나자 저항선으로 변모합니다. 잘 깨지지 않았던 강력한 지지선이 깨지면, 이후로는 깨고 올라가기 힘든 저항선으로 바뀝니다.

①과 ②에서 5,900원선은 최후의 보루 격인 지지선이었지만, 한번 4,000원선까지 깨진(빨간색 상자) 이후에는 그 5,900원선이 저항선으로 변하며 좀처럼 뚫지 못합니다. ③, ④, ⑤번을 보세요. 5,900원선에서 연속으로 막히죠. 이것이 강력한 저항선 역할을 하면서 주가가 시원하게 오르지 못하도록 막습니다.

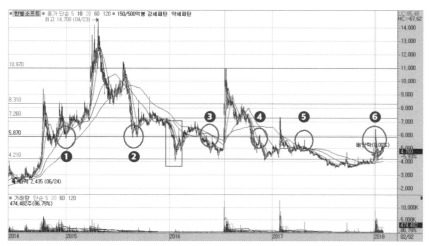

한빛소프트 차트에서 지지와 저항

파란색 5,900원선 외에도 위아래 여러 수평선들을 보면 신기하게도 지지와 저항이 계속해서 뒤바뀌고 있음을 확인할 수 있습니다. 한번 저항선이 생기면 잘 뚫지 못합니다. 하지만 일단 뚫으면 크게 오릅니다. 따라서 이 부분을 항상 머릿속에 두고 매매를 해야 합니다.

1) 내가 사야 할 지점은 지지선을 깨지 않는 것을 확인했을 때
2) 내가 팔아야 할 시점은 저항선을 못 뚫고 내려앉을 때

그래야 매도와 매수 시점을 대충이라도 가늠할 수 있습니다. 그런데 이 두 가지 외에 하나 더 생각할 게 있습니다.

3) 저항선을 '강력하게' 돌파할 때는 사야 할 시점

일단 저항선을 강력하게 뚫었을 경우 다음 저항선까지는 쉽게 오른다고 봐도 좋습니다. 여기서 '강력하게'가 의미하는 것은 거래량을 동반한 강력한 매수세입니다. 저항선을 10~15% 이상 뚫는 것에 더해 거래량이 크게 붙어야 합니다(돌파매매법이라고도 합니다). **이렇게 상한가를 기록할 정도의 장대양봉이 나오면서 저항선을 강하게 돌파할 때는 저항선을 뚫은 시점에서 재빠르게 매수합니다.**

단, 뚫었을 때 무조건 사는 건 아닙니다. 뚫고 그냥 바로 빠지는 경우도 있으니까요. 한빛소프트 차트에서 마지막 ⑥번 동그라미가 이 경우입니다. 분봉상에서 뚫린 그 저항선이 지지선으로 전환되었는지 확인한 뒤 매수해야 합니다. 그리고 차트만 볼 게 아니라, 뚫었을 때 어떤 재료가 반영됐는지도 함께 봐줘야 하고요.

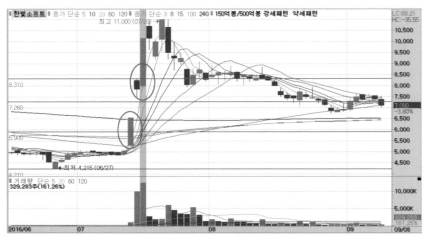

한빛소프트, 저항선을 강하게 돌파할 때

지지와 저항은 이처럼 매수와 매도 시점을 알려주는 중요한 지표가 됩니다. 다른 종목으로 많이 연습해보세요. 스스로 알맞은 자리의 선을 그을 수 있도록 꾸준히 연습하세요. 백만 번 긋다 보면 숙달됩니다.

대각선 지지와 저항

지지와 저항은 단순히 가로선이 아니라 대각선으로도 볼 수 있습니다.

인탑스 차트에서 대각선은 캔들의 고점 기준으로 그은 저항선(하락추세선)인데요, 고점이 우하향하며 계속 낮아지는 것을 확인할 수 있습니다. 동시에 아래 26,800원선은 강력한 지지를 확인하면서 주가를 계속 반등시켜주는 것을 확인할 수 있습니다. 선익시스템 차트에서는 주가가 우상향하며 대각선으로 지지선이 생기는 것을 확인할 수 있습니다.

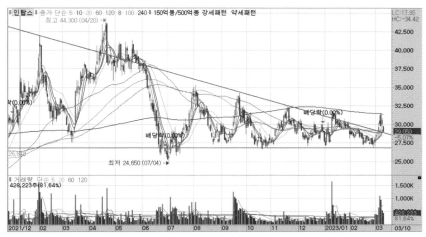

인탑스 차트에서 대각선 저항

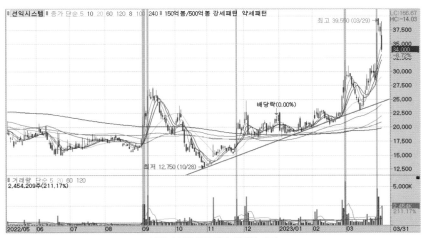

선익시스템 차트에서 대각선 지지

이평선에서 지지와 저항

:

지지와 저항은 이렇게 가로선과 대각선으로 그어볼 수도 있지만, 더 확장해

서 생각할 수도 있습니다. 바로 앞서 이야기했던 이동평균선들이 그대로 지

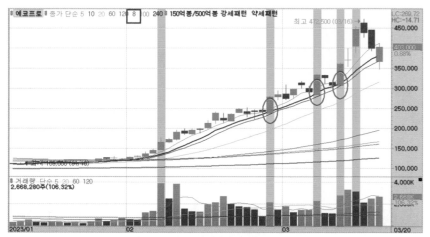

에코프로 차트, 8일선에서 반등을 주고 있다

지선과 저항선으로 활용될 수 있어요.

에코프로 차트를 보면 8일선이 지지선이 되어 반등을 주고 있습니다.

이동평균선 부분에서 공부했던 내용 기억하시죠? 보통 급등했던 종목들은 조정받다가 20일선에서는 반등을 준다고 했잖아요. 그래서 생명선으로 부른다고요. 이 역시 20일 이평선이 지지선 역할을 하는 겁니다. 반대로, 하락 추세이던 주가가 반등해 5일선 위로 올라온다면? 이제는 20일선을 뚫으러 가야 합니다. 약 한 달간 물렸던 친구들이 던지려고 대기하고 있는 1차 저항선인 셈이죠.

*　　*　　*

지지와 저항은 거의 모든 차트에서 일어나는 보편적 현상입니다. 많은 사람들이 보고 있던 가격에 오면 매수세가 일어나 반등을 할 수 있고, 그 지점을 깨버리면 속절없이 밀리기도 하는 거죠. **그래서 지지선과 저항선은 무조건**

많이 그어봐야 합니다.

초보자들은 선을 긋는 원칙이 있냐고 많이 질문합니다. 저도 초보 때 같은 질문을 했고, 이렇게 답을 들었습니다.

"아무렇게나 그어, 그런 원칙이 어딨어."

처음에는 왜 안 가르쳐주나 섭섭했어요. 그런데 수십만 번 긋고 나서 보니 정말 원칙이란 게 있다기보다 어느 순간부터는 매번 긋는 데를 긋고 있더라고요. 그러니 일단은 많이 그어보세요. 본인이 해보면서 시행착오가 있어야 나중에 좋은 예시를 봤을 때 깨닫는 바가 생깁니다.

다운사이드 리스크 시그널
:

불확실성이 해소되고 리스크로 확정될 때 리스크는 '업사이드' 리스크와 '다운사이드' 리스크로 구분됩니다. 업사이드 리스크는 말 그대로 주가를 상승시키는 것이고, 다운사이드 리스크는 주가가 빠지는 겁니다. 돈을 잘 버는 사람일수록 다운사이드 리스크에 더 신경을 씁니다. 버는 것보다 지키는 게 훨씬 중요함을 알기 때문이죠.

항상 지지와 저항을 살펴면서 다운사이드 리스크 시그널(전문 용어가 아니라 그냥 제가 사용하는 용어입니다)을 예민하게 감지하고 대응해야 합니다.

누가 봐도 반등할 것 같은 지지선을 깨고 내려갈 때가 대표적인 다운사이드 리스크 시그널입니다. 지지선이라는 것은 매도의 심리가 매수로 바뀌는 중요한 전환점인데요. 그 지지선을 못 지켰을 때는 1초도 망설여서는 안 됩니다. '아주 잘 지켜지는' 그래서 '초보들도 쉽게 알아보는' 지지선이 제 역할을 못한다는 것은 내가 아예 모르고 있거나 예상을 넘어서는 큰 악재가 숨어 있는 것으로 여겨야 합니다.

예를 들어 설명해보죠. 에스디생명공학 차트에 표시한 세 개의 상자를 주목해주세요. 차례대로 살펴보겠습니다.

①번 상자를 확대한 차트를 보면 두 개의 지지 포인트가 있죠. 그 지점에서 두 번의 반등이 나옵니다. 흔히 말하는 '쌍바닥'입니다. 보통 쌍바닥 지지

에스디생명공학 차트

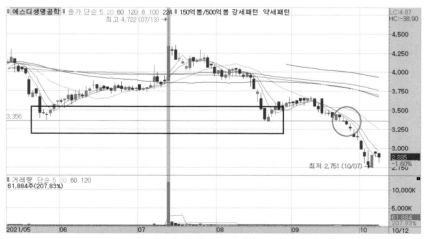

에스디생명공학 차트. ① 번 상자 부분 확대

의 경우 지지하는 힘이 강력하다고 판단하는데요. 그럼에도 세 번째 반등이 나올 수 있다고 생각되는 지점에서 반등을 못 주고 거래량 증가도 없이, 그러나 아주 살짝 지지선을 이탈합니다(빨간색 동그라미). 이때가 바로 '리스크 시그널'입니다.

초보마저 알아차릴 정도의 확연한 지지선을 1원이라도 이탈한다는 것은 언제나 중대한 리스크 시그널로 봐야 합니다. 보통 초보자들은 10원, 20원 빠지는 것을 대수롭지 않게 생각하곤 하는데요. 악! 소리도 못 내보고 급락하는 경우라면 보통 바로 손절을 하죠. 매수는 생각도 안 하고요. 그런데 저렇게 시나브로 빠지는 경우에는 많은 초보 투자자가 손절을 미루거나 저자리가 좋은 줄 알고 매수에 나서곤 합니다. 그러나 항상 생각해야 합니다. '이렇게 쉬운 자리라면 남들도 볼 텐데, 왜 이렇게 빠지지?'라고요.

②번 상자를 확대한 차트를 보면, 마찬가지로 하루 아주 작게 지지선을 이탈하자(빨간색 동그라미) 쭉 하락하기 시작합니다. 물론 생각보다 바닥을 일찍 잡았지만 그래도 단기간에 자산이 −20% 가까이 녹아내렸죠.

에스디생명공학 차트, ②번 상자 부분 확대

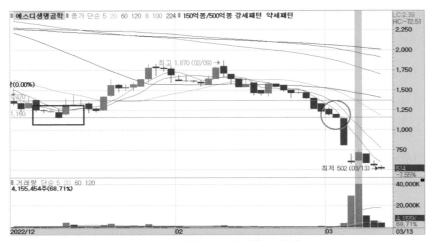

에스디생명공학 차트, ③번 상자 부분 확대

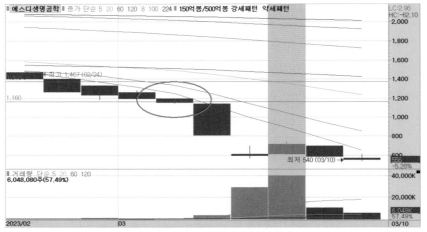

에스디생명공학 차트, 동그라미 부분 확대

③번 상자를 확대한 차트를 보면 굉장히 애매하게 보일 수 있습니다. 다시 빨간색 동그라미 부분을 확대해보겠습니다.

확대해보면 아주 살짝이지만 지지선 이탈을 확인할 수 있죠. 그리고 다음 날 하한가가 나옵니다. 그다음 날도 하한가가 나오고요. 3일 후에 주가 상승이 나오지만 업사이드 리스크는 중요하지 않습니다. 언제나 다운사이드 리스크를 어떻게 관리하느냐가 중요합니다. 자산이 녹아버리면 업사이드 리스크에서 벌고 싶어도 벌 수 없으니까요.

주식은 늘 버는 것보다 지키는 게 중요합니다. 뭔가 이상하다고 생각될 때는 최선을 다해서 회사를 파악해보고 대응하는 것 잊지 마세요. (다운사이드 리스크 시그널을 계속 보여주던 에스디생명공학은 결국 거래정지됐습니다. 수많은 소송에 휩싸이게 됐고요.)

디마크, 당일의 지지와 저항 확인
:

먼저 이렇게 선언하고 시작하겠습니다.

> "분봉은 일봉과 동일하다."
> "일봉은 잘 보는데 분봉은 못 본다는 것은 있을 수 없다."
> "분봉은 일봉을 조금 더 잘게 나눈 것에 불과하다."

저는 매매하면서 분봉에 대해 별로 궁금해하지 않았는데요, 수많은 초보자들이 분봉을 궁금해하더군요. 그리고 그분들은 대체로 수익을 내지 못하고 있었습니다. 왜 그럴까요?

'연결'의 관점에서 바라보지 못해서입니다. 분봉은 독립된 것이 아닙니다. 일봉과 동일하지요. 일봉이 24시간의 관점, 정확하게는 9시부터 15시 30분까지 총 6시간 30분간의 기록이라면, 분봉은 1분에서 3, 5, 10, 30, 60분의 관점에서 보는 것뿐입니다.

호흡이 더 빨라지는 것에 불과해요. 즉, 일봉을 잘 본다면 분봉도 '아주 당연히' 잘 보게 되는 것입니다. 해석 방법에 단 1그램의 차이도 없어요. 같은 것을 다르게 보고 있으니 계속해서 오류가 나는 것입니다.

분봉을 다르게 보는 이유는 차트 중심적 사고 때문입니다. 특히 **매도의 '타이밍'을 분봉으로 잡아낼 수 있을 거라는 환상** 때문입니다. 하지만 그 이야기는 일봉을 보고도 매도 타이밍을 못 잡아낸다는 말과 동일합니다. 더 느리고 더 정확한 데이터를 주는 일봉에서도 그 타이밍을 못 보는데 어떻게 분봉에서 알 수 있을까요? 분봉은 일봉과 분리해서 생각하지 말고, 일봉을 조금 더 잘게 본다는 정도로 인식하는 게 좋습니다.

다만 분봉 차트에서만 역동적으로 확인할 수 있는 지표가 있습니다. 바로 디마크(Demark)입니다. 디마크는 투자자들이 분봉에서 조금 더 수월하게 추세의 '전환'을 식별할 수 있도록 만들어진 도구입니다.

디마크는 전 거래일 가격의 움직임을 분석하고 상황에 맞는 가중치를 부여하여 주가의 흐름에 따라 투자를 도와주는 보조지표인데요. 간단하게 말해서 전날 주가에 따라 당일 저항선과 지지선을 자동으로 그려주는 기능입니다. 디마크가 만들어지는 공식은 세 가지가 있지만 알 필요가 전혀 없습니다. 그냥 HTS에서 결과값만 눈으로 확인하면 됩니다.

위메이드플레이의 차트를 보시죠. 상단의 주황색 라인이 디마크 목표고가, 하단의 보라색 라인이 디마크 목표저가입니다. 대부분의 종목 분봉은 저 디마크의 목표고가와 목표저가 밴드 사이를 오갑니다. 디마크 목표고가를 뚫지 못할 경우 주가가 흘러내리고, 목표고가를 강하게 뚫어낼 경우 주가가 크게 상승하는 것을 확인할 수 있습니다.

디마크의 목표고가는 '일봉의 저항선', 디마크의 목표저가는 '일봉의 지지선'으로 생각하면 편합니다. 실제로 디마크는 전일의 지지와 저항을 분봉에서 쉽게 볼 수 있도록 만들어진 것이기 때문입니다. 그래서 일봉과 마찬가

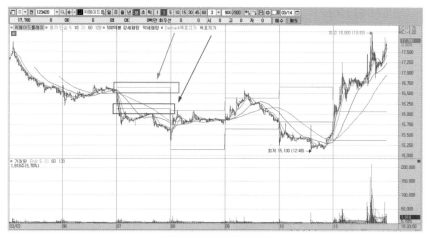

위메이드플레이 3분봉 차트

지로 저항선을 힘차게 뚫어줄 경우 시세가 나오기 쉬운 것이고 반대로 저
항선을 뚫지 못할 경우 매수 힘이 부족하면서 주가는 흘러내리게 되는 것
입니다.

　다만 일단 뚫더라도 힘이 약할 경우(거래량이 크게 터지지 않을 경우) 급등한
만큼 급락할 가능성도 열려 있습니다. 초보자가 매매에 활용하기에는 어려
운 면이 있으므로 참고만 해주세요.

디마크, 거래대금, RSI 등
기술적 지표 추가하기

:

디마크를 비롯해 다음 챕터에서 다룰 거래대금과 RSI 등의 지표가 차트에
나타나도록 설정하는 방법을 알려드릴게요.

HTS에서 설정하기

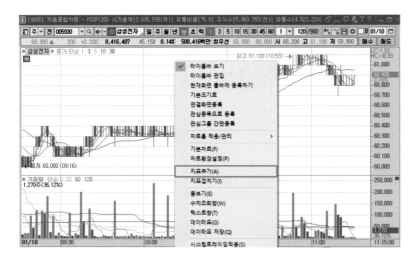

1) 차트에서 **마우스 우버튼 → 지표추가** 클릭.

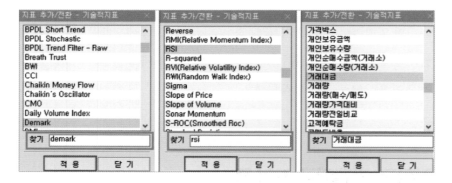

2) 지표 추가/전환 창이 뜨면 **Demark**(디마크), **RSI, 거래대금** 등 필요한 지표를 찾아서 클릭 후, **적용** 클릭.

3) 차트 화면에 추가된 지표명을 더블클릭하면 상세 조건을 설정할 수 있습니다.

MTS에서 설정하기

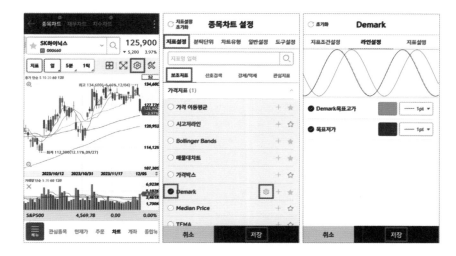

1) MTS 앱을 실행한 후 차트 화면에서 **톱니바퀴** 아이콘(설정)을 클릭.

2) **지표설정 > 보조지표**에서 원하는 지표를 체크한 후 **저장** 클릭.

3) 지표 우측 **톱니바퀴** 아이콘을 클릭하면 '라인 설정' 등 상세 조건을 설정
할 수 있습니다.

CHAPTER 11

거래량이 터지는 순간

THE PRINCIPLES OF K-TRADING

01 거래량 충분한 종목을 매매하라

앞서 재료와 차트를 살펴봤죠. 이 두 가지가 잘 갖춰진 종목을 발굴했다면 다음은 거래량이 충분한 종목을 골라야 합니다. 거래량이 충분하지 않다면 결국 수량을 실을 수 없고 물리기 쉽기 때문입니다.

'저는 예수금이 작아서 거래량 없는 종목들 중심으로 매매해도 되는데요?'라고 하는 분들도 계실 겁니다. 그런데 그건 옳지 않아요. 투자로 작은 돈을 버는 것은 좋습니다. 하지만 얼마를 벌든 항상 지키는 매매를 우선해야 합니다. 처음 투자를 배울 때부터 머리에 새겨야 합니다.

그리고 지키는 투자를 하려면 **거래량이 충분한 종목을 찾아야 합니다.** 또한 그래야 '주가 상승 =(유동성 + 실적)×기대감'에서 유동성을 잡을 수 있고, 그래야 '끼 있는 종목'과 친해질 수 있습니다.

단기투자에서 거래량을 본다는 것은 '끼'가 있는지를 보는 것입니다. 한 번 오를 때 확 오르고 한번 떨어질 때 확 떨어지는 성질을 시쳇말로 '끼'라고 합니다. 거래량이 충분하면 살 때도 좋지만, 팔 때(익절이든 손절이든)도 좋죠.

거래량을 중요시한다는 것은 큰 수익이 나는 매매를 한다는 것이고, 승부를 내야 하는 순간을 안다는 뜻입니다. 즉, 투자자들이 생각하는 고수의 레벨이겠죠. 물론 단기투자의 영역에서입니다. 가치투자를 한다면 관심소외주를 매매하고 있을 터라 거래량은 애초에 적을 것입니다.

거래량과 거래대금

:

주식투자를 하면서 캔들만큼이나 자주 봐야 하는 지표가 있습니다. 바로 거래량과 거래대금입니다. 특히 거래대금은 매우 큰 참고사항이 됩니다.

거래량은 당일 주식시장에서 거래된 주식의 수량입니다. 1주를 사고 1주를 팔면, 거래량은 2주가 됩니다. 그리고 이 수량을 대금으로 표시한 것이 **거래대금**입니다.

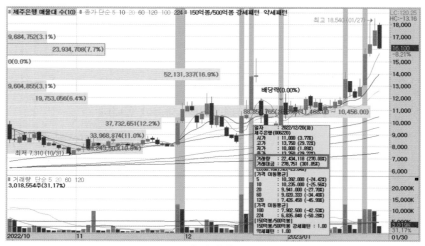

제주은행 차트

제주은행 차트를 보면 장대양봉을 뽑아낸 22년 12월 20일(화) 거래량으로는 2243만 4,118주가 거래됐습니다. 그리고 거래대금은 2787억 5100만 원입니다(키움증권 HTS의 거래대금 단위는 100만 원). 거래량 2243만 4,118주에 종가 13,750원을 곱하면 3084억 원 정도인데, 차이가 있죠. 거래대금은 흔히 생각하는 것과 달리 거래량×종가로 계산하지 않습니다. **거래대금＝실제 거래된 주가×거래량**입니다.

거래량과 거래대금은 보통 주가가 상승할 때 많이 늘어납니다. 주가 상승 시 주가가 더 오를 거라고 생각하는 '매수 세력'과 이쯤이면 고점이라고 생각하는 '매도 세력'이 동시에 집중적으로 매수와 매도를 실행하기 때문이죠. 매수와 매도가 집중적으로 쏟아지니 거래량이 늘어날 것이고 이와 동시에 거래대금도 늘겠죠?

유목민식 주식에서 거래량과 거래대금이 가장 주요하게 쓰이는 곳은 바로 150억봉과 500억봉 부분입니다. 뒤에서 공부하겠습니다.

매물대
:

매물대란 일정 기간 동안 어떤 가격대에서 얼마나 많은 거래가 이뤄졌는지를 나타낸 지표입니다. 보통 가로형 막대 차트로 표시됩니다. 앞서 살펴본 거래량과 거래대금이 많이 일어난 가격대일수록 길게 표시됩니다.

매물대를 보기 위해서는, 차트에서 **좌측메뉴 펼치기 아이콘 → 차트형태 → 매물대차트**를 차례로 클릭하면 봉차트에 매물대가 함께 표시됩니다.

에코프로 차트에서 살구색으로 표시된 가로 막대가 매물대를 나타냅니다. 매물대가 가로로 길게 표시될수록 그 가격대에서 많은 거래가 이뤄졌다

에코프로 차트, 매물대가 첩첩산중이다

는 뜻입니다. 지지와 저항의 기준으로 참고할 수 있겠죠? 예를 들어, 이 차트에서 65만~70만 원 사이는 매물대가 얇아서 돌파가 쉽지만 45만~65만원 사이는 너무 두꺼워서 돌파가 어려울 겁니다.

투자에 있어서 팁이라면, **매물대가 캔들 위에 많을수록 돌파가 어렵고, 매물대를 아래 깔고 있어야 매도 저항이 적어서 주가 상승 확률이 높은 편입니다.**

그런데 매물대를 가지고 지지와 저항을 잡을 생각은 하지 마세요. 그냥 참고만 하는 수준으로 봅니다. '남들 알고 있으니 나도 알고는 있어야겠다' 수준의 지식입니다.

거래량과 관련된 매매 관점

:

급등·급락에서 거래량의 변화와 심리

거래량과 관련한 매매 관점은 늘 차트와 함께합니다. 주식에서 차트란 시간과 공간을 통해 가격의 이동을 시각적으로 표현한 그림이라고 했잖아요. 이 공간(가격) 이격이 커지는 순간, 즉 주가가 급등 혹은 급락할 때 '거래량' 증감에 따라 이후 주가의 움직임이 크게 달라집니다.

왜 그럴까요? 심리를 파악해야 합니다.

먼저 **급등한 다음**을 상상해봅시다. 가지고 있는 사람들은 어떻게 생각할까요? 팔아서 수익을 실현하고 싶겠죠. '잠재적 매도자'가 될 겁니다. 또 이 종목을 보고 있었는데 아쉽게 못 산 사람들은 어떨까요? 혹은 직전에 익절이나 손절한 사람들의 마음은 어떨까요? 다시 사고 싶을 겁니다. '잠재적 매수자'가 되는 거죠. 거래량은 이미 증가한 상태이기 때문에 거래는 아주 편한 상황입니다. 그래서 잠재적 매도자들은 마음이 편하죠. 지금보다 조금 싸게 팔아도 수익이고 오르면 더 좋은 상황이니까요.

그런데 여기서 주가가 다시 올라간다면? 잠재적 매도자들은 더 느긋해지겠죠. 반면에 아직 매수를 못 한 '잠재적 매수자'들은 마음이 조급해집니다. 더 올라갈 것 같거든요. 신기하게 사람들은 음봉에서 안 사고 양봉에서 삽니다. 남들이 다 살 때 따라서 사는 심리가 강해요. 그리고 이렇게 급등한 다음에 다시 급등하는 경우는 예외 없이 거래량이 폭증합니다.

반대로 급등 후 주가가 떨어지면 어떨까요? 잠재적 매도자들은 느긋함이 조금 사라지죠. 가능한 한 수익을 많이 내고 싶을 테니까요. 팔까 말까 고민되기 시작할 겁니다. 잠재적 매수자들은 어떨까요. 조금만 더 떨어지면 사고 싶을 겁니다. 이게 뭐죠? '도지'의 심리 상태랑 비슷하지 않나요? 거래량이 감소하면서 주가가 조금씩 떨어지면 잠재적 매도자들은 매도가 망설여지고요(차라리 급락하면 던져버릴 텐데 말이죠). 잠재적 매수자들은 '조금만 더 떨어져라' 기도하고 있겠죠. 여기서 전체적인 차트가 '상승 추세'라면 저가 매수세가 생기면서 주가는 다시 오를 확률이 높을 겁니다. 물론 재료도 살아 있어야겠죠.

이번엔 **급락한 다음**입니다. 급락하면 기존 보유자들은 어떨까요? 미칠 것 같겠죠. 손절요? 못 합니다. 천천히 빠졌다면 손절컷을 지키면서 대응했을 텐데, 급락을 해버리니 대응 자체를 못 했겠죠. 이때라도 손절하는 판단을 하면 훌륭한 겁니다. (다만, 저는 급락을 당해버리면 물타기 준비를 하는 편입니다. 오해 마세요. 대응할 새도 없이 급락했을 때 물을 타는 거지, 절대적으로 손절컷을 지킵니다.)

급락을 당했을 경우 기존 보유자는 속이 터지지만 해당 주식을 사려고 노리던 사람들은 '잠재적 매수자'가 됩니다. 이들에게 주가가 낮아졌으니 매우 좋은 매수 찬스로 비치겠죠. 급락이다 보니 거래량은 많을 수도 적을 수도 있는데요. 이건 중요하지 않습니다. **중요한 타이밍은 거래량이 급감하기 시작할 때입니다.** 거래량이 줄어든다는 것은 기존 보유자들도 매도하기 아까운 가격이라 여기는 것이고, 동시에 잠재적 매수자들은 사기 직전인 타이밍이죠. 그럼 어떻게 될까요? 바로 '기술적 반등'이 나오게 되는 겁니다.

이 관점을 잘 이해해두세요. 암기가 아니라 이해의 영역입니다. 이 이해를 바탕으로 수많은 파생 차트에 대한 숙련도를 높일 수 있습니다.

거래량 감소 시에 나오는 도지 캔들

주가가 하락할 때는 매수 세력은 '더 떨어지길' 기다리고, 매도 세력은 '이렇게 낮은 가격에는 못 팔아. 장투하고 만다!' 하는 심리가 작동하면서 거래

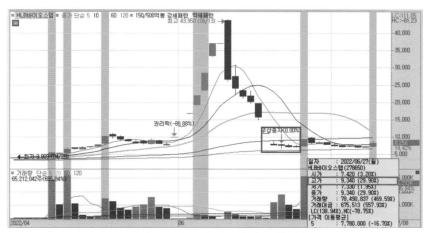

HLB바이오스텝 차트, 하락 후 도지 캔들 이후 상한가

량과 거래대금이 감소하는 경향을 보입니다.

물론 주가 상승 중에도 거래량이 감소할 때가 있습니다. '이렇게 높은 가격에서는 못 사'라는 매수 세력과 '이렇게 높은 가격에도 절대 못 팔아'라는 심리가 결집될 경우 주가 상승 시점에도 거래량은 감소하게 됩니다.

그리고 이렇게 매수와 매도 세력이 팽팽한 경우에 앞서 공부한 '도지' 모양 캔들이 나오게 됩니다. 팽팽한 심리의 결집이므로 어느 한 방향으로 쏠리는 순간 상방 혹은 하방으로 추세가 확 결정되기 쉽습니다. 도지는 며칠 간 계속되는 경우도 있지만 보통 3~4일 이내에 방향이 결정됩니다.

HLB바이오스텝 차트에서 보듯 큰 폭의 하락 후 도지 캔들이 4연속 나온 후 상한가가 나옵니다.

AI 테마로 크게 올랐던 코난테크놀로지의 경우 상승 중에 여러 차례 도지가 나온 이후 큰 폭의 주가 상승을 가져옵니다. 도지 캔들이 나오는 중에는 거래량이 줄어드는 경우가 많습니다.

물론 도지 구간에도 거래량이 늘어나는 경우도 있죠. 절대 고정관념을 갖지 말아야 하는 이유입니다.

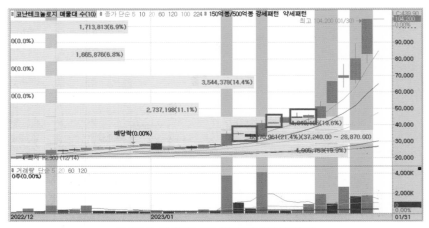

코난테크놀로지 차트, 상승 중에 여러 차례 도지 등장

하락 중 거래량 급증은 '바닥 시그널'

하락하면서 거래량이 줄어든다고 설명했지만 특별한 경우 주가 하락 시에 거래량이 크게 늘어나는 경우가 있습니다. 그리고 이는 대부분 **바닥 시그널** 입니다. '이렇게 낮은 가격에는 못 팔아' 하면서 버티던 보유자들이 더 이상 버티지 못하고 손절을 하기 시작한 동시에 '더 떨어지길 바라던' 잠재적 매수 대기자들이 매입에 나서면서 거래량이 늘어나기 시작하는 것입니다.

다음 HLB 차트에서처럼 큰 폭의 주가 하락 후 바닥에서 거래량이 크게 증가하면서 이후 시세가 50% 이상 상승하게 됩니다. 앞서 HLB바이오스텝의 경우에도 4연속 도지 후 거래량이 크게 증가하죠.

헬릭스미스 차트를 보면 두 번의 '쩜하'가 나온 후 아래꼬리가 길게 잡히면서 거래량이 늘어납니다. 그리고 이후 주가는 두 배 상승합니다.

이들 차트를 보면 공통점이 나옵니다. **큰 폭의 하락 후 거래량이 크게 늘어나는 시점부터 '트래킹(관찰)'을 시작해야 한다**는 거죠. 바로 올라갈 때도 있지만 며칠 혹은 수일간 더 조정을 받는 경우도 있습니다. 이는 바닥에서

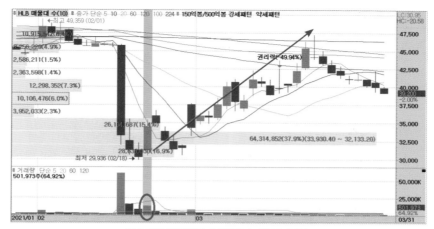

HLB 차트, 바닥에서 거래량 증가 이후 주가 상승

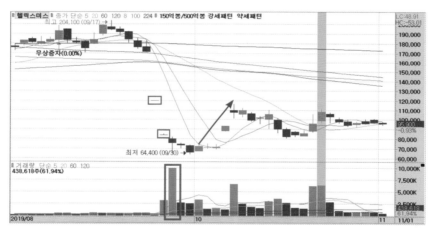

헬릭스미스 차트, 바닥에서 거래량 증가 이후 주가 상승

산 매수자들의 차익 실현 매물 소화가 필요하기 때문입니다. 이 미묘한 차이를 알 때 비로소 K스윙(뒤에서 다루겠습니다)을 할 수 있는 기초 체력이 형성됩니다.

'거감음봉'과 거래량 법칙

주가 급등 시그널로 볼 수 있는 거래량 움직임이 있습니다. '법칙'으로 명명했지만, 통계에 가깝습니다. 다수의 심리와 행동 습성에 따른 것이죠.

거래량 법칙

1. 주가가 바닥인 상황에서 거래량이 폭증한다(적어도 전 거래일 대비 500~1000% 이상).

2. 그 후 거래량이 급감(전일 대비 25% 이하)하며 음봉이 나오면 이후 주가가 오를 확률이 높다. 이때 거래량 감소 폭이 크고 음봉이 길수록 다음 날 주가 상승 확률이 높아진다.

3. 급감한 날 주가가 5일선과 이격이 크지 않아야 한다. 맞닿으면 좋고(5일선 지지 확인), 5일선을 크게 깨는 것은 좋지 않다.

주가 급등 직전에 이른바 '거감음봉'이 나오는 이유는 팔 사람도 살 사람도 없어졌음을 보여주는 지표이기 때문입니다. 이렇게 매수·매도 투자심리가 사라진 상태에서는 매수자가 조금만 몰려도 주가 상승이 쉽게 이루어집니다. 게다가 음봉(주가 하락)의 크기가 큰 경우는 더는 버틸 수 없어 호가도 없는데 시장가에 던지는 손절 물량들이 나온 것입니다.

국영지앤엠 차트를 통해 살펴봅시다.

우선 바닥을 확인해볼까요? 먼저 약 3년여 동안 깨지지 않는 저점을 형성한 것을 확인할 수 있었습니다(동그라미들). 대략 1,150원선이네요.

또한 1,650원선에서 강력한 저항선이 형성돼 있다가 한번 강하게 뚫은 후 지지선으로 변모하네요(화살표들). 이후 매우 큰 상승폭을 보였다가 2017년 5월 말까지 변변한 지지도 받지 못하고 전 저점까지 떨어졌고요.

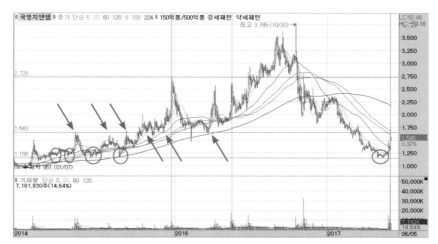

국영지앤엠 차트에서 바닥 확인

1,150원선이 강력한 지지선이고, 1,650원선이 강력한 저항선입니다. 최근의 큰 폭 상승 시점에도 1,650원선을 돌파는 했으나 강력하게 뚫지 못하고 내려왔네요. (앞으로의 움직임이 중요합니다. 1,650원선을 '강력하게' 뚫으면 2,700원선까지 가겠네요.)

자, 이제 거래량을 살펴봅시다. 국영지앤엠 차트의 마지막 2개월여를 확

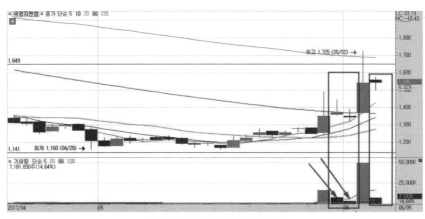

국영지앤엠 차트 확대, 거감음봉 확인

대한 그림입니다. 5월 한 달여 동안 1,160원을 최저점으로 바닥 다지기를 하고 있습니다. 거래량도 매우 저조하네요. 하지만 5월 30일에 거래량이 전일 대비 4,000% 이상 폭증하며 주가가 크게 상승했습니다. 그러고 이틀 연속 거래량이 급감했습니다.

주가 급등의 전조가 뭐라고 했죠? 바닥에서 거래량 폭증 후 거감음봉의 등장이었죠. 그 조건이 5월 31일, 6월 1일 일어난 겁니다(초록색 화살표). 그리고 6월 2일 시세를 크게 줍니다. 무려 1,725원까지 찍어서 상한가 직전까지 갔었네요.

그런데 한 가지 의문을 품을 수 있습니다. 왜 어떤 건 거래량이 하루만 줄어든 다음에 오르고, 어떤 건 이틀 연속 급감한 후에 오를까? 어떤 경우에는 3일 연속 거래량이 감소한 다음에 오릅니다. 이유가 뭘까요?

여기서 거래량의 핵심 중에서도 핵심이 나옵니다.

"거래량이 급감하되, 이때 주가가 5일선과 이격이 크면 안 된다."

다시 좀 더 확대한 차트를 보죠. 5월 31일에도 거래량이 급감했지만, 5일

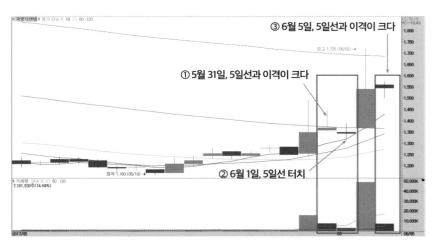

국영지앤엠 차트, 5일선과의 이격도 확인

이동평균선(핑크색)과 거리가 많이 떨어져 있습니다(화살표 ①). 다음 날인 6월 1일 거래량 급감과 동시에 5일선과 맞닿고 나서야(화살표 ②), 그다음 날인 6월 2일 시원하게 올라가 줍니다.

마찬가지로 6월 5일에도 거래량이 급감했지만, 5일선과 이격이 너무 큽니다(화살표 ③). 그렇다면 내일 크게 올라갈 확률은 낮습니다. 단, 시가가 5일선에서 출발한다면 오를 수도 있습니다. 이튿날인 6월 7일 다시 거래량 급감과 함께 음봉으로 떨어진다면, 6월 8일 정도에 1,650원선 돌파를 노려 볼 만합니다. 차트 좋네요.

거래량 법칙의 예시 하나만 더 볼까요. 넵튠의 차트를 보면(2017년 6월 기준), 얼마 전에 전 저점인 약 8,000원선(첫 번째 동그라미)이 어이없을 정도로 변변한 지지도 받지 못하고 깨졌습니다(두 번째 동그라미).

넵튠 차트에서 바닥 확인

전 저점이 깨진 차트에서 가장 중요한 건 '바닥 확인'입니다. 바닥 확인에는 저마다의 방법이 있겠지만, 제 경우에는 **거래량 증가와 함께 주가가 -5% 이상 추가로 하락할 때를 바닥으로 봅니다.**

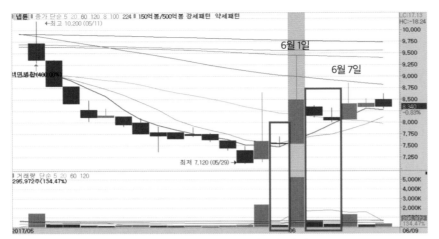

넵튠 차트에서 거감음봉 및 5일선 이격도 확인

확대한 그림을 보면 5월 29일, -5%에 근접하게 빠지면서 거래량은 전일 대비 145% 증가했습니다. 바닥 확인이죠. 저는 이날 정찰병으로 소량 보내 두었는데, 다음 날 크게 올랐습니다.

사실 중요한 건 그다음 날인 5월 31일입니다(첫 번째 초록색 상자). 거래량이 전일 대비 7%에 불과한데 캔들의 아래꼬리가 5일선에 아주 근접했지요? 그다음 날인 6월 1일, 상한가에 가까운 불기둥을 뿜어냅니다.

두 번째 초록색 상자도 보시죠. 두 번째 장대양봉이 나오고 나서 2거래

 패턴의 반복

두 상자의 패턴이 비슷하다는 것을 느끼셨나요? 하지만 뒤로 갈수록 상승하는 힘은 약하죠. 이처럼 투심에 따라 같은 패턴이 반복되며 평균으로 회귀합니다. 단, 첫 파동에 비해 두 번째 파동이 약하고, 두 번째 파동보다 세 번째 파동이 약합니다. 그만큼 주가 상승의 힘도 약해집니다. 다만, 오를 자리니 적당하게 노려볼 근거가 되는 거지요.

일 연속 거래량이 급감했습니다. 그런데 첫 번째 음봉은 5일선과 이격이 큽니다. 두 번째 음봉은 5일선과 근접했죠? 다음 거래일인 6월 7일, 약 9%의 주가 상승을 보여줍니다.

02 매수세가 집중되는 순간, 150억·500억봉

150억·500억봉의 의의
:

150억봉과 500억봉은 **거래대금**을 나타내주는 보조지표입니다. 오늘 매도한 금액과 매수한 금액의 총합이 150억 원 혹은 500억 원을 넘을 때 나타나도록 설정했습니다.

저는 2015년부터 본격적으로 주식을 하면서 여러 지표들을 공부했습니다. 그리고 2019년부터 가장 많이 본 지표 딱 하나만 꼽자면 바로 이 150억봉과 500억봉입니다. 시황과 재료, 다른 여러 지표와 연결해서 매일 확인하면 참으로 매매를 편하게 해주는 유용한 지표입니다.

HTS에서 자동으로 보여주는 것은 아니고, 수동으로 설정해야 보입니다 (키움증권 HTS 메뉴 중 '강세약세'에서 설정, 436쪽 참고). 저는 150억봉은 분홍색으로, 500억봉은 주황색으로 나타나게 했습니다. 개인 취향이니 각자 원하

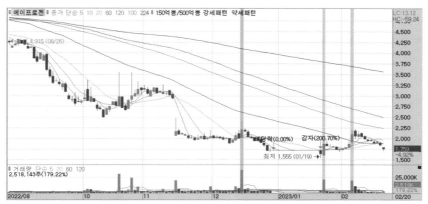

에이프로젠 차트, 150억봉(분홍색)과 500억봉(주황색) 출현

는 색상으로 설정해두면 됩니다.

"차트는 속일 수 있어도 거래량은 못 속인다"라는 속설이 있죠. 저도 초보 시절에는 저 말을 철석같이 믿었어요. 시간이 지나고 보니까 거래량도 속일 수 있더라고요. 작전주에 흔히들 동원되는 종목들은 시총과 주당 가액이 낮다 보니 차트의 모양은 물론 거래량까지 자전 거래*를 통해 속이려면 얼마든지 속이더군요. 2018년부터는 코인에서 그런 일이 비일비재하게 일어났죠? 소위 MM(마켓 메이킹)팀을 통해서요.

이 지표는 거래'량'이 아니라 거래'**금액**'을 보여줍니다. 2019년에 지인을 통해 힌트를 얻은 후 계속 사용하고 있습니다.

> **자전 거래**
> 시세를 부풀리기 위해 자기 식구끼리 혹은 자기 혼자 같은 주식을 사고파는 것.

하루 중 100억 원 이상 거래대금이 터지는 것은 일반 개인 투자자의 힘으로는 불가능하다. 시장 참여자 대부분이 주목했을 때 나타날 수 있는 시그널이다.

맞는다고 생각했습니다. 저는 이걸 조금 더 확장했어요. 100억보다는 150억이라면 시장에서 더욱 집중하는 종목일 거라 생각했고요. 특히 500억이라면 더더욱 강력한 지표가 될 거라 생각했죠.

보통 개별 종목에서 150억 원 이상이 거래되는 일은 쉽지 않습니다. 더군다나 500억봉이 출현하면 확실하게 이 종목에 시장 참여자들의 이목이 다 모였다고 볼 수 있죠. (이보다 더 큰 금액이면 더 훌륭한 지표가 되겠지만 2019년에는 거래대금 자체가 한 종목에서 500억 원 이상 일어나기가 쉽지 않았습니다. 엄청난 대세장이었던 2020~2021년에는 1000억봉도 괜찮았을 것 같아요.)

특히 500억봉은 결코 아무런 이슈 없이 생기지 않습니다. 회사의 펀더멘털에 중요한 영향을 주는 이벤트가 생겼을 때 보입니다. 거래량 없던 종목에 이렇게 많은 거래금액이 터지는 것 자체에 큰 의미가 있습니다.

150억봉, 500억봉을 보는 저의 기본적인 시각은 다음과 같습니다.

150억봉 & 500억봉의 기준

- 당일 평균 거래대금이 150억 원(혹은 500억 원) 이상이며
- 현재가(종가)는 시가보다 최소 9% 이상 (한 번은 VI가 발동된 종목)
- 전일보다 오늘 고가가 최소 15%는 높은 종목
- 오늘 고가는 저가보다 15%는 높은 종목

이 거래금액봉은 '바닥주'에서 정말 잘 먹힙니다. 아무래도 충분한 시세를 준 후 주가가 충분히 하락하고 횡보를 하는 중에 등장한 150억, 500억봉은 '손바꿈'을 의미할 수 있으니까요.

HLB 차트, 500억봉 등장 후 주가 급등

HLB의 경우에도 차트를 살펴보면 충분히 하락하고 500억봉이 나온 후 주가가 쭉 상승하는 것을 확인할 수 있습니다. ①번과 ②번 부분을 확대해 서 보면 더욱 명확하게 알 수 있습니다.

①번 부분을 확대해 보겠습니다. 하락 후 충분한 횡보를 가면서 바닥을 다진 차트에서 500억봉 출현 후 주가가 거의 두 배 상승합니다.

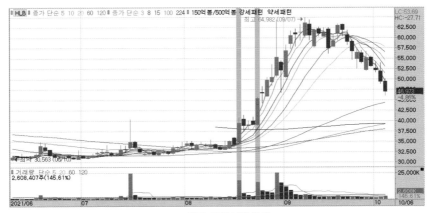

HLB 차트, ①번 부분 확대

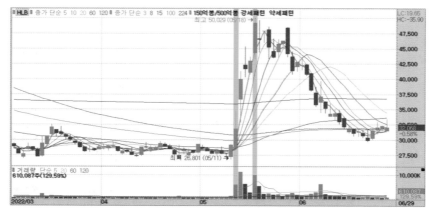

HLB 차트, ②번 부분 확대

②번 부분을 확대했습니다. 역시 충분한 하락 후 횡보로 바닥을 다진 후 500억봉이 출현하자 거의 두 배 가까이 상승합니다.

연이어 상장 이래로 대부분 바닥권에서 주가를 형성하던 하인크코리아는 연이어 150억, 500억봉 출현 후(초록색 상자) 주가가 10배가량 상승합니다. 하인크코리아는 축구선수 손흥민 관련주로 엮여서 상승했으며, 이후에는 애플페이 관련주로도 묶였습니다.

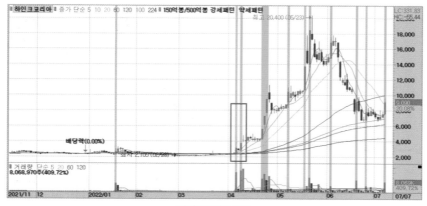

하인크코리아 차트

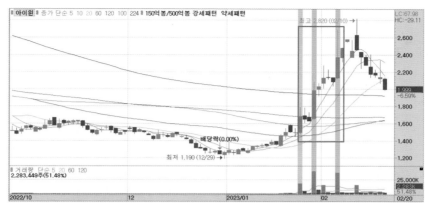

아이윈 차트

아이윈(구 광진원텍) 역시 주가가 5분의 1 토막 날 정도로 심한 하락을 겪었지만 AI 이슈로 연이은 150억봉, 500억봉 출현과 함께 주가는 며칠 만에 두 배가량 오르게 됩니다.

명심하세요. 150억봉 500억봉은 기법이 아닙니다. 참고사항일 뿐입니다.

제가 드리고 싶은 말씀은 어떤 기법이나 지식, 정보 하나로 주식 고수가 될 수 있다는 환상을 갖지 말라는 것입니다. 전부 다 잘해야 해요.

당연히 바닥권에서 150억, 500억봉이 나오고도 오르지 않는 사례 역시 많습니다.

에이프로젠의 경우 충분히 바닥권 횡보를 하는 중에 500억봉과 150억봉이 떴지만 상승 추세로 전혀 접어들고 있지 않죠. 상승이라고 예상했다가는 정말 큰 낭패를 볼 수 있습니다. 같은 바닥권에서 터진 500억봉에도 에이프로젠이 상승 추세로 접어들지 않은 이유는 여러가지가 있습니다만 굳이 여기서 설명하지는 않습니다. 이런 걸 볼 수 있는 안목이 실력이자 결과

에이프로젠 차트, 500억봉 등장 후 주가 하락

가 됩니다.

초보자들은 이런 걸 알 수가 없는데 자신이 아는 정말 적은 지식으로 모든 걸 해석하려고 하다 보니 더 말리게 되는 거죠. 그렇기 때문에 본인이 초보라고 생각한다면, 어떤 절대 법칙을 알아내려고 하지 말고 언제나 '내가 틀릴 수 있다'는 겸손한 마음으로 시장에 순응하길 바랍니다.

150억 · 500억봉의 활용
:

0일차, 1일차, 2일차 정의

저는 500억봉이 뜬 날부터 0일차, 1일차, 2일차로 나눠 차트를 관찰합니다. 0일차는 150봉 혹은 500억봉이 출현한 당일, 1일차는 500억봉이 출현한 익일, 2일차는 500억봉이 출현하고 이틀 후입니다.

차트를 바탕으로 설명해보겠습니다.

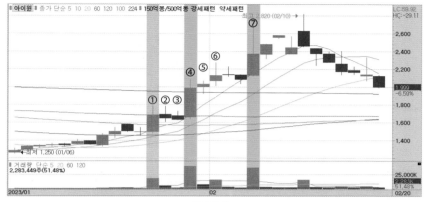

아이윈 차트

분홍색 150억봉이 나온 ①번이 0일차, ②번이 1일차, ③번이 2일차를 뜻합니다. 연이어 500억봉이 떠서 주황색 표시된 ④번은 다시 0일차입니다. ⑤번은 1일차, ⑥번은 2일차로 부르고요. 이후 재차 500억봉이 떠서 주황색으로 표시된 ⑦번을 다시 0일차로 부릅니다. 이것은 제가 이렇게 부르기로 한 것이지 따로 정해진 것은 아닙니다.

매번 0일차의 시작점을 잡아서 큰 수익을 거두길 바라겠지만 그건 인간의 영역이 아닙니다. 그런 방법이 있다고 생각해서는 안 됩니다. 개인 투자자 입장에서 0일차는 '관심종목에 넣어둘 찬스'가 생긴 것입니다. 중요한 것은 1일차와 2일차입니다(개인적으로 3일차 이후는 종목에 따라 오락가락하는 면이 커서 더 이상 추적하지 않습니다).

첫 500억봉 후에는 갭이 많이 뜨는 게 좋다

500억봉이 뜬 다음에는 시초가 갭이 많이 뜨면 뜰수록 좋습니다. 또 갭이 많이 뜨지 않았더라도 1일차에서 위꼬리가 길면 길수록 좋습니다. 0일차에서 모인 힘이 얼만큼 강한가를 파악하는 단계가 1일차입니다.

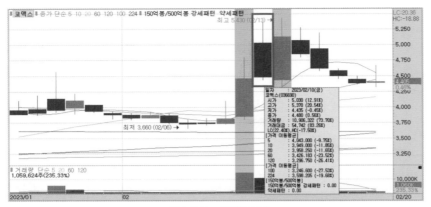

코맥스 차트, 500억봉 1일차

코맥스 차트를 보면, 첫 500억봉 다음 날(1일차)인 2월 10일 시초가 갭을 +12.91%나 띄우면서 출발합니다. 고가는 +20.54%까지 가지요. 1일차에서 장대음봉이 나왔다고 실망할 필요는 없습니다. 심지어 1일차에서 거래량이 늘었다고 하더라도 큰 감점 요인이 되지는 않습니다. 1일차의 핵심은 0일차의 힘이 얼마나 유지되는가입니다. **1일차의 시가는 최소한 0일차보다 위에 있으면 좋다**는 정도만 인지하면 됩니다. 또 1일차의 주가는 일시적으로 0일차의 종가보다 하회할 수 있지만 종가는 0일차의 종가와 같거나 그 위에서 유지되는 게 좀 더 좋습니다. 그래서 **500억봉 후 갭이 약하거나 뜨지 않는 경우, 하락하는 경우는 조심해야 합니다.**

모비데이즈 차트를 보면 150억봉이 떴지만 1일차에서 시초가 갭이 안생깁니다. 그리고 하락하죠.

어보브반도체 차트 역시 500억봉 이후 갭이 뜨지 않고 오히려 갭 하락으로 시작합니다. 그리고 마찬가지로 주가가 흘러내리죠. 조심해야 합니다.

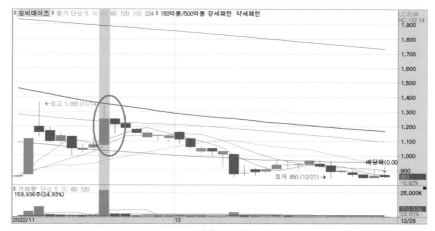

모비데이즈 차트

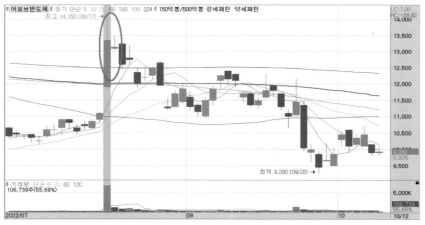

어보브반도체 차트

150억봉은 상승 추세에서 비중을 둔다

저는 150억봉과 500억봉을 달리 활용합니다. 비중은 500억봉에 훨씬 많이 둡니다. 바닥에서 150억봉이 나왔다고 하더라도 큰 의미를 두진 않는 편이에요. 의미를 둘 때는 바로 **상승 추세나 상승 후 고가놀이를 하고 있는 중에 150억봉이 나왔을 때**입니다. 500억봉보다 상대적으로 힘이 약한 150억봉이지만 상승 추세를 더 강하게 해주거나 고가 놀이 중 방향성을 결정할 때 나오는 150억봉은 매수에 확신을 더해주는 편입니다.

아이윈 차트로 확인해봅시다. 상승 추세 중 나오는 150억봉은 추세에 힘을 더해줍니다. 이후 500억봉으로 연결되죠(위). 다시 바닥을 다진 후 상승 추세 전환 후에 첫 150억봉이 출현했습니다. 며칠 조정 후 500억봉까지 연결됩니다(아래).

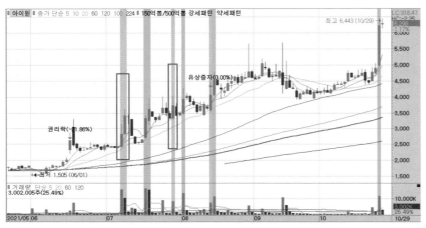

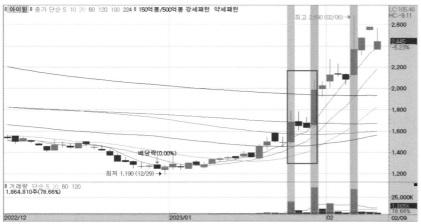

아이윈 차트, 상승 추세에서 나온 150억봉(분홍색)

매매 시 주의사항

먼저 조심해야 할 것부터 알려드리겠습니다. 150억봉이든 500억봉이든 주의해야 할 순간이 있어요. **1, 2일차에서 주요 저항선을 맞고 떨어질 때**입니다. 필연적으로 위꼬리가 길게 붙겠죠. 이 경우 높은 확률로 주가는 장기간 하락합니다.

랩지노믹스 차트

랩지노믹스 차트를 보면 500억봉 1일차에서 224일선을 맞고 떨어집니다(빨간 동그라미). 그 이후 장기간 1일차의 고가를 회복하지 못합니다. 1일차에 샀다면 6개월 이상 물리게 되겠죠?

이동평균선의 관점으로 설명하자면, 현재 주가가 224일선 아래라는 것은 산술적으로 1년간 매수에 나선 투자자들 대부분이 손실 중이라는 이야기입니다. 거기에 대부분 이평선이 우하향 중에 현재가마저 단기 이평선 아래라면 최근에 매수한 투자자까지 손실 중이라는 것으로 해석할 수 있죠.

강력한 장기 이평선을 뚫기 위해서는 224일(1년)간 물려 있는 주주들의 물량을 소화해야 하는데요. 그 끝자락까지 닿고서 주가가 빠진다는 것은 '모든 힘을 냈으나 부족했다'는 증거가 됩니다. 다시 힘을 모으기 위해서 장기간 주가 하락을 보이는 것은 당연한 결과가 됩니다.

즉, 150억·500억봉이 바닥에서 터지더라도 224일선이나 120일선, 100일선 등 주요 이평선을 뚫지 못하는 경우에는 힘이 부족하다고 판단한 뒤 적극적으로 수량을 줄이려고 노력해야 합니다.

단, 살짝 달리 판단해야 하는 경우도 있습니다. 바로 강력한 저항선들을 맞고 떨어진 게 아니라 **돌파 후 하락할** 때입니다.

강한 저항선을 '일단' 돌파했을 경우 해당 저항선에서 물려 있던 악성 매물을 한 차례 소화합니다. 뚫는 과정에서 '돌파를 할 것이라고 추정'하는 신규 매수 세력들과 '못 뚫을 거라고 생각'하고 물린 물량을 던지는 기존 주주들의 힘겨루기가 벌어진 거죠. 짧으나마 돌파를 했으므로 손바뀜이 상당수 일어나게 됩니다.

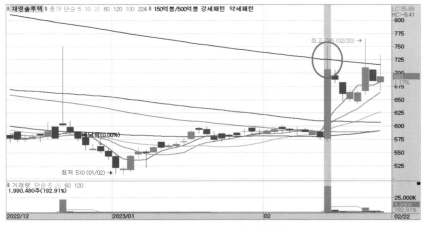

재영솔루텍 차트, 224일선 돌파 후 하락

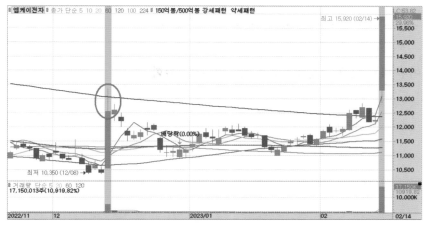

엠케이전자 차트, 224일선 돌파 후 하락

재영솔루텍과 엠케이전자의 예처럼 **일단 한 번이라도 뚫은 경우에는 '저항선을 맞고 바로 떨어진 때'보다 훨씬 짧은 조정을 받습니다.** 관심종목에 넣어둬야 한다는 이야기죠. '빠른 기술적 반등이 나오겠지만, 이내 하락하고 저점 횡보를 한 다음에 224일선을 다시 뚫을 수 있겠구나' 하는 생각을 하면서 말이죠.

적극 매매 시그널

500억봉이 나오는 당일을 아는 것은 신이 아닌 이상 어렵습니다. 그래서 500억봉이 나온 첫날을 0일차라고 부르는 겁니다. 0일차는 신만 아시겠지만 1일차부터는 우리 인간도 알 수 있으니까요. 1일차의 모양에 따라 판단이 다양하게 갈립니다. 먼저 224일선 등 강한 저항선을 맞고 떨어질 때는 조심하라고 앞서 말씀드렸죠. 좋게 보는 경우는 다음과 같습니다.

1) 500억봉 후 첫 강한 조정이 왔을 때(장대음봉)

보통 장대음봉이 나오면 투자자들은 꺼리기 마련입니다. 하지만 **500억봉 이후 바로 나오는 장대음봉은 강력한 매수 기회**가 됩니다. 이때 거래량이 늘었어도 상관없습니다(물론 거래량이 줄면 더 좋고요). 중요한 체크 사항은 장대음봉이 나오더라도 중요한 지지선을 지켜주는가입니다. 전날의 종가를 지켜주거나, 전날의 고가를 지켜주거나, 최소한 3일선을 지켜준다거나 하는 것입니다.

코맥스 차트에서 첫 500억봉 이후에 장대음봉이 떨어지지만 전날의 종가를 지지했죠. '삼성+AI'라는 재료로 올라간 데다 챗GPT로 인한 인공지능 테마가 지속됐던 만큼 계속 시장에서 부각됐고 거래량+차트+재료+시황이 맞아떨어지면서 이튿날 재차 상승을 이뤄낼 수 있었습니다.

즉, 강한 조정이 왔을 때 재료와 시황이 살아 있다면(500억봉이 뜬 순간 거래량과 차트는 완성된 거니까 재료와 시황만 보면 되겠죠?) 주가는 상승할 수 있는 제반 조건을 모두 갖춘 것으로 판단 가능합니다.

그러나 이 방식이 항상 적용되는 것은 아닙니다. 계속해서 "차트는 주식

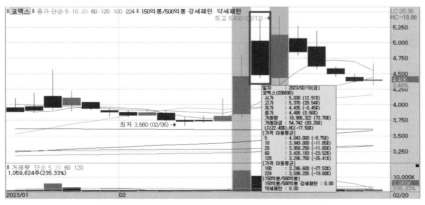

코맥스 차트, 첫 500억봉과 함께 급등한 뒤 장대음봉 조정

매매에 있어 5%에 불과하다"라고 강조하고 있지요. 비법이 있는 게 아닙니다. 차트는 매매 판단에 도움을 주는 하나의 요소이지 절대적인 판단 근거가 될 수 없습니다. 그걸 알려드리기 위해 좋은 예와 맞지 않는 예를 자주 보여드리고 있죠.

초보자들은 무언가 안 맞는 경우를 보면 '왜 안 맞는지'를 찾아내려고 합니다. 안 맞는 부분만 알아내면 100% 확률의 환상적인 매매 기법을 갖게 될 거라고 '착각'하는 거죠. 그러나 그런 방법은 존재하지 않습니다. 가장 큰 문제는 '안 맞는 이유'가 몇 가지로 한정될 거라고 또다시 '착각'을 하는 것입니다. 하지만 안 맞는 경우는 수천만 가지 정도 될 겁니다. 그래서 잘 맞는 경우를 하나씩 종합적으로 연결해 생각해야 하고요(이걸 우리는 편하게 '대응'이라고 부릅니다). 고수일수록 '내가 틀릴 수 있다'라고 생각합니다.

소프트센은 500억봉(0일차) 이후 장대음봉 + 3일선 조정(1일차)을 동시에 받았지만 무참히 떨어져 내리죠. 5일선 조정조차 못 받고 빠집니다(2일차).

스맥 역시 150억봉(0일차) 이후 갭을 띄운 장대음봉 + 3일선 조정(1일차)까지 받았지만 변변한 반등 없이 하락하죠. **오른 이유가 지속되느냐가 무엇보다 중요합니다.** 차트만으로 본다면 그냥 속절없이 계좌가 녹아내릴 뿐입

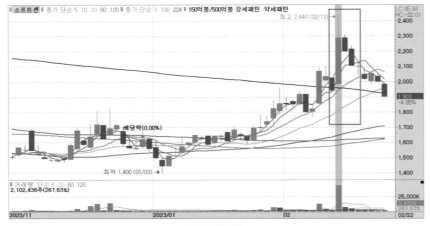

소프트센 차트

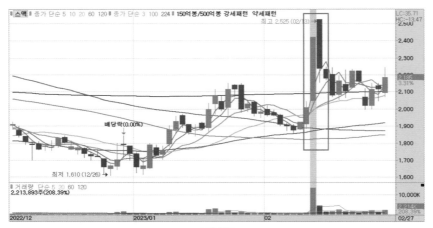

스맥 차트

니다.

소프트센과 스맥의 뉴스를 살펴보면 AI 테마장에서 상대적으로 약한 재료로 주가가 올랐기 때문에 변변한 반등을 못 보였습니다. 차트만 보는 투자자라면 크게 어려워지겠죠.

PART 3 실전 투자를 위한 절대 관점

2023/02/13	14:35:52	[특징주] 소프트센, 엑스레이 검사장비 수출 소식에 주가↑	소프트센	인포스탁
2023/02/13	14:02:20	오후장 기술적 분석 특징주 A(코스닥)	소프트센	인포스탁
2023/02/13	12:02:21	오전장 기술적 분석 특징주 A(코스닥)	소프트센	인포스탁
2023/02/13	10:31:20	오전장 기술적 분석 특징주 A(코스닥)	소프트센	인포스탁
2023/02/08	15:10:49	[한경라씨로]가 알려주는 오늘의 시장특징주 (2/8)	소프트센	한국경제
2023/02/08	10:17:30	[특징주]소프트센, '챗GPT' 돌풍 IBM AI '왓슨' 출시 기대..IBM 협력 부각	소프트센	파이낸셜
2022/12/21	12:02:22	오전장 기술적 분석 특징주 A(코스닥)	소프트센	인포스탁

소프트센 종목뉴스

2023/02/10	12:30:54	코스닥 상승률 상위 20종목(직전 30분 기준)	스맥	인포스탁
2023/02/10	12:30:04	10일 저축은행 적금 이자율 Best 10 상품	스맥	한국경제
2023/02/10	12:05:58	스맥, +14.93% 상승폭 확대	스맥	조선비즈
2023/02/10	12:02:40	스맥(099440) 상승폭 확대 +12.43%, 3거래일 연속 상승	스맥	인포스탁
2023/02/10	12:00:03	스맥, +11.94% VI 발동	스맥	조선비즈
2023/02/10	10:17:03	[장중수급포착] 스맥, 외국인 12.21만 주 대량 순매수... 주가 +5.47%	스맥	뉴스핌
2023/02/10	09:09:00	스맥(099440) 소폭 상승세 +3.23%	스맥	인포스탁

스맥 종목뉴스

2) 500억봉 후 첫 3일선 조정

강력한 매수세와 매수대금이 모인 다음은 항상 즐겁게 매수 타이밍을 기다릴 때입니다. 500억봉이 터졌다는 것은 '거래량과 차트'는 완성됐다는 의미이기 때문에 재료와 시황만 살피면 되거든요.

그래서 재료와 시황이 갖춰진 때에 따라 1일차에서 즉시, 혹은 2일차에서, 혹은 첫 3일선 조정이나 7-8일선 조정에서, 더 나아가서는 돌림 8일선 내지는 15일선, 20일선에서 반등을 기다릴 수 있습니다. 낚시하는 것과 같은 느낌으로 생각하면 됩니다.

여기서는 첫 3일선 조정을 받고 반등하는 경우를 살펴보겠습니다.

500억봉이 처음 뜬 2023년 2월 9일 나노신소재는 테슬라의 주가 상승에 더해 탄소나노튜브 수요 증가라는 기대감으로 올랐습니다. 테슬라 주가는 이후 더 올랐으며, 2월 16일에는 탄소나노튜브로 제이오가 신규 상장하는 일정이 있었죠. 이런 기대감으로 주가는 더 탄력을 받게 됩니다.

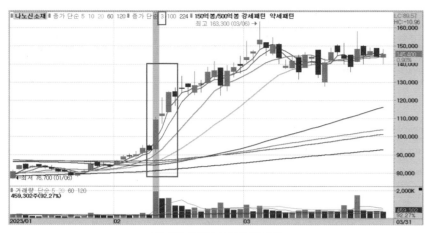

나노신소재 차트, 3일선 조정 확인

> **"우리도 2차전지주" 나노신소재 17% 급등**
>
> 테슬라 주가 급등에 힘입어 국내 2차전지 관련주가 오르는 가운데 나노신소재가 9일 장중 17%가량 상승하고 있다. 주요 2차전지 업체들이 충전 시간 단축과 에너지밀도 개선을 위해 차세대 전기차용 2차전지에 실리콘 음극재 적용을 본격화하면서 나노신소재의 탄소나노튜브(CNT) 도전재 수요도 덩달아 늘어날 것이라는 전망이다.
>
> (매일경제, 2023.02.09)

  2023년 1월 로봇주 레인보우로보틱스가 삼성전자의 투자를 받으면서 1조 밸류로 올라서자 로봇 관련주들의 주가가 뒤따라 상승했습니다. 로보스타도 그중 하나죠. 로봇 테마가 쉽게 죽지 않으리라는 예상을 할 수 있었습니다. 또한 때마침 챗GPT로 인해 AI 관련주들이 매우 뜨거웠고, 이는 곧 '로봇에 AI 이식'이라는 기대감으로도 연결될 수 있었죠. 재료와 시황이 계속 살아 있다는 판단을 내리기에 충분합니다.

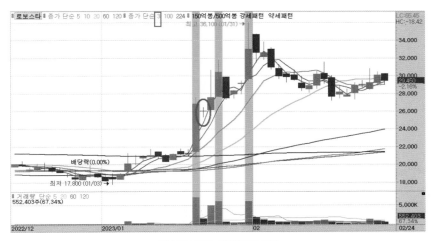

로보스타 차트, 3일선 조정 확인

　　한빛소프트의 모회사 티쓰리가 첫 500억봉을 만든 2023년 2월 14일은 게임주가 강했습니다. 컴투스의 첫 VR게임 〈다크 스워드〉가 중국 PICO스토어에서 유료 앱 1위를 했다는 소식에 한국의 게임주들이 일제히 상승했죠. 티쓰리 역시 자회사 한빛소프트에서 곧 출시 예정인 신작을 갖고 있다는 소식에 주가가 반응한 겁니다.

　　물론 티쓰리는 이 이슈보다는 '신규 상장주'의 매력이 더 크게 작용했죠. 23년 1월은 모든 종목들이 오른 상황이었는데, 보다시피 티쓰리는 지수 상

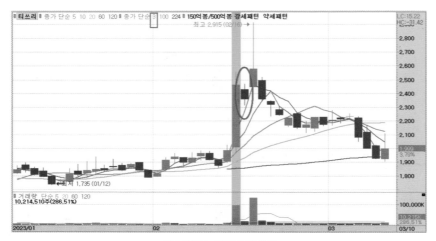

티쓰리 차트, 3일선 조정 확인

승에 다른 주가 상승 수혜를 받지 못했습니다. 다른 종목들과 비교하면 '상대적으로' 덜 오른 상황에서 이유가 붙자 바로 주가가 오른 현상이었습니다. 실제로 23년 1~2월은 신규 상장주들이 거의 대부분 '따상'*을 기록했는데요. 이와 같은 '상대적 저가'라는 논

따상

'더블 상한가'의 준말로, 주식시장에 신규 상장하는 종목이 거래 첫날 공모가 대비 두 배로 시초가가 형성된 후 상한가에 도달하는 것을 일컫는 은어.

리가 크게 작용했습니다.

　　KTcs가 처음으로 500억봉을 띄운 23년 1월 18일은 KT 관련주들의 날이었습니다. 전일 저녁 KT는 챗GPT의 붐과 함께 직접 "초거대 AI를 KT 힘으로 상용화"하겠다는 발표를 했거든요. KT의 자회사 KTcs는 이런 이유로 주가가 큰 폭으로 올랐습니다. 이후 AI 테마는 계속됐지요. 주가는 2배가량 덩달아 상승합니다.

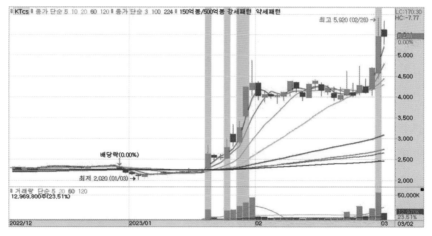

KTcs 차트, 3일선 조정 확인

[특징주] KTcs, KT 초거대 AI 상용화 소식에 주가 강세

이는 KT의 초거대 AI서비스 상용화 소식에 주가가 긍정적인 영향을 받은 것으로 풀이된다. 전날 KT가 올해 상반기 초거대 AI 서비스 '믿음(MIDEUM)'의 상용화를 위해 주요 금융사 등과 접촉하고 있다는 소식이 전해졌다. KTcs는 KT의 서비스, 유통 부문 등의 자회사다.

(머니S, 2023.01.18)

예시로 든 나노신소재, 로보스타, 티쓰리, KTcs 차트에서 공통점이 보이나요? 어느 정도 바닥 횡보를 하다가 급등하죠? 오르는 데 어김없이 이유가 붙었습니다. 그리고 **그 이유가 살아 있는가 아닌가가 이후 주가 향방을 결정합니다.**

너무 어려워할 필요 없습니다. 아직 지식이 부족할 뿐이에요. 공부와 경험으로 채워 넣으면 됩니다.

3) 500억봉 후 첫 7-8일선

500억봉이 출현한 후 단기간에 만나는 첫 7-8일선도 의미 있습니다. 많은 경우 그 자리에서 반등을 주는데요. 또 반복이지만, '차트의 힘'이 아니라 재료와 시황의 힘입니다.

7-8일선이면 주말을 포함하면 약 10일 정도입니다. 그리고 실제로는 대략 5일 정도 만에 7-8일선에 닿습니다. 그 5~10일 사이에 해당 종목과 테마를 움직인 재료가 다시 한번 시장에서 주목받는 경우가 많기 때문입니다. 초단기로 들어간 투자자를 제외하고는 5~10일 전후로 산 사람들의 투심이 남아 있어서죠.

이평선은 뭐다? '추세'다. 여전히 5~10일 전후로 들어온 투자자들의 심리가 살아 있기 때문에 무지성으로 들어온 단기투자자의 거래량 정도는 쉽게 뚫을 수 있기 때문입니다.

사례를 볼까요?

레이저쎌에서 첫 500억봉이 나온 2월 6일의 이슈는 2월 13일에도 여전히 강했죠. 초단기투자자들이 나간 다음(조정을 한 차례 받은 다음) 2월 13일 다시 한번 이슈를 받고 상승합니다.

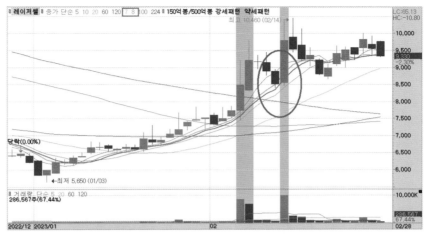

레이저쎌 차트, 500억봉 출현 후 첫 7-8일선 조정 후 반등

레이저쎌, AI 반도체 시장 69조원대 성장 전망에 상승세

시장조사 업체 가트너는 2020년 220억 달러(한화 약 27조 원) 규모였던 AI 반도체 시장 규모가 올해 553억 달러(약 69조 원) 규모로 커질 것으로 예상된다고 전망했다. 2026년에는 861억 달러(약 107조 원)까지 성장할 전망이다. 레이저쎌은 세계 최초이자 유일하게 면-레이저(Area Laser) 광학기술을 개발 보유한 기업이다. 회사는 이 기술을 바탕으로 칩과 반도체 인쇄회로기판(PCB)을 접합하는 면-레이저 리플로우 장비 개발에 성공했다.

(이투데이, 2023.02.06)

레이저쎌, 구글 · 애플 · 아마존 AI 반도체 직접 개발 경쟁…세계유일 면레이저 광학기술 보유 부각↑

레이저쎌이 장중 강세다. 최근 오픈AI의 '챗GPT'를 비롯한 인공지능(AI) 플랫폼 서비스가 주목받으면서 구글, 애플, 마이크로소프트, 아마존 등 글로벌 IT기업들이 AI 반도체 사업에 뛰어들고 있다는 소식이 영향을 준 것으로 풀이된다.

(파이낸셜뉴스, 2023.02.13)

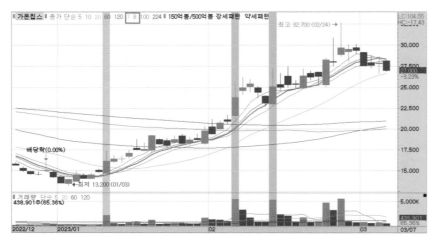

가온칩스 차트, 500억봉 출현 후 첫 7-8일선에서 반등

2023/02/13	13:45:04	[특징주] 가온칩스, 갤럭시-챗GPT..삼성 하이엔드 공정 최적 독보적 기술	가온칩스	한국경제
2023/02/13	13:26:43	[특징주]가온칩스, 'AI반도체' 개발한 대부분 가온칩스 솔루션 사용..진입	가온칩스	이데일리
2023/02/06	17:11:49	증시요약(9) - 기술적 분석 특징주 A(코스닥)	가온칩스	인포스탁
2023/02/06	14:06:32	[특징주] 가온칩스, 삼성전자 파운드리 팹리스 고객사 87% 확보 소식에	가온칩스	이투데이
2023/02/06	14:02:23	오후장 기술적 분석 특징주 A(코스닥)	가온칩스	인포스탁
2023/02/06	13:34:05	특징주	이번 주 이슈 점검! 유망 섹터와 함께 관심종목은? (확인)	가온칩스	한국경제
2023/02/06	11:16:58	오전장 특징주★(코스닥)	가온칩스	인포스탁

가온칩스 종목뉴스

가온칩스는 23년 2월 6일 현대차증권의 삼성전자 팹리스 고객의 87%를 확보하며 AI 업종의 수혜라는 리포트로 첫 500억봉이 출현했습니다. 이후 2월 13일에도 7-8일선에서 반등하죠. AI 반도체 관련 뉴스가 다시 나오면서 500억봉이 다시 나타납니다.

미래아이앤지는 자회사 아티스트코스메틱을 통해 휴마시스를 인수한다는 소식에 주가가 급등했죠. 1월 31일에 첫 500억봉을 띄웁니다. 그리고 7-8일선까지 조정을 받습니다.

이 경우에는 바로 반등하지는 않았는데요. 왜 그럴까요? 앞선 두 경우와 달리 **M&A라는 것은 단기 이슈이기 때문입니다.** 실제로 일어나면 이슈는 사실상 끝입니다. 그렇다고 완전히 끝도 아니죠. 왜일까요? M&A를 하겠다

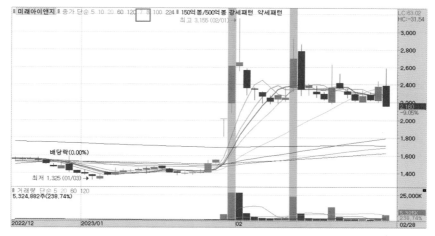

미래아이앤지 차트, 첫 7-8일선 지지 후 반등

고 발표한 데 불과하고 실제로 돈이 입금되고 모든 일이 마무리되는 데까지는 일정 시간이 걸리기 때문입니다. 기대감은 살아 있다는 뜻이죠. 하지만 새로운 이슈가 바로 나오긴 어렵고 실제로 '돈이 들어간다'는 시그널이 나올 때까지 주가는 등락을 거듭하게 됩니다.

보통 M&A 소식 당일에 주식을 매매하기보다는 추이를 지켜보는 게 현명한 투자 방법입니다. 정말 좋은 M&A라면 단기 급등 후 충분히 조정을 받은 다음이라도 시세를 줄 테니까요.

500억봉 공부는 이쯤에서 마칩니다. 차트는 '공식'이 아니라 '추세'와 '심리'라는 것을 이해하고 있어야 오류가 적습니다. 언제나 차트 그 자체만 보는 게 아니라, 왜 그 차트 모양이 나오게 됐는지를 알아야 합니다.

150억 · 500억봉 설정하기

HTS에서 설정하기

1) 차트를 열고 **마우스 우버튼 → 수식관리자** 클릭.

2) ①강세약세 → ②새로만들기 순서로 클릭.

3) ③**강세약세명 입력**(임의로 입력) → ④**강세패턴**에 아래의 수식을 입력 후
⑤**색상**을 선택해주세요. 수식은 다음과 같습니다.

$$avg(거래대금, 1) >= 15000 \ and \ C(1) \times 1.15 <= H$$
$$and \ L \times 1.15 <= H \ and \ O \times 1.09 <= C$$

avg는 '거래대금, 평균 날짜'의 뜻이고요. 키움은 100만 원 단위입니다. 그
러므로 15000은 150억 원이죠. C는 현재가(종가), C(1)은 하루 전의 현재가
(종가)를 의미합니다. H는 고가, L은 저가, O는 시가이고요.

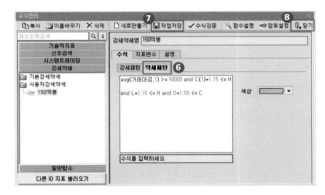

4) ⑥**약세패턴** 클릭 후, 다음의 수식을 입력해주세요.

$$avg(거래대금, 1) >= 50000 \ and \ C(1) \times 1.15 <= H$$
$$and \ L \times 1.15 <= H \ and \ O \times 1.09 <= C$$

15000을 50000으로 바꿨습니다. 500억 원이죠. 이렇게 하면 150억봉과
500억봉이 한 화면에서 나오게 됩니다.

5) ⑦**작업저장** → ⑧**닫기** 클릭하면 설정 완료!

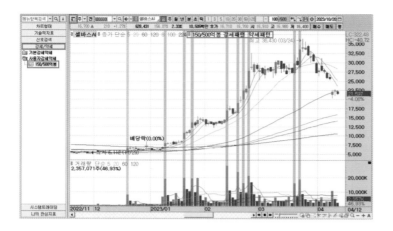

6) 이제 차트 좌측 메뉴에 들어가 **강세/약세 → 사용자강세약세**에서 방금 만든 지표(150/500억봉)를 클릭하면 화면에 반영됩니다.

　수식은 얼마든지 개인에 맞게 변형할 수 있습니다. 15000을 50000으로 바꾸면 500억 원이 되었듯, 100000으로 하면 1000억 원이 됩니다. 더 보수적으로 종목을 찾고 싶다면 1000억 원, 2000억 원, 3000억 원으로 설정할 수 있겠죠.

　또 당일이 아니라 전일 혹은 더 먼 과거부터 찾고 싶다면 C, H, O, L 옆에 괄호와 함께 숫자를 넣으면 됩니다. C는 현재가(종가)이며, C(1)은 하루 전의 종가, C(2)는 이틀 전의 종가입니다. H–H(1)의 의미는 오늘 최고가에서 어제의 최고가를 뺀 가격을 의미합니다.

　다양한 방법으로 자신만의 수식을 만들 수 있겠죠? 그리고 키움증권의 고객게시판에 문의하면 자세한 답변을 얻을 수 있습니다. 자신이 가정한 검색식이나 수식을 만들어달라고 하면 그대로 만들어줄 정도로 친절하게 답변을 해줍니다.

MTS에서 설정하기

1) 먼저 PC의 HTS 차트 화면에서 ①**톱니바퀴**(차트환경설정) 아이콘 클릭 →
②**영웅문S# 내보내기** 클릭 → ③**사용자지표 내보내기** 클릭.

2) 이제 모바일기기의 MTS를 실행해주세요. ①차트 화면에서 오른쪽 상
단의 **메뉴** 아이콘 클릭 → ②**사용자지표 내려받기** 클릭 → ③HTS에서 받아

온 '150/500억봉' 지표가 보이면 **내려받기** 클릭.

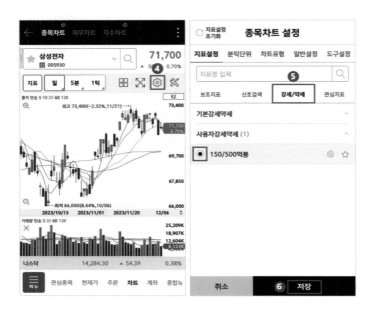

3) ④다시 차트 화면으로 돌아와서, **톱니바퀴**(종목차트 설정) 아이콘 클릭 →
⑤**강세/약세** 탭 클릭 후, **사용자강세약세**에서 내려받은 지표 체크한 후 ⑥**저
장** 클릭.

이제 차트 화면에 150억·500억봉이 적용된 것을 확인할 수 있습니다.

03 추세의 강도를 나타내는 RSI

제가 종목을 매매할 때 꼭 보는 기준이 있습니다. 바로 '매도와 매수의 강도'입니다. 어떤 종목을 봤을 때 여전히 매도 추세라면 매수하지 않는 편입니다. 또 너무 과하게 매수 추세일 때도 매수하지 않습니다. 저는 **매도 추세가 매수 추세로 바뀔 때 매수하기**를 좋아합니다. 그리고 이 타이밍을 편하게 알아차리는 방법이 있습니다. HTS에서 보조지표인 'RSI'를 설정해두고 지켜보면 됩니다.

RSI(Relative Strength Index, 상대강도지수)는 추세가 가지고 있는 강도를 의미하는 것으로 추세의 강도를 백분율로 나타낸 것입니다. 기준 일수와 규모를 가지고 측정하는데, 상승이 없었으면 0, 하락이 없었으면 100의 값을 갖습니다.

0에서 100 사이를 움직이는 이 지표의 핵심은 '상대적'이라는 것입니다. RSI를 14기준으로 설정하고(기본 설정) 지표가 0이라면 주가가 14일간 상승 없이 하락만 한 경우이고, 100이라면 주가가 하락 없이 14일간 오르기만 했다는 뜻입니다. RSI 값이 30 아래면 과매도이고, 70 위면 과매수로 봅니다.

RSI를 바라보는 관점은 '평균 회귀'입니다. **어떤 주식도 계속 빠지거나 오르기만 할 수 없습니다.** RSI 지표 30은 정해진 지표 기간 동안 70% 추세로 매도가 나왔다는 뜻이 됩니다. 즉, 여기서 더 **빠질 확률이 30%**라는 것이 겠죠? 반대로 해석하면 오를 확률은 70%라는 뜻이 됩니다. RSI 지표 70은 해당 지표 기간 동안 70% 추세로 매수가 나왔다는 말이 됩니다. 그럼 남은 오를 여지는 30%라는 의미로 해석할 수 있습니다. 반대로 매도세로 돌아설 확률은 70%에 달한다는 뜻이죠.

세상 이치는 결국 평균에 수렴하게 돼 있습니다. 오르고 떨어지고를 합치면 50%에 회귀합니다. RSI는 이렇게 많이 오른 주식은 빠질 때가 됐다, 많이 떨어진 주식은 오를 때가 됐다는 것을 판단하는 데 도움을 주는 보조지표로 사용됩니다.

- RSI 30 이하 → 과매도 : 매수하기에 적합하다. 매도 세력이 더 나오기 어렵기 때문.
- RSI 70 이상 → 과매수 : 매도하는 시기로 본다. 매수 세력이 더 나오기 어렵기 때문.

저는 과매도에서 매수를 시작합니다. 가장 즐기는 매매는 과매도 상태에서 더 이상 매도가 나오기 어려울 때입니다. **대개 RSI 30을 하향 돌파할 때 분할 매수를 시작합니다.** 어찌 보면 '(매도가) 있다가 사라질 때'라고 할 수 있겠죠?

444

SK하이닉스 차트, RSI 18값이 30 이하로 떨어졌을 때 주가 반등

SK하이닉스라는 초대형주를 보더라도 RSI 18값이 30에 닿거나 하향 돌파하자(파란색 동그라미) 주가가 반등해서 오르는 것을 확인할 수 있습니다.

실전에서 어렵게 생각하지 마세요. 그냥 RSI18, RSI30을 같이 보면서 **'30(과매도) 아래로 떨어지면 살 만한 위치다'** 생각하면 됩니다. '500억봉이 출현하면 이제 관심 가져야지' 하는 느낌인 거죠.

간단하죠? 다만 어디까지나 '그렇게 볼 수 있다'는 추세의 의미에 불과합니다. 100%가 아닌 만큼 적절하게 상황에 맞는 해석을 해야 합니다.

차트 화면에서 **마우스 우클릭 → 지표추가**에서 **RSI**를 선택하면 위와 같이 화면에 RSI 지표창이 바로 추가됩니다. 보통 14일 기준으로 세팅되어 있습니다. 지표명을 더블클릭하면 기간값을 원하는 대로 바꿀 수 있습니다.

저는 RSI를 18일과 30일로 설정한 두 개의 지표를 봅니다. 아무래도 기간이 커질수록 검출되는 종목 숫자는 적어집니다. 저는 가능한 한 엄격한 조건을 설정해 검출되는 종목이 너무 많지 않게 하는 편입니다. 여러 번의 매매보다는 몇 번의 확실한 매매에서 수익을 내고 싶기 때문입니다. 요즘은

RSI30을 주로 보는 편입니다. 수익보다 지키는 게 더 중요하니까요.

*　　*　　*

차트에 대한 공부는 여기까지입니다. 지식이 얕은 사람일수록 자기가 아는 것으로 모든 것을 해석하려고 합니다. 현명한 사람일수록 자기가 모르는 게 더 많을 수 있다는 가정으로 겸손하게 시장을 받아들입니다. 차트라는 것은 수많은 투자자의 심리의 일부분일 뿐, 어떤 법칙이 아니라는 것을 받아들여야 합니다.

점과 점을 잇다

CHAPTER 12

시황을
읽는다는 것

THE PRINCIPLES OF K-TRADING

01   시황을
어떻게 볼 것인가

재료, 차트, 거래량까지 다 맞아떨어졌지만 주가가 오르지 않는다면 바로 '시황'이 맞지 않았기 때문입니다. 앞에서 이미 시황에 관해 많이 다루었기 때문에 이 장에서는 보충하는 수준으로 살펴보도록 하겠습니다.

단기투자에서 시황이란
:

우선 시황에 대한 정의부터 다시 해봅시다. 사전적 정의보다는 '단기투자를 위한 의미 한정'으로 생각해주세요. 시황 하면 거시경제(매크로)를 떠올리는 게 보통이거든요. 물론 매크로도 투자에 중요한 판단 근거가 됩니다.

시황은 주로 금융 시장에서 사용되는 용어로 특정 시점에서의 시장의 전반적인 상태나 흐름을 의미합니다. 특정 테마뿐만 아니라 시장 전체의 분

위기, 시장 참가자들의 심리, 주가의 움직임, 경제적인 요인, 국내외 사건 등 다양한 요소들이 복합적으로 작용하여 결정되죠.

핵심은 **시황은 시간이 결합된 개념**이라는 것입니다. 시황은 지속적으로 변화하며, 그 변화는 과거의 시장 데이터, 현재의 경제 상황, 미래에 대한 예측 등 '시간 축'에서 비롯한 다양한 정보에 기반합니다. 특정 시점의 시황을 이해하는 것은 투자 결정을 내리는 데 중요한 역할을 하며 미래의 시장 흐름을 예측하는 데도 도움이 됩니다.

그래서 이 시황은 단기투자 영역과 장기투자 영역에서 쓰임새가 조금씩 다릅니다. 장기투자에서는 흔히 말하는 금리, 실업률, 고용률, 유가 등의 **매크로** 환경을 의미하는 편이고요. 단기투자에서는 '그날, 현재'의 **테마** 상황을 의미합니다. 바로 테마와 시간이 동시에 있는 상태입니다. (저는 편의상 전자를 매크로, 후자를 시황으로 지칭하고 있습니다.)

따라서 '시황이 좋다'는 말은 '거래가 잘된다'는 뜻입니다. 거래가 잘된다는 것은 곧 '유동성이 좋다'는 뜻입니다. 이는 단기와 장기 투자 모두에 적용됩니다.

단기투자에 있어서 그리고 유목민식 투자론 '재차거시'에서 시황이 좋다는 것은 바로 '현재'에 유동성이 좋은 상태를 말합니다. 원래부터 존재하던 재료에 딱 마침 '지금' 이슈가 맞아떨어지면서 같은 재료가 있는 종목군들이 함께 급등하는 걸 보고 '테마가 형성됐다'고 합니다. 따라서 다음의 말들은 이렇게 해석하면 됩니다.

"시황이 너무 좋다" → 주도주가 생겨서 테마가 잘 형성됐다.

"시황이 너무 안 좋다" → 주도주가 없어서 테마가 형성되지 않아 재미없다.

"시황과 안 맞는 매매였다" → 오늘 테마와 관련 없는 종목을 매매하고 있었다.

"시황과 딱 맞는 매매였다" → 오늘 테마와 딱 맞는 매매를 했다.

단기투자에서는 매크로에서 자주 등장하는 금리, 실업률, 고용률, 채권, 금, 원유 시세 등 이 모든 것을 '재료'의 하나로 봅니다. 금리가 올라서 제주은행, 푸른저축은행 주가가 오르잖아요. 실업률이 올라서 채무를 못 갚는 사람들이 생긴다니까 고려신용정보가 오르고요. 금값이 오른다니까 엘컴텍이 오릅니다. 원유 가격이 오른다니까 흥구석유 같은 종목이 오르죠. 단기투자자에게 매크로는 재료의 하나일 뿐입니다.

물론 가치투자자나 장기투자자에게도 시황은 결국 '종목'으로 귀결됩니다. 투자 환경, 즉 위험자산에 돈이 들어가냐 아니냐의 경중을 따지는 데도 사용되긴 하지만 그런 매크로 정보도 충분히 '재료'로 해석할 수 있습니다.

결국 주식투자에서 시황을 읽는다는 것은 현재 주식시장에서 어떤 섹터에 '유동성'이 몰리는지 파악하는 것입니다. 더 직접적으로 현재 테마가 무엇인지, 그리고 주도주가 무엇인지 알아채는 것입니다. 현재 시장 참여자들이 가장 뜨겁게 관심 갖고 있는 게 무엇인지 인지해내는 게 바로 시황을 읽는 것입니다. 물론 실력이 더 좋아지면 테마를 넘어 미래 업황을 예측하고, 거시경제를 예측해내는 능력까지 커지지요.

트레이딩에 있어서 예를 들면 당일 인공지능(AI) 테마가 강하면 오늘의 시황은 AI인 거죠. 시황과 테마가 동의어는 아닙니다. 테마에 시간이 합쳐질 때 시황이 됩니다. **'오늘의 테마가 바로 시황**인 것이죠.

무엇이 시황을 만들까

:

그렇다면 무엇이 시황(오늘의 테마)을 만들어낼까요? 저는 그것이 장 마감 후, 장 시작 전에 나오는 커다란 뉴스라고 생각합니다. 이것이 ㈜시그널리포트를 창업하고 매일 리포트를 만들어 새벽에 서비스하게 된 이유입니다. 뉴스는 뭐죠? '재료'입니다. **수많은 뉴스 중에서 다수의 시장 참여자가 수긍할 수 있는 큰 뉴스가 시황을 만들어냅니다.**

애플의 신제품 '비전 프로' 공개로 인한 테마, 미국 정부의 대 중국 규제로 인한 희토류나 반도체 테마, 4년 만에 발생한 구제역으로 인한 구제역 테마 등 '없다가 생긴' 커다란 뉴스가 당일 시황을 만들어냅니다. 수많은 뉴스(재료) 중 시장을 크게 움직이게 할 만한 것을 골라내는 눈이 중요하겠죠.

오늘의 시황은 어떻게 알아챌까요? 간단합니다. **실시간 종목 조회 순위** [0198]에서 확인할 수 있습니다. 가령 2023년 10월 16일은 어땠을까요? 상

순위	종목명	기준시점 주가	기준시점 등락률	30초 전 대비율
1	흥구석유	16,700 ▲	23.70%	0%
2	휴니드	6,400 ▲	11.88%	0%
3	지에스이	4,995 ▲	14.95%	0%
4	LS전선아시아 ↑2	13,210 ▲	16.49%	0%
5	빅텍	5,200 ▼	2.07%	0%
6	코오롱플라스틱 ↓2	8,490 ▲	13.35%	0%
7	에스와이	6,350 ▲	8.91%	0%
8	대성에너지	12,920 ▲	29.97%	0%
9	에코프로	835,000 ▲	0.24%	0%
10	한국석유	16,540 ▲	9.90%	0%

실시간 종목 조회 순위

> [특징주] 흥구석유, 이·팔 사태에 확전 우려 '급등' 마감
>
> (연합뉴스, 2023.10.16)
>
> [특징주] 대성에너지, 이·팔 사태 확전 우려에 '상한가' 마감
>
> (전국매일신문, 2023.10.16)
>
> 이·팔 전쟁 격화 이란 개입하나…빅텍 등 방위산업 관련주 들썩
>
> (핀포인트뉴스, 2023.10.16)
>
> [특징주] 브롬 관련株, 이스라엘 수입 의존도 99.6%…일제히 강세
>
> (아주경제, 2023.10.16)

위 10위 내 종목 중 흥구석유, 지에스이, 대성에너지, 한국석유가 눈에 띄죠. 모두 유가 관련 종목입니다. 2023년 10월 7일 갑작스럽게 발발한 이스라엘-팔레스타인 전쟁으로 인한 유가 급등이 만들어낸 시황입니다.

휴니드, 빅텍은 방산주입니다. 이·팔 전쟁으로 인해 방산주 테마 역시 생성됐습니다. 코오롱플라스틱은 이스라엘의 주요 수출품인 브롬 관련주로, 에스와이는 이날 잠시 나온 '미국-이스라엘-이집트 6시간 휴전' 소식에 재건주가 급등하면서 주목을 받았습니다. 모두 이·팔 전쟁과 관련 있다고 해석할 수 있겠죠.

물론 각 종목이 어떤 재료를 가지고 있는지 바로 떠올릴 수 있을 정도로 알고 있어야 빠르게 판단 가능한 영역입니다. 하지만 누구나 할 수 있습니다. 구구단과 같은 건데요. 아직 숫자와 곱셈을 이해하지 못하기 때문에 구구단까지 가지 못한 것입니다.

시황의 의미가 증폭될 때
:

위메이드는 2023년 4월 말 국내 최초로 언리얼엔진5를 사용한 모바일 MMORPG 〈나이트 크로우〉를 출시했습니다. 가상화폐 '위믹스'를 더 확산시키기 위해서는 〈미르〉 IP외에 새로운 신작의 성공이 절실했죠. 그래서 저는 이 게임이 구글플레이에서 매출 1위를 할 것으로 예상했습니다. 마케팅비를 많이 쓸 것으로 봤거든요. 2022년에 들어서면서 대부분의 게임이 특색이 사라지고 그저 마케팅비를 많이 쓰면 순위가 올라가는 현상이 벌어졌습니다. 위메이드로서는 여러 사정상 이 게임에 사활을 걸 것으로 예상했습니다.

또한 게임사에게 최대 호재는 '신작 출시'거든요. 유동성이 모이기 충분한 상황이었습니다. 그리고 실제로 1위를 했어요. 엔씨소프트의 〈리니지〉가 몇 년간 차지했던 1위 자리를 끌어내리고 〈나이트 크로우〉가 1위를 차지했죠. 그것도 무려 한 달 넘게요.

게임사의 최대 호재인 신작 출시로 '유동성'을 모으고, 거기에 실제 매출

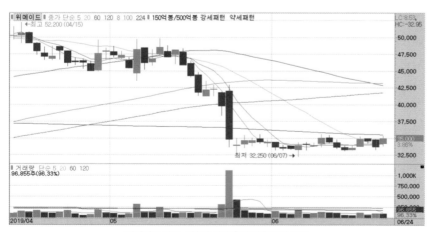

위메이드 차트, 4월 말 신작 출시 이후 주가 하락

1위로 '실적'이 엄청나게 찍힐 것이고, 그럼 '주가 상승=(유동성+실적)×기대감'에 따라 주가는 폭등해야겠지요?

그러나 위메이드는 아무런 주가 상승을 이뤄내지 못했습니다. 이유는 바로 시황이었습니다.

김남국 의원 60억 원 위믹스 보유 논란…민주당 코인 게이트 터지나

(이코노믹리뷰, 2023.05.05)

與 "업비트 '김남국, 자금세탁 의심' 언급"…金 "명백한 허위"

(연합뉴스, 2023.06.01)

검찰, 가상화폐 거래소 3곳 압수수색…위믹스와 김남국 정조준

(시사저널, 2023.06.01)

위믹스라는 가상화폐 업체로서의 이미지가 강해진 위메이드에 '위믹스' 논란이 일었고, 여기에 한 국회의원이 위믹스를 수십억 단위로 보유하고 있었다는 사실이 보도되며 예상치 못한 방향으로 이야기가 흘러가고 있었기 때문이었습니다.

위메이드로서는 '신작 출시'와 '매출 1위'라는 커다란 호재가 눈앞에 있는데도(즉, 변동성이 눈앞에 예정돼 있는데) 위메이드를 둘러싼 시황이 유동성을 막아서게 된 겁니다. 그래서 주가는 움직이지 않았죠. 오히려 불확실성이 증가하자 거래는 더 줄고, 유동성은 빠지기 시작합니다. 인간은 불확실성 앞에서 매도하니까요.

게임으로 몰렸어야 할 관심이 위메이드-위믹스-김남국으로 연결되며 계속 가로막히자 테마는 싸늘하게 식어버렸습니다. 이때 실적 1위를 생각하고 대량 매수했던 투자자들은 큰 손실을 보게 되었습니다. 위메이드로 인해 게임주들 모두 큰 폭으로 하락했고요. 게임주의 가장 큰 호재인 '매출 1위' 효과가 사라졌다는 평까지 남기게 되었죠.

이처럼 해당 종목이 커다란 변동성이나 중요한 경제 이벤트, 뉴스가 예정돼 있을 때 시황의 의미가 커집니다. 아무리 좋은 재료가 있어도 시황이 가로막아버리면 단기투자에서는 큰 손해를 볼 수 있죠.

물론 장기투자는 다를 수 있습니다. 해당 시황이 영속적인 게 아니라 일시적인 것이라 확신한다면 현재 시황 때문에 움직이지 않는 주가는 '명백한' 저평가 상황일 테니까요. 즉 시황이 안 좋을 때 단기투자자라면 들어가서는 안 되지만, 장기투자자라면 다른 투자 판단을 할 수 있을 겁니다. 장기투자자는 시간가치를 덜 중시하기 때문입니다.

단기투자자들은 시황을 꼼꼼히 분석하고 그에 따라 투자 전략을 수정하거나 새롭게 세울 필요가 있습니다. 시황에 대한 정확한 이해와 분석 없이는 높은 위험을 내포하고 있는 단기투자에서 성공하기 어렵습니다.

02 매크로를 읽는 까닭

매크로는 '보험'
：

증권사 애널리스트나 전문가들이 미디어에서 거시경제 상황에 대한 분석을 들려주면 아무래도 귀가 쫑긋해집니다. 금리나 환율, 물가, 성장률과 GDP, 부채 등이 이러이러해서 향후 주식 시장에 저러저러한 영향을 미치게 된다는 전망을 들으면 그에 기반해서 투자 전략을 세워야 할 것만 같죠.

사실 요즘은 전 시장 참여자가 전문가가 되어가는 느낌까지 듭니다. 오늘의 장을 준비하기 위해 밤사이 미국이나 유럽 주요국의 지수 변동이라든가 금, 은, 구리, 유가, 천연가스 등 원자재 가격 변동, 각국의 주요 정책 변화까지 체크하는 투자자가 많죠.

그런가 하면 상장주식 투자에 이런 매크로를 공부할 필요는 없다고 하는 전문가도 많습니다. 저 역시 일반적인 개인 투자자가 거시경제까지 관점을 넓혀서 시장을 보는 것은 굴리는 돈의 규모를 고려했을 때 필요 이상의 노력이라고 생각합니다. 돈 벌기 위해서는 전체 시장 상황보다 각 섹터의 '업황' 파악이 훨씬 필요하죠.

다만 거시경제는 보험으로 여기고 공부하는 겁니다. 시장에서 돈이 빠져나가기 시작하는 매크로적 시그널을 읽게 되면 저도 포트를 줄이거나 예수금을 빼서 공모에 들어가는 등 운영을 달리합니다. 주식에 큰돈을 넣기 전에 상황을 잘 읽어서 무리한 베팅이 될 가능성은 없는지 한 번 더 체크하죠. 보험이라는 것은 보험금을 청구할 일이 없는 게 제일이잖아요. 준비만 해두고 무탈하게 지나가는 게 좋죠.

제가 매크로를 통해 시장 변화를 예측하고 대응함으로써 큰 손실을 막았던 예가 있습니다. 2020년 1분기 팬데믹 발생 후 4분기부터 다시 2차 팬데믹이 올 것으로 예상해 대비했던 것입니다. WHO가 공개한 미국 인플루엔자 확진자 수 변동 그래프를 살펴보니 10월마다 증가하고 12~1월 사이에 정점을 찍더라고요. 2020년에도 그랬고, 2021년에도 그대로 적용됐습니다. 2022년 2월에는 러시아-우크라이나 전쟁이 발발하면서 유가 급등 탓에 시장이 더 어려워질 것을 예상하고 대비했습니다. 2023년에는 충분히 조정을 받은 만큼 새로운 신기술이 시장을 자극할 것으로 예상하고 준비했죠. AI, 로봇, 2차전지 등이 강하게 시세를 줬습니다.

 2024년은 어떨까요?

1분기 지수는 약한 우상향성이지만 온디바이스AI를 필두로 한 테마 장세일 것입니다. 2, 3분기는 미국 금리인하와 대선으로 인한 불확실성으로 하락 장세, 4분기는 금리인하 사이클 및 대선 종료로 인한 대세 상승장이 시작될 것으로 예상하고 있습니다. 2025년은 미국 기술주 르네상스가 펼쳐질 것이고요.

국내외 경제지표 읽기

:

경제지표는 특정 시기의 경제 상황을 이해하고 미래의 경제 흐름을 예측하는 데 사용됩니다. 특히 매크로를 읽는 데 중요한 팩터가 됩니다. 여기서는 주요 경제지표들을 간단히 소개합니다.

하지만 앞에서도 말씀드렸듯, 개인 투자자들은 매크로에 매달리기보다는 그때그때 교양처럼 지식을 쌓아가는 식으로 접근하는 것이 좋다고 생각합니다. 매크로 해석은 상황에 따라 계속 달라지기 때문에 자주 가볍게 접하는 편이 더 좋고요.

CPI(소비자물가지수)

CPI(Consumer Price Index), 즉 소비자물가지수는 가장 흔히 사용되는 인플레이션 측정 지표 중 하나입니다. 2022년 미국의 금리 인상을 시작으로 제롬 파월 미국 연준 의장이 CPI를 정말 많이 언급했죠. CPI는 소비자가 일상적으로 구매하는 상품과 서비스의 가격 변동을 측정합니다. 이 지표는 국가별로 다양한 통계청이 산출하며 특정 상품과 서비스를 대상으로 가격을 추적합니다.

상품은 일반적으로 국민이 일상생활에서 소비하는 다양한 항목을 포함하는데요. 보통 식품, 주거, 교통, 의료, 교육, 의류 등 다양한 분야가 포함됩니다. 그리고 각 항목의 가격 변동률에 해당 항목의 가중치를 곱한 후 이를 합산하여 CPI를 도출하지요.

CPI가 높아지면 생활비가 상승하고 있는 거예요. 인플레이션이 일어나는 거죠. 그러면 중앙은행은 금리를 인상해 인플레이션을 제어하려고 합니다. 금리 인상 효과는 앞에서 살펴봤지요?

PCE(개인소비지출)

PCE(Personal Consumption Expenditure)는 미국에서 사용되는 인플레이션 측정 지표로 소비자가 실제로 구매한 상품과 서비스의 가격 변동을 측정합니다. PCE는 소비자의 구매 패턴 변화를 포함하는데, 보통 CPI보다 더 포괄적인 측정치를 제공한다고 해석합니다. 미국 연준은 PCE 역시 인플레이션 해석에 많이 사용하죠.

PPI(생산자물가지수)

PPI(Producer Price Index)는 생산자 또는 도매상의 물품 가격 변동을 측정합니다. CPI와 비슷한데요, 단지 소비자가 아닌 생산자의 입장에서 가격 변동을 측정하는 겁니다. PPI는 가공업, 농업, 광업, 유통업 등 다양한 산업 분야의 상품 가격을 포함합니다. PPI가 상승하면 일반적으로 소비자 가격(CPI)에 대해 상향 압력이 가해지고 이는 소비자 물가의 상승을 앞당길 수 있습니다. 금리를 올리는 요소가 되겠죠.

단, PPI가 상승하는데 CPI는 상승하지 않는 경우도 있습니다. 일본의 기업가 정신이 그런데요. 물건 가격을 정말 잘 올리지 않죠. 또, 중국은 중앙정부에서 가격을 못 올리게 할 때도 있고요. 이 경우 높아진 PPI만큼 가격 전가를 못 하게 되므로 기업의 이익은 나빠집니다.

PMI(구매관리자지수)

PMI(Purchasing Managers' Index)는 제조업 및 서비스업의 활동을 측정합니다. PMI가 50을 초과하면 활동이 확장되고 있음을, 50 미만이면 위축되고 있음을 의미합니다.

고용률과 실업률

고용률과 실업률은 경제의 건강 상태를 파악하는 데 중요한 지표죠. 실업률이 높아지면 경제가 악화되고 있는 거고요. 반대로 낮아지면 경제가 호전되고 있음을 의미합니다. 완전고용은 보통 5% 미만의 실업률을 의미하는데요. 문제는 고용률이 좋아질수록 인플레이션이 심화될 확률이 높아진다는 거죠. 그래서 경기는 수축과 확장을 반복합니다.

금리

중앙은행의 기준금리는 전반적인 경제 상황을 이해하는 데 중요한 지표입니다. 금리가 상승하면 대출비용이 증가하여 소비와 투자가 감소할 수 있으며 주식시장에 부정적인 영향을 미칠 수 있습니다.

소비자신뢰지수

소비자신뢰지수는 소비자들이 경제에 대해 얼마나 낙관적이거나 비관적인지를 측정하는 지표입니다. 소비자들이 경제, 고용 상황, 미래의 소득 예상 등에 대해 어떻게 느끼는지를 조사하는 거죠. 소비자신뢰지수가 높으면 소비자들이 경제에 대해 낙관적이며 더 많은 소비를 할 가능성이 높다는 뜻입니다. 반대로 소비자신뢰지수가 낮다면 소비자들이 경제에 대해 비관적이며 소비를 줄일 가능성이 있습니다.

주택가격지수

주택가격지수는 주택 시장의 상태를 반영하며, 부동산 시장이 경제에 어떤 영향을 미치고 있는지를 알려줍니다. 주택 가격이 상승하면 경제 활동이 활발하다는 신호로 해석하지요. 고용률 증가, 소득 증가, 금리 인하 요인이 있을 때 주택 가격 상승이 일어나는 경향이 있습니다. 반대로 경기 둔화 시에는 주택 가격이 하락하는 경향이 있고요.

기본적으로 미국은 모기지론이 잘 돼 있어서 고용만 좋으면 사람들이 집을 삽니다. 고용률이 안 좋으면 신용이 떨어져서 모기지론을 쓸 수 없게 돼 집을 못 사고요.

주택판매지수

주택 판매 증가는 소비자 신뢰도가 높아짐을 나타내며 이는 경제가 호황임을 의미할 수 있습니다. 주택 판매가 감소하면 이는 소비자들이 경제 미래에 대해 비관적이며 경제가 악화될 수 있음을 나타냅니다.

무역지표

무역수지, 경상수지 등은 국가의 무역 상태를 반영합니다. 수출이 수입보다 많으면 무역수지 흑자, 그 반대의 경우 무역수지 적자라고 합니다. 매크로 전문가들에게는 굉장히 중요한 지표입니다. 특히 수출입 데이터를 아주 상세하게 뽑아내는 퀀트도 있는데요. 그 데이터를 분석해서 특정 산업의 이익까지 추려낼 수 있어 많이 사용됩니다. 하지만 이 데이터에 어떤 종목이 연결되는지 알기까지는 엄청난 시행착오를 겪을 수밖에 없습니다. 개인 투자자가 거기까지 공부해야 한다고 생각하진 않습니다.

GDP(국내총생산)

GDP(Gross Domestic Product)는 한 나라의 경제 활동을 측정하는 가장 기본적인 지표입니다. GDP 성장률이 높으면 경제가 확장되고 있는 것이고 성장률이 낮거나 마이너스면 경제가 위축되고 있음을 의미합니다.

경기 선행 지표

경기 선행 지표는 미래의 경제 활동을 예측하려는 노력의 일환으로 사용됩니다. 경제를 주기별로 분석해 주기의 변화를 미리 알리는 신호인데요. 대표적으로는 미국 컨퍼런스보드 경기선행지수(LEI)가 있습니다.

인베스팅닷컴 활용하기

인베스팅닷컴(investing.com)은 미국 주식투자자들이 많이 사용하는 투자 정보 사이트입니다. 국내 주식투자자들도 사용하면 도움 될 기능이 많아서 간략히 소개해드립니다. 국내 주식만 하더라도 글로벌 주식을 봐줘야 합니다. 다른 나라는 어떤 상황인가를 알아야 하고, 무엇보다 '선물(future)'을 봐야 하거든요.

글로벌 지수 확인

우선 전 세계 주요 주가지수를 확인할 수 있습니다.

지수 ↕	종가	고가	저가	변동 ↕	변동 % ↕	시간 ↕	
코스피지수	2,395.26	2,395.97	2,372.57	+14.92	+0.63%	18:01:20	⊙
코스피 50	2,169.23	2,171.78	2,148.04	+13.25	+0.61%	18:01:20	⊙
코스닥	717.97	718.03	712.32	+5.08	+0.71%	18:03:00	⊙
다우존스	32,979.60	33,085.33	32,948.93	-64.96	-0.20%	23:38:53	⊙
S&P 500	3,902.28	3,911.16	3,895.80	+3.43	+0.09%	23:41:21	⊙
나스닥종합지수	10,907.79	10,927.94	10,885.65	+55.52	+0.51%	23:41:17	⊙
러셀 2000	1,833.50	1,842.70	1,826.85	-5.11	-0.28%	23:41:22	⊙
CBOE VIX	20.60	20.70	20.28	+0.08	+0.39%	23:37:46	⊙
캐나다 S&P/TSX	20,309.85	20,370.40	20,287.31	-31.59	-0.16%	23:41:16	⊙
브라질 보베스파	112,022.00	113,025.00	111,735.00	-900	-0.80%	23:26:00	⊙
S&P/BMV IPC	53,382.65	53,783.61	53,070.78	0.00	0.00%	06:16:00	⊙
DAX	14,986.55	15,018.55	14,939.05	+66.19	+0.44%	23:41:21	⊙
영국 FTSE	7,757.99	7,792.50	7,748.10	+10.70	+0.14%	23:41:22	⊙
프랑스 CAC	6,992.78	7,015.96	6,965.45	+40.91	+0.59%	23:41:15	⊙
유로 스톡스 50	4,113.15	4,124.45	4,099.85	+18.87	+0.46%	23:41:22	⊙
네덜란드 AEX	737.26	738.87	735.34	+1.58	+0.21%	23:41:15	⊙
스페인 IBEX	8,900.10	8,913.12	8,846.10	+107.00	+1.22%	23:41:23	⊙
이탈리아 FTSE MIB	25,777.00	25,836.00	25,703.00	+180.72	+0.71%	23:41:08	⊙
스위스 SMI	11,302.00	11,319.60	11,273.10	+43.03	+0.38%	23:41:18	⊙
PSI	5,907.92	5,916.68	5,886.58	+45.60	+0.78%	23:41:15	⊙

- **다우존스지수** : 뉴욕증권거래소에 상장된 우량기업 30개 종목을 표본으로 하여 시장 가격을 평균하여 산출하는 지수.
- **S&P500** : 미국의 Standard&Poor 사가 선정한 보통주 500종목을 대상으로 작성해 발표하는 주가지수. 미국에서 가장 많이 활용되는 대표적인 지수.
- **나스닥종합지수** : 나스닥 증권거래소에 상장돼 있는 3,000개가량의 보통주 전체를 대상으로 가중평균하여 나타내는 미국 증시의 대표적인 주가지수.
- **러셀2000** : 미국 증시 시가총액 상위 3,000개 기업의 주가지수인 러셀 3000 지수 중 시가총액 하위 2,000개 중소형 기업으로 구성된 지수. 경기 민감도가 높은 종목이 대부분이어서 '미국 경기의 바로미터'라고도 불림.
- **S&P500 VIX** : 변동성지수(Volatility Index)로 일명 '공포지수'라고 불린다. 시카고옵션거래소에 상장된 S&P500 지수 옵션의 향후 30일간의 변동성에 대한 시장의 기대를 나타내는 지수. 증시 지수와는 반대로 움직이는 특징.

글로벌 선물 지수 확인

글로벌 시장의 지수 선물을 실시간으로 확인할 수 있습니다.

지수 ⇕	월물 ⇕	종가	고가	저가	변동	변동 % ⇕	시간 ⇕
US 30		33,008.10	33,151.70	32,986.00	-36.5	-0.11%	23:32:02
US 500		3,904.70	3,915.80	3,895.20	+5.8	+0.15%	23:32:03
US Tech 100		11,345.40	11,385.70	11,304.10	+49.7	+0.44%	23:32:02
US 2000		1,831.20	1,842.40	1,829.10	-7.4	-0.40%	23:32:02
S&P 500 VIX	2023년 2월	21.73	21.85	21.45	-0.02	-0.07%	23:31:31
독일 DAX	2023년 3월	15,033.00	15,085.50	14,996.00	+37.0	+0.25%	23:32:03
프랑스 CAC	2023년 2월	6,995.80	7,024.50	6,975.80	+43.3	+0.62%	23:32:03
FTSE	2023년 3월	7,744.20	7,781.50	7,731.80	+11.2	+0.14%	23:32:03
Euro Stoxx	2023년 3월	4,116.00	4,130.00	4,104.00	+13	+0.32%	23:31:53
이탈리아 FTSE MIB	2023년 3월	25,740.00	25,815.00	25,680.00	+151.00	+0.59%	23:32:03
스위스 SMI	2023년 3월	11,210.00	11,244.50	11,185.00	+21.0	+0.19%	23:32:03
IBEX 35	2023년 2월	8,908.00	8,924.50	8,804.00	+117.9	+1.34%	23:32:03
RTS		99,385.00	100,165.00	98,755.00	-25	-0.03%	23:31:50
WIG20	2023년 3월	1,913.50	1,923.50	1,903.50	+1.50	+0.08%	23:31:48
네덜란드 AEX	2023년 2월	736.85	739.38	735.15	+1.18	+0.16%	23:32:03
iBovespa		112,754.00	113,986.00	112,550.00	-776	-0.68%	23:32:01
닛케이	2023년 3월	26,723.00	26,783.00	26,278.00	+378.0	+1.43%	23:32:02
TOPIX	2023년 3월	1,940.00	1,940.50	1,926.00	+14.50	+0.75%	23:11:00
항셍	2023년 1월	22,015.00	22,083.00	21,548.00	+188.0	+0.86%	23:32:03

실시간 스트리밍 선물 시세(CFD)

가격　성과　기술 분석　　　　⬇ 데이터 다운로드

선물이란 미래의 지수를 예측해 지수가 오를 것으로 보이면 지수 선물을 사고, 내릴 것으로 예상하면 지수 선물을 팔아 수익을 내는 금융 상품입니다. 특히 한국장이 진행 중일 때 미국은 밤이라 장이 종료된 상태입니다. 그때 미국 선물은 거래 중이죠. 그래서 미국 선물이 급락할 경우 즉시 한국 시장에도 반영되는 편입니다. 꼭 100%는 아니지만 레이더는 켜놓고 있어야죠.

- **US 30** : 다우존스지수의 선물
- **US 500** : S&P500의 선물
- **US Tech 100** : 나스닥100(나스닥 상장종목 중 시가총액이 크고 거래량이 많은 100개 비금융 업종 대표기업으로 이루어진 지수)의 선물
- **US 2000** : 러셀2000의 선물

원자재 시세 확인

WTI유, 천연가스, 금, 은, 구리, 알루미늄 등 다양한 원자재의 시세를 확인할 수 있습니다. 이 외에도 암호화폐의 가격, 환율, 금리 변동 등을 알아볼 수 있습니다.

FED 금리 모니터링 도구

FED 금리 결정 회의 일정과 금리 결정까지 남은 시간을 보여줍니다. 또 연방기금 선물 가격과 연준 통화정책에 기반해 곧 있을 금리 인상 가능성 및 목표 금리 구간과 확률을 계산해줍니다.

CHAPTER 13

경제 뉴스
깊이 읽기

THE PRINCIPLES OF K-TRADING

01 투자 시나리오의 시작

무수하게 쏟아지는 뉴스와 공시 속에서 과연 어떤 정보가 수익과 연결될까요? 노이즈가 아닌 진짜 시그널을 찾는 능력이 있으면 어느 영역에서건 '게임 체인저'가 됩니다.

재료 찾기의 시작과 끝이 '검색', 특히 새로운 기사 검색이라고 앞에서 말씀드렸죠. 대부분의 개인 투자자들에게 있어서 매매 시나리오의 시작은 뉴스와 정보입니다. 주가는 **기대감**에 오르고, 시장은 언제나 **선반영**이라고 했지요. 그 실마리를 뉴스에서 찾는 것입니다.

주가에 영향을 미칠 만한 새로운 뉴스를 확인했다면, 그 뉴스가 언제 시장에 확산될지, 시장 참여자들이 얼마나 관심을 보일지, 주가에 이미 선반영된 상태인지, 어떤 방식으로 시세를 주는 재료인지 등등을 빠르게 체크하고 매매 판단을 내려야 합니다.

뉴스를 빠르고 정확하게 해석하는 능력을 갖추면 신속하게 수익을 내는 매매 흐름을 가져갈 수 있습니다. 초보자는 물론 고급자들에게도 꼭 필요한 부분입니다. 이 부분이 약하면 검색을 해도 뒤처지기 마련이고 심하게는 팩트에 대해 오해함으로써 투자 정확성을 크게 떨어뜨릴 수 있습니다.

주가에 영향을 미치는 기사는 수없이 많습니다. 이에 가장 빠르게 적응하는 방법은 '좋은' 뉴스를 많이 보면서 지식과 감을 키우는 것입니다. 가짜 뉴스라든가 사실을 과대포장한 기사를 자꾸 보면 잘못된 고정관념이 생길 수 있습니다.

좋은 뉴스들로 지식을 쌓으면 나중에는 뉴스만 봐도 판단할 수 있는 수준으로 올라서게 됩니다. 그럼으로써 누구보다 빠르게 판단하고 수익을 내는 흐름을 가져갈 수 있는 거죠. 나아가 균형 잡힌 지식을 바탕으로 정보의 행간을 읽고 흩어진 점들을 연결하는 능력이 길러집니다. 이로써 다양한 매매 아이디어를 얻을 수 있습니다.

아이디어 플로

제가 초보이자 직장인 투자자 시절 매매 아이디어의 출발점으로 가장 많이 활용한 방법도 바로 뉴스 읽기였습니다. 현대인은 그야말로 스마트폰을 하루 종일 손에 쥐고 살아가고 있잖아요. 넘치는 정보의 홍수 속에서 저는 항상 모든 것을 주식의 관점으로 바라보고 생각하려고 노력했어요. '인베스터블 마인드' 기억하시죠?

사회, 경제, 환경 등 다양한 분야의 뉴스가 주식시장에 영향을 미칩니다. 『나의 월급 독립 프로젝트』에서 뉴스와 수익을 연결하는 생각 흐름을 설명드린 바 있습니다. 네이버 포털 메인 뉴스로 떠 있던 "세수할 물도 없어요'…최악 가뭄에 농민들 지하수 파고"라는 제목의 기사(2017년 6월 4일 자)에서 출발했죠.

최악의 가뭄이라는 키워드를 포착했다면 그 해결 방법을 생각해야 합니다. 가뭄 해갈에는 뭐가 필요하죠? 비가 내리면 됩니다. 비가 내리길 무작정 기다리는 수밖에 없을까요? 사람의 힘으로 비가 오게 할 수 있다면? '인공강우'가 떠오릅니다. 황당무계한 이야기가 아닙니다. 인공강우는 실제로 많은 국가에서 검토하고 있는 방안입니다.

검색해보니 이미 2017년 5월 기상청에서 미세먼지 해결을 위한 인공강우 도입을 발표했고, 중국에서도 심각한 봄 가뭄을 해소하기 위해 인공강우를 실시했다는 기사가 나옵니다.

이제 '인공강우' 관련 상장사가 있는지 찾아봐야겠죠. 인공강우 관련 원재료를 생산하는 기업이나 관련 특허를 보유한 기업이 있을지 찾는 거죠. 다트에 들어가서 검색해보지만, 인공강우 관련 검색 결과가 없네요. 여기서 멈출 게 아니라 좀 더 머리를 굴리고 검색을 해봐야 합니다. 인공강우 원재료가 뭘까요? 드라이아이스입니다. 다트에서 드라이아이스를 검색하자 관련 공시를 가진 회사가 네 군데 나옵니다. 백광소재, 태경화학, 다원시스, 풍국주정입니다. 이제 검색을 통해 해당 회사들의 재료를 파악해 보고, 차트와 거래량 등 기업 분석도 해보며 매매에 접근하는 것입니다.

넷 가운데 태경화학으로 관심을 좁혔습니다. 차트도 좋고, 5월 12일 기상청의 인공강우 도입 소식에도 거래량 폭발과 함께 주가가 20% 이상 급등하며 '드라이아이스' 테마주로 편입된 이력이 있었습니다. 관심종목에 넣어둡니다. (이날은 주가가 움직이지 않았지만, 다행히 빠지지도 않았습니다. 시나리오대로 움직이지 않았으니 바로 빠져나오면 됩니다. 그래도 2017년 말 정부에서 미세먼지 해결을 위한 인공강우 검토를 발표했을 때는 결국 상한가를 보여줍니다.)

누가 반사이익을 얻을까

리콜 명령, 서비스 종료, 금수 조치, 파산 신청, 전염병 발생…

이런 키워드가 포함된 뉴스는 누가 봐도 일단 악재지요. 주가가 떨어지는 소리가 들리는 것만 같습니다. 하지만 이런 뉴스 헤드라인을 보자마자 반자동적으로 생각해야 할 것은 바로 '반사이익'입니다.

세계 에어백 시장 점유율 1위였던 기업이 파산 신청을 냈습니다. 이 기사를 읽고 보통 사람들은 이런 생각을 합니다. '앗, 내 자동차에도 그 회사의 에어백이 장착된 거면 어떡하지?'

하지만 투자자라면 이렇게 생각해야 합니다. '세계 1위 에어백 회사가 파산하면 2등이 부각되지 않을까?'

[특징주 두올] 경쟁사 파산…기업 가치 1조 현실화 기대감

최대 에어백 제조사 가운데 하나인 일본의 다카타가 최종 파산했다는 소식에 두올이 상승세. 26일 오후 1시 38분 현재 두올은 전일 대비 215원(4.51%) 상승한 4,980원에 거래 중이다.

이날 NHK와 교도통신 등은 다카타가 오전 임시 이사회를 열고 도쿄지방재판소에 민사재생법 적용(파산에 해당)을 신청하기로 결정했다고 보도했다. 이는 일본 제조업체 파산 규모로는 전후 최대 규모라고 교도통신은 전했다. 이 같은 소식에 에어백 관련 업체인 두올에 매수세가 몰리며 상승세다.

(이데일리, 2017.06.26.)

트위치 철수…네이버 대항마 준비, 아프리카TV는 주가 폭등

아마존닷컴이 보유한 글로벌 게임 스트리밍 트위치가 6일 공지에서 내년 2월 27일 한국에서 철수하겠다고 밝혀 '치지직'이 대안으로 급부상할 것으로 관측된다. 한편 아프리카TV는 트위치의 한국 사업 종료 소식에 주가가 급등세를 보이고 있다. 6일 오후 12시 53분 아프리카TV는 전날 대비 1만 4,500원(22.6%) 오른 7만 8,700원에 거래되고 있다.

(중앙일보, 2023.12.06.)

다카타의 파산으로 국내 1위 에어백 회사인 두올에 수혜가 예상된다는 기사가 노출되었고, 이후 주가는 상한가를 기록합니다.

마찬가지로, 세계 최대 인터넷 방송 플랫폼 트위치가 결국 백기를 들고 철수를 선언하자 국내 1위 인터넷 방송 플랫폼인 아프리카TV 주가가 상한가를 기록합니다. 대항마를 준비 중인 네이버 치지직에 대한 기대감이 덩달아 상승하고 있고요.

세아메카닉스, 'CATL 북미 투자 보류' 반사이익 기대감에 강세

낸시 펠로시 미국 하원의장의 대만 방문에 따른 미중 갈등 악화 속에 세계 최대 전기차 배터리 기업인 중국 CATL이 북미투자 계획 발표를 보류했다. 이 소식에 국내 배터리 업계의 반사이익에 기대감이 몰리면서 LG 에너지솔루션에 전기자동차용 배터리 부품을 공급 중인 세아메카닉스 주가가 강세다.

(헤럴드경제, 2022.08.03.)

2022년 8월, 미국 내 서열 3위로 꼽히는 낸시 펠로시 하원의장이 대만을 방문했습니다. 방문 소식이 전해진 당일에 중국과 대만의 주가지수가 -2% 이상 하락했습니다. 미중 무역 분쟁이 격화하는 것은 물론 중국이 대만에 무력시위를 하는 사태가 일어날 수 있다는 우려 때문이었습니다. 불확실성이 생긴 거죠. 실제로 낸시 펠로시 하원의장이 탄 비행기가 대만에 착륙하자 중국은 제일 먼저 '대만산 과자 수입 금지 조치'를 내렸습니다.

이때 어떤 일이 발생했는지 아시나요? 바로 크라운해태, 크라운제과가 상한가를 기록했습니다. 대만 과자를 수입하지 않으면 한국산 과자 수입이 늘어날 것이라는 기대감이 발생한 거죠. 곧이어 중국의 글로벌 배터리 업체인 CATL이 미국 투자를 보류한다는 발표가 났어요. 그러자 한국 배터리 관련주들에 매수세가 몰립니다.

이처럼 악재는 기본적으로 안 좋은 것이지만 투자자에게는 오히려 초과 수익을 낼 기회가 되기도 합니다. 그리고 이런 사례는 매우 자주 발생합니다. 어쩌면 매일 발생하고 있다고도 할 수 있습니다.

구제역이 발생하면 돼지고기 시장 업황은 안 좋아지지만, 반대로 닭의 판매량이 늘어나면서 마니커, 하림 등의 주가가 올라갑니다. 또, 큰 화재 등 재난이 생기면 소화기 관련주가 오릅니다.

시장의 눈으로 보면 악재가 호재가 되기도 하고, 호재가 악재가 되기도 합니다. **어떤 이슈도 있는 그대로 볼 것이 아니라 '반사이익'을 생각하고 수익의 힌트를 찾기 위해 애써야 합니다.**

물론 쉽지 않죠. 인간은 기본적으로 악재 등 위험이 다가오면 회피하려는 본능이 앞섭니다. 생존 본능이죠. '나만 못 찾나?' 하면서 자책할 필요는 없습니다. 위기 속에서 기회를 찾는 것은 '리스크'를 감수하는 것입니다. 인간의 본능을 거스르는 일이니 생각처럼 쉽지 않습니다. 꾸준히 훈련해야 가능하죠.

기사의 핵심은 제목과 리드문에 다 있다

뉴스는 크게 스트레이트 기사(팩트 나열형), 해설 기사(팩트를 분석하는 기사), 칼럼(필자의 의견을 근거와 함께 담은 글)으로 나뉩니다. 투자자 입장에서 봐야 하는 뉴스는 대부분 스트레이트 기사와 해설 기사입니다. 칼럼은 전문적인 인사이트가 담긴 좋은 글이 많지만, 투자에 직접적인 영향을 미치는 경우는 거의 없습니다.

일반적으로 주식투자를 하면서 가장 많이 접하는 뉴스는 스트레이트 기사입니다. 없다가 새로 생긴 것, 알려지지 않았다가 알려진 것, 있다가 없어지는 것 등이 스트레이트 기사의 주제가 되지요. 그리고 **내용의 핵심은 제목과 리드문(첫 문장)에 대부분 드러나 있습니다.**

가상의 기사를 예로 들어볼까요.

> **제목** 시그널리포트, 빌게이츠 사외이사로 영입
>
> **리드문** 코스피 상장사 시그널리포트가 6일 마이크로소프트 창업자인 빌 게이츠를 사외이사로 선임했다고 밝혔다.

보통 이런 식으로 기사는 주체(주어)의 행위나 주체 관련 사실을 설명하는 작업을 하는데요, 사실상 제목과 리드문에서 기사의 50% 이상을 설명합니다. 이를 통해 투자자들은 팩트를 인지하고 빠른 투자 판단을 합니다.

예시된 것과 같은 기사가 나왔다면, 일단 시그널리포트 주식을 사겠죠. 빌 게이츠를 사외이사로 영입했으니까요. 국내 서비스를 하던 '시그널리포트'가 글로벌 서비스를 통하거나 Bing이라는 MS의 검색 프로그램에 탑재될지 모른다는 기대감을 가질 수 있어요. 발 빠른 단기투자자들은 더 빠르

게 매수에 나설 겁니다. 시그널리포트라는 상장사를 전부터 지켜봤다면, 빌 게이츠 사외이사 선임 건이 이미 시장에 알려졌는지 아니면 진짜로 신선한 정보인지 바로 알아차릴 수 있기 때문에 더 빠른 판단이 가능합니다.

기사에서 투자에 영향을 미치는 내용은 두 번째 내지 세 번째 문단을 넘어가지 않습니다. 이때 제목과 리드문에 연관된 주요 팩트만 찾으면 됩니다. 빌 게이츠가 사외이사로 오면서 지분 투자나 기술 협력 등을 한다는 등의 내용이 나올 수 있겠죠. 이 내용들이 해당 기사의 영향력을 더 확대시키거나 축소시킵니다. 제목에 없던 내용이 본문에 들어가면서 기사의 힘을 크게 키우는 경우가 왕왕 있습니다.

02 유동성·실적에 대한 기대감을 읽어라

우리가 뉴스를 해석하는 이유는 해당 뉴스로 주가가 얼마나 오를지 빠르게 판단하기 위해서입니다. 이런 관점에서 봐야 할 것은 **이 소식이 실제로 해당 기업의 펀더멘털에 영향을 주는가** 혹은 **하나의 정책이 특정 상장사들에 얼마만큼의 실수혜를 주는가**입니다.

기업이 직접 발표하는 소식

:

2023년 3월 29일 미국의 반도체 회사 마이크론은 D램을 추가 감산한다고 발표했습니다. 생산을 줄인다니 안 좋은 소식 같잖아요. 그런데 주가는 당일 7%가 넘게 상승했습니다. 감산을 통해 반도체가 줄어들면 일정한 수요에 비해 공급이 줄어드니 D램의 가격이 '추후에' 다시 올라갈 것이라는 기

마이크론 D램 추가 감산⋯하이닉스 "하반기 바닥 친다"

세계 3위 D램 업체 마이크론이 추가 감산·감원을 추진한다. 당분간 '수요 부족' 상황이 이어지며 2분기 D램 가격이 전 분기 대비 15% 정도 하락할 것이란 예상에서다. 하지만 반도체업계에선 하반기 D램 업황에 대해 '바닥을 찍고 개선될 것'이란 기대도 작지 않다. 스마트폰·PC 제조사, 데이터센터 업체 등 고객사들의 반도체 재고가 소진되고 있는 데다 인공지능(AI)용 메모리 반도체 등 신제품 수요가 커질 것이란 전망이 영향을 미친 것으로 분석된다.

(한국경제, 2023.03.29)

대감을 자극한 것이죠.

주가는 언제나 6개월 이상 선행합니다. 투심이 바닥을 찍은 반도체 섹터에 미래 가능성을 심어주니 주가가 화답한 거죠.

이 외에도 각 회사가 현재 가장 핫한 테마 사업을 하겠다는 의지를 피력하거나 정관을 바꾸는 것 등도 주가에 영향을 미칩니다. 가상화폐가 뜨거웠던 시절 블록체인 사업 진출 '계획' 발표만으로도 쉽게 상한가를 갔죠. AI 테마가 거셀 때는 AI와 관련한 사업을 한다는 것만으로도 주가가 급등했습니다. 2차전지의 경우 사업을 위해 공장 부지를 알아볼 계획이라는 소식에 주가가 수십 배 오른 사례도 있었을 정도입니다.

삼성의 새 먹거리 로봇, KAIST와 손잡고 인재 키운다

(중앙일보, 2023.02.14)

이재용 점찍은 로봇⋯삼성, KAIST와 로봇 특화 인재 육성

(국민일보, 2023.02.13)

PART 4 점과 점을 잇다

특히 국내외 대기업에 엮인 이벤트를 주목해야 합니다.

2023년에 나온 뉴스죠. '삼성', '이재용'이란 키워드가 나왔습니다. 거기에 '카이스트'가 붙습니다. '로봇'도 함께했죠. 모든 키워드가 핫한 것들이네요. 제목만 봐도 빅이슈라고 판단할 수 있을 겁니다. 이날 증시에선 로봇 관련주들의 주가가 급등했습니다.

 **기사가 나오는 시간**

대기업이 배포하는 뉴스는 시간이 정해져 있는 경우가 많습니다. 보통 IT 등 산업부 보도자료는 장중 기준 10시, 10시 30분, 11시, 12시 엠바고(사전 배포하지만 뉴스 보도 시간을 정해둔 것)로 나옵니다. 12시는 정부기관 관련 산업 기사가 많고요. 가끔 2시 30분과 4시도 있기는 하지만 드물어요. 주말은 정오에 보도자료가 나오곤 합니다.

기업에 영향을 미치는 산업 동향
:

바로 앞에서 다룬 마이크론의 감산은 마이크론 자체에도 영향을 미치지만 반도체 업계 전반에 영향을 줍니다. D램 생산의 세계 빅3는 삼성전자, SK하이닉스, 마이크론입니다. 마이크론이 감산을 선언하면 전 세계 D램 공급이 줄어들며 미래에는 가격이 오를 것이라는 산업 동향 예측이 생겨나면서 한국의 삼성전자와 SK하이닉스의 주가에도 영향을 미치게 됩니다.

또 전 세계의 전기차 확산은 2019년 말부터 불어온 거대한 플랫폼 전환이었습니다. 이에 한국에서는 어떤 섹터가 가장 크게 올랐죠? 바로 2차전지 섹터입니다. LG에너지솔루션과 같은 배터리 제조사는 물론 에코프로, 에코프로비엠 등 배터리 양극재 업체들까지 큰 주가 상승을 이뤄냈습니다. 이들 회사가 영위하던 사업은 변함없지만 산업이 변하면서 가치가 크게 올라간 케이스입니다. 전기차가 늘어나니 배터리가 많이 필요해지고 배터리를 만들려면 양극재가 50% 이상 필요하니 실적이 급격히 상승할 거라는 기대감이 생겨난 거죠.

기업에 영향을 미치는 정부의 정책
:

투자자에게 정부 정책은 가장 촉각을 기울여야 하는 요소입니다. 기업을 발전시킬 수 있는 건 아이디어가 아닙니다. 기업은 스타트업이 아니기 때문이죠. 반드시 돈이 들어가야 규모를 키울 수 있습니다. 그리고 이 돈은 두 군데서 나옵니다. 하나는 기업이 스스로 자기자본이나 차입 등을 통해 조달하고요, 나머지 하나는 정부의 투자입니다.

정부는 돈이 아주 많기 때문에 정책에 따라 매우 큰돈이 산업으로 들어가지요. 유동성의 핵심입니다. 그래서 정부 정책에는 항상 촉각을 기울이고 정부가 어디에 관심을 두고 있는지 살펴봐야 합니다. (팁을 드리자면, 정부의 정책은 선거 결과를 보면 상당 부분 예측 가능합니다.)

물론 가끔 개인의 자금도 산업에 들어갑니다. '주주 배정 유상증자'를 통해서요. 아프죠. 일단 -15%는 맞고 들어가니까요.

먼저 한국의 정부 정책 사례를 살펴보겠습니다. 윤석열 정부 들어서 가장 많이 나온 이야기는 원자력 복구, 한미 동맹 강화, 그리고 저출생 대책일 겁니다. 실제로 이 정책들이 나올 때마다 관련 테마들이 아주 큰 시세를 준 바 있습니다.

이렇게 저출생 대책이 나오면 관련 있는 종목들이 큰 폭으로 움직였죠. 이제 곧 초고령화 사회로 진입하는 만큼 더 강력한 저출생 정책이 나오겠구나, 하고 추론할 수 있죠.

우리 정부뿐만 아니라 한국에 영향을 미치는 국가들의 정책도 살펴봐야 합니다. 2022년 말 미국의 IRA(인플레이션 감축법) 법안 발표가 세계 경제를 뒤흔들었습니다. 급등한 인플레이션 완화 및 자국 제조업 활성화를 위해 2022년 8월 제정된 법안으로, 기후변화 대응, 의료비 지원, 법인세 인상 등을 골자로 합니다. 미국 역사상 가장 큰 규모의 기후변화 대응 지출액을 포함시켰고, 친환경 전기차 세액공제가 지출의 적잖은 부분을 차지합니다. 이에 신재생에너지 관련주들이 매우 큰 폭으로 올랐고요. 폐배터리 역시 마찬가지였고, ESG 등의 테마도 생겨난 바 있습니다.

표될 IRA 세액공제 세부지침을 염두에 둔 것으로 해석된다.

(이데일리, 2023.03.29)

미국 IRA 시행령 발표 임박⋯국내 업계 수혜 기대감 'UP'

미국 인플레이션 감축 법안(IRA) 세부 시행령이 이번주 안으로 발표될 것으로 전망되면서 국내 기업 입장이 어떻게 반영될지 주목된다. 특히 배터리 업계 화두인 전구체·양극재 등 핵심 소재가 기존 원안대로 광물 지정·부가가치 기준 요건으로 진행된다면, 국내 배터리 업계의 공급망 확보에 큰 힘이 될 것으로 예상된다.

(디지털투데이, 2023.03.28)

IRA 법안이 완화된다면 한국의 배터리 관련주가 큰 폭으로 오릅니다. 중국산 배터리 수입은 IRA로 금지하지만, 중국산 원재료로 한국에서 만든 것은 허용한다면 한국으로서는 대형 호재니까요. 1조 이상 대형주들의 주가가 미 대통령 바이든의 한마디에 울고 웃을 정도지요.

또, 이런 IRA 법안 때문에 삼성, LG, 한화 등의 회사들이 미국에 생산 기지를 건설하기도 합니다. 정책 하나가 산업 지형을 송두리째 바꾸는 결과로 나타납니다.

정부 정책은 뉴스를 많이 보면서 이해하는 게 좋고요. 정부에서 '대한민국 정책브리핑(www.korea.kr)' 사이트를 통해 뉴스보다 먼저 공개하고 있습니다. 정책주를 살핀다면 자주 들러야 하는 곳입니다.

기대감 증폭시키는 키워드는 따로 있다

:

앞에서 살펴본 기업의 기대감을 올리는 팩터들은 기본적으로 주가에 영향을 미칩니다. 여기에 투자자들의 가치 판단을 더 흔드는 키워드들이 있습니다. 유동성을 확 유입시키는 것들이죠. 대표적으로 '세계 최초', '세계 유일', '삼성전자' 등의 키워드입니다. 대표적인 키워드를 모아봤습니다.

- 세계 최초 • 국내 최초 • 최대 수혜 • 사상 최대 • 최대 흥행
- 대형 국가에서 1위 • 시장 점유율 1위 • 세계 1위
- 아마존 1위 • 티몰 1위 • 타오바오 1위 • 징동닷컴 1위
- 구글스토어 매출 1위 • 애플스토어 매출 1위
- 테슬라 • 애플 • 구글 • 아마존 • 삼성전자 • 반사이익
- 글로벌 기업과 제휴 • 정부의 신사업 육성, 수십 조 투자
- '현재' 테마인 사업 분야 진출 • 글로벌 제약사에 기술 수출(수천억~조 단위)
- 글로벌 계약 체결(수천억~조 단위) • 매각 또는 인수(인지도 있는 기업에)
- 오일머니(사우디, 빈살만, UAE 등으로 대체 가능) 대규모 투자
- 완전관해(더 이상 암이 커지지 않는 안정된 상태)
- 국산화 성공(국내외 대기업과의 계약 관계 있어야 강함)

이 외에도 최근에는 • AI • 메타버스 • 2차전지 • 미국 태양광 • 미국 스마트그리드(변압기, ESS, 전선 등 인프라) • 5G • 웹3.0 • 로봇 • 방산 • 드론(UAM 포함) • 전기차 등이 인기 있습니다.

이런 키워드가 함께 나오면 기업이 좋아질 것이란 기대감을 더 자극합니다. 투심은 당연히 몰리겠죠?

'세계 최초' 헤드라인, 돌다리도 두드려보기

포털 뉴스나 HTS 종목뉴스 화면에 '세계 최초'라는 키워드를 포함한 헤드라인이 뜬다면 지켜보고 있던 많은 시장 참여자들의 이목이 쏠립니다. 하지만 '낚시성 기사'도 많다는 것을 늘 염두에 두셔야 합니다. 해당 재료와 직접적으로 관련이 없는 경우도 많으므로, 본문 내용을 좀 더 주의 깊게 읽는 습관이 필요합니다.

사례를 들어 살펴보죠. '세계 최초'가 헤드라인에 들어간 기사입니다.

> [특징주] 머큐리, 세계 최초 5G 연결 기술기준…5배 빠른 '5G급 와이파이'

제목만 보면 머큐리가 세계 최초로 5G 연결 기술기준을 마련한 것으로 오해할 만한데요. 막상 본문을 들여다보면 한껏 부풀었던 기대감이 빠르게 식습니다.

> 머큐리가 강세다. 정부가 기존 와이파이보다 5배 빠른 5G급 와이파이를 이용할 수 있는 6GHz대역 비면허 주파수를 공급한다는 소식이 주가에 영향을 준 것으로 보인다.
> 정부는 6GHz대역 와이파이와 5G 등을 연결하는 기술기준을 세계 최초로 마련함으로써 관련 중소기업이 6GHz 대역 와이파이 기기단말·콘텐츠·게임 다양한 분야에서 새로운 먹거리를 만들 것으로 기대하고 있다.
>
> (아시아경제, 2020.06.26)

결국 세계 최초로 기술 기준을 마련한 것은 정부(과학기술정보통신부)였고, 머큐리는 이에 따른 수혜주로 부각된 것이었습니다. 유무선 공유기를 통신

3사 모두에 납품하고 있었거든요. 실제로 회사가 '세계 최초' 키워드에 부합되는 재료를 가지고 있지 않았고, 수혜가 되는 재료의 강도도 약했습니다. 결국 이날 차트는 위꼬리를 길게 달고 내려왔네요. 헤드라인만 보고 들어갔다가는 상투 잡을 수도 있었겠죠?

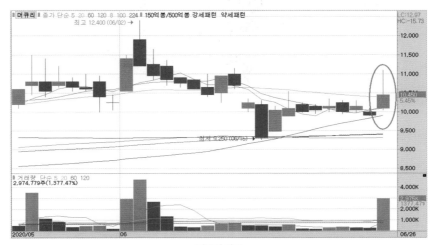

머큐리 차트

'세계 최초' 키워드는 차트, 거래량, 시황이 맞아떨어지면 뉴스와 함께 큰 반등을 보여주는 강한 재료입니다. 그런 만큼 보다 안전한 매매를 위해서는 관련 뉴스의 본문 내용까지 자세히 읽어보면서 재료와 이슈의 강도를 섬세하게 파악할 수 있어야 합니다.

IT 뉴스에 시장이 반응할 때

멋진 이미지죠? 사람이 작업한 게 아닙니다. 인공지능이 그린 그림입니다. 2023년 1분기에 그야말로 AI 열풍이 불었습니다. 다들 AI가 그린 그림에 열광했죠. 사실 인공지능이 그림을 그린 것은 이미 오래전부터입니다. 다만 그때는 관심을 받지 못하다가 '챗GPT'의 등장 이후 가치가 달라진 거죠.

IT·과학 분야의 뉴스는 테마가 형성됐을 때 강력한 힘을 발휘합니다.

23년 2월 14일에는 아래와 같은 기사가 나왔습니다.

> **"5배 비싸도 사겠다" 주문 쇄도…삼성·SK하이닉스 '반색'**
>
> 챗GPT 열풍이 삼성전자, SK하이닉스 등 국내 메모리반도체 기업에 신사업 창출 기회가 되고 있다. 챗GPT는 수많은 데이터를 초거대 인공지능(AI)을 통해 학습하고 질문에 자연스럽게 답하는데, 이를 위해 필수적인 고성능 D램 전부를 국내 기업이 생산하기 때문이다.
>
> (한국경제, 2023.02.14)
>
> **'반도체 특별법' 2월 국회 처리되나…업계 촉각**
>
> 국내 반도체 산업 경쟁력을 높이기 위한 반도체 특별법(K칩스법)이 두 달

이 두 건의 기사로 HBM(지능형 메모리)과 반도체 관련 하드웨어 기업들의 주가가 크게 요동쳤습니다. 특히나 국회 입법으로 인한 정부 정책까지 이어지니 기대감은 더 커질 겁니다. 당연히 이 기사로 삼성전자나 SK하이닉스도 수혜를 입겠지만 이곳에 공급하는 중소 상장사들의 주가는 더 크게 요동칠 겁니다. 같은 매출 금액의 수혜가 기대된다 하더라도 삼성전자보다 작은 기업에는 더 크게 다가올 테니까요.

특히 이 기사로 인해 반도체주들이 뜨겁게 반응한 데는 '인공지능'도 있었습니다. 인공지능 대중화를 위해 GPU는 물론 반도체 역시 매우 필요하다는 산업계의 의견이 모아졌기 때문이죠.

2023년 2월 기준 '시그널리포트'가 꼽은 IT·산업 뉴스 주요 키워드는 다음과 같았습니다.

• 삼성 • LG • SK • 아마존 • 구글 • 엔비디아 • 인공지능 • 챗GPT • AI

• 생성형AI • 초거대AI • GPU • HBM • 지능형반도체 • 스마트그리드

• 가상발전소 • 5G • TSMC • 메타버스 • VR • AR • 애플페이 • 드론

• 양자기술 • 디지털플랫폼 • 로봇 • 자율주행 • 로봇자동화 • 원자력발전

• 태양광 • 풍력 • 반도체 설계 • 데이터센터 • 미국

IT 키워드는 정말 자주 바뀝니다. 매일 체크하고 트렌드 변화에 민감해야 수익으로 연결할 수 있습니다.

10개월이 지난 23년 12월의 IT·산업 뉴스 주요 키워드는 어떨까요?

> • 온디바이스A • LPDDR • STO • 디지털자산 • AI • 생성형AI • 엔비디아
> • AMD • HBM • 인공지능 • 양자기술 • 초전도체 • 사이버트럭 • 테슬라
> • 자율주행 • 반도체 • 데이센터 • 미국 • 아마존 • 구글 • 제미니아 • 로봇

사실 대부분의 키워드가 인공지능으로 연결됩니다. 2024년은 물론 2025~27년을 넘어서까지 이어질 거대한 축입니다.

03 한국 주식을 움직이는 글로벌 뉴스

한국은 전 세계 15위권 내에 드는 주식시장입니다. 1위는 압도적인 격차로 미국이고, 뉴욕증권거래소입니다. 2위는 미국 나스닥이고요. 그래서 미국에서 벌어진 일들은 한국 주식시장에도 큰 영향을 줍니다. 3위는 중국입니다. 옆 나라이기도 한 중국은 때에 따라 미국보다 더 큰 파급력을 우리에게 미치곤 하죠. 그래서 우리는 미국과 중국 소식을 매우 면밀하게 살펴봐야 합니다.

하지만 모든 글로벌 뉴스를 보는 것은 불가능에 가깝습니다. 선택과 집중이 필요하지요. 제 경우에는 미국과 중국, 유럽을 중심으로 보고 그 외 일본과 중동 및 현재 글로벌 이슈가 되고 있는 국가를 살펴봅니다. 또 각 국가로 들어가면 정부 정책과 대기업 이슈로 한정해서 살펴봅니다.

미중 패권전쟁(무역전쟁)

：

미국과 중국의 분쟁은 앞으로도 20년 이상 지속될 이슈입니다. 세계 1, 2위의 대국 미국과 중국은 서로를 견제하며 성장하고 있습니다. 아직까지는 미국이 선두에 서 있지만 중국이 호시탐탐 그 자리를 위협하고 있죠. 미국은 과거 영국, 구소련, 일본에게 했던 것처럼 중국도 힘으로 억누르려 하지만 중국의 독특한 사회 구조적 문화로 인해 의도대로 되고 있지 않죠. 그래서 이 전쟁은 절대 단기간에 끝나지 않습니다.

미중 패권전쟁은 트럼프 행정부하에서 2018년 시작됐습니다. 미국이 중국 상품에 높은 관세를 부과하면서 시작된 무역전쟁은 중국이 미국 상품에 추가 관세를 부과하는 보복으로 이어졌죠. 이러한 관세 인상으로 수입품의 가격이 인상되면서 소비자가격이 올랐습니다. 디플레이션을 수출하던 중국이 이제는 인플레이션을 수출하는 국가로 바뀌게 된 시작이죠.

핵심 키워드는 **첨단 반도체, 농업, 희토류, 보안, 대만, 중동**입니다.

첨단 반도체 이슈

미국이 관세 인상과 함께 동시에 공격한 것은 지식재산권(IP)입니다. 미국은 중국이 특허 기술 등을 무단 사용한다면서 이제 선진국이라고 자부한다면 룰을 지키라고 했죠. 먼저 중국의 최대 통신사 화웨이를 제재하기 시작했습니다. 이는 5G 수출 제한으로 이어졌죠. 곧이어 인공지능 관련 반도체(엔비디아의 고성능 칩 부문)와 시스템 반도체 역시 제재를 시작했습니다.

농업 이슈

농업 분야 역시 미중 패권전쟁의 핵심입니다. 중국은 미국의 관세 인상에 맞서 대두와 돼지고기 같은 미국산 농산물에 높은 관세를 부과하기 시작했습니다. 이로 인해 미국 농민들은 큰 타격을 받았으며 중국 수출에 어려움을 겪은 미국의 팜벨트는 쇠락의 길을 걷게 됐습니다. 아이러니하게도 러-우 전쟁이 발발하자 미국의 농산물 수출이 활로를 찾게 되죠. 미국 외의 전쟁은 언제나 미국에 호재로 작동했습니다.

희토류 이슈

미중 무역분쟁에서 빼놓을 수 없는 안건입니다. 중국은 스마트폰, 전기차, 풍력터빈, 군사장비 등 각종 첨단기기 생산에 필수적인 17가지 희토류를 세계에서 가장 많이 생산하는데요. 중국은 미국의 무역 제재에 맞서 자국의 희토류 수출을 제한하거나 중단하겠다고 발표했죠. 이로 인해 국내 희토류 관련주들이 크게 올랐죠. 미국 정부는 희토류의 중국 의존도를 줄이기 위해 미국 내 희토류 채굴 및 가공 능력에 대한 투자, 수입국의 다변화를 준비했습니다. 정점은 2022년 IRA 법안 제정으로, 이 법을 통해 원천적으로 중국을 고립시키는 전략을 택하죠.

보안 이슈

데이터 보안 역시 미중 무역전쟁의 중요한 요소입니다. 데이터 프라이버시와 잠재적인 스파이 활동에 대한 우려는 아주 첨예한 문제죠. 중국 바이트댄스의 숏폼 앱 틱톡은 이러한 보안 문제의 중심에 있습니다. 핵심은 미국 국민의 데이터를 바이트댄스가 모두 가져가고 이를 중국 정부가 들여다보고 있다는 문제 제기였습니다.

미국 정부는 틱톡이 잠재적으로 미국 사용자의 개인 데이터를 수집하고 중국 정부와 공유하여 국가 안보에 위험을 초래할 수 있다는 우려를 제기했습니다. 중국은 국가정보법으로 언제든 기업의 정보를 100% 다 들여다 볼 수 있거든요. 거부권이 없습니다. 당시 트럼프 행정부는 2020년 미국내 틱톡 금지 법안을 시행하려고 했지만 바이든 행정부에서도 '위협'에 불과할 뿐 금지되지 않고 있습니다. 하지만 2023년의 스파이 풍선 등의 사태로 보안 문제는 더욱 미중 갈등을 악화시킬 것으로 예상합니다.

대만 이슈

대만 문제는 무역전쟁과 직접적인 관련은 없지만 미국과 중국 간 긴장을 고조시키는 또 다른 중요한 요인이죠. 바로 대만의 반도체 기업 TSMC 때문입니다. 시스템 반도체의 절대적 수출 국가인 대만을 가만두면 중국에 반도체가 흘러 들어갈 테니까요. 특히 대만 자체가 '하나의 중국'이라는 중국 정책의 아픈 곳을 건드릴 수 있기 때문에 미국은 더욱 대만을 '위한다'는 모습을 보이고 있습니다. 이를 위해 미국은 대만에 지속적인 경제 지원과 방위 지원을 제공하는 '대만 관계법'으로 무기를 계속 판매하고 있습니다. 미국 입장으로서는 중국을 견제하면서 반도체 수출도 막고 무기도 수출하니 일거양득이죠.

중동 이슈

마지막으로 미중 무역전쟁의 전선은 중동까지 확장되고 있습니다. 기본적으로 원유는 달러로만 결제합니다. 하지만 중국은 위안화로 결제하는 것을 도입하고 있고 실제로 영역을 확대하는 중입니다. 세계 최대 에너지 소비국인 중국 입장에서 안정적인 에너지 확보를 위해 중동은 반드시 손에 넣어야 하는 지역입니다. 반대로 미국은 중국의 영향력이 커지는 것을 막아야 하는 입장이죠.

재밌는 점은 미국과 중동은 굉장히 오래된 파트너인데요. 이스라엘을 시작으로 사우디아라비아, UAE 등과 친밀한 관계를 맺고 있습니다. 오래된 우방국 그 자체입니다. 그런데 중국은 이들과 대립하는 이란과 우방국입니다. 특히 중국은 이란 핵 프로그램을 둘러싸고 갈등을 빚고 있는 미국-이스라엘을 견제하는 수단으로 이란을 지원하죠. 이와 동시에 중국은 일대일로 전략을 통해 중동 국가들에게 투자를 하고 협업을 강화하고 있습니다. 이 상황에서 미국은 아프가니스탄에서 군사력을 빼면서 영향력을 감소시키고 있습니다. 실제로 사우디와 중국의 밀월관계가 깊어지는 등 유의미한 변화가 나오고 있죠. 위안화의 원유 결제 비율이 점점 높아지고 있고요.

*　　　*　　　*

미중 무역전쟁은 사실 보호주의 정책의 시발탄이었습니다. 전 세계가 각자도생의 길로 가면서, 세계 무역은 크게 줄어들기 시작했죠. 러-우 전쟁에 따른 인플레이션 압박은 영국을 재정적으로 매우 힘들게 했고 이때 미국은 영국을 돌보지 않았습니다. 진정한 '로컬리제이션' 시대로의 진입을 알린 것과 마찬가지였습니다. 특히 미국이 2025년을 기점으로 반도체, 2차전지, 로봇, AI 등 모든 첨단기술 제품을 자국 내에서 생산하려는 계획을 실행에 옮기면서 지역화는 더욱 강화되는 중입니다.

이상에서 살펴본 미중 패권전쟁의 6개 키워드 첨단 반도체, 농업, 희토류, 보안, 대만, 중동은 앞으로도 계속 이슈가 될 테니 뉴스에서 이 분야를 중점적으로 보면 됩니다.

중국

:

가깝고도 먼 나라 중국이죠. 중국은 세계 최대의 '수출국'이자 '생산국'입니다. 공산품을 만들어서 소비 국가인 미국과 유럽에 수출합니다. 그래서 미국과 유럽 등 선진국의 경기에 중국은 민감하게 반응하죠. 그리고 이 중국에 한국은 중간재를 수출합니다. 중국에서 완성품을 만들어서 세계에 수출할 수 있는 중간 단계의 물품을 공급하는 보급선이 됩니다. 경제적으로 중국과 아주 밀접하다는 이야기입니다.

그런데 안보 문제는 다릅니다. 자본주의와 민주주의를 따르고 있는 대한민국은 안보에 있어서는 미국과 밀접한 관계를 맺고 있습니다. 그 결과 한국은 '전략적 모호성'이라는 이름으로(실제로 문재인 정부에서 이 단어를 사용했습니다) 미중 무역전쟁 한가운데에서 미묘한 균형을 유지하고 있습니다.

그래서 한국은 중국과 관계에 있어서 매우 복잡합니다. 박근혜 정부 시절 미국의 사드(THAAD) 미사일 도입 후 중국은 '한한령'이라는 비공식 정책으로 한국에 경제적 압박을 가했습니다. 주식 관점에서는 사드 이전까지만 해도 중국과 무엇을 협업해도 주가가 급등했습니다. 중국 관광객이 한국에 온다고 해도, 중국 리조트를 짓기만 해도, 중국에 바이오 기술 수출을 하거나, 중국 주유소에 편의점을 개설한다고 해도 주가는 급등했죠. 하지만 사드 이후, 더구나 무역전쟁 이후로는 게임, OTT 등의 콘텐츠 수출을 제외하고는 중국 관련한 호재는 주식시장에서 별다른 반향을 일으키지 못하고 있습니다.

유럽
:

유럽 뉴스는 사실 아시아 증시에 큰 영향을 미치지 않습니다. 미국 소식이 아시아를 포함해 유럽에 영향을 미치죠. 다만 유럽은 미국과 같은 세계 최대의 '소비 국가'입니다. 수입 국가라는 이야기죠. 그래서 이들에게서 볼 부분은 '잘살고 있나'입니다. 이들의 고용이 좋아야 소비를 할 것이고 중국에서 수입 물량이 늘어날 겁니다. 중국이 수출을 잘 해야 중간재 수출국인 한국의 대 중국 수출이 늘어날 테니까요. 그래서 유럽 주요국이자 소비국인 영국, 프랑스, 독일, 이탈리아 정도의 정치 판세 변화와 소비자지수, 산업지수는 보면 좋습니다.

일본
:

중국만큼 가깝고도 먼 나라 일본입니다. 중국은 경제와 안보라는 면에서 상충한다면 일본과는 감정적 골이 복잡하게 얽혀 있습니다. 거기에 한일 양국이 미국과 중국 한가운데 선 '기술 중심' 국가라는 점에서 더 복잡하죠.

한국과 일본은 아시아 태평양 지역에서 미국의 핵심 동맹국입니다. 그러나 1910년부터 1945년까지 일본의 한국 식민지 지배라는 역사를 가지고 있죠. 가장 아픈 건 이 식민지 시절 제2차 세계 대전이 일어났다는 점입니다. 당시 있었던 강제 동원과 위안부 처우 문제는 아직 해결되지 않았습니다. 여전히 양 국가의 외교적 문제로 남아 있죠.

정권의 색깔에 따라 이 문제를 강하게 부각시킬 때가 있는데요. 이때 방사능 오염수 유출 같은 문제가 터지면 모나미나 신성통상 같은 회사들이 '반일 불매운동' 수혜주로 매우 잘 오릅니다. 또 함께 수산물 관련주도 오르고요. 그러나 반일 정책을 쓰지 않는 정부의 경우에는 아무런 주가 반응이 없습니다.

미중 무역분쟁이 거세지는 가운데 '기술'의 중국 유출은 북한으로의 유출과도 맞닿게 됐습니다. 중국과 북한은 최우방 국가니까요. 2019년 일본은 안보를 이유로 한국 반도체 산업에 중요한 포토레지스트와 같은 특정 첨단소재 수출 규제를 시작했습니다. 하지만 한국은 안보 문제가 아닌 역사 문제에 대한 보복으로 간주하고 일본을 우선 교역 대상에서 제외하죠. 이로 인해 세계 반도체 공급망에 더 큰 문제가 생겼고 반도체 가격이 상승했습니다. 그 덕에 삼성전자와 SK하이닉스 주가는 더 올랐죠. 그 외에 램테크놀로지 등 국산화 재료를 가진 종목들도 크게 올랐습니다.

하지만 한국과 일본이 언제나 싸우는 것은 아닙니다. 북한 핵 문제에 대해서는 같은 입장을 취합니다. 지역 안보에 있어서는 같은 편이라는 거죠. 또, 정치적으로 싸우더라도 한일 양국은 경제에 있어서는 떼려야 뗄 수 없는 사이입니다. 미중 무역전쟁이 심화하는 와중에도 한일 간 무역량은 줄지 않았습니다.

사우디 등 중동

:

세계의 가장 큰손 무함마드 빈 살만의 사우디나 UAE가 무언가를 하면 한국의 1년 예산만큼 움직일 때도 있습니다. 그만큼 수혜가 예상될 수 있는 거죠. 또 유가 변동은 한국의 정유, 천연가스 관련주에 큰 영향을 미칩니다. 항상 관심을 가져야 합니다.

러시아

:

평소 러시아는 한국에 영향을 미치지 않습니다. 그러나 2022년 2월 시작된 러시아-우크라이나 전쟁으로 인해 에너지는 물론 식량과 비료 가격이 급등하면서 한국의 관련주들도 큰 영향을 받았습니다. 이처럼 세계의 주요 상품 생산국에서 벌어지는 사건은 한국에도 영향을 미칩니다.

04 K셀온을 조심하라

'K셀온'이란 투자자들 사이에서 쓰는 시쳇말로, Korea의 K와 sell on(매도)을 조합한 말입니다. 미국에서는 호재가 나오면 보통 주가가 오릅니다. 하지만 한국에서는 이상하게 어떤 호재성 기사가 나오면 주가가 오르긴커녕 거센 매도세를 보입니다. 오죽하면 "소문에 사서 뉴스에 팔라"라는 이야기가 나오겠습니까. 특히 한국 상장사의 경우 유독 이런 현상이 강해서 K셀온이라고 부릅니다.

K셀온은 중소기업과 벤처기업으로 분류된 상장사에서 특히 비일비재하게 일어납니다. 1조 이상의 대기업들은 대부분 호재에 움직여주고요. 그래서 중소 벤처기업 종목을 매매할 때는 특히 조심해야 합니다.

사실 차트를 보면 이 종목으로 K셀온이 일어날지 어느 정도 짐작할 수 있습니다. 호재가 이미 주가에 반영되어 있는지를 살펴보는 것입니다.

휴맥스홀딩스의 사례로 살펴보겠습니다. 2023년 2월 22일 장 마감 후인 오후 5시 40분경에 휴맥스모빌리티가 KB증권과 코스닥 상장 대표주관계약을 체결했다는 뉴스가 나옵니다. 여기서 '장 마감 후'라는 것이 중요합니다.

기업가치 1조 원 대어 온다…휴맥스모빌리티 IPO 돌입

기업가치가 1조 원대로 평가받는 휴맥스모빌리티가 기업공개(IPO) 준비에 들어갔다. 지난해 상장한 차량공유 업체 쏘카에 이어 모빌리티 전문 기업 중 두 번째 상장사가 될 전망이다.

(한국경제, 2023.02.22, 17:41)

그리고 23일 오전 KB증권이 휴맥스모빌리티와 IPO 주관 계약을 체결했다는 보도자료가 나오죠.

KB증권, 휴맥스모빌리티와 코스닥 상장 대표주관계약 체결

KB증권은 주차장 운영 관리 국내 1위 업체 휴맥스모빌리티와 코스닥 시장 IPO 대표주관계약 체결식을 진행했다고 23일 밝혔다.

(조선비즈, 2023.02.23, 12:37)

차트를 볼까요.

관련주는 휴맥스홀딩스와 휴맥스입니다. 그런데 이미 21일부터 주가는 급등하고 있었습니다. 거기에 22일에는 아직 기사도 나온 게 없는데 상한가를 기록했습니다. 자회사 상장 뉴스는 22일 장 마감 후 나왔는데 말이죠. 그리고 23일은 갭 상승으로 시작하지만 바로 3일선까지 조정을 받습니다.

급등한 상태에서 이날 자회사 휴맥스모빌리티 상장 뉴스는 'K 셀온 시그

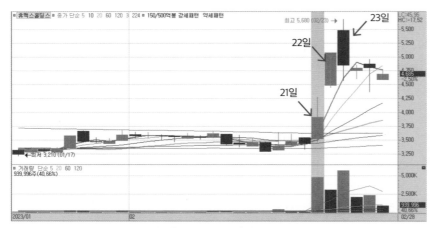

휴맥스홀딩스 차트, 3일선(하늘색) 조정

널'이 된 거죠. 원래는 주가가 올라야 정상입니다. 시총 500억이 안 되는 회사의 자회사가 무려 1조에 올라온다고 하는데요?! 자회사의 지분가치만 해도 홀딩스는 매우 극심한 저평가라고 해석할 수 있을 겁니다. 그런데 이미 오른 상태에서 예상할 만한 기사가 나왔기에 주가는 선반영된 것으로 해석하고 투자자들에게는 매도 시그널로 해석된 겁니다.

이러한 K셀온은 뉴스에만 한정되지 않고 공시와 관련해서도 자주 생깁니다.

NHN KCP(구 NHN한국사이버결제) 사례로 살펴보겠습니다.

2021년 11월 11일 장 마감 후 NHN한국사이버결제는 1주당 0.5주를 무상증자한다고 공시했습니다. 무상증자는 회사가 잉여금으로 발행하는 일종의 '공짜 주식'이죠. 주가 부양을 위해 하는 경우가 많습니다. 실제 노터스 같은 종목은 1:8 무상증자 발표 후 6연속 상한가를 기록할 정도였습니다.

하지만 NHN한국사이버결제는 무상증자 발표 이후 갭이 뜨고 -8%가량 빠졌습니다(종가 -5% 정도). 오히려 발표 전인 11일 장중에 주가가 더 큰

2021/11/11	16:32:02	엔에이치엔한국사이버결제(주) 주주명부폐쇄기간 또는 기준일 설정	NHN한국사	코스닥공
2021/11/11	16:27:00	엔에이치엔한국사이버결제(주) 주권매매거래정지(무상증자)	NHN한국사	코스닥공
2021/11/11	16:26:48	엔에이치엔한국사이버결제(주) 무상증자결정	NHN한국사	코스닥공
2021/11/11	12:46:57	엔에이치엔한국사이버결제(주) 주식선물 2단계 가격제한폭 확대요건 도달(	NHN한국사	파생상품
2021/11/09	08:02:26	엔에이치엔한국사이버결제(주) 영업(잠정)실적(공정공시)	NHN한국사	코스닥공
2021/11/09	07:59:33	엔에이치엔한국사이버결제(주) 연결재무제표 기준 영업(잠정)실적(공정공	NHN한국사	코스닥공
2021/10/14	16:52:25	엔에이치엔한국사이버결제(주) 자기주식 취득 결정	NHN한국사	코스닥공

NHN한국사이버결제 종합시황 뉴스

NHN KCP 차트, 공시 전에 이미 상승한 주가

폭으로 오르고 거래량도 급증했습니다. 또 한참 전인 9월 중순부터 NHN
한국사이버결제는 꾸준하게 주가가 올라가고 있었습니다. 그러다 고점에
서 나온 무상증자라는 호재가 오히려 셀온(매도) 신호로 시장에 비춰진 겁
니다.

즉, 아무리 호재로 보이는 기사나 공시라도 차트에서 최근에 오른 흔적
이 있다면, '이미 해당 재료가 주가에 반영된 것'으로 해석하고 매수에 들어
가서는 안 된다는 뜻입니다.

05 '삼성'이 하면 다르다

뉴스 읽기에서 마지막은 삼성전자입니다. 대한민국에서 삼성을 빼고 주식을 이야기할 수 없습니다. 정치적 견해야 저마다 다를 수 있겠지만, 한국에서 주식을 하는 사람이라면 삼성과 관련한 소식은 언제나 눈과 귀, 그리고 마음을 활짝 열고 해석해야 합니다.

왜 삼성전자를 다르게 봐야 할까요. 우선 대한민국의 시가총액 1위 기업입니다. 2000년부터 쭉 1위였죠. 2023년 12월 말 기준 468조 원(우선주 제외) 이상입니다. 2, 3위인 SK하이닉스와 LG에너지솔루션의 시총이 각각 103조, 100조 정도이므로, 어느 정도 규모인지 상상이 되실 겁니다. 코스피 시장에서 거의 20% 이상의 비중을 차지하고 있고요. 이렇게 큰 회사다 보니 사업 하나를 하더라도 투자 규모가 다른 기업과 비교가 되지 않습니다.

하지만 투자자 입장에서 무엇보다 중요한 것은 '시장의 관심이 쏠린다'는 사실이겠죠.

삼성이 뭔가를 한다고 발표하면 거의 한 달 내내 해당 사업에 관한 뉴스가 쏟아집니다. 그만큼 미디어의 관심을 받고 있다는 뜻이죠. 같은 내용의 뉴스가 100~200개 이상 나오며 언론사의 취재 경쟁이 뜨겁게 펼쳐집니다. 하나의 사업군에서 시작한 삼성의 뉴스는 [단독]에 [단독]을 물고 끝없이 새로운 기사들을 생성해냅니다. 게다가 **삼성전자는 무언가를 한 번에 발표하지 않습니다. 일단 개시를 알리고, 그다음 스텝을 하나하나 공개하죠. 이때마다 상장사 중 삼성 협력사의 주가가 크게 오릅니다.**

뉴스 플로를 살펴보겠습니다.

삼성전자, 10년 만에 OLED TV 출시…LG와 정면대결

삼성전자가 네오 QLED와 유기발광다이오드(올레드·OLED) 등 2023년형 TV 신제품을 9일 국내 시장에 공식 출시했다. 삼성전자가 국내에서 OLED TV(사진)를 출시한 것은 10년 만이다. 앞서 '올레드 TV 대세화'를 전면에 내세워 영향력을 확대하고 있는 LG전자와 진검 승부가 예상된다.

(문화일보, 2023.03.09)

[첨단산업 육성] 삼성, 충청·경상·호남에 10년간 60조 1000억 원 투자

삼성이 충청·경상·호남 등에 10년간 총 60조 1000억 원을 투자한다. 삼성전자, 삼성디스플레이, 삼성SDI, 삼성전기 등 삼성 계열사들이 지역 균형 발전을 위해 반도체 패키지, 최첨단 디스플레이, 차세대 배터리, 스마트폰, 전기부품, 소재 등 지역별로 특화 사업을 지정해 투자를 집행하기로 했다.

(아시아경제, 2023.03.15)

2023년형 삼성 OLED TV, 미국·영국서 극찬

미국 언론 매체 CNN의 제품 평가 전문 매체 'CNN 언더스코어드'는 "삼성 OLED TV는 화질과 기능면에서 최고의 제품을 원하는 사람들에게 이상적"이라며 "놀랍도록 풍부한 색상과 극도로 짙은 검은색을 표현하여 보는 내내 콘텐츠에 빠져들었다"고 평가를 내렸다.

(헤럴드경제, 2023.03.28)

尹 "OLED, 글로벌 시장 압도적 1위 지원"…이재용 "아무도 가보지 못한 미래 개척"

윤석열 대통령은 4일 오후 충남 삼성디스플레이 아산캠퍼스에서 열린 삼성디스플레이와 소부장(소재·부품·장비) 협력업체 간 신규 투자 협약식에 참석, "디스플레이 산업의 새로운 도약을 여는 4조 1000억 원의 대규모 신규 투자"라고 격려했다. 이날 현장에는 이재용 삼성전자 회장도 자리했다.

(조선비즈, 2023.04.04)

삼성디스플레이, IT용 OLED에 3년간 4조 투자

4일 삼성디스플레이는 충남 아산 제2캠퍼스에서 열린 '삼성디스플레이 신규 투자 협약식'을 통해 세계 최초로 8.6세대 IT용 OLED 생산에 오는 2026년까지 총 4조 1000억 원을 투자한다고 밝혔다.

(이코노미스트, 2023.04.04)

삼성전자는 2023년 3월 9일 OLED 생산을 10년 만에 재개한다고 발표합니다. 그리고 같은 달 15일에는 60조 원을 투자한다고 하죠. 이 돈으로 디스플레이를 포함해 배터리, 반도체 등에 투자한다고 발표합니다. 28일에는 OLED가 세계적으로 인정받고 있다는 뉴스가 나옵니다. 다음 달 4일에는 윤석열 대통령까지 삼성디스플레이 공장에 방문하고 그 자리에서 이재용 회장은 세계 최초의 8.6세대 OLED 생산을 위해 4.1조를 투자한다고 발표합니다. 놀랍게도 같은 뉴스가 하루에 100~200개 나왔습니다. 그만큼 관심이 높다는 뜻입니다. 주가요? 말해 뭐 합니까. 관련주들은 급등과 상한가 퍼레이드를 보여줍니다.

삼성전자발 '없다가 생긴 게' 하나 나오면, 그것은 언제나 시작일 뿐입니다. 이후의 장기적 계획을 가지고 있고 언론에는 의도적으로 하나씩만 던지는 겁니다. 그래서 삼성전자의 소식이 나오면 '적어도 한 달 동안은 새로운 뉴스들로 도배가 되겠구나' 하고 생각하면 관련주 매매가 무척 수월해집니다. 이슈가 나올 때마다 주가가 오를 테니까요.

 ## 삼성을 굳이 사지는 않습니다

수많은 사람들은 삼성전자가 망하면 대한민국이 망할 테니 가장 안전한 자산이라고 생각하면서 삼성전자 주식을 삽니다. 하지만 삼성전자는 그렇게 많은 사람이 사지만 가장 늦게 오르는 편입니다. 빠질 때도 가장 늦게 빠지고요. 그만큼 안전한 종목이지만 이 종목으로 개인 투자자가 큰돈을 벌 수는 없어요.

그리고 삼성전자에 투자하는 사람들의 목적은 아주 다양합니다. 호재로 삼성전자를 매수하는 주체는 오로지 호구 개미뿐이라고 해도 과언이 아닙니다. 기관들은 삼성전자 주식을 사는 매수 주체의 수만큼 다양한 이유로 삼성전자 주식을 사고팝니다. 개인 투자자들이 상상도 할 수 없는 양의 정보를 가지고 접근합니다. 그에 반해 개인 투자자들은 열 손가락도 못 채울 정도의 정보로 접근하죠. 그러다 보니 삼성전자를 산 개미 투자자들은 "대체 왜 빠지는 거야?"라는 말을 입에 달고 살게 됩니다.

CHAPTER 14

나만의 투자를 시작하자

THE PRINCIPLES OF K-TRADING

01 유목민의 매매 바이블

지금까지 '유동성, 실적, 기대감'을 '재료, 차트, 거래량, 시황'에 연결시키는 기초 과정을 잘 마쳤습니다. 그러나 아직 모든 내용을 다 소화하지는 못했을 겁니다. 매번 새롭게 다가오는 내용이 있을 테고요. 그렇다고 기초가 완전히 배양된 다음에 매매에 돌입할 수는 없는 노릇이죠. 연습을 실전처럼 해나가야 합니다.

그래서 초심자로서 투자를 할 때 경전(바이블)처럼 꼭 지켜야 하는 규칙들을 정리해보았습니다. 이 규칙을 지킨다면 설령 초보일지라도 자산을 크게 잃지 않을 수 있고, 경험치를 쌓기 위한 런웨이(소진 금액)는 최소화할 수 있을 것입니다.

매도 10계명

"나는 이럴 때 꼭 매도하겠다"

1 남들도 다 아는 재료가 되었다면, 즉 '재료 소멸'이라면 즉시 비중을 반으로 줄인다.

2 오너 리스크가 발생했다면 즉시 비중을 반으로 줄인다.

3 강한 지지선을 깰 경우 리스크 시그널이다. 즉시 비중을 줄이고 회사 IR에 전화해본다.

4 예상보다 빨리 주가가 오르는 경우 즉시 비중을 반으로 줄인다. 시간을 사는 것이다.

5 스윙, 장기투자 시에도 예상보다 많은 '평가수익'을 거두고 있다면 즉시 비중을 줄인다. 시간을 사자.

6 뇌동매매로 갑작스럽게 샀다면 실수를 인지하는 즉시 전량 매도한다. 원칙 없는 매매는 자기 목을 조르는 행위다.

7 항상 매수의 근거가 유지되고 있는지를 점검하라. 매수의 근거가 바뀌면 논리도 바뀐다. 견해 바꾸는 걸 두려워 말고 바로 비중을 줄인다.

8 '조금 만 더'라는 욕심이 들면 그 즉시 비중을 반으로 줄인다. 자신의 심리는 중요한 보조지표다.

9 일희일비하고 있다면 커다란 망조의 전조다. 즉시 주식을 멈추고 운동장을 열 바퀴 돌고 오라.

10 자만은 인생 만사의 적이다. 당신은 특별한 사람이 아니다. 수많은 투자자 중 한 명일 뿐이다. 항상 겸손하고 매사에 감사하라.

매수 13계명

"나는 다음 과정을 거쳤을 때만 매수하겠다"

1 없다가 생긴 것, 있다가 사라진 것을 찾는다.

2 불확실성과 리스크를 구별한다. 불확실성 상태에서 리스크로 확정되는 순간 이 주식투자하기 가장 좋은 때다.

3 '주가 상승 = (유동성 + 실적) × 기대감'의 관점을 유지한다.

4 재료, 차트, 거래량, 시황도 3번의 관점에서 해석하려 노력한다.

5 재료는 나만 좋아서는 안 된다. 시장이 좋아할 것을 고른다.

6 이왕이면 차트상 주가가 조정을 잘 받은 것, 바닥인 것에서 고른다.

7 거래량이 잘 터지는 종목을 매매한다.

8 정부와 대기업의 정책은 유동성을 만들어내므로 주의 깊게 살핀다.

9 대기업의 차세대 사업 투자는 절대 그냥 흘려보내지 않는다. 쩐의 전쟁에서 대기업은 작게 투자하지 않는다. 관련주에 힘을 불어넣는다.

10 기업의 이익을 증가시키는 모든 이슈에 관심을 기울인다. 정부 지원, 법인세 차감, 금리 인하, 구조조정 등 모두에 귀를 열어둔다.

11 키워드 하나에 집착하지 않는다. 주식은 키워드 하나로 움직이는 단세포계가 아니다. 재료, 차트, 거래량, 시황 모두가 결합된 복잡계다.

12 시황을 늘 고려한다. 모든 게 갖춰져도 시황이 안 맞으면 주가는 잘 움직이지 않는다.

13 왜 그 종목을 왜 샀냐고 물어봤을 때 당당하게 이유를 말할 수 있어야 한다. 대답 못 할 종목은 처음부터 사는 게 아니다.

02 자신만의 투자 시나리오 시작하기

매매하기 전 자기만의 시나리오를 미리 세워두고, 매매하면서는 그 시나리오에 따라 시장 상황의 변동에 즉각 대응할 수 있어야 합니다. 매매 시나리오의 중요성은 아무리 강조해도 지나치지 않습니다. 물론 처음 투자를 시작하는 분들은 이 시나리오라는 게 대체 무엇인지, 어떻게 세울 수 있는지, 경우의 수를 어디까지 고려해야 할지 막막함을 느끼는 것이 당연합니다. 사실상 이 역시 수많은 상황을 직접 경험함으로써 나아지는 영역입니다. 시행착오와 실패는 피해 갈 수 없다는 점을 인지하시고요. 조금이나마 의미 있는 시행착오가 될 수 있도록 돕고자 매매 시나리오를 세우는 흐름에 관해 소개해드립니다.

매매 시나리오 체크리스트

투자 시나리오를 생각할 때 가장 중요한 것은 시황입니다. 아무리 좋은 차트, 좋은 재료를 가지고 있더라도 시황과 맞지 않으면 시장에서 관심을 받기 어렵습니다. 예를 들어 AI 테마로 들썩였던 2023년 1월의 어느 날 F&B에 대한 매매 시나리오를 세우고 들어갔다면, '나만 이걸 하고 있나' 하고 소외받는 느낌을 면치 못했을 겁니다. **매매 시나리오는 지금 투자자들의 관심이 모이는 곳이 어느 섹터인지 파악한 후 시장 상황에 맞게 준비합니다.**

그 섹터 안에서도 **끼가 좋은 종목을 선택해야 합니다.** 상한가 및 천만주 종목 정리를 해오셨다면 반복적으로 보아서 눈에 익은 종목일 것입니다. 끼가 좋은 종목은 해당 테마가 부각될 때 150억·500억봉이 나타나면서 주가가 강하게 상승하는 종목입니다. 거래량이 터질 때 팍팍 터져줬을 것이고, 좋은 재료를 가지고 있을 겁니다(수익성 좋은 관련 사업을 영위하거나, 이전에도 해당 테마로 주가가 부각된 히스토리 존재).

이제 확인할 것은 차트입니다. **이미 그 기대감이 반영되어 주가가 벌써 상승한 상태인지, 아직 반영되기 전이라 주가가 상승할 가능성이 존재하는지 확인합니다.**

이때 주가가 상승할 가능성만 생각하기 쉬운데, 반드시 주가가 하락하는 상황까지 염두에 두어야 합니다. 앞에서 말한 체크사항들은 주가 상승에 대한 근거에 해당합니다. 예상대로 주가가 상승하지 않고 하락할 가능성도 항상 존재합니다. 이때 어떻게 대응할지도 함께 준비해두어야 합니다.

즉, **손절 라인을 반드시 미리 생각**해두시기를 권해드립니다. 어느 지지선을 기준으로 볼 것인지, 몇 퍼센트의 마이너스 수익률까지 감당한 것인지 등등 상승 시나리오와 다르게 주가가 흘러갈 때 어떻게 대응할지 생각해두어야 리스크 관리가 가능합니다.

그렇다면 시나리오는 어떻게 시작할까요? 크게 두 가지 방식이 있습니다.

케이스 1. 재료에서 시작하기

어떤 재료가 시장의 관심을 받아 주가가 강하게 상승했다면, 그 테마에 속한 다른 관련주를 찾아봅니다.

테마의 주도주가 하나 나올 때는 이미 사전에 감지할 수 있는 시그널 기사들이 있기 마련입니다. 또한 해당 테마가 시장에서 더 부각되도록 만드는 트리거 기사를 발견할 수 있습니다.

가령, 다시 AI 테마를 예로 들어보죠. 전자에 해당하는 뉴스가 챗GPT 관련 보도 기사라면, 후자에 해당하는 뉴스는 마이크로소프트의 천문학적인 투자 혹은 정부의 전 국민 AI 일상화 계획 발표 등의 기사가 될 것입니다.

> "구글, 한판 붙자"···마이크로소프트, 오픈AI에 12조 원 투자 베팅
>
> (머니투데이, 2023.01.24)
>
> 정부, AI 일상화 및 산업 고도화에 올해 7,129억 원 투자
>
> (디지털타임스, 2023.01.26)

시장 흐름을 하루도 빠짐없이 관찰하고 있다면, 테마의 시작 시그널이 되는 기사와 시장 주도 테마로의 확장에 트리거가 되는 기사가 점점 잘 보일 겁니다. 시그널과 트리거를 재빨리 알아보고 테마를 선점하기 위해서는 사전에 공부가 되어 있어야 합니다.

상한가+천만주 정리를 매일 하면서 시장 흐름을 파악하고 있어야 합니다. 그러다 AI 테마처럼, 어느 제품이나 사업에 대한 기대감이 담긴 기사가 갑자기 눈에 많이 띄면 이를 시그널로 인식하여 관련 종목들을 찾아봅니다. 이때 해당 테마에 관해서도 확실히 공부해야 합니다.

케이스 2. 차트에서 시작하기

관심종목들의 차트를 돌려 보다가 살 만한 괜찮은 차트를 발견하면 그 종목의 재료에 대해 찾아봅니다.

차트상 바닥(이전 상승분을 어느 정도 반납하였지만 현재 우하향 추세가 아니며 횡보 중)인 것과 조정을 잘 받고 있는 중(최근 주가가 상승한 적 있지만 지지선을 깨지 않으면서 횡보 중)인 그림을 발견하면, 그 종목의 재료가 무엇이었는지를 찾아봅니다. 횡보 중일 때 과거에 상승의 이유가 되었던 재료와 유사한 재료가 나오면 주가가 다시 위로 움직일 수 있기 때문이죠.

해당 종목이 어느 테마의 관련주에 속하는지 확인한 후 그 테마에서 이 종목이 가진 재료는 무엇인지, 해당 기업이 영위하는 사업에 대해 공부하고, 마지막으로 그것이 현재 시황에 맞는지 점검합니다. 지금 당장은 시황이 아니더라도 미리 준비해놓는다는 마음으로 공부해두면, 해당 테마가 부각되었을 때 '아! 공부했었지' 하며 한결 수월하게 접근할 수 있습니다.

*　　*　　*

사실 두 가지 케이스는 순서만 다를 뿐 같은 내용입니다. 결국 모든 것을 고려해야 하지만 접근 방식은 종목과 상황에 따라 달라질 수 있습니다. 처음에는 안갯속을 헤매는 것 같겠지만, 차곡차곡 공부해가다 보면 어느 순간 연결이 보일 것이고, 여러분만의 매매 시나리오 역시 점점 더 다채롭고 정확해질 것입니다.

03 지금 알고 있는 걸 그때 알았더라면; 정찰병의 교훈

저는 본격적으로 주식을 시작한 2015년부터 어느 정도 투자 원칙이 생기기 전인 2016년까지의 모든 매매 일지를 가지고 있습니다. 매수와 매도 가격은 물론 수익과 손실 금액, 심지어 누구에게 종목 추천을 받았는지까지 써뒀어요. 이 과정에서 제가 특히 주목한 건 **손실금이 큰 경우**였습니다.

왜 그랬는지 돌이켜볼까요? 이번에는 2023년 5월의 실제 시장 상황을 두고 초보 시절의 유목민 시점으로 이야기를 풀어나가 보겠습니다. 과거에 저 역시 여러분과 똑같은 실수를 하고 있었다는 뜻에서요.

알면서도 못 샀을 때 저지르는 뇌동매매

'유목민의 시그널리포트'는 매달 초 투자 전략을 발표하는데요, 2023년 5월 3일 발표한 투자 전략의 요점은 다음과 같았습니다.

'5월 하순까지 지수는 빠지겠지만 6~7월은 반도체가 주인공이 될 것이

며, 2차전지는 더 오르기 어려우므로 매수에 주의를 요한다.'

당시 2차전지는 그야말로 광란의 시기였으며 엄청난 매수세가 몰릴 때였죠. 하지만 고점 선언을 한 겁니다. 버는 것보다 지키는 게 언제나 중요하니까요.

1) 2차전지 : 빠질 것 같지 않다, 그러나 오르기에도 부담

2차전지가 싸다는 이야기를 연초부터 해왔는데요. 물론 이 정도로 상승할 줄은 몰랐습니다. 그런데 지금도 2차전지 상황을 보면 솔직히 빠질 것 같지는 않습니다. 그러나 오르기에도 부담인 건 사실이고요. 어떤 밸류에이션 모델로 검토해봐도 오를 여지가 많지는 않습니다.

빠지지 않을 이유는 LG에너지솔루션과 포스코홀딩스 같은 배터리 대형주가 '싸기' 때문입니다. 현재 양극재 관련주들인 에코프로비엠 등이 너무 올라 있는데요. 이건 코로나19와는 사실 같은 게 아닙니다. 코로나19는 '없다가 생긴 일'에 전 세계적인 수요, 그에 따른 실적, 기대감 모든 게 실제로 갖춰졌습니다. 하지만 작금의 2차전지는 비싼 걸 넘어서서 일부 유튜버들의 언론 플레이 등으로 '심취' 상태에 있습니다.

하지만 저는 안 살 겁니다. 자신이 없어서요… 사더라도 충분히 조정받은 상태에서 이슈가 있을 때 철저히 당일 매매로만 접근하는 원칙을 갖겠습니다.

2) 반도체 : 6~7월의 주인공이 될 가능성 높다

그럼 뭘 살 거냐 스스로에게 물어본다면 역시 반도체라고 생각됩니다. 6~7월에 오를 확률이 높다고 봅니다. 반도체 종사자들에게 이야기를 많이 들어보고 있는데요. 현재 반도체 업계에서 가장 문제 되는 것은 '반도체 자체의 가격'입니다. 계속 내려간다는 거죠. 반도체 가격이 계속 내려가는 이유는 구매자들이 반도체를 안 사서 그렇습니다. 왜 안 사느냐? '더 내려갈 것 같으니까'입니다.

그럼 언제부터 살까요? '더 내려가지 않을 것' 같을 때가 되겠죠. 저는 이것이 5월 하순에 체크될 것으로 생각합니다. 전 세계적으로 감산이 돌아가고 있고 소매 물량이 소진되는 시기는 예상보다 빨리 올 것으로 생각됩니다. 반도체 가격을 모니터링하면서 더 빠지지 않는 지점을 확인만 하면 되는 거죠. 이때부터 반도체 주가는 오를 것으로 예상합니다. 반도체주는 한 번에 급등하진 않지만 하루에 7~8%씩 올라주는 경향이 있습니다.

직장인이었던 초보 시절의 유목민은 이 글을 보고 이렇게 생각했을 것 같습니다. '와, 유명한 투자자가 이렇게 말하니, 반도체를 준비해야겠다!'

투자 커뮤니티에도 '지수 반등이 나와도 2차전지보다 반도체를 보는 것이 낫다'고 글이 올라옵니다. 또 다음 날에는 '바닥에서 재료 있는 종목이 올라가고 있다'는 글이 올라옵니다. 실제로 5월 17일에 프로이천이라는 반도체 종목이 바닥에서 재료가 붙자 상한가를 기록합니다.

이 상황을 보는 유목민은 또 생각하죠. '와, 반도체 종목 중 바닥에서 재료 붙은 종목들이 오르는구나. 비슷한 차트를 가진 종목을 찾아야겠다!'

평상시 상한가·천만주 종목들을 모두 정리하고 차트 공부도 꾸준히 해온 유목민은 미래반도체가 프로이천과 동일한 차트라는 것을 인지합니다. '급등 후 조정받은 상태에서 횡보 중'인 것이죠. 또 반도체 관련주 가운데 오픈엣지테크놀로지, 저스템, 마이크로투나노, 자람테크놀로지 역시 차트가 유사하다는 것을 알아채죠. 모두 관심종목에 넣어둡니다.

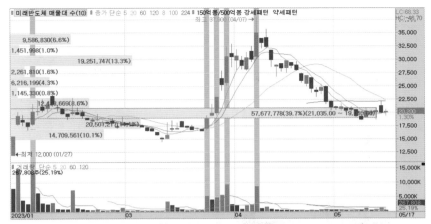

미래반도체 차트(23년 5월 17일)

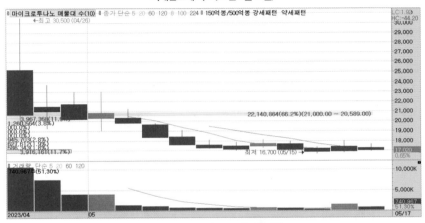

마이크로투나노 차트(23년 5월 17일)

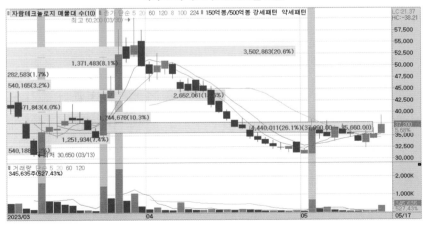

자람테크놀로지 차트(23년 5월 17일)

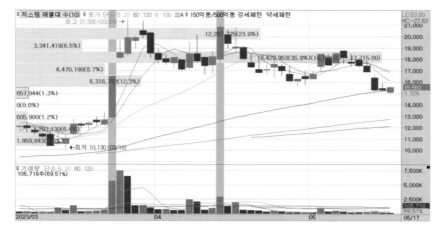

저스템 차트(23년 5월 17일)

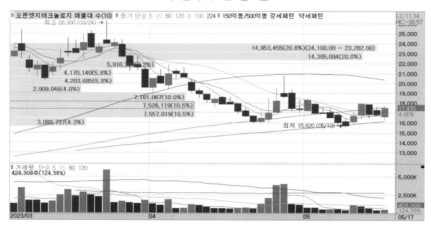

오픈엣지테크놀로지 차트(23년 5월 17일)

　　바로 매수하지는 못했어요. 직장인이거든요. 계속 주식을 볼 수 없기 때문에 안전하게 한참 아래 호가에 매수 주문을 걸어둡니다. 하지만 그날 체결되진 않았어요. 직장인이다 보니 보수적으로 걸어둘 수밖에 없었고 그 가격은 '급락'이 나와야만 체결될 가능성이 있었습니다.

　　다음 날인 5월 18일도 해당 종목들에 매수 주문을 걸어뒀습니다. 역시 계속 종목을 볼 수 없다 보니 호가를 낮춰서 매수 주문을 냈죠. '오늘도 안 사지면, 종가에 조금이라도 사둬야겠다' 생각했지만 하필이면 그날 팀장님이 회의를 소집해서 종가 매수를 할 엄두도 낼 수 없었습니다. 그래서 사지 못했습니다.

그런데 다음 날인 5월 19일 며칠간 보고 있던 종목 미래반도체가 갭 4%를 띄우며 시작합니다. '아… 저거 내가 알았는데! 봤던 종목인데! 어제 사려고 했는데!!' 안달이 나기 시작합니다. 주가가 마이너스였던 그제부터 계속 봐오던 종목인걸요.

하지만 내가 사려던 가격보다 이미 올라가 있는 종목을 사는 것은 왠지 손해 보는 기분입니다. 그래서 기도합니다. '제발 보합으로 한 번만 와라. 그럼 내가 진짜 사준다'라고요. 하지만 야속하게도 주가는 더 오릅니다. 6% 7%… 속은 더 타들어 갑니다. '아, 정말 그냥 지금이라도 사야 하나….' 그래도 쉽사리 손은 안 나가죠.

그러다가 결국 삽니다. 언제요? 바로 VI 걸리기 직전 한두 호가 전에 확삽니다. 그것도 시장가로요. 전형적인, 빨간 양봉에 사는 뇌동매매입니다.

뇌동매매를 인지하기도 전 VI가 풀리자 주가는 11%, 13% 오릅니다. 심장은 쿵쾅쿵쾅. 두근대기 시작합니다. 높게 샀다는 두려움에 더욱 긴장감은 높아지죠. 그런데 **신기하게도 '내가 사니 빠집니다'**. 이내 평단가 아래로 떨어지고, 그제야 뇌동매매임을 깨닫고 급하게 손절합니다.

평단이 높으니 손절을 빨리 하게 되고 손실은 큽니다.

그런데 **'내가 파니까 급등하기 시작합니다'**. 환장하죠. 손절하고 더 빠지면 속이나 후련하지, 급등하니 멘털이 깨집니다. '다 내가 봤던 건데, 도대체 왜 이렇게 됐을까?' 종목 선정은 이미 했는데, 왜 미리 못 사고 뒤따라 사다가 크게 손절하게 됐을까요?

손절과 익절 사이의 담장 '정찰병'

초보분들이 정말 많이 겪는 상황이죠? '어떻게 내 이야기랑 똑같지?' 하는 분들 많으실 겁니다. 저 역시 2015~16년에 이 문제로 고생을 많이 했습니다. 어느 날은 한 차트 고수에게 고민을 털어놨더니, 이렇게 조언을 해주시더라고요.

"내가 한 호가 위에서 산다고 주식이 안 되는 것도 아니고, 한 호가 아래서 산다고 해서 부자 되는 거 아니더라. 정찰병은 그냥 들어가는 게 맞는 거 같아."

그래서 결정하죠. 정찰병은 조금 더 높게 주더라도 사야겠다고요. 그리고 정찰병은 2016년의 유목민에게 가장 큰 고난을 가져다준 동시에 가장 큰 깨달음도 안겨줍니다.

이 정찰병 때문에 정말 고생했어요. 매매는 많이 했는데 수익은 전년비 반토막일 정도였으니까요. 끝없는 시행착오의 연속이었죠.

어떤 시행착오냐 하면, 일단 정찰병을 사 모으다 보니 잔고가 '정찰병 백화점'이 되는 거였습니다. 10종목, 20종목씩 차는 거예요. 그러다 어떤 날 특정 섹터가 큰 시세를 주더라도 잔고에 종목이 너무 많아서 정확하게 어떤 테마가 움직이고 있는지, 정말 내가 고른 종목이 맞는 건지, 화장품주가 가는 건지 중국주가 가는 건지, 게임주인지 반도체주인지 도무지 분간이 안 가는 겁니다.

가끔 시장 전체 지수가 오르면서 정찰병 전체가 수익을 주는 경우도 있지만 너무 작은 금액이 분산돼 있으니 그렇게 큰 수익이 되진 않았습니다. 저는 손절을 어려워하지 않는 편입니다. 투자 초기부터 손절은 따라다닐 수밖에 없는 것으로 생각하면서 어렵지 않게 했어요. 하지만 매번 그런 건 아니죠. 미련을 갖다가 손절 타이밍을 놓치고 큰 손절로 이어진 경우도 참 많았습니다.

그랬던 경우들을 복기해보니 신기하게도 공통적인 '상황'이 있더군요. 바로 '보유 종목이 아주 많을 때'였어요. 왜 보유 종목이 많아졌을까요? 결국 직장인이었기 때문이었습니다. 직장인이니 시장을 계속 볼 수 없었고, 그러다 보니 보수적으로 매수 체결가를 낮게 걸어두게 되고, 결국 앞에서처럼 손절이 익절보다 많은 상황. 이 과정이 계속 반복되고 있었습니다.

정찰병의 요체가 여기에 있었습니다. **축약**의 과정이 필요했던 겁니다. **정찰병이라고 함부로 보내서는 안 된다, 그중에서도 핵심을 골라 1~2종목으로 정찰병 자체를 압축해야 한다**는 것이죠. 이 방법을 원칙화한 후 뇌동매매가 크게 줄었습니다. 종목 선택도 더 잘하게 됐고, 손절보다 익절이 늘었고, 자연히 수익도 늘게 됩니다.

정찰병에서 깨달은 '익절'의 지혜

정찰병은 일단 소량이라도 들어가기로 한 (또 다른) 직장인 유목민은 어떤 선택을 했을까요? 먼저 5월 17일 프로이천이 상한가 가는 것을 확인했죠? 미래반도체 차트가 프로이천과 거의 동일하다는 것을 발견하고는 일단 정찰병을 소량 삽니다.

동일하게 5월 19일이 됐습니다. 아침에 갭이 4% 뜨면서 시작합니다. 그런데 이번에는 기분이 나쁩니다. '아, 겨우 정찰병만 샀는데 오르냐…' 하면서요. 앞에서는 '떨어져라' 안달이 났는데 이번에는 기분이 나쁜 겁니다. 본격적으로 사고 싶은 마음은 안 들어요.

주가가 6, 7, 8% 오르기 시작합니다. 기분은 더 나빠져요. '아, 나 좀 데리고 가지, 그냥 벌써 가냐… 환장하겠네' 하죠. 그리고 VI 발동이 나오면 기분은 더 안 좋아집니다. '에이 팔고 나가야지, 이거 벌어봐야 얼마 되지도 않네' 하면서요.

앞 사례와 매우 큰 차이가 있다는 걸 깨달으셨나요? 앞서서는 손절을 했지만 이번에는 '익절'을 해냈습니다. 그리고 '익절해냈을 때만 찾을 수 있는 기회'를 여기서 갖습니다.

미래반도체가 급등하면서 정찰병을 소소하게 익절했지만, 찾아둔 다른 종목들이 이내 따라갈 것으로 눈치챌 수 있었던 것이죠. 이미 앞서 오픈엣지테크놀로지, 저스템, 마이크로투나노, 자람테크놀로지 등 유사한 종목을 모두 찾아보았고 관심종목에 넣어뒀잖아요. 아직 2~3% 정도밖에 오르지 않은 다른 종목에 수량을 실을 수 있게 되고, 여기에서 큰 수익을 거두게 됩니다. 더불어 대장주가 꺾이지 않는 한 이들 종목 역시 강하다는 사실을 인지하게 됩니다.(실제 이들 종목은 19일까지, 크게는 30%에서 작게는 10% 정도로 상승했습니다.)

이제 이 종목들은 앞으로 주식 인생에 두고두고 함께할 '친구'가 됩니다. **반도체가 오를 때 '이 종목은 오른다'라는 걸 온몸으로 경험했거든요.**

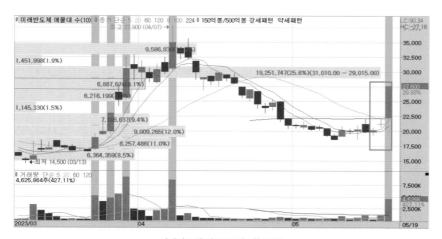

미래반도체 차트(23년 5월 19일)

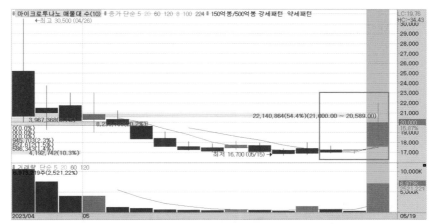

마이크로투나노 차트(23년 5월 19일)

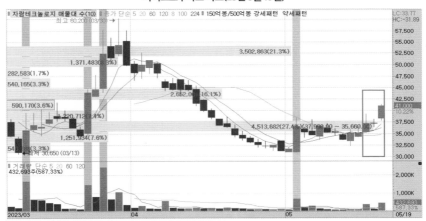

자람테크놀로지 차트(23년 5월 19일)

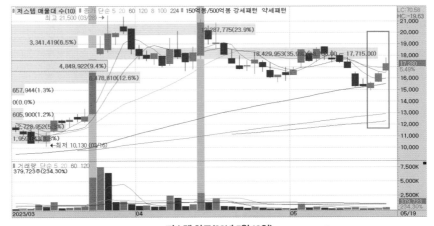

저스템 차트(23년 5월 19일)

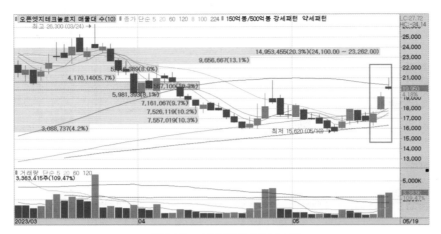

오픈엣지테크놀로지 차트(23년 5월 19일)

04 K스윙을 위한 조언

보통 **스윙**이라고 하면 자산 가격의 변동을 이용해서 단기투자보다는 조금 더 길게, 장기투자보다는 조금 더 짧게 가져가면서 수익을 내는 방식을 말합니다. (스윙도 단기투자 영역에 속한다는 것은 알고 계셔야 합니다.) K스윙은 제가 강의를 하면서 만들어낸 말입니다. 한국 주식시장의 특성에 따른 스윙 전략은 달라야 한다고 생각해서 이렇게 부릅니다.

박스피에서의 스윙

주식시장이 다음의 그림처럼 0선을 중심으로 오르락내리락한다고 가정해봅시다. 1번 구간에서 2번 구간으로 이동하고, 3번으로 하락한 뒤, 4번으로 이어지는 움직임을 영원히 반복한다고 가정해보는 거죠. 그렇다면 여러분은 장기투자를 하시겠어요? 못 할 겁니다. 어차피 오르다가 떨어지기를 반복하며 제자리일 테니까요. 현실적으로 생각하면 단기투자를 통해 변동성

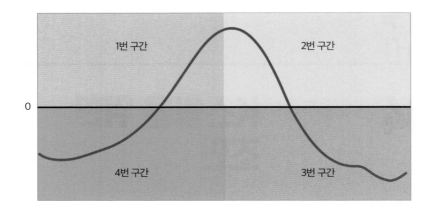

구간에서 수익을 극대화하는 방법을 취할 겁니다.

사실 가정이 아니라 바로 대한민국 주가지수 이야기입니다. 박스피라고 하죠. 제가 한국 실정에서 개인이 큰 수익을 내기 위해서는 단기투자가 적절하다고 말하는 이유가 이것입니다. 단지 가치투자 방식으로 모든 종목을 공부한 다음에 시기에 맞게 종목을 자주 바꾸는 방식인 거죠. '사이클이 굉장히 빠른 가치투자'라고 보면 됩니다.

그런데 단기투자가 여의치 않을 수도 있습니다. 수익은 조금 떨어지더라도 바쁜 직장 생활과 병행할 수 있는 매매를 찾다가 스윙을 염두에 두게 되지요. 그러면 스윙을 할 때 위 그림의 구간 중 어디에서 매매를 하면 될까요? 4번에서 1번 사이의 구간이 아닐까요? 4번 구간에서 적당히 모아서 1번 구간 꼭대기에서 팔고 싶을 겁니다.

K스윙 포트에서 분할 매수·매도

박스권 장세인 한국 주식시장에서는 단타, 스윙, 장투는 조금 개념을 달리해야 한다고 말씀드렸죠.

계획대로 매매를 했더라도 생각보다 빠르게 급등이 나올 경우, 시간의 이익을 사는 셈 치고 빨리 팔고 나오는 매매 양태를 **단타**라고 하는 게 맞습니다.

계획대로 매매를 했는데 **자기 생각보다 조금 물리면서 시작해서 수익 실현까지 시간이 걸리는 경우**를 스윙으로 표현해야 하고요.

마지막으로, 한국에서 **장투**는 솔직히 '물렸다'고 표현하는 게 적절하지 않을까 생각합니다.

초보들이 크게 잘못 생각하는 것이 매수한 다음부터 '계속 수익인 상태로' 짧게 가져가면 단타, 적당히 가져가면 스윙, 길게 가져가면 장투라고 '착각'을 합니다. 자기가 산 가격이 최저가인 상태여야 한다고 잘못 생각하는 거죠.

하지만 주식은 절대 내가 산 가격이 최저 가격이 될 수 없습니다. 계속해서 수익인 상태로 가져가는 것도 불가능합니다. 특히 박스피인 한국 주식시장은 더욱 그렇습니다. 단타건 스윙이건 장투건 마찬가지입니다.

이 사실을 빨리 받아들이는 사람이 주식 시장이라는 전쟁터에서 살아남을 수 있습니다. 박스피인 이 시장에서 자신만 계속 수익인 상태로 매매할 수 있다고 생각하는 것은 결국 시장을 이길 수 있다고 착각하는 것입니다.

저는 박스권인 한국 주식시장에서 스윙은 **적당한 '진입' 밴드와 '청산' 밴드를 설정하고 들어가는 게 맞는다**고 생각하며(장투도 마찬가지입니다), 이와 같은 '진입 밴드' 영역을 **K스윙 포트**라고 부르고 있습니다. 여기서 포트(pot)는 밑이 넓은 솥을 의미합니다. 한국에서는 스윙 지점을 넓게 가져가야 해서 그렇게 부르고 있습니다. 사실상 넓은 의미의 지지-저항 구간입니다.

이어지는 예시들의 박스 표시권에서 분할 매수를 했다면 여지없이 큰 폭의 주가 상승을 볼 수 있었습니다. 짧게는 며칠에서 길더라도 몇 주 내에 말

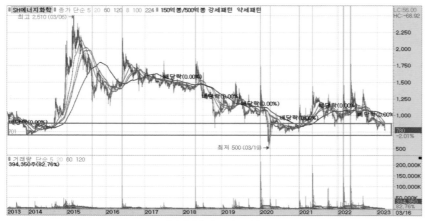

SH에너지화학 차트의 K스윙 포트

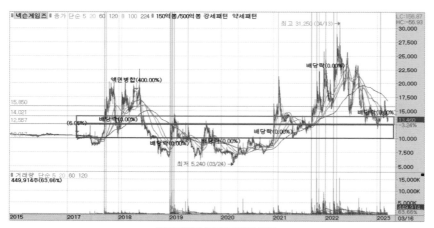

넥슨게임즈 차트의 K스윙 포트

이죠. 제가 'K스윙 포트'로 부르는 것이 바로 이 박스 영역입니다.

끼가 있어 과거 각종 재료에 잘 부각되던 종목은 앞에서 설명한 '단타용 기업 분석'으로 안전성을 확인한 후 매매에 들어가면 됩니다. **K스윙 포트에 서 물리면서 분할 매수로 사 모으고, 이 포트를 벗어나면 분할 매도를 시작 하는 겁니다.** 수익금은 가장 마지막까지 두고 보는 것이죠. 이 방식은 직장

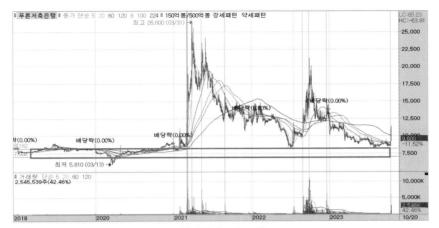

푸른저축은행 차트의 K스윙 포트

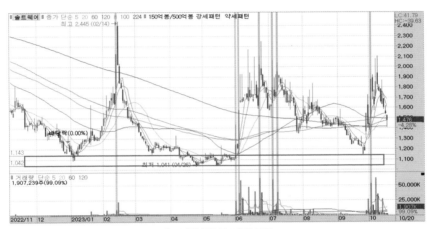

솔트웨어 차트의 K스윙 포트

인에게 가장 어울리고 안전한 매매 방법이라고 생각합니다.

단, K스윙 포트를 활용한 매매에도 재차거시는 적용해야 합니다. 지금은 거래량과 시황이 빠져 있지만, 여전히 재료가 살아 있고 그 차트를 만들어 가는 종목을 담아가는 전략 매매 방법입니다.

저는 K스윙 종목으로 약 200~300개를 선정해두고 추적하고 있습니다.

때에 따라 가감하면서요. 그리고 매일 한 번씩 장 끝날 무렵 그 종목들을 체크합니다. 다음 날은 어떨지, 적절하게 매매할 시기가 언제일지 가늠해보면서 관찰하는 것이죠.

예시로 보여드린 차트만 보면 간단할 것 같죠. 실제로 매매를 준비할 때 단순하게 차트만 보고 하면 될까요? 안 됩니다. '재차거시 + 유실기'를 모두 확인해야 합니다.

초보 여러분들은 진입 밴드와 청산 밴드를 어떻게 설정해야 하는지 궁금할 겁니다. 정확하게는 그것만 알고 싶을 거예요. 하지만 공식은 없습니다. 있다면 AI가 열심히 매매하고 있겠죠. 지지선과 저항선과 수만 번씩 그어보고 해당 종목의 특성까지 알게 됐을 때 깨닫는 영역입니다.

분할 매수와 분할 매도의 방법도 마찬가지입니다. 특별한 방법이 있다고 생각하지 마세요. 박스의 매수 밴드를 설정했다면 30일이든 60일이든 N분의 1로 나눠서 매매해보세요. 가장 단순하고 기본적인 매매를 하고서야 자기만의 방법이 생겨요.

인탑스 차트의 K스윙 포트

인탑스라는 종목을 통해 설명하겠습니다. 인탑스는 삼성전자의 협동로봇을 공급하는 업체로 실적이 매우 좋은 회사입니다. 그런데 코로나19 당시 진단기 케이스를 공급하며 두각을 보였습니다. 갑자기 '없다가 생긴' 호재가 나온 거죠.

차트를 살펴보면 크게 20,500원선을 진바닥으로, 26,800원선을 지지선으로 두고 스윙 포트를 그려볼 수 있습니다. 최근 10월 들어서며 26000원선의 지지선을 깨트리며 내려오고 있습니다. K스윙 포트에 진입한 것이죠.

주가가 K스윙 포트에 들어왔다면, 먼저 재무를 확인하고(최근 분기까지)

인탑스 차트의 K스윙 포트

결산년도	주가	자본총계	매출액	영업이익	당기순익	PER	PBR	EPS	부채율	유보율	영익율
2022년	27,750	7,313	11,142	1,420	1,182	4.76	0.74	5,836	19.03	7,358.02	12.75
2021년	32,250	6,344	10,520	876	808	7.38	1.01	4,371	29.40	6,299.46	8.32
2020년	30,150	5,562	7,778	650	547	12.84	1.11	2,347	31.21	5,352.94	8.36
2019년	12,900	5,209	9,105	707	604	6.22	0.51	2,073	32.88	4,964.61	7.76
2018년	11,500	4,637	7,156	342	376	8.75	0.49	1,314	37.35	4,585.80	4.78
2017년	10,700	4,283	6,875	288	295	11.06	0.48	967	40.99	4,342.21	4.19
2016년	10,150	4,233	5,961	361	351	8.14	0.46	1,247	47.30	4,330.66	6.05
2015년	21,500	4,080	6,616	318	327	9.89	0.51	1,089	29.57	8,368.24	4.81
2014년	16,200	3,776	6,973	-32	-14		0.40	-694	39.26	7,931.52	-0.46
2013년	19,500	3,834	10,527	421	553	4.38	0.47	2,233	34.66	8,252.02	4.00
2012년	27,950	3,330	9,765	593	560	5.41	0.75	2,590	62.38	7,384.49	6.07
2011년	19,250	2,906	6,534	381	298	5.94	0.58	1,623	49.14	6,596.90	5.83
2010년	24,550	2,605	4,392	187	192	11.00	0.81	1,118	56.61	5,956.95	4.26
2009년	17,600	2,406	2,365	184	237	6.39	0.63	1,380	32.28	5,495.56	7.77
2008년	14,100	2,235	2,613	169	146	8.32	0.54	850	34.88	5,097.05	6.47
2007년	30,100	2,044	3,670	245	396	6.55	1.27	2,304	20.16	4,654.30	6.67
2006년	26,800	1,710	3,287	355	412	5.61	1.35	2,396	22.90	3,876.24	10.79
2005년	34,100	1,369	3,038	418	374	7.86	2.15	2,173	46.05	3,083.23	13.76
2004년	16,450	1,002	2,535	359	292	4.86	1.37	1,696	36.35	2,300.56	14.18

인탑스 재무 추이 확인

휴대폰 케이스 만들다 기술벤처 생산 기지로⋯인탑스 "글로벌 서빙로봇 양산 시작"

인탑스는 SD바이오센서와 지난해 초부터 경북 구미 공장에서 키트를 생산하고 있다. 이밖에 키즈폰, 심전도패치기기, 전자기격표시기(ESL)도 생산을 맡고 있다

(서울경제, 2021.11.15)

인탑스, 진단키트 및 로봇제조까지 사업다각화로 지속 성장

인탑스는 본사를 거점으로 한국, 중국, 베트남, 미국 등에 위치한 9개의 종속회사로 구성되어 있다.

(뉴스퀘스트, 2022.12.19)

인탑스 "삼성전자 웨어러블 로봇 양산 준비 완료…초도물량 대비 시범테스트 진행"

인탑스는 삼성전자의 웨어러블 로봇 프로젝트에서 부품 조달부터 생산 조립, AS 등의 과정을 종합적으로 제공하는 데 협력한다. 인탑스는 지난 2021년과 지난해에 이어 올해도 베어로보틱스의 서빙로봇 위탁생산을 진행할 예정이다.

(파이낸셜뉴스, 2023.03.17)

코로나 일장춘몽…'진단키트 케이스' 특수 거품 사라진 인탑스

인탑스 주 사업 분야는 IT(정보기술) 디바이스와 가전제품 케이스, 자동차 부품, 금형 등이다. IT 디바이스 중에선 기초가공 처리 및 내·외장 기초 부속부품이 조립된 형태의 휴대폰 케이스가 주력이다. 국내 구미사업장과 베트남 박닌성의 현지 법인 등에서 생산한다. 인탑스는 1981년 설립돼 각종 기기 관련 금형 기술, 플라스틱 사출성형 기술을 갖췄다. 금형 관련 기술력이 인정받으며 코로나19의 진단키트 제조사로부터 플라스틱 외형 케이스를 공급하기 시작했다.

(이투데이, 2023.05.21)

이 회사가 망할 가능성, 혹은 불의의 주주 배정 유상증자가 나올 수 있는지 확인합니다. 그리고 이 종목의 주가가 움직였던 재료를 모두 확인합니다.

마지막으로 자신만의 매수 밴드를 설정합니다. 매수를 결정하는 시기의 시장 상황을 판단하고, 이 종목이 속한 섹터가 언제 움직일지 한번 가늠해

보는 겁니다. 삼성 때문에 움직였다면, 삼성의 로봇 정책이 어떻게 되고 있는지, 삼성의 이재용 회장 체제 1기, 2기, 3기마다 어떤 정책이 나올지 상상하고 조사하고 연결해나가는 거죠.

더불어 이 재료가 부각될 만한 시황이 올 시기인지까지 판단해봅니다.

물론 어려울 겁니다. 그 시기를 잘 맞히는 게 바로 주식에서 '고수'라고 부를 수 있는 사람들이겠죠. 저는 남들보다 조금 더 쉽게 예상하는 방법이 있습니다. 바로 그간 정리해둔 에버노트입니다. 하루도 빠짐없이 에버노트에 종목에 대한 기록을 쌓아왔고, 매일 리포트를 만들다 보니 이 데이터베이스를 바탕으로 한 검색으로 예상하는 편이에요.

가령, 오늘이 2023년 10월 20일인데 11월의 시황이 궁금하다면, 22년과 21년 11월에 작성했던 에버노트와 리포트를 불러와 전부 읽어봅니다. 역사가 반복되는 것을 확인할 수 있죠. 그리고 23년 11월에 또 한 번 되풀이되는 놀라운 경험을 하게 됩니다. 데이터가 쌓이면 남들보다 훨씬 유리하게 스윙 영역을 가늠할 수 있는 것이죠.

THE PRINCIPLES OF K-TRADING

2025 축의 전환을 대비하라

> 모든 논리는 증거와 근거를 가지고 논거를 설명해나가는 겁니다. 그래서 증거와 근거가 바뀌면 논거도 바뀌어야 합니다. 이 장에서 이야기하는 것들의 증거와 근거를 잘 이해해 두세요. 그리고 이 증거와 근거가 바뀌면 논거도 바꾸어 생각하셔야 합니다.
>
> 제 논거를 납득하지 못할 분들도 많을 거라고 생각합니다. 제 생각이 틀릴 가능성이 왜 없겠습니까. 하나의 의견일 따름입니다. 따라서 독자분의 생각이 제 생각과 다를 경우 "당신의 의견이 맞습니다"라고 미리 인정하고 시작하겠습니다. 마찬가지로, 투자 판단과 그에 따른 책임 역시 온전히 스스로의 몫입니다.

역사를 돌이켜보면 늘 두드러진 흥망성쇠의 시작점이 있습니다. 세계의 중심축이 바뀌는 지점이랄까요. 저는 이 지점을 좋아합니다. 커다란 기회를 내포하고 있으니까요. 바로 그 전환점이 2025년으로 코앞에 다가와 있습니다. 책의 마무리 삼아 '2025 축의 전환'에 관한 통찰을 나눠보는 것도 좋겠습니다.

1980년

미국은 인플레이션을 겪으며 1979~81년에 금리를 크게 올린 바 있습니다. 1979년 8월 연준 의장으로 지명된 폴 볼커가 14.8%까지 치솟은 인플레이션을 해결할 방책으로 금리를 21.5%까지 인상했죠. 이때 금리 인상과 더불어 중동의 석유 증산을 막는 이벤트도 있었습니다. 금리가 올라 가뜩이나 어려운데 유가까지 함께 오르니 경제는 더 어려워집니다. 이로 인해 미국은 극심한 경기침체와 실업률 저하를 겪지만 결국 인플레이션은 3%대로 떨어집니다.

더불어 금리를 과격하게 올리자 글로벌 시장에 풀린 미국 달러가 다시 미국으로 돌아오기 시작합니다. 미국 달러에 대한 신뢰가 회복되었고 미국의 패권도 크게 강화되죠. 이게 바로 '팍스 아메리카나'입니다. 미국은 이 돈으로 미국 내 제조업 시설을 크게 늘립니다. 바로 자동차 산업이었죠.

미국 내 제조 시설이 크게 늘자 어떤 일이 벌어질까요? 중산층이 늘어납니다. 중산층이 부자 되는 세상이 열리죠. 중산층이 늘고 부자가 되니 어떤 일이 벌어질까요? 소비가 늘어납니다. 소비가 늘어나니 어떻게 될까요? 미국이 전 세계의 물건을 사주기 시작하고, 미국에 들어온 돈은 전 세계로 다시 나갑니다.

이것이 바로 '글로벌리제이션', 즉 세계화입니다. 미국의 글로벌리제이션에 위협을 느낀 소련이 미국으로 수출하는 일본 등에 경고장을 날립니다. 그러자 미국은 태평양 함대 산하의 전투부대 '7함대'로 지켜주겠다고 나서며 팍스 아메리카나를 더욱 공고히 합니다.

그런데 이렇게 키워준 일본의 성장세가 너무 거세지자 단칼에 꺾어버리는 것도 미국입니다. 일본은 1985년 플라자 합의*로 이른바 '잃어버린

● 1985년 9월 22일 미국 뉴욕에 위치한 플라자 호텔에서 프랑스, 독일, 일본, 미국, 영국으로 구성된 G5의 재무장관들이 모여 진행한 환율 조정 합의이다. 달러의 가치를 떨어뜨리기 위해 인위적으로 다른 나라 화폐의 가치를 올리도록 한 것(절상)이 합의의 골자였다. 플라자 합의 이후 2년간 엔화와 마르크화는 달러화에 대해 각각 65.7%와 57% 절상됐다.

20년'을 겪게 되죠. 일본이 꺾인 후 '아시아의 4룡'이 부상합니다. 바로 대한민국, 싱가포르, 대만, 홍콩이죠. 동시에 어디에 생산을 맡기느냐? 중국입니다. 그 결과 중국은 생산, 미국은 소비라는 양대 체제가 구축됩니다.

2022년

2020년 3월 코로나19로 인한 팬데믹 위기에 대응하고자 미 연준은 금리를 대폭 인하하고 대규모 양적완화를 단행했습니다. 전 세계에 엄청난 유동성이 공급되었고 이는 인플레이션을 초래했죠. 양적완화를 점차 줄여가는 테이퍼링을 진행하던 연준은 2022년 1월 FOMC 회의 결과로써 제로에 가까웠던(0.25%) 금리를 3월부터 인상하겠다고 발표합니다. 여기에다 같은 해 2월 러시아-우크라이나 전쟁이 발발해 유가가 폭등했습니다. 그러나 미국은 유가 하락을 위한 정책은 펼치지 않았습니다. 마치 1980년처럼요.

이전까지만 해도 달러 가치의 하락이 심하다고 했으나 2022년 1월을 기점으로 전 세계의 돈이 미국으로 다시 흘러 들어가며 환율이 오르기 시작합니다. 미국은 여기에 인플레이션감축법(IRA, Inflation Reduction Act)*과 반도체법(CHIPS and Science Act)**을 제정하면서 다시 미국 내에서 제조업이 돌아가게끔 만듭니다. 마치 1980년처럼요.

그러자 다시 고용이 늘고 중산층으로 돈이 흘러들기 시작합니다. 마치 1980년처럼요.

---

* 급등한 인플레이션 완화 및 자국 제조업 활성화를 위해 2022년 8월 제정된 법안으로, 기후변화 대응, 의료비 지원, 법인세 인상 등을 골자로 한다. 미 역사상 가장 큰 규모의 기후변화 대응 지출액을 포함시켰고, 친환경 전기차 세액공제가 지출의 적잖은 부분을 차지한다.
** 중국을 견제하고 미국의 기술 우위를 강화하기 위해 반도체와 첨단기술 생태계 육성에 총 2800억 달러를 투자하는 내용을 골자로 하는 법으로, 2022년 8월 9일 시행됐다.

그런데 1980년과 다른 점이 하나 있습니다. 미국이 글로벌리제이션이 아닌 로컬리제이션(지역화)을 추진하고 있다는 것이죠. 이는 곧 '미국 우선주의'*의 개시입니다.

서막은 2008년 '피벗 투 아시아'

미국은 로컬리제이션으로의 전환을 2008년부터 준비해왔습니다. 버락 오바마 전 대통령은 2008년 당시 힐러리 클린턴 국무장관과 '피벗 투 아시아(Pivot to Asia)'라는 정책을 발표합니다. 외교 및 군사 정책의 포커스를 중동에서 아시아로 이동시킨다는 뜻입니다. 그리고 2012년 재선과 함께 공식화합니다.

영국, 일본, 호주를 연결하는 것이 핵심인 이 전략은 에너지 자립을 위한 미국의 첫걸음이었습니다. 오바마는 본격적으로 셰일가스 개발에 뛰어듭니다. 2010년대의 '셰일혁명'에 힘입어 미국은 빠르게 원유 수출국으로 전환했고, 2018년에는 세계 1위 원유 생산국으로 도약합니다. '에너지 자립 국가'가 된 것이죠. 이후 트럼프 대통령 집권기에는 아프가니스탄 철군을 단행하며 중동으로부터 더욱 거리를 둡니다.

여기에 트럼프는 당선 직후 가장 먼저 멕시코 국경에 장벽을 세웁니다. '인간 장벽'을 친 겁니다. 그리고 곧바로 중국을 견제하며 '무역 장벽'을 세웁니다. 이어서 바이든 대통령이 세운 것은 사실상 '생산 장벽'입니다. 생산도 소비도 다 미국에서 하겠다고 발표한 거죠.

---

* 미국의 국익을 최우선으로 고려해 외교 정책을 결정해야 한다는 고립주의 외교 노선.

중국, 미국의 글로벌리제이션을 따라가다

2022년 중국은 더 이상 생산국가에 머무를 수 없음을 깨닫습니다. 미국이 자체 생산해서 직접 소비한다는 1980년의 전략을 다시 꺼내들었음을 인지했기 때문이죠. 그래서 미국의 '페인 포인트'인 물가를 건드리면서 '생산 국가에서 소비 국가로' 변모를 시도합니다(중국은 2022년 10월 전 세계에서 가장 마지막으로 코로나 봉쇄를 풀면서 리오프닝을 시작했죠. 중국의 소비는 결국 물가를 자극할 것이고요). 또한 대외 무역에서 위안화 결제를 늘리고, 일대일로 이니셔티브를 통해 개발도상국들에 대규모 부채를 제공하고, CBDC*인 디지털 위안화(e-CNY)를 세계에서 가장 적극적으로 상용화하는 등 미국의 달러 패권에 균열을 내고 있죠.

인플레이션을 잡기 위해 금리를 인상해온 미국은 어느 시점에 이르면 금리 인하와 양적완화를 동시에 해야 할 텐데요. 그러려면 무엇보다 인플레이션이 잡혀야 합니다. 그런데 중국이 정말로 소비 국가로 변신한다면? 압도적 인구로 인한 소비 사이클이 형성되고, 잡혀야 하는 인플레이션은 안 잡힐 수 있습니다. 중국 때문에 원자재 가격이 올라갈 테니까요.

물론, 이 전망은 틀릴 수 있습니다. 소비 국가라고 하는 미국과 유럽의 거대한 위상은 차지하겠다고 맘대로 가질 수 있는 게 아니니까요. 그래서 아주 작은 사이클 정도로 성공할 것이라고 봅니다. 그래도 만일 성공한다면 중국 인민들이 요구하는 소비 수준은 계속 올라갈 테고, 이는 한국의 미용·의료기기 등과 관련한 기업에 호재가 될 겁니다. 소비회복주뿐 아니라 철강, 화학 같은 경기민감주도 함께 오르겠죠. 2024년 2~3분기에 일어날 수

---

* 중앙은행 디지털화폐(Central Bank Digital Currency). 비트코인 등 민간 가상화폐와 달리 각국 중앙은행이 발행하는 디지털 화폐.

있는 일이라고 예상해봅니다.

높아진 금리, 위기는 기업에서 시작된다

현재 자산시장에 참여하는 이들 중 많은 분들이 고금리 시대를 겪어보지 못했을 겁니다. 그래서 금리가 높은 상태에서의 주식을 운용한다는 것 역시 추측의 영역에 있을 거고요. 2023년 하반기부터 조금씩 체감하고 있을 겁니다. 기업은 고용을 늘리지 못하고 오히려 해고에 나서고 있죠. 금융 비용이 늘면서 기업의 이익은 줄어들고 있고요. 2024년에 맞을 첫 번째 위기는 기업의 회사채가 될 것으로 봅니다. 2021년 말까지 회사채를 싸게 찍었습니다. 만기가 돌아오면 새롭게 찍어야 하는데, 이제는 고금리로 찍어야 하죠. 즉, 아직까지 우리는 고금리 체감을 못 했던 겁니다.

2023년 초 삼성전자는 수십 조원에 달하는 금액을 회사채가 아닌 관계사에게 빌렸습니다. 법정이자 4.6%로요. 더 싸게 회사채를 발행할 수 없었던 거죠. LG그룹사의 경우에도 23년 초 회사채 발행에서 최대 7% 이자율을 염두에 두고 있다고 했습니다.

이렇게 회사채 등 기업의 운용 비용이 늘어나면 어떻게 될까요? 늘어나는 이자 비용만큼 고용을 줄일 겁니다. 구인이 확 줄어드는 순간 실업률은 튀어 오르게 돼 있습니다. 저는 회사채 이자 비용의 증가와 실업률 상승이 2024년 1분기 말부터 나올 시장 크랙의 이유라고 봅니다.

이때 수많은 사람들이 연준의 입을 바라보고 있을 테지만, 연준은 인플레이션이 완전히 잡혔다는 시그널과 함께, 고용 위험 신호인 '실업률 상승'이 나타날 때에야 금리를 인하할 것으로 생각합니다.

그리고 이런 위기가 오기 전에 망각의 구간이 있습니다. 모든 주가는 결국 매수 세력이 더 많으면 올라가게 돼 있어요. 2024년 1분기 온디바이스

AI를 필두로 한 주도 테마의 등장으로 시장이 들썩이고 '해볼 만하다' 생각이 들 때, 연준의 금리 인하를 기다리다가 고용이 먼저 깨지면서 시장이 한차례 무너질 수도 있습니다.

어쨌든 연준은 생각보다 빠르게 금리 인하에 나서게 될 텐데요. 이번의 금리 인하는 시장에 하락을 촉발할 것으로 생각합니다. 금리 인하는 2024년 2분기 중반이 유력하다고 봅니다. 실업률이 전월 대비 0.3~0.4%p 증가할 때가 첫 인하 타이밍이라고 봅니다.

금리를 인하하면 주가는 오를 때도 있고 빠질 때도 있습니다. 이번에는 인하하면 빠질 것으로 예상합니다. 경기가 안 좋아서 하는 인하이기 때문입니다. 금리 인하를 했을 때 시장이 좋은 케이스는 '실업률 관리가 될 때'입니다. 하지만 이번에는 실업률이 올라가는 만큼 안 좋을 것으로 생각합니다. 같은 논리로, 이번에 인하를 멈추면 이제 경기가 좋다는 이야기겠죠. 금리 인하를 멈출 때 주가는 오를 것으로 생각합니다.

2025년

만일 모두가 원하는 물건을 원하는 만큼, 원하는 가격으로 살 수 있다면 어떻게 될까요? 인플레이션 문제가 줄어들겠죠. 이런 국가에 살고 싶을 겁니다. 이런 나라에서 생산하고요. 미국은 이런 시대를 준비하고 있습니다.

IRA, 반도체법 등은 모두 2025년을 가리키고 있습니다. 바로 '미국의 기술주 르네상스' 시대가 펼쳐지는 때입니다. 그 핵심에는 로봇, 반도체, 인공지능이 있을 겁니다. 미국에서 생산한 반도체를 탑재한 미국이 개발한 로봇을 미국의 AI가 구동하는 거죠. 중국은 이에 맞서 '제조 2025'를 준비하고 있고요. (그리고 이 모든 것에 배터리가 들어갑니다. 따라서 배터리주는 2025~27년 동안 2023년의 전 고점을 아득히 뛰어 넘는 시세를 줄 것으로 예상합니다.)

50년간 오지 않을 기회

그래서 우리는 다가올 시대에 맞춰 투자를 준비하되 2024년 상반기의 불경기는 대비해야 합니다. 주식을 하더라도 어느 시점부터는 시장 침체기에 하방을 막을 수 있는 것을 찾아둬야 합니다. 이미 2020년 1~3월을 겪어본 투자자라면 어떻게 준비해야 할지 아실 겁니다. 열심히 준비해서 다양한 투자 포트폴리오로 대응해야 합니다.

그리고 2024년 하반기부터는 주식을 사야 한다고 말씀드립니다. 어떤 것을? 미국의 기술주 르네상스와 관련한 매매를 준비해야겠죠. 저는 2025년부터 시작될 미국 기술주 시대는 앞으로 50년간 다시 오지 않을 기회라고 생각합니다. 2020년 3월 코로나 장세에 버금가는 이 기회를 투자자라면 놓쳐서는 안 되겠죠. 물론 이 과정에 수많은 격랑이 일 것입니다.

사실 이 부분을 쓰면서 걱정되는 면도 있습니다. 모든 지식은 자신의 지적 능력만큼만 이해할 수 있습니다. 주식 좀 했다며 스스로 실력이 있다고 착각하는, 혼자 머릿속 소설을 쓰면서 투자 판단을 내리는, 사실은 전혀 준비 되지 않은 누군가가 그저 책 한 권 읽고 가슴이 뜨거워질까 걱정됩니다.

부디 공부하세요. 자신에게 여윳돈 3000만 원이 있다면 제발 스스로 공부하는 데 300만 원은 쓰세요. 돈을 벌고 싶으면 돈 버는 공부에도 시간과 돈을 쓰세요. 기회는 시험입니다. 시험은 다시 기회가 되어 성공으로 가는 길을 만들어줍니다. 우리가 꾸준히 공부하고 준비하는 까닭은 언제 올지 모를 기회를 잡기 위해서입니다. 시험 공부 해두세요. 하루 세 시간 이상 공부하셔야 합니다.

2024년 성장주 투자의 기회

2024년은 성장주에 투자하기 매력적인 시기로 보입니다. 2025~27년을 준비하는 것이죠.

여기서 성장주를 이야기하면 가치주와의 다툼이 나올 수 있는데요. 2차전지는 성장주일까요, 가치주일까요? ☺ 성장주와 가치주를 구분하는 것은 모호할 수 있습니다. 모든 기업은 성장을 추구하니까요. 투자자가 회사의 미래 성장 가능성을 높게 평가할 때, 주가수익률(PER)이 상승합니다. PER이 100이면 연간 수익률 1%, 투자 원금만큼 수익을 얻는 데 100년이 걸린다는 의미입니다. 그만큼 기대감이 반영되었다는 뜻입니다. PER이 높다는 것은 해당 회사가 독보적인 성장 잠재력을 가지고 있다는 신호일 수 있습니다.

경기가 부진하거나 성장이 더딘 경우, 투자자들은 종종 기업의 현재 수익보다 미래의 성장 가능성에 더 큰 가치를 부여합니다. 금리 하락은 경제 성장률 하락의 신호로 해석되고, 이런 상황에서 투자자들은 PER이 높은 주식에 관심을 갖게 됩니다. 따라서 2024년의 금리 하락은 새로운 성장주를 찾을 기회로 볼 수 있습니다.

결국 성장주인가 아닌가를 판단하는 기준은 '없다가 생긴 것이 있느냐'입니다. 그런데 단순히 없다가 생긴 것만으로는 안 되고, 그로 인해 '수요'가 함께 생겨야 합니다. Q(Quantity)라고도 하죠. 즉, 우리가 2025년 기술주 르네상스를 앞두고 찾아봐야 할 성장주는 확실히 수요가 있거나, 최소한 불확실해도 추정할 수 있는 수요가 있거나, 둘 중 하나여야 합니다. 수요가 '없다가 생겨나는' 순간이 필요한 거죠.

'없던 수요가 생기는' 6가지 성장 영역

저는 이처럼 미래의 성장을 주도할 '없던 수요가 생겨나는' 영역을 6개로 나누어 '3A & 3B'로 부릅니다.

3A, 3B

- **CHIPS Act(반도체법)** : 반도체 증설, HBM(고대역폭메모리), OSAT(반도체후공정)

- **ondivice AI(온디바이스AI)** : AI 소프트웨어, AI폰

- **AR(증강현실)** : 비전프로가 열어젖힐 새로운 AR(증강현실), VR(가상현실), MR(혼합현실) = XR(확장현실) 세상 = 새로운 게임, 영상의 수요(Q)

- **Bio(바이오)** : 금리 인하로 인한 가장 큰 수혜,● 온디바이스AI로 개화하는 원격 의료

- **Blockchain(블록체인)** : STO(증권형 토큰 발행)를 시작으로 새로운 자산시장 개화

- **Battery(배터리)** : 미국 대선 이후 2차전지 본격 성장

이상의 6개 성장 영역의 모멘텀이 될 3가지 매크로를 '변화의 순간 3C'로 부릅니다.

3C

- **Cut the Rate** : 미국의 기준금리 인하

- **China Deflation Exit** : 중국의 디플레이션 탈출에 따른 이머징 시장의 반등

- **Cyclical Turnaround** : 중국의 경기 부양에 따른 경기순환주(시클리컬주)의 반등

● 바이오는 가장 위험이 큰 영역이라, 금리가 낮을 때 투자 선호도가 높아지는 경향이 있습니다. 금리가 높으면 위험을 감수하지 않게 되죠. 망할지도 모르는 바이오에 투자하느니 안정적인 고금리를 노리게 됩니다.

물론 투자자들이 성장주 투자에서 직면하는 가장 큰 어려움은 '변동성'입니다. 때때로 성장주의 가격이 30~40% 하락하는 상황이 발생하며, 이러한 변동의 원인을 파악하기 어렵고 종종 나중에야 그 이유가 명확해집니다. 이러한 변동성을 견디기 위해서는 '추정 가능한 수요(Q)'가 필요합니다.

성장주 투자에서 큰 수익을 얻기 위해서는 빈번한 매매를 피해야 합니다. 제 투자 스타일과는 다른 이야기지요. 이 조언은 이미 월급 독립을 달성하고 일정 수준의 시드머니를 보유한 투자자들에게 해당됩니다. 시드머니가 준비된 후에는 최소한 두어 번 이상의 '텐배거(10배의 수익을 내는 종목)' 경험을 통해야 큰 부를 축적할 수 있습니다.

반면, 월급 독립 전까지는 단기투자에 집중하는 것이 좋다고 생각합니다. 월급 독립 후에는 '돈의 독립'을 위해 인내심을 가지고 장기투자에 초점을 맞춰야 하고요. 저 또한 초기 30억까지 모을 때는 단기투자에 집중했지만, 그 이후에는 자산의 90% 이상을 비상장 투자 등 장기투자에 배치하고 있습니다.

2025년 한국의 유동성이 향하는 곳은?

2025년 기술주 르네상스의 핵심은 로봇, 반도체, AI라고 말씀드렸습니다. 우리나라는 어떻게 될까요? 물론 반도체가 있죠. 그런데 그 반도체를 미국에서 생산하고 있죠. 국부가 유출되고 있습니다.

저는 윤석열 정부가 기술주 3대장에서 승산이 없음을 일찌감치 결론짓고 대한민국만이 할 수 있는 것을 준비하고 있다고 생각했어요.

새 정부는 2년 차에 주력 사업을 내겁니다. 박근혜 정부는 바이오였죠. 바이오주들이 대거 상장했고 또 폭등했습니다. 문재인 정부는 코스닥벤처펀드를 통해 2차전지에 투자하고 CB, BW를 찍을 수 있게 했죠. 돈이 엄청나게 몰렸고 주가는 끝없이 올랐습니다. 2차전지 세계의 중심지로 한국이 우뚝 서게 됐죠.

윤석열 정부는 STO(Security Token Offering, 증권형 토큰 발행)*로 방향을 잡고 있는 것 같습니다. 그냥 제 추측입니다. 보통 STO는 미술품, 부동산, 저작권을 대상으로 합니다. 일반 코인과 달리 STO는 DCF(가치평가 모델의 하나)가 명확하게 나와서 취득세, 양도세 과세와 배당을 할 수 있습니다.

그런데 정말 STO로 미술품, 부동산 거래가 쉽게 될까요? 한번 샀다가 10년간 안 팔릴 수도 있는데 이게 정말 STO 활성화로 이어질 수 있을까요? 쉽지 않다고 봅니다. 그런데 저작권은 이게 됩니다. 어떤 음원으로 월 10억 원의 수익이 생긴 경우, 이익에 대해 10% STO가 나눠져 있으면 1억을 나눠주면 됩니다. 계속 나눌 수 있고 명확합니다.

박근혜 정부는 바이오 기술 수출을, 문재인 정부는 2차전지를 밀어줬습니다. 그런데 2025년의 시계를 보면 한국이 살아남을 수 있는 영역이 안 보입니다. 반도체도 미국에서 생산해야 하고요. 1980년의 재림입니다. 가능성이 보이는 것은 K컬처뿐입니다.

윤석열 정부는 STO를 밀어주고, K컬처로써 미국 무대에서 살아남으려는 것으로 보입니다. BTS, 블랙핑크 등의 아티스트들 덕에 한국은 이미 세계 무대에서 '문화 선진국'이거든요. 이제 'K'는 더 이상 한국을 뜻하지 않습니다. K는 글로벌에서 통하는 고유명사가 되었습니다. 따라서 엔터주나 비상장사 중 IP(지식재산권)로 승부 보는 회사들이 크게 성장할 것으로 봅니다.

● 기업이나 개인이 소유한 실물자산과 연계된 증권형토큰(ST)을 발행해서 필요로 하는 자금을 조달하는 제도. ST는 보유기간 동안 자산운용에 따른 일정 수익을 투자자가 배분받을 수 있는 수익형 증권이며, 투자자의 권리 보호가 가능한 블록체인형 증권이다.

내가 오늘도 공부하는 이유

앞으로 세계는 로봇과 AI의 확산으로 많은 변화를 겪게 될 겁니다. 로봇과 AI의 시대가 도래하면 그 세상 역시 (제러미 리프킨이 이야기한) 0.1% 창의적 인간과 그를 알아보고 함께하며 문명을 만드는 0.9%의 통찰적 인간, 그리고 99%의 잉여인간으로 구성되겠죠. 하지만 '사회를 안정시키고 지탱하는 역할을 하는 99%'가 아닌 AI 로봇에게 일자리를 빼앗긴 채 기본소득으로 살아가는 99%의 시대가 될지 모릅니다.

그 99%에 내가 끼지 않을 수 있을까 자문하게 됩니다. 그래서 오늘도 공부하고 제 사업을 하고 회사를 키우려 노력합니다. 블록체인과 메타버스도 만들고요. 이게 성공할지 망할지는 아무도 모릅니다. 어찌 알겠습니까. 다만 노력은 배신하지 않는다는 확신을 품고 나아가려 합니다.

여러분과 함께하면 더 좋겠습니다.

유목민의
투자의 정석

초판 1쇄 발행 2024년 1월 17일
초판 3쇄 발행 2024년 8월 19일

지은이 유목민

발행인 이봉주 **단행본사업본부장** 신동해
책임편집 김경림 **디자인** 김은정 **교정교열** 김호주
마케터 최혜진 이인국 **홍보** 반여진
국제업무 김은정 김지민 **제작** 정석훈

브랜드 리더스북 **주소** 경기도 파주시 회동길 20
문의전화 031-956-7429(편집) 031-956-7089(마케팅)
홈페이지 www.wjbooks.co.kr
인스타그램 www.instagram.com/woongjin_readers
페이스북 www.facebook.com/woongjinreaders
블로그 blog.naver.com/wj_booking

발행처 ㈜웅진씽크빅
출판신고 1980년 3월 29일 제406-2007-000046호

한국어판 출판권 ©웅진씽크빅, 2024
ISBN 978-89-01-27928-2 (03320)